C++ ESPRESSO

에스프레소

본서는
C언어를 공부한
독자가 학습하는
C++ 기본서
입니다

C++ ESPRESSO

C++ 에스프레소의 진한 향기를 느껴보세요!

에스프레소

| 천인국 지음 |

INFINITYBOOKS
인 피 니 티 북 스

머리말

C++언어는 C언어에 객체 지향 특징을 추가한 언어로 빠른 실행 속도를 가진 응용 프로그램을 제작하는데 강점을 가집니다. 반면에 C++언어는 많은 기능이 포함되어 있기 때문에 상당히 복잡하고 난해합니다. 만약 이 많은 기능들을 확실하게 학습하여 적절하게 사용할 수 있다면 C++는 아주 강력한 도구가 될 것입니다.

이 책은 다음과 같은 목표를 가지고 제작되었습니다.

- 적절한 그림을 가능한 많이 사용하여 보다 친숙하고, 지루하지 않으며 독자들이 이해하기 쉬운 교재를 만들려고 노력하였습니다. 입문자들은 그림을 통하여 관련 개념들을 보다 쉽고 빠르게 이해할 수 있습니다.
- C++언어를 효과적으로 학습하려면 먼저 객체 지향의 기본 개념부터 확실하게 이해하여야 합니다. 이 책에서는 "캡슐화", "정보 은닉", "다형성"과 같은 객체 지향의 핵심적인 개념들에 대해 상당한 페이지를 할당하여서 철저하게 설명하였습니다.
- STL 라이브러리를 응용 프로그램 제작에 사용하는 것은 신뢰성 있는 프로그램 작성에 많은 도움을 줍니다. 이 책에서는 STL 라이브러리의 핵심적인 내용을 요약하여 소개하였습니다.
- 다양한 예제 프로그램을 다루어보는 것이 바람직하기 때문에 각 장의 끝에 전형적인 예제 프로그램들을 추가하였습니다.
- 학습한 내용을 실습을 통하여 체득할 수 있도록 실습 문제를 제공하였습니다.

본 교재를 집필하는 동안 오류가 없는 책을 만들기 위하여 나름대로의 노력을 다하였으나 저자가 지닌 지식의 한계로 말미암아 부족한 부분과 오류가 있을 것으로 예상됩니다. 앞으로 계속되는 수정을 통하여 보다 더 완벽하고 충실한 교재가 되도록 최선의 노력을 다할 것임을 약속드립니다. 이 책이 만들어지기까지 많은 도움이 있었습니다. 특히 매번 격려해주시는 많은 교수님들께 이 자리를 빌어서 깊이 감사드립니다. 이 책이 C++를 공부하는 많은 이들에게 조금이라도 도움이 될 수 있다면 필자에게는 큰 보람이 될 것입니다.

천 인국

강의 계획

1학기를 16주로 가정하여 다음과 같은 진행을 생각할 수 있습니다. 상황에 따라 일부 내용은 제외될 수 있습니다.

주	해당 chapter	주제
1	1장, 2장	C++언어의 특징, 자료형, 연산자, 제어문, 함수
2	3장	배열, 포인터, 참조자, 문자열
3	4장	객체 지향 소개
4	5장	클래스 기초
5	6장	생성자와 소멸자
6	7장	객체의 동적 생성, 정적 변수, 정적 함수
7	8장	상속
8	중간 고사	중간 평가 및 기말 프로젝트 제안서 발표
9	9장	다형성, 가상 함수
10	10장	프렌드, 연산자 중복
11	11장	예외 처리, 형변환
12	12장	템플릿
13	13장	입출력, 파일 처리
14	14장	STL 컨테이너
15	15장	STL 알고리즘
16	기말 고사	기말 평가 및 기말 프로젝트 결과 발표

C++ Espresso

책의 구성

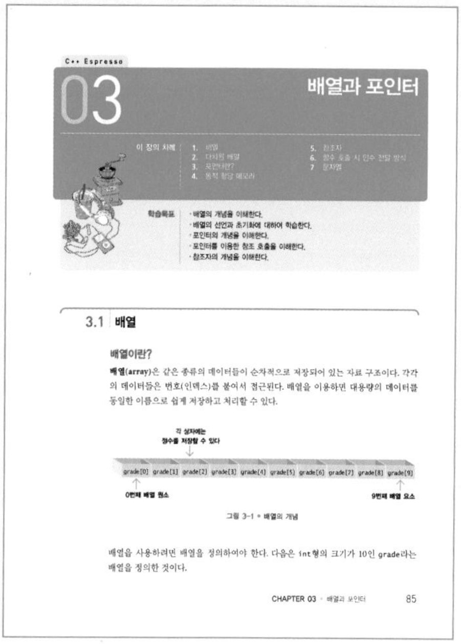

C++ Espresso

03 배열과 포인터

이 장의 차례
1. 배열
2. 다차원 배열
3. 포인터란?
4. 동적 할당 메모리
5. 참조자
6. 함수 호출 시 인수 전달 방식
7 문자열

학습목표
- 배열의 개념을 이해한다.
- 배열의 선언과 초기화에 대하여 학습한다.
- 포인터의 개념을 이해한다.
- 포인터를 이용한 참조 호출을 이해한다.
- 참조자의 개념을 이해한다.

3.1 배열

배열이란?

배열(array)은 같은 종류의 데이터들이 순차적으로 저장되어 있는 자료 구조이다. 각각의 데이터들은 번호(인덱스)를 붙여서 접근된다. 배열을 이용하면 대용량의 데이터를 동일한 이름으로 쉽게 저장하고 처리할 수 있다.

각 상자에는 정수를 저장할 수 있다

grade[0] grade[1] grade[2] grade[3] grade[4] grade[5] grade[6] grade[7] grade[8] grade[9]

0번째 배열 원소 9번째 배열 요소

그림 3-1 ▪ 배열의 개념

배열을 사용하려면 배열을 정의하여야 한다. 다음은 int형의 크기가 10인 grade라는 배열을 정의한 것이다.

CHAPTER 03 ▪ 배열과 포인터 85

학습목표

해당 장에서 무엇을 배워야 하는 지를 제시하였다.

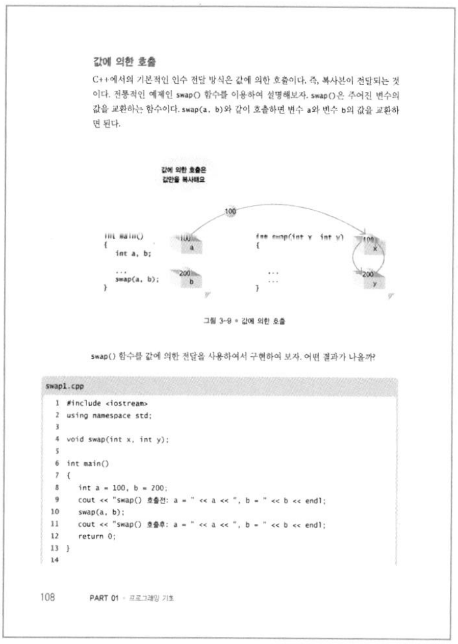

값에 의한 호출

C++에서의 기본적인 인수 전달 방식은 값에 의한 호출이다. 즉, 복사본이 전달되는 것이다. 전통적인 예제인 swap() 함수를 이용하여 설명해보자. swap()은 주어진 변수의 값을 교환하는 함수이다. swap(a, b)와 같이 호출하면 변수 a와 변수 b의 값을 교환하면 된다.

값에 의한 호출은 값만을 복사해요

그림 3-9 ▪ 값에 의한 호출

swap() 함수를 값에 의한 전달을 사용하여서 구현하여 보자. 어떤 결과가 나올까?

swap1.cpp

```
#include <iostream>
using namespace std;

void swap(int x, int y);

int main()
{
   int a = 100, b = 200;
   cout << "swap() 호출전: a = " << a << ", b = " << b << endl;
   swap(a, b);
   cout << "swap() 호출후: a = " << a << ", b = " << b << endl;
   return 0;
}

```

108 PART 01 ▪ 프로그래밍 기초

다양한 그림

이해를 도와주는 다양한 그림을 사용하여 지루하지 않도록 하였다.

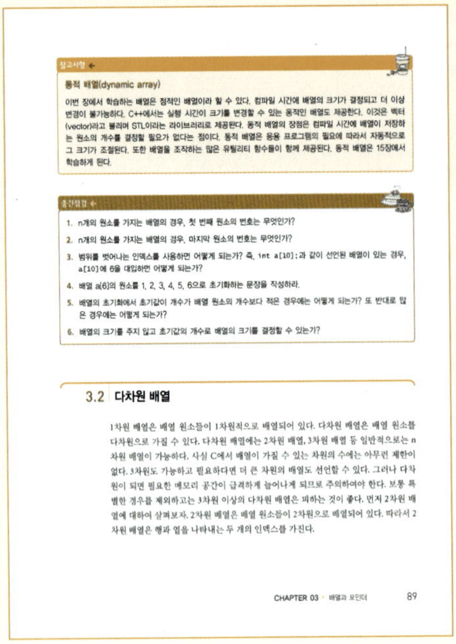

참고사항

동적 배열(dynamic array)

이번 장에서 학습하는 배열은 정적인 배열이라 할 수 있다. 컴파일 시간에 배열의 크기가 결정되고 더 이상 변경이 불가능하다. C++에서는 실행 시간이 크기를 변경할 수 있는 동적인 배열도 제공한다. 이것은 벡터(vector)라고 불리며 STL이라는 라이브러리로 제공된다. 동적 배열의 장점은 컴파일 시간에 배열이 저장하는 원소의 개수를 결정할 필요가 없다는 점이다. 동적 배열은 응용 프로그램의 필요에 따라서 자동적으로 그 크기가 조절된다. 또한 배열을 조작하는 많은 유틸리티 함수들이 함께 제공된다. 동적 배열은 15장에서 학습하게 된다.

중간점검

1. n개의 원소를 가지는 배열의 경우, 첫 번째 원소의 번호는 무엇인가?
2. n개의 원소를 가지는 배열의 경우, 마지막 원소의 번호는 무엇인가?
3. 범위를 벗어나는 인덱스를 사용하면 어떻게 되는가? 즉, `int a[10];`과 같이 선언된 배열이 있는 경우, `a[10]`에 6을 대입하면 어떻게 되는가?
4. 배열 a[6]의 원소를 1, 2, 3, 4, 5, 6으로 초기화하는 문장을 작성하라.
5. 배열의 초기화에서 초기값이 개수가 배열 원소의 개수보다 적은 경우에는 어떻게 되는가? 또 반대로 많은 경우에는 어떻게 되는가?
6. 배열의 크기를 주지 않고 초기값의 개수로 배열의 크기를 결정할 수 있는가?

3.2 다차원 배열

1차원 배열은 배열 원소들이 1차원적으로 배열되어 있다. 다차원 배열은 배열 원소를 다차원으로 가질 수 있다. 다차원 배열에는 2차원 배열, 3차원 배열 등 일반적으로는 n차원 배열이 가능하다. 사실 C에서 배열이 가질 수 있는 차원의 수에는 아무런 제한이 없다. 3차원도 가능하고 필요하다면 더 큰 차원의 배열도 선언할 수 있다. 그러나 다차원이 되면 필요한 메모리 공간이 급격하게 늘어나게 되므로 주의하여야 한다. 보통 특별한 경우를 제외하고는 3차원 이상의 다차원 배열은 피하는 것이 좋다. 먼저 2차원 배열에 대하여 살펴보자. 2차원 배열은 배열 원소들이 2차원으로 배열되어 있다. 따라서 2차원 배열은 행과 열을 나타내는 두 개의 인덱스를 가진다.

CHAPTER 03 · 배열과 포인터 89

참고사항

본문에 대한 보충 설명이나 참고사항을 정리하였다.

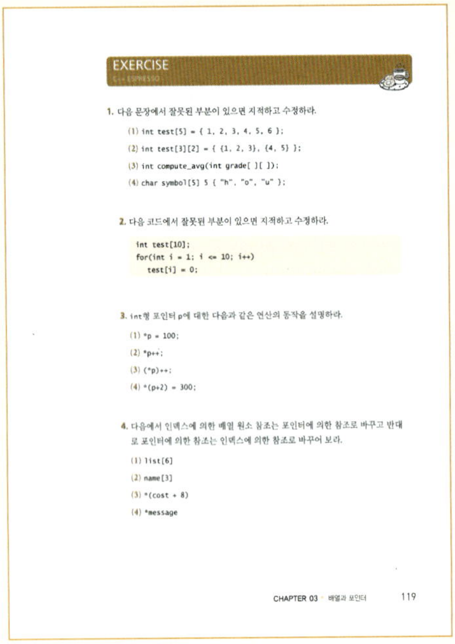

EXERCISE

C++ ESPRESSO

1. 다음 문장에서 잘못된 부분이 있으면 지적하고 수정하라.

(1) `int test[5] = { 1, 2, 3, 4, 5, 6 };`

(2) `int test[3][2] = { {1, 2, 3}, {4, 5} };`

(3) `int compute_avg(int grade[ ][ ]);`

(4) `char symbol[5] 5 { "h", "o", "u" };`

2. 다음 코드에서 잘못된 부분이 있으면 지적하고 수정하라.

```
int test[10];
for(int i = 1; i <= 10; i++)
   test[i] = 0;
```

3. int형 포인터 p에 대한 다음과 같은 연산의 동작을 설명하라.

(1) `*p = 100;`

(2) `*p++;`

(3) `(*p)++;`

(4) `*(p+2) = 300;`

4. 다음에서 인덱스에 의한 배열 원소 참조는 포인터에 의한 참조로 바꾸고 반대로 포인터에 의한 참조는 인덱스에 의한 참조로 바꾸어 보라.

(1) `list[6]`

(2) `name[3]`

(3) `*(cost + 8)`

(4) `*message`

CHAPTER 03 · 배열과 포인터 119

EXERCISE

본문에서 학습한 내용을 여러 가지 측면에서 확인하는 문제를 수록하였다.

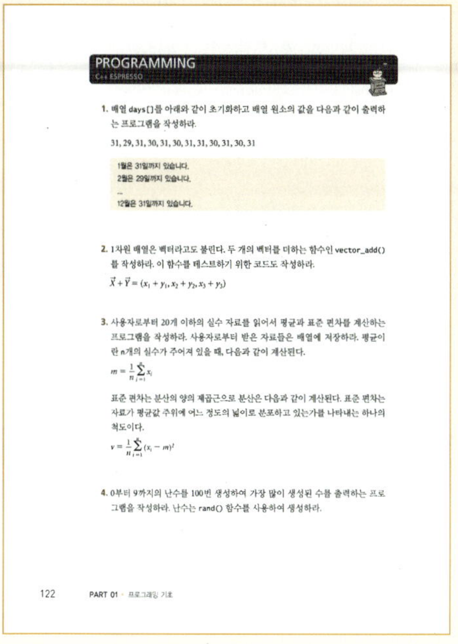

PROGRAMMING
C++ ESPRESSO

1. 배열 days[]를 아래와 같이 초기화하고 배열 원소의 값을 다음과 같이 출력하는 프로그램을 작성하라.

   31, 29, 31, 30, 31, 30, 31, 31, 30, 31, 30, 31

```
1월은 31일까지 있습니다.
2월은 29일까지 있습니다.
...
12월은 31일까지 있습니다.
```

2. 1차원 배열은 벡터라고도 불린다. 두 개의 벡터를 더하는 함수인 vector_add()를 작성하라. 이 함수를 테스트하기 위한 코드도 작성하라.

   $\vec{X} + \vec{Y} = (x_1 + y_1, x_2 + y_2, x_3 + y_3)$

3. 사용자로부터 20개 이하의 실수 자료를 읽어서 평균과 표준 편차를 계산하는 프로그램을 작성하라. 사용자로부터 받은 자료들은 배열에 저장하라. 평균이란 n개의 실수가 주어져 있을 때, 다음과 같이 계산된다.

   $m = \frac{1}{n}\sum_{i=1}^{n} x_i$

   표준 편차는 분산의 양의 제곱근으로 분산은 다음과 같이 계산된다. 표준 편차는 자료가 평균값 주위에 어느 정도의 넓이로 분포하고 있는가를 나타내는 하나의 척도이다.

   $v = \frac{1}{n}\sum_{i=1}^{n} (x_i - m)^2$

4. 0부터 9까지의 난수를 100번 생성하여 가장 많이 생성된 수를 출력하는 프로그램을 작성하라. 난수는 rand() 함수를 사용하여 생성하라.

122 PART 01 · 프로그래밍 기초

PROGRAMMING

본문에서 학습한 내용을 응용하여 프로그램을 작성할 수 있도록 하였다.

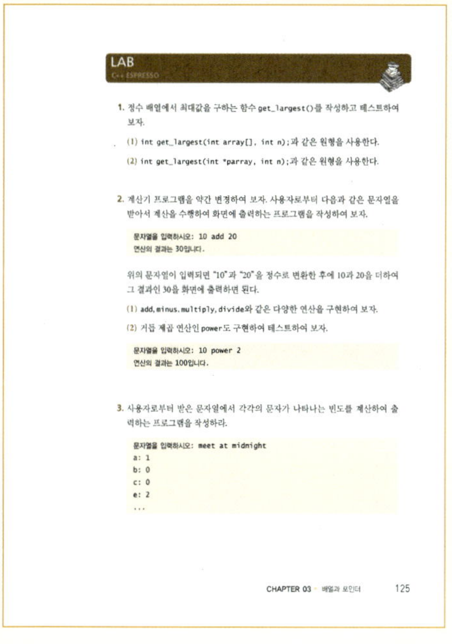

LAB
C++ ESPRESSO

1. 정수 배열에서 최대값을 구하는 함수 get_largest()를 작성하고 테스트하여 보자.

   (1) int get_largest(int array[], int n);과 같은 원형을 사용한다.

   (2) int get_largest(int *parray, int n);과 같은 원형을 사용한다.

2. 계산기 프로그램을 약간 변경하여 보자. 사용자로부터 다음과 같은 문자열을 받아서 계산을 수행하여 화면에 출력하는 프로그램을 작성하여 보자.

```
문자열을 입력하시오: 10 add 20
연산의 결과는 30입니다.
```

   위의 문자열이 입력되면 "10"과 "20"을 정수로 변환한 후에 10과 20을 더하여 그 결과인 30을 화면에 출력하면 된다.

   (1) add, minus, multiply, divide와 같은 다양한 연산을 구현하여 보자.

   (2) 거듭 제곱 연산인 power도 구현하여 테스트하여 보자.

```
문자열을 입력하시오: 10 power 2
연산의 결과는 100입니다.
```

3. 사용자로부터 받은 문자열에서 각각의 문자가 나타나는 빈도를 계산하여 출력하는 프로그램을 작성하라.

```
문자열을 입력하시오: meet at midnight
a: 1
b: 0
c: 0
e: 2
...
```

CHAPTER 03 · 배열과 포인터 125

LAB

본문에서 학습한 내용을 단계적으로 실습할 수 있도록 하였다.

목차

PART 01

프로그래밍 기초

C++
ESPRESSO

01 기초 사항

이 장의 차례

학습목표

- C++ 언어의 역사와 특징에 대하여 살펴본다.
- 변수와 자료형에 대하여 학습한다.
- 연산자와 수식에 대하여 학습한다.
- 입력과 출력에 대하여 학습한다.

1.1 C++ 소개

C++라는 이름이 의미하는 것처럼 C++는 C언어에 객체 지향 프로그래밍 기능을 추가하여 만든 언어이다. C++를 사용하면 C언어처럼 절차적 프로그래밍(procedural programming)을 할 수 있다. 여기에 복잡한 프로그램을 작성하는데 매우 효과적인 방법으로 알려진 객체 지향 프로그래밍(object-oriented programming) 방법을 사용할 수 있다. 또한 템플릿을 이용하는 일반화 프로그래밍(generic programming) 기능까지 추가되었다. 이 개념들은 앞으로 차례대로 학습할 것이다.

그림 1-1 • C++는 세 가지 프로그래밍 방법을 지원한다

C++는 현재에도 고성능 소프트웨어 개발을 위한 탁월한 언어 중의 하나로서 소프트웨어 산업에서 광범위하게 사용된다. C++를 이용하면 운영 체제나 애플리케이션와 같은 다양한 종류의 소프트웨어를 제작할 수 있다.

C++의 역사

C++는 1980년대 초 AT&T 벨연구소의 Bjarne Stroustrup에 의하여 개발되었다. C++는 이름에 ++(증가 연산자)가 들어 있는 것처럼 C언어를 유지하면서 확장한 것이다.

Stroustrup은 1979년부터 C언어에 클래스 개념을 추가한 "C with classes" 언어를 개발하기 시작하였다. Stroustrup은 대규모의 소프트웨어를 개발할 때 Simula라는 언어의 객체 지향 개념이 매우 유용함을 깨달았다. 하지만 Simula는 상당히 느렸고 반면에 C언어는 빠르지만 객체 지향의 개념이 없었다. C++는 C언어에 클래스 개념이 추가되고 이어서 가상 함수, 연산자 중복 정의, 다중 상속, 템플릿, 예외 처리 등의 기능이 차례로 추가되었다. 이 용어들은 모두 이 책의 나머지 부분에서 학습할 것이다.

그림 1-2 • C++언어의 개발자 Bjarne Stroustrup

C++에 대한 표준은 ANSI(American National Standards Institute)와 ISO(International Standard Organization)에 의하여 공동으로 개발되었다. 1993년 3월에 워킹 드래프트를 발표하였고 1997년에 정식으로 표준 지정되었다.

C++의 설계 철학

1994년에 출간된 "The Design and Evolution of C++"에서 Stroustrup은 C++를 설계할 때의 몇 가지 원칙을 다음과 같이 기술하였다.

→ C++는 엄격하게 타입 검사를 하고, 범용 언어로 사용할 수 있으며 C언어만큼 효율적이고 이식성이 높아야 한다.

→ C++는 여러 가지의 프로그래밍 스타일을 지원할 수 있어야 한다. (절차 지향 프로그래밍, 데이터 추상화, 객체 지향 프로그래밍, 일반화 프로그래밍)

→ C++는 만약 잘못될 가능성이 있다고 하더라도 프로그래머가 자유롭게 선택할 수 있도록 설계되어야 한다.

→ C++는 C에서 쉽게 옮겨갈 수 있도록 최대한 C와 호환성이 있어야 한다.
→ C++는 플랫폼에 의존적이거나 일반적이지 않은 특징들은 피해야 한다.
→ C++는 사용되지 않는 특징들 때문에 속도가 느려지면 안 된다.
→ C++는 복잡한 프로그래밍 환경 없이도 실행되어야 한다.

참고사항 ←

Java와 C#은 C++와 어떤 관계가 있을까?

Java는 Sun Microsystem에서 개발된 객체 지향 언어이고 C#은 Microsoft에서 개발되었다. C++는 Java와 C#의 부모에 해당하는 언어라고 할 수 있다. Java와 C#이 C++언어의 특징을 추가하거나 삭제하였지만 전반적인 문법이나 객체 모델은 거의 같다고 할 수 있다. 따라서 C++를 학습한 후에 Java나 C#을 학습하는 것은 비교적 쉽다.
Java나 C#은 다른 종류의 컴퓨터에서도 바로 실행되는 이식성 있는 프로그램을 작성하는데 유용하다. 이것은 Java나 C#이 가상 기계의 코드를 생성하기 때문이다. 하지만 C++는 네이티브 코드를 생성하기 때문에 다른 종류의 컴퓨터에서는 실행이 불가능하다. 하지만 C++는 빠른 속도로 실행이 가능하다는 장점이 있다. 따라서 이식성있는 소프트웨어를 원한다면 Java나 C#이 유리하지만 고성능의 소프트웨어를 목표로 한다면 C++가 최적이다.

Q & A ←

Q: C++언어가 C언어의 상위 집합이라면 C언어를 반드시 배워야 할까?

A: 반드시 C언어를 배워야 하는 것은 아니지만 C언어를 알고 있으면 도움이 된다. C언어는 근본적으로 구조화 프로그래밍에 바탕을 두고 있고 C++언어는 객체 지향을 더 강조한다. 따라서 C언어를 학습한 사람은 절차적보다는 객체 지향적으로 생각하도록 전환하여야 한다.

1.2 객체 지향 프로그래밍의 간단한 소개

C++는 객체 지향 언어이다. 따라서 이 책에서는 객체라는 용어가 많이 등장하게 된다. 객체에 대해서는 2부에서 자세하게 다루겠지만 우선 간단히 객체 지향 프로그래밍에 대하여 알아보자.

객체 지향 프로그래밍(object-oriented programming: OOP)은 실제 세계가 객체(object)들로 구성되어 있는 것과 비슷하게 소프트웨어도 객체 단위로 작성하는 방법이다. 우리가 살고 있는 실제 세계에는 사람, 동물, 건물, 자동차, 시계, 토스터, 세탁기 등의 많은 객체가 존재한다. 객체들은 객체 나름대로의 고유한 기능을 수행하면서 다른 객체들과 상호 작용한다.

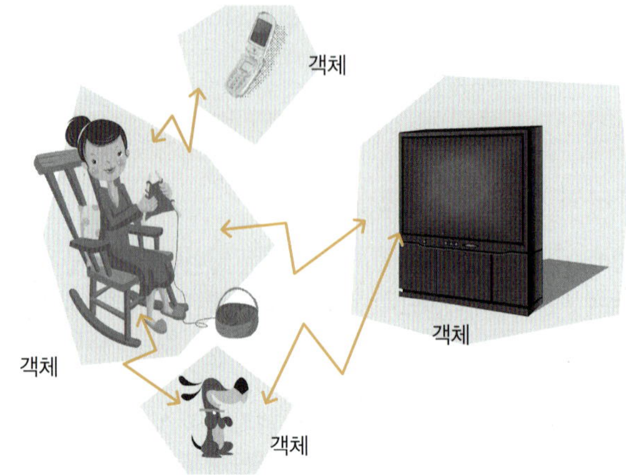

그림 1-3 ● 실제 세계는 서로 상호작용하는 객체들로 이루어진다

예를 들면, 사람이 자동차를 운전하는 상황을 생각해보자. 사람과 자동차는 모두 특정한 기능을 수행하는 객체라고 생각할 수 있고 사람과 자동차는 속도계, 브레이크 페달, 가속 페달 등을 통하여 서로 상호 작용하고 있다.

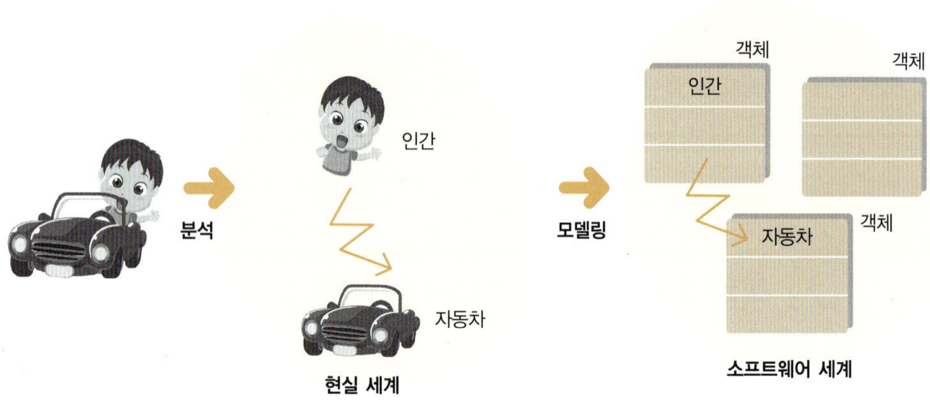

그림 1-4 ● 객체 지향 방법은 현실 세계를 모델링하는 것

소프트웨어 개발에서는 이와 같은 방식을 객체 지향 방법(object-oriented approach)이라고 한다. 다양한 기능을 하는 객체들이 존재하고 이러한 객체들을 조합하여 자기가 원하는 기능을 구현하는 기법이다. [그림 1-4]의 예에서 인간과 자동차는 객체로 표

현되며 이들 객체들이 메시지를 전달하여 서로 상호 작용하면서 원하는 작업을 수행하게 된다.

객체 지향 방법의 최대 목표는 코드의 재사용(reuse)이다. 지금까지의 프로그램 개발이 힘들었던 이유는 다른 사람들이 개발한 유용하고 좋은 코드를 재사용할 수 없었기 때문이다. 다른 사람이 개발한 신뢰성 있는 코드를 쉽게 가져와서 사용할 수 있다면 빠른 시간 안에 우수한 품질의 프로그램을 작성할 수 있을 것이다. 많은 상업적인 회사들이 객체 지향 형태로 제작된 다양한 클래스 라이브러리들을 판매한다.

Q & A

Q: C++언어를 사용하여 프로그램을 작성할 때 반드시 객체 지향을 사용해야 하나?

A: 그렇지는 않다. C++는 프로그래머에게 많은 선택을 가능하게 한다. 전혀 객체 지향을 사용하지 않을 수도 있다. 하지만 대부분의 규모가 큰 소프트웨어를 작성할 때는 객체지향을 사용하는 것이 편리하다.

중간점검

1. 객체 지향 프로그래밍은 ________들을 조합하여서 프로그램을 작성하는 기법이다.
2. 객체 지향 프로그래밍의 시작은 ________년대에 개발된 ________언어이다.

1.3 비주얼 C++

윈도우즈의 대표적인 통합 개발 도구는 마이크로소프트사의 비주얼 C++(Visual C++)이다. 우리가 사용할 비주얼 C++의 버전은 비주얼 C++ 2008이다. 비주얼 C++ 2008은 사용자의 수준에 맞추어 몇 가지의 제품을 제공하고 있다. 학생 및 초보자가 쉽게 배울 수 있는 비주얼 C++ 익스프레스 에디션(Express Edition)을 제공하고 있고, 이 제품은 인터넷에서 무료로 다운로드 받아서 설치할 수 있다(http://www.microsoft.com/express/vc/).

비주얼 C++는 C++언어를 이용하여 여러 가지 형태의 응용 프로그램을 개발할 수 있도록 해주는 통합 개발 도구이다. 여기서 우리가 만들려고 하는 형태는 콘솔(console) 프로그램이다. 콘솔 프로그램은 콘솔 창을 이용하여 텍스트 형태로 입출력을 하는 간단한 프로그램을 의미한다.

프로젝트의 생성

비주얼 C++를 사용하여 프로그램을 작성하려면 먼저 솔루션과 프로젝트에 대하여 이해해야 한다. 솔루션(solution)은 하나의 애플리케이션을 생성하기 위한 프로젝트들의 그룹핑이다.

프로젝트(project)란 하나의 실행 파일을 만드는데 필요한 모든 파일들을 묶어 놓은 것이다. 프로젝트에는 소스 파일, 리소스 파일, 외부 파일과 같은 것들이 포함된다. 먼저 [파일] → [새로 만들기] → [프로젝트] 메뉴를 선택하여 새로운 프로젝트를 만들어 보자. 프로젝트를 생성하면 솔루션은 자동으로 생성된다.

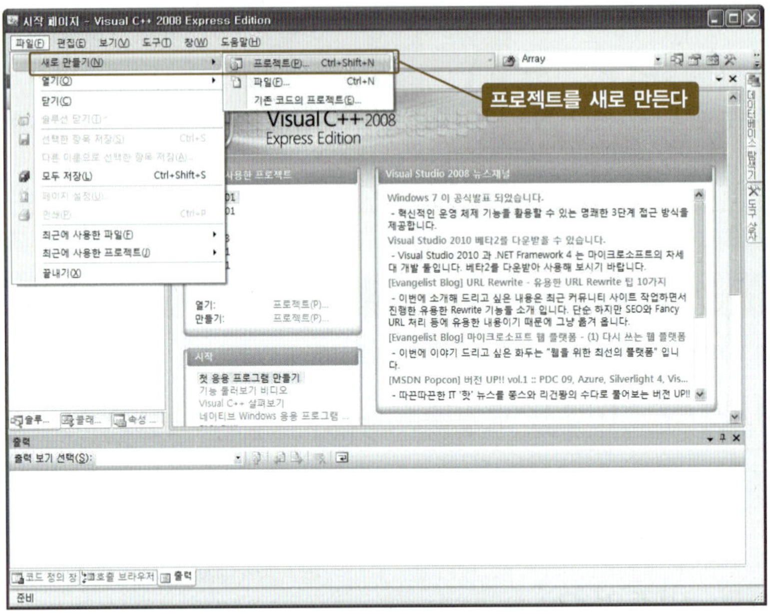

[파일] → [새로 만들기] → [프로젝트]를 선택하면 다음과 같은 화면이 등장한다. 프로젝트 형식으로 [일반]을 선택하고 템플릿은 [빈 프로젝트]를 선택한다. 이어서 새로운 프로젝트의 이름을 입력한다. 프로젝트가 저장되는 폴더는 [찾아보기] 버튼을 클릭하여서 변경할 수 있다. 솔루션의 이름은 자동으로 입력된다.

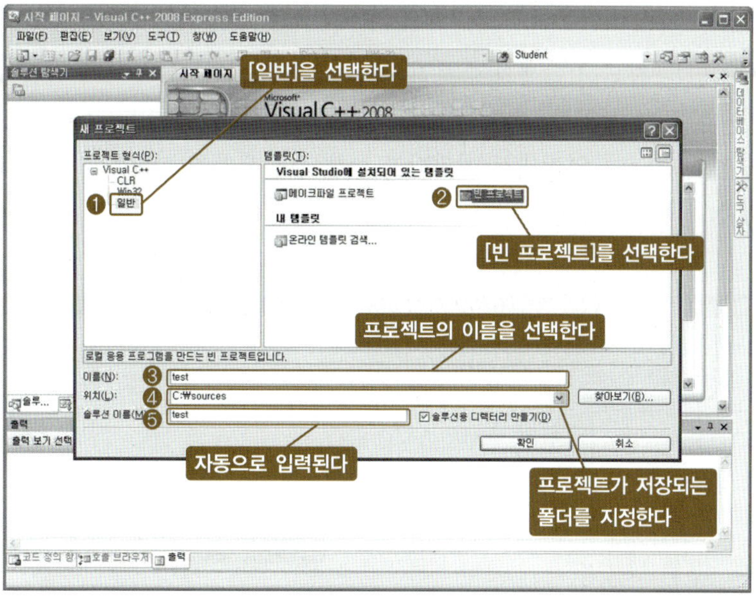

소스 파일의 생성

프로젝트를 만들었으므로 이제는 소스 파일을 생성시켜보자. 소스 파일을 프로젝트에 추가하기 위해서는 [프로젝트] 메뉴에서 [새 항목 추가]를 실행한다. 다음과 같은 화면이 등장한다. 여기서 [코드]와 [C++ 파일(.cpp)]을 선택하고 파일 이름을 입력한다.

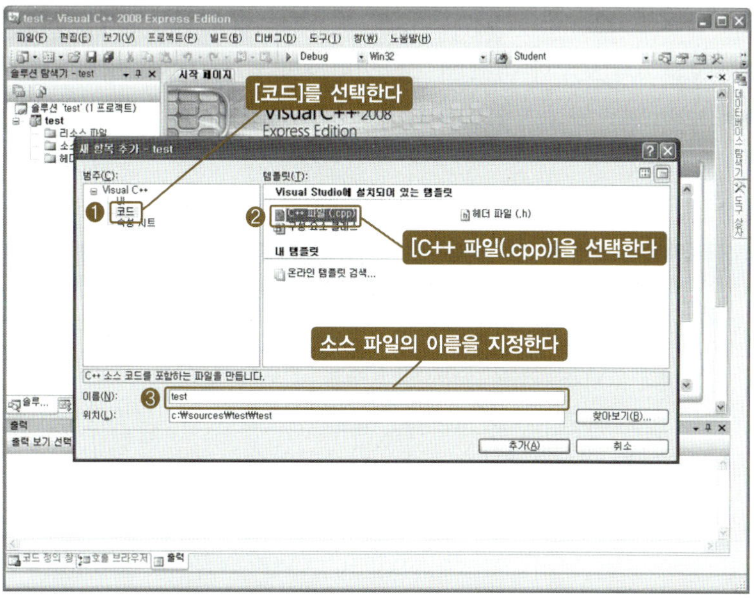

소스 코드의 입력

왼쪽 상단에 있는 솔루션 탐색기에 보면 리소스 파일, 소스 파일, 헤더 파일의 세 가지 폴더가 보인다. 우리가 만든 test.cpp는 소스 파일 폴더에 들어 있다. test.cpp 파일을 더블 클릭하면 test.cpp이 열리면서 에디터가 실행되어 오른쪽 화면에서 소스 코드를 입력할 수 있다.

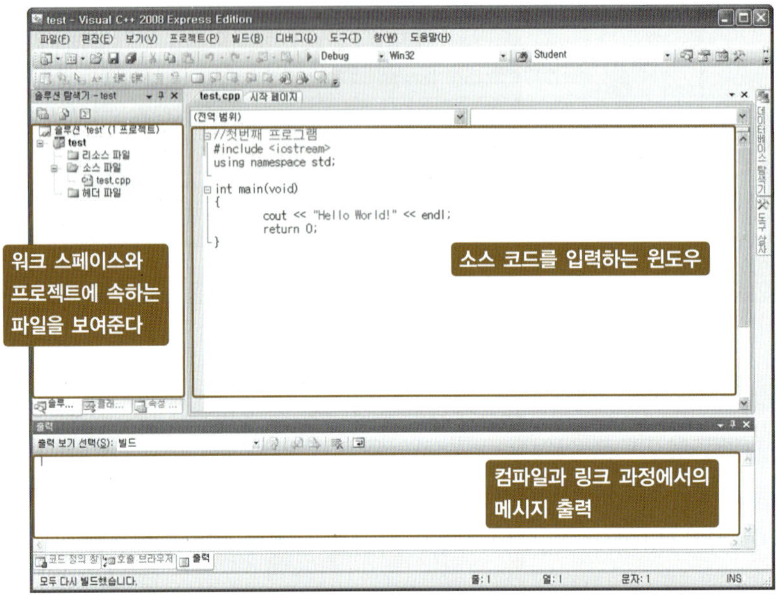

이 상태에서 오른쪽 윈도우에 소스 코드를 입력하면 된다. 위의 그림과 같은 소스 코드를 입력하여 보자. 화면에서 키워드는 파란색, 문자열은 붉은색, 기타는 검정색으로 나타난다.

Q & A

Q: 비주얼 C++를 사용하여 프로그램을 작성하는 경우에 반드시 비주얼 C++에서 지원되는 에디터만을 이용해야 되는가?

A: 다른 에디터를 사용해도 된다. 단, 에디터를 사용하여 파일을 저장할 때 파일의 확장자가 cpp로 끝나야 한다. 확장자가 cpp인 파일은 프로젝트의 [소스 파일]라고 되어 있는 부분에 추가할 수 있다. [소스 파일] 위치에서 마우스 오른쪽 버튼을 누르고 [추가] 메뉴를 선택하면 삽입시킬 파일을 물어본다.

컴파일과 링크

소스 코드를 모두 입력하였으면 컴파일과 링크를 하여 실행 파일을 만들어보자. 컴파일과 링크하려면 [빌드] 메뉴의 [솔루션 빌드]를 선택하면 된다. 소스 파일은 자동으로 저장된다.

아래의 화면은 컴파일과 링크 과정에서 오류와 경고의 숫자가 0이라는 것을 나타낸다. 만약 여러분이 입력하는 과정에서 철자를 잘못 입력하게 되면 오류와 경고가 0이 아닐 수 있다.

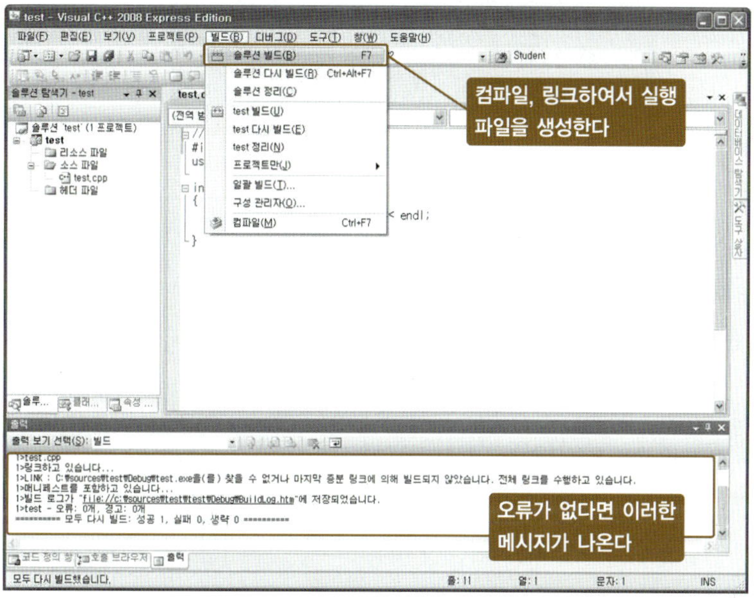

이 경우에는 입력한 소스 코드를 다시 한 번 비교해보며 오류를 수정하고 다시 빌드를 하여야 한다.

프로그램 실행

지금까지 작성한 프로그램을 실행시키려면 [디버그] 메뉴의 [디버깅하지 않고 시작] 메뉴 항목을 선택한다. 만약 실행 시간 오류가 없다면 다음과 같은 MS-DOS 창이 뜨고 여기에 `Hello World!`가 출력된다. 이 상태에서 아무 키나 누르면 프로그램이 종료되고 다시 비주얼 C++로 되돌아간다.

위의 실행 화면에서 계속하려면 아무 키나 누르십시오...는 프로그램의 출력이 아니라 계속 진행하려면 아무 키나 누르라는 안내 메시지이다. 이 메시지는 프로그램을 실행시켰을 때 항상 나오는 메시지이다. `Hello World!`가 예제 프로그램의 출력이 된다.

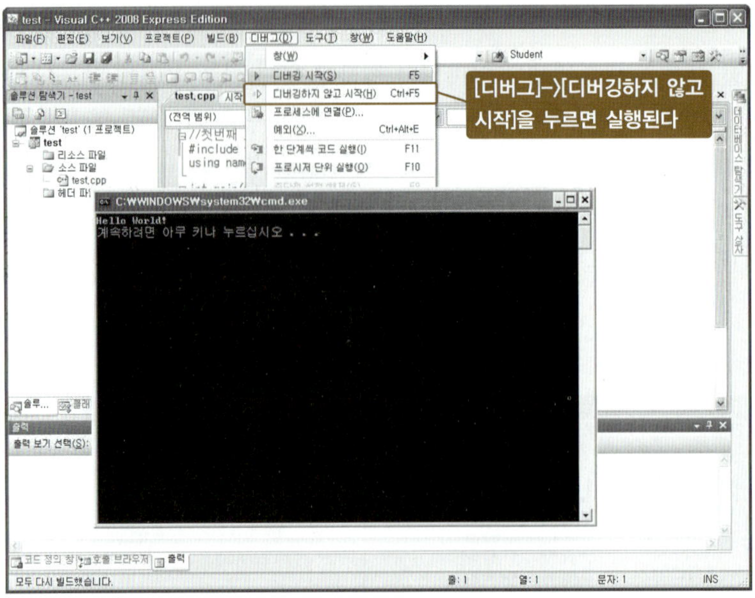

위와 같은 화면이 나오면 프로그램이 성공적으로 실행된 것이다. 이 작은 프로그램에 대한 설명은 다음 절에서 자세하게 살펴보자.

Q & A

Q: Visual C++ 2008 버전에서는 소스 파일, 오브젝트 파일, 실행 파일이 어디에 저장되는 것인가?

A: 소스 파일은 "/지정폴더/솔루션/프로젝트/"에 저장된다.

위의 예에서는 C:/source/test/test/에 test.cpp가 저장되는 것이다. 오브젝트 파일과 실행 파일은 앞의 폴더 안의 debug 폴더에 저장된다.

Q & A

Q: 비주얼 C++로는 윈도우 기반의 프로그램을 작성할 수 없을까?

A: 작성할 수 있다. 예제 프로그램은 명령어 창에서만 실행되지만 C++언어는 근본적으로 윈도우 프로그래밍에 적합하다. 실제로 C++는 윈도우 기반의 프로그래밍에서 가장 많이 사용되는 언어이다. 본서에서 윈도우 프로그램을 예제로 제시하지 않는 이유는 윈도우 기반 프로그램들이 기본적으로 크기가 상당히 크고 복잡하기 때문이다. 콘솔 기반의 프로그램은 상대적으로 크기가 작다.

중간점검

1. 새로운 프로젝트를 생성하고 프로젝트에 소스 파일을 추가하는 메뉴는 무엇인가?
2. 프로젝트에 속하는 소스 파일을 컴파일하여 실행하는 메뉴는 무엇인가?
3. C언어에서는 대문자와 소문자를 구별하는가?

1.4 첫 번째 프로그램 분석

앞에서 컴파일하여 실행해본 test.cpp 프로그램을 분석하여 보자.

test.cpp

```
// 첫 번째 프로그램        <------- 주석

#include <iostream>       <------- 헤더 파일
using namespace std;      <------- 이름 공간 설정

int main(void)
{
    cout << "Hello World!"<< endl;
    return 0;
}
```

실행결과

```
Hello World!
```

// 첫 번째 예제 프로그램

위의 문장은 주석(comment)이다. 주석이란 코드를 설명하는 글이다. 주석의 목적은 소스 코드의 동작을 기술하거나 설명하는 것이다. 두 가지 종류의 주석을 사용할 수 있다. 하나는 C언어에서도 사용하였던 /* ... */이고 또 하나는 //이다. /* ... */에서는 /*부터 */까지가 주석으로 간주된다. //에서는 //부터 줄의 마지막까지가 주석으로 취급된다.

#include 〈iostream〉

위의 문장은 iostream이라는 헤더 파일을 포함시키라는 전처리기(preprocessor) 지시어이다. iostream에서는 입출력에 필요한 클래스들이 정의되어 있다. 따라서 입출력을 위하여 cin과 cout과 같은 객체를 사용하려면 반드시 iostream 파일을 포함시켜야 한다.

그림 1-5 ● 헤더 파일 포함

using namespace std;

프로그램에서는 변수 이름이나 함수 이름과 같은 수많은 이름(식별자)들이 사용되고 이들 이름들은 이름 공간(name space)이라고 하는 영역으로 분리되어 저장된다.

그림 1-6 ● 이름 공간

이름 공간이 다르면 동일한 이름을 사용할 수 있다. 예를 들어 [그림 1-6]을 보자. LibraryA라는 이름 공간과 LibraryB라는 이름 공간에서는 모두 print라고 하는 동일한 이름을 사용할 수 있다. 우리가 모임에서 자기 소개를 할 때 김철수라는 이름이 여럿 있으면 "인사팀에 있는 김철수입니다"라고 소개하는 것과 마찬가지이다.

C++에서 이름을 사용할 때에는 반드시 "공간:이름"와 같이 공간명을 이름 앞에 붙여야 한다. 출력을 담당하는 객체인 cout은 std라고 하는 이름 공간에 속한다. 따라서 cout은 원칙적으로 다음과 같이 사용하여야 한다.

```
std::cout << "Hello World!" << endl;
```

하지만 이름 앞에 매번 std를 붙이는 것은 번거롭다. 이런 경우에 사용할 수 있는 것이 using 지시어이다.

```
using namespace std;
```

위의 문장은 우리가 현재 사용하는 이름 공간을 std로 설정하는 문장이다. 따라서 std 안의 모든 이름은 std를 붙이지 않고서도 사용할 수 있다.

int main(void)

위의 문장은 main() 함수를 정의하는 문장이다. 함수(function)란 특정한 작업을 수행하는 코드의 집합이다. 함수는 입력이 주어지면 출력을 만들어내는 블랙 박스와 같다.

그림 1-7 • 함수

하나의 프로그램은 여러 개의 함수들로 이루어진다. 그러나 우리는 당분간 main() 함수만을 사용할 것이다. main() 함수는 특별한 의미가 있다. 왜냐하면 모든 C 프로그램은 main()에서 시작하기 때문이다. 따라서 모든 C 프로그램에는 반드시 하나의 main() 함수가 있어야 한다.

간단하게 함수에 대해 알아보자. int main(void)은 함수의 이름과 함수의 입출력을 나타낸다. int, main, void는 C++언어에서 모두 미리 정해진 단어로, 키워드(keyword)라고 한다. int main(void)에서 int는 출력 타입이고 main은 함수 이름, void는 입력 타입을 의미한다. 함수 main은 void 형태의 입력을 받아 처리하여 출력을 int 형태로 내

보낸다는 것을 의미한다. void는 비어있다는 뜻이므로 이는 입력이 없다는 것을 의미한다. int는 정수 타입을 나타낸다. 따라서 출력은 정수 형태임을 알 수 있다. 함수의 몸체는 {로 시작해서 }로 종료한다.

cout << "Hello World!" << endl;

위의 문장은 콘솔 화면에 "Hello World!"라는 문자열을 출력하고 이어서 endl을 출력하는 문장이다. cout은 화면에 데이터를 출력하는 작업을 맡은 객체이다. endl은 화면의 줄을 바꾸는 제어 문자이다. endl이 화면으로 출력되면 화면의 커서가 새로운 줄로 이동하게 된다. endl은 '\n'과 같다.

return 0;

return은 함수가 작업을 끝내고 작업의 결과를 반환할 때 사용된다. return 0; 문장이 실행되면 main() 함수는 작업을 끝내고 외부로 0값을 반환한다. 여기서 외부라고 하는 것은 이 프로그램을 실행시킨 윈도우 XP와 같은 운영 체체를 가리킨다. 0의 값은 프로그램이 정상적으로 종료했음을 나타낸다.

참고사항 ←

C++는 C언어의 확장이다. 따라서 기존의 printf()나 scanf()도 얼마든지 사용이 가능하다. 만약 cout과 cin이 마음에 들지 않으면 printf()나 scanf()를 사용하도록 하자. 단 이 경우, stdio.h 헤더 파일을 포함하여야 한다.

참고사항 ←

C언어에 익숙한 독자들은 왜 헤더 파일의 끝에 .h를 붙이지 않는지 궁금할 것이다. C++에서는 기존의 C 헤더 파일에만 .h를 붙이고 C++ 헤더 파일에는 .h를 붙이지 않기로 했다.

1.5 변수와 자료형

변수

변수(variable)는 데이터를 담아두는 상자와 같다고 생각할 수 있다. 앞으로 변수들은 모두 상자로 그려질 것이다. 상자들은 식별을 위하여 이름표를 붙이기도 한다. 변수도 마찬가지여서 변수와 변수를 구별하기 위하여 이름을 붙여준다. [그림 1-8]에서 상자의 앞면에 표시되어 있는 i가 변수의 이름이다. 변수가 가지고 있는 값은 언제든지 다른 값으로 변경이 가능하다.

그림 1-8 • 변수는 데이터를 담아두는 상자와 같다

상수

반면에 프로그램에는 값이 변하지 않는 데이터들도 있다. 예를 들어 원의 면적을 계산하려면 원의 반지름을 제곱한 후에 원주율인 3.14를 곱해야 한다.

```
area = 3.14 * radius * radius;
```

여기서 3.14와 같은 데이터를 상수(constant)라고 한다. 상수는 프로그램이 실행되는 동안에 값이 변경되지 않는다.

그림 1-9 • 변수와 상수

자료형

변수는 상자와 같다고 하였다. 우리가 일상 생활에서 사용하는 상자에 여러 가지 종류가 있는 것처럼 변수에도 여러 가지 종류가 존재한다. 정수를 저장할 수 있는 변수도 있고 실수를 저장할 수 있는 변수도 있다. 데이터의 종류를 자료형(data type)이라고 한다.

자료형을 크게 나누면 정수형(integer type)과 문자형(character type), 부동 소수점형(floating-point type)으로 나눌 수 있다. 정수형은 정수 타입의 데이터를 저장할 수 있다.

문자형은 하나의 문자를 저장할 수 있다. 정수형은 저장할 수 있는 정수의 크기에 따라서 short, int, long으로 나누어진다.

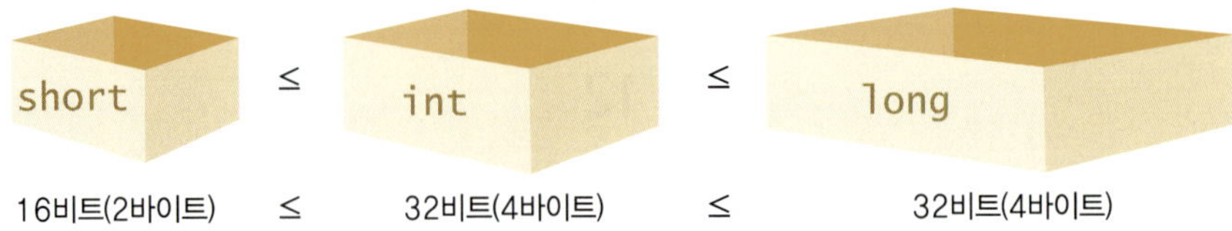

그림 1-10 ● C++에서는 short, int, long형을 이용하여 정수를 표현한다

부동 소수점형은 실수 타입의 데이터를 저장한다. C++에서는 float, double의 두 가지 자료형으로 실수를 나타낸다.

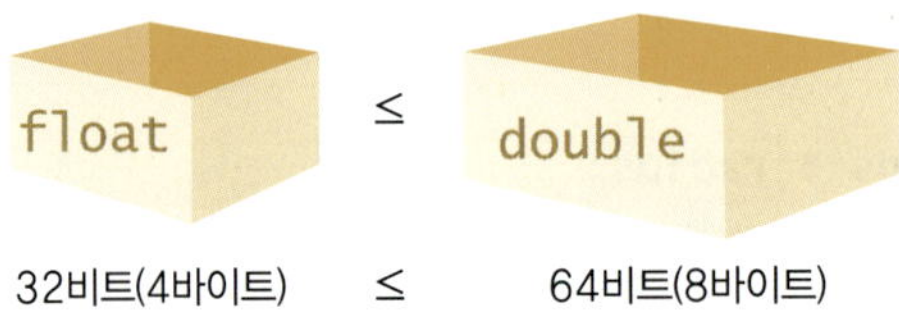

그림 1-11 ● C++에서는 float, double형을 이용하여 실수를 표현한다

[표 1-1]에 여러 가지 자료형들을 간단히 정리하였다. char 변수는 문자를 저장할 수 있는 1 바이트의 공간을 차지하며 int 변수는 정수 계산을 위한 가장 자연스러운 크기가 된다(통상적으로 4바이트).

표 1-1 ● 기본 자료형

자료형			설명	바이트수	범위
정수형	부호 있음	short	short형 정수	2	-32768~32767
		int	정수	4	-2147483648~2147483647
		long	long형 정수	4	-2147483648~2147483647
	부호 없음	unsigned short	부호 없는 short형 정수	2	0~65535
		unsigned int	부호 없는 정수	4	0~4294967295
		unsigned long	부호 없는 long형 정수	4	0~4294967295
문자형	부호 있음	char	문자 및 정수	1	-128~127
	부호 없음	unsigned char	문자 및 부호 없는 정수	1	0~255
부동 소수점형		float	단일정밀도 부동 소수점	4	1.2E-38~3.4E38
		double	두배정밀도 부동 소수점	8	2.2E-308~1.8E308
부울형		bool	참이나 거짓을 나타낸다	1	true, false

bool형

bool형은 최근에 C++ ANSI/ISO 표준으로 추가되었다. bool형의 변수는 참(true) 또는 거짓(false)만을 가질 수 있다. 주로 선택문이나 반복문에서 조건을 나타내는데 사용된다.

전통적으로 C언어에서는 0을 거짓으로 간주하고 0이 아닌 값은 참으로 사용해왔다. 하지만 이것은 많은 혼란을 야기하여서 장점보다는 단점이 더 부각되었다. 예를 들어 많은 사람들의 예상과 달리 −1과 같은 음수도 참으로 간주된다. bool형을 사용하면 참과 거짓만을 가지는 변수를 생성할 수 있다.

변수 선언

변수는 사용하기 전에 반드시 미리 선언하여야 한다. 변수 선언이란 컴파일러에게 어떤 변수를 사용하겠다고 미리 알리는 것이다. 변수를 선언하려면 원하는 자료형을 쓰고 이어서 변수 이름을 쓰면 된다.

형식 자료형 변수 이름;

예 `int value;`

설명 value가 int 타입의 변수라는 것을 선언한다. 선언(declaration)이란 변수의 이름을 프로그램에 소개하는 문장이다.

변수가 선언되면 변수의 값은 아직 정의되지 않은 상태가 된다. 변수 선언과 동시에 값을 넣는 방법은 변수 이름 뒤에 대입 연산자 =를 놓고 초기값을 적어 넣는 것이다. 이것을 변수의 초기화(initialization)라고 한다.

```
char c = 'a';
int i = 7;
double interest_rate = 0.05;
```

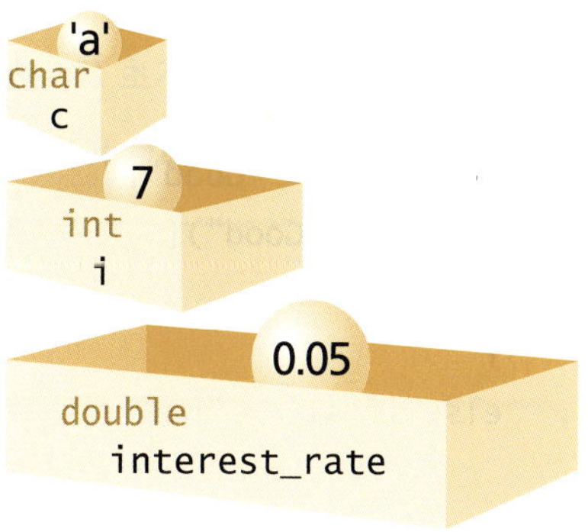

그림 1-12 ● 변수의 선언과 초기화

문자열

C++는 문자열을 위한 string 타입을 제공한다. string 타입을 사용하면 문자열의 결합을 + 연산자를 사용하여서 매우 쉽게 할 수 있다. 예를 들어보자.

출력

cout은 콘솔에 데이터를 출력하는 작업을 맡고 있는 객체이다. 객체를 정의하는 방법은 4장부터 본격적으로 다루어질 것이다. 그때까지는 객체를 사용하는 방법만 알고 있으면 된다. cout은 << 연산자를 통하여 출력할 대상을 받는다. cout을 사용하는 기본 형식은 다음과 같다.

형식 cout << 값

설명 값을 텍스트로 변환하여 표준 출력 스트림에 출력한다.

예 cout << "Hello World!";

값들을 화면에 출력하려면 다음과 같이 한다. 다음 문장은 100이라는 값을 화면에 출력한다.

```
cout << 100;
```

변수 i의 값을 화면에 출력하려면 다음과 같이 한다.

```
int i = 100;
cout << i;
```

문자열이나 변수의 값을 혼합하여 출력하는 것도 가능하다.

```
int i = 100;
cout << "변수 i의 값은";
cout << i;
cout << "입니다."
cout << endl;
```

위 문장을 실행하면 화면에 "변수 i의 값은 100입니다."라는 출력 결과가 나오게 된다.

cout에 문자를 보내면 수치값이 아니라 문자로 출력된다. C++에서 문자는 'x'와 같이 작은 따옴표로 둘러쌓아서 나타낸다.

```
cout << 'x';
cout << 'y';
cout << 'z';
```

화면에는 xyz가 출력된다.

만약 출력할 데이터가 여러 개라면 다음과 같이 <<을 여러 번 이어서 사용하면 된다.

```
cout << "변수 i의 값은" << i << "입니다." << endl;
```

위의 문장은 "변수 i의 값은"이라는 문자열을 출력하고 이어서 변수 i의 값을 출력하고 마지막으로 "입니다."를 출력하라는 의미이다.

C언어의 printf()와는 달리 %d나 %f를 사용하지 않아도 cout은 스스로 변수의 자료형에 따라 적절하게 출력할 수 있다.

```
int i;
float f;
cout << i; // 정수 형식으로 i의 값이 출력된다.
cout << f; // 실수 형식으로 f의 값이 출력된다.
```

입력

C++에서 입력을 담당하는 객체는 무엇일까? cin이 그것이다. 키보드로부터 데이터를 입력받으려면 다음과 같은 형식을 사용하면 된다.

형식 cin >> 변수

설명 키보드에서 데이터를 읽어서 변수에 저장한다.

예 cin >> value;

cin도 변수의 타입에 따라서 자동적으로 입력 형식이 결정된다. 즉, int 타입의 변수가 지정되면 자동적으로 100과 같은 정수 형식으로 읽어서 변수에 저장하고 float 타입의 변수인 경우에는 자동적으로 3.14와 같은 실수 형식으로 읽어서 저장하게 된다.

```
int main(void)
{
   int i;
   cin >> i;   // 정수를 읽어서 i에 저장

   double f;
   cin >> f;   // 실수를 읽어서 f에 저장
   return 0;
}
```

문자열은 cin에서 string 타입의 변수로 읽으면 된다. 간단한 예로 이름을 받아서 환영 메시지를 출력하는 코드를 만들어보면 다음과 같다.

cin.cpp

```
#include <iostream>
#include <string>
using namespace std;

int main(void)
{
    string name;
    cout << "이름을 입력하시오: ";
    cin >> name;      <------ 문자열이 name으로 입력된다.
    cout << name << "을 환영합니다." << endl;
    return 0;
}
```

실행결과

```
이름을 입력하시오: 홍길동
홍길동을 환영합니다.
```

중간점검

1. "변수 i의 값: "과 변수 i의 값을 이어서 출력하는 출력문을 작성하라.
2. 키보드로부터 double형의 실수를 받아서 변수 n에 저장하는 문장을 작성하라.
3. 키보드로부터 문자열을 받아서 변수 s에 저장하는 문장을 작성하라.

1.7 수식과 연산자

수식이란?

수식이란 피연산자들과 연산자의 조합이라고 할 수 있다. 연산자(operator)는 어떤 연산을 나타내는 기호를 의미한다. 피연산자(operand)는 연산의 대상이 되는 것이다. 수식 `3.14 * radius`에서 `3.14`와 `radius`는 피연산자이고 `*`는 연산자이다.

그림 1-13 ● 연산자와 피연산자

모든 수식은 값을 갖는다. 예를 들어 수식 100*20의 값은 2000이 된다.

연산자의 분류

연산자는 기능에 따라 다음과 같이 분류할 수 있다.

표 1-2 ● 연산자의 분류

연산자의 분류	연산자	의미
할당	=	오른쪽을 왼쪽에 할당
산술	+ - * / %	사칙연산과 나머지 연산
부호	+ -	양수와 음수 표시
증감	++ --	증가, 감소 연산
관계	> < == != >= <=	오른쪽과 왼쪽을 비교
논리	&& || !	논리적인 AND, OR
조건	?	조건에 따라 선택
콤마	,	피연산자들을 순차적으로 실행
비트 단위 연산자	&	^ ~ << >>	비트별 AND, OR, XOR, 이동, 반전
sizeof 연산자	sizeof	자료형이나 변수의 크기를 바이트 단위로 반환
형변환	(type)	변수나 상수의 자료형을 변환
포인터 연산자	* & []	주소 계산, 포인터가 가리키는 곳의 내용 추출
구조체 연산자	. ->	구조체의 멤버 참조

또한 피연산자의 수에 따라서 단항, 이항, 삼항 연산자로 나누어진다. C++는 상당히 많은 종류의 연산자를 제공하는데 이런 풍부한 연산자 지원이 C++의 큰 장점이기도 하다. 제공하는 연산자가 많다는 것은 그만큼 데이터를 가공할 수 있는 능력이 탁월하다는 뜻이며 이런 연산자들을 자유자재로 사용할 수 있으면 복잡한 연산을 간단하게 처리할 수 있다.

중간점검

1. 수식(expression)이란 어떻게 정의되는가?
2. 상수 10도 수식이라고 할 수 있는가?
3. 아래의 수식에서 피연산자와 연산자를 구분하여 보라.
   y = 10 + 20;
4. 연산자를 단항 연산자, 이항 연산자, 삼항 연산자로 나누는 기준은 무엇인가?

산술 연산자

표 1-3 ● 산술 연산자

연산자 기호	의미
x+y	x와 y를 더한다
x-y	x에서 y를 뺀다
x*y	x와 y를 곱한다
x/y	x를 y로 나눈다
x%y	x를 y로 나눌 때의 나머지값

산술 연산자 중에서 나머지 연산자 %는 생각보다 많이 사용되는 중요한 연산자이다. x%y는 x를 y로 나누어서 남은 나머지를 반환한다. 예를 들어 10%3은 1이다. 10을 3으로 나누면 몫은 3이고 나머지는 1이 된다. 나머지 연산자를 이용하면 짝수와 홀수를 쉽게 구분할 수 있다는 것이다. 즉, 어떤 수 x를 2로 나누어서 나머지가 0이면 짝수이다.

예제로 초 단위의 시간을 받아서 몇 분 몇 초인지를 계산하여 보자. 1000초가 몇 분 몇 초에 해당하는지를 계산할 수 있다.

modulo.cpp

```
#include <iostream>
using namespace std;

int main()
{
   int input, minute, second;
   const int SEC_PER_MINUTE=60;

```

```
    cout << "초단위의 시간을 입력하시요:(32억초이하) ";
    cin >> input;        // 초단위의 시간을 읽는다.

    minute = input / SEC_PER_MINUTE;  // 몇 분
    second = input % SEC_PER_MINUTE;  // 몇 초

    cout << input << "초는 " << minute << "분 " << second << "초 입니다." << endl;

    return 0;
}
```

실행결과

```
초단위의 시간을 입력하시요:(32억초이하) 1000
1000초는 16분 40초 입니다.
```

관계 연산자

관계 연산자(relational operator)는 두 개의 피연산자를 비교하는데 사용된다. 예를 들면 "x와 y가 같은가?", "x가 y보다 큰가?" 등을 따지는데 사용된다. 관계 연산자의 결과는 참(true) 아니면 거짓(false)으로 계산된다. C++에서는 다음과 같은 여섯 가지의 관계 연산자를 사용한다.

표 1-4 ● 관계 연산자

연산자 기호	의미
x == y	x와 y가 같은가?
x != y	x와 y가 다른가?
x > y	x가 y보다 큰가?
x < y	x가 y보다 작은가?
x >= y	x가 y보다 크거나 같은가?
x <= y	x가 y보다 작거나 같은가?

사용자로부터 두 개의 정수를 받아서 관계 연산자를 적용하고 결과값을 출력하여 보자.

relational.cpp

```
#include <iostream>
using namespace std;
```

```cpp

int main()
{
    int x, y;
    bool r1, r2, r3, r4;

    cout << "첫 번째 정수를 입력하시오: ";
    cin >> x;
    cout << "두 번째 정수를 입력하시오: ";
    cin >> y;

    r1 = (x == y);
    r2 = (x != y);
    r3 = (x >= y);
    r4 = (x <= y);

    cout.setf(cout.boolalpha);
    cout << r1 << endl;
    cout << r2 << endl;
    cout << r3 << endl;
    cout << r4 << endl;

    return 0;
}
```

관계 수식

bool 변수의 값을 1과 0 대신에 true와 false로 출력하도록 설정

실행결과

```
첫 번째 정수를 입력하시오: 10
두 번째 정수를 입력하시오: 20
false
true
false
true
```

위의 실행 결과를 보면 bool 변수에 관계 수식의 결과값을 저장하였다. cout.setf()는 bool 변수의 값이 "true"나 "false"로 출력되게 한다.

참과 거짓

C++에 bool 타입이 도입되기 전까지는 참과 거짓을 나타낼 때 정수값을 사용하였다. 0의 값은 거짓으로 간주되었고 0을 제외한 모든 값은 참으로 간주되었다. 관계 연산자나 논리 연산자는 수식이 참이면 1을 생성하였고 거짓이면 0을 생성하였다.

현재에도 예전 프로그램과의 호환성을 위하여 C++에서는 bool 타입과 int 타입이 서로 호환된다. 다음과 같은 수식도 허용된다.

```
int n;
n = (x == y); // x와 y가 같으면 n은 1이고 그렇지 않으면 0이다.
```

논리 연산자

논리 연산자는 여러 개의 조건을 조합하여 참인지 거짓인지를 따질 때 사용한다. 예를 들어 "비가 오지 않고 휴일이면 테니스를 친다"라는 문장에는 "비가 오지 않는다" 라는 조건과 "휴일이다"라는 조건이 동시에 만족이 되면 테니스를 친다는 의미가 포함되어 있다. C++에는 조건들을 다양하게 묶을 수 있는 연산자들이 준비되어 있다.

표 1-5 ● 논리 연산자

연산자 기호	사용 예	의미
&&	x && y	AND 연산, x와 y가 모두 참이면 참, 그렇지 않으면 거짓
||	x || y	OR 연산, x나 y중에서 하나만 참이면 참, 모두 거짓이면 거짓
!	!x	NOT 연산, x가 참이면 거짓, x가 거짓이면 참

AND 연산자는 두 개의 피연산자가 모두 참일 때만 연산 결과가 참이 된다.

```
(x == 3) && (y == 3)
```

위의 수식에서 x의 값이 3이고 y의 값이 3인 경우에만 참이 된다. 만약 어느 하나라도 3이 아니면 전체 수식의 값은 거짓이 된다.

OR 연산자는 하나의 피연산자만 참이면 연산 결과가 참이 된다.

```
(x == 3) || (y == 3)
```

위의 수식에서 x나 y 중에서 하나만 3이면 전체 수식은 참이 된다.

NOT 연산자는 피연산자의 값을 반대로 만든다. 참이면 거짓으로, 거짓이면 참으로 만든다.

```
!(x == 3)
```

위의 수식의 값은 x가 3이면 거짓이 되고 x가 3이 아니면 참이 된다.

하나의 예제로 윤년인지 아닌지를 판단하는 조건을 만들어보자. 윤년은 다음의 조건을 만족해야 한다.

❶ 4로 나누어 떨어지는 연도는 윤년으로 한다. (2004년, 2008년, …)
❷ 100으로 나누어 떨어지는 연도는 평년으로 한다. (2100년, 2200년, …)
❸ 400으로 나누어 떨어지는 연도는 윤년이다. (1600년, 2000년, …)

만약 year라고 하는 변수에 연도가 입력되어 있을 때 위의 조건을 수식으로 만들어 보면 다음과 같다.

```
(((year % 4 == 0) && (year % 100 != 0)) || (year % 400 == 0))
```

위의 식은 year이 윤년이면 참이고 윤년이 아니면 거짓이다.

leapyear.cpp

```cpp
#include <iostream>
using namespace std;

int main()
{
    int year;
    bool result;

    cout << "연도를 입력하시오: ";
    cin >> year;

    result = (((year % 4 == 0) && (year % 100 != 0)) || (year % 400 == 0));
    cout.setf(cout.boolalpha);
    cout << result << endl;

    return 0;
}
```

실행결과

```
연도를 입력하시오: 1600
true
```

프로그램 설명

1 입출력 라이브러리 함수를 위한 헤더 파일을 포함한다.

6 `int`형 변수 `year`와 `bool`형 변수 `result`를 선언한다.

9 사용자로부터 연도를 입력받아서 변수 `year`에 저장한다.

12 윤년을 판단하는 조건식을 계산하여 결과값을 `result`에 저장한다. 여기서 논리 연산자 &&가 ||에 비해 우선순위가 높지만 가독성을 위하여 괄호를 사용하였다.

13 `result`의 값을 `cout`을 이용하여 화면에 출력한다.

연산자의 우선순위

많은 연산자들 중에서 어떤 연산이 먼저 실행되는지가 우선순위(precedence)이다. 우선순위는 많이 사용되는 표현을 괄호 없이 실행할 수 있도록 부여된다. 예를 들어서

```
if( i > 0   &&   i < 100 )
```

은 "i가 0보다 크고 i가 100 보다 작으면"이라는 의미가 된다. 다음과 같이 괄호를 사용한 문장과 마찬가지의 의미이다.

```
if( (i > 0)   &&   (i < 100) )
```

만약 프로그래머가 우선순위를 기억할 수 없는 경우에는 반드시 괄호를 사용하여야 한다. 예를 들어서 다음과 같은 수식은 일반적으로 생각하는 것과 다르게 실행된다.

```
if( x && y == 0 )      // x && (y == 0) 과 같다.
```

위의 경우에는 == 연산자가 && 보다 우선순위가 높으므로 먼저 실행된다. &&를 먼저 실행시킬려면 반드시 괄호를 사용하여야 한다.

```
if( (x && y) == 0 )
```

표 1-6 ● 연산자의 우선순위

우선순위	연산자	결합 규칙
1	() [] -> . ++(후위) --(후위)	->(좌에서 우)
2	sizeof &(주소) ++(전위) --(전위) ~ ! *(역참조) +(부호) -(부호), 형변환	<-(우에서 좌)

3	*(곱셈) / %	->(좌에서 우)
4	+(덧셈) -(뺄셈)	->(좌에서 우)
5	<< >>	->(좌에서 우)
6	< <= >= >	->(좌에서 우)
7	== !=	->(좌에서 우)
8	&(비트연산)	->(좌에서 우)
9	^	->(좌에서 우)
10	|	->(좌에서 우)
11	&&	->(좌에서 우)
12	||	->(좌에서 우)
13	?(삼항)	<-(우에서 좌)
14	= += *= /= %= &= ^= |= <<= >>=	<-(우에서 좌)
15	,(콤마)	->(좌에서 우)

[표 1-6]에서 같은 행에 있는 연산자들의 우선순위는 같다.

연산자의 결합규칙

만약 같은 우선순위를 가지는 연산자들이 여러 개가 있으면 어떤 것을 먼저 수행하여야 하는가? 이것도 연산자마다 달라진다. 산술 연산자의 경우에는 왼쪽에서 오른쪽으로 연산이 수행된다. 예를 들면 다음 수식에서 *와 % 연산자는 동일한 우선순위를 가지고 있으므로 *가 %보다 먼저 수행된다. 이것이 연산자의 결합 규칙(association)이다.

```
result = x * y % z;
         ❶   ❷
```

예제 #1

prec.cpp

```
 #include <iostream>
using namespace std;

int main()
{
   int x = 0, y = 0, z = 0;

```

```
8      cout << (2 > 3 || 6 > 7) << endl;
9      cout << (2 || 3 && 3 > 2) << endl;
10     cout << (x = y = z = 1) << endl;
11     cout << (- ++x + y--) << endl;
12
13     return 0;
14  }
```

실행결과

```
0
1
1
-1
```

프로그램 설명

8 관계 연산자가 논리 연산자보다 우선순위가 높으므로 먼저 계산된다. 2 > 3도 거짓이고 6 > 7도 거짓이므로 전체 수식도 거짓이 된다. 따라서 연산의 최종 결과값은 0이 된다.

9 관계 연산자가 논리 연산자보다 우선순위가 높으므로 3 > 2가 먼저 계산되어서 값이 참(1)이 된다. 다음에는 && 연산자가 || 연산자보다 우선순위가 높으므로 먼저 계산된다. 3 && 1이 되어 계산값이 1이 된다. 최종적으로 2 || 1이 계산되고 최종 결과값은 1이 된다.

10 대입 연산자는 결합 방향이 오른쪽에서 왼쪽이다. 따라서 제일 먼저 z = 1이 수행되어서 x = y = 1이 된다. 다시 y = 1이 먼저 수행되고 x = 1이 맨 나중에 수행된다. 전체 수식의 값은 1이 된다.

11 -(부호) 연산자와 ++연산자의 우선순위는 같다. 따라서 결합 규칙에 의하여 연산이 진행된다. 결합 방향은 오른쪽에서 왼쪽이 된다. 따라서 먼저 ++연산이 x에 적용되고 다음에 부호연산자 -가 적용된다. 그리고 후위 -- 연산자의 우선순위는 제일 높지만 수식을 계산하고 나서 수행된다. 따라서 -3 +3이 되어서 전체 수식의 결과값은 0이 된다.

중간점검

1. 관계 수식의 결과로 생성될 수 있는 값은 무엇인가?
2. (3 >= 2) + 5의 값은?
3. 다음의 조건에 해당하는 논리 연산식을 만들어보자. 변수는 적절하게 선언되어 있다고 가정한다.
   "무주택 기간 3년 이상, 가구주의 연령이 40세 이상, 가족의 수가 3명 이상"
4. 수식 !3의 값은?
5. 단축 계산의 예를 들어보라.

6. 연산자 중에서 가장 우선순위가 낮은 연산자는 무엇인가?
7. 논리 연산자인 &&와 || 중에서 우선순위가 더 높은 연산자는 무엇인가?
8. 단항 연산자와 이항 연산자 중에서 어떤 연산자가 더 우선순위가 높은가?
9. 관계 연산자와 산술 연산자 중에서 어떤 연산자가 더 우선순위가 높은가?

EXERCISE
C++ ESPRESSO

1. 절차적 프로그래밍과 객체 지향 프로그래밍을 비교하여 보라. 인터넷을 참조하자.

프로그래밍 방법	개요	프로그램 작성 단위	대표적인 언어
절차 지향 프로그래밍			
객체 지향 프로그래밍			

2. 다음 프로그램에 존재하는 모든 오류를 수정하고 각 문장에 주석을 붙여보라.

```
#include <iostream.h>

void main(int)
{
   cin << 'Hello World!\n';
   cout << "C++ is fast\";
   return 0;
}
```

3. 다음의 설명에 적합한 변수 선언문을 작성하라.

(1) 정수를 저장하는 변수 sum

(2) 유효숫자가 여덟 자리인 부동소수점수를 저장하는 변수 rate

(3) 문자를 저장하는 변수 answer

(4) 부동소수점수를 저장하는 변수로서 초기값이 7.86e + 10인 변수 distance

4. 다음의 설명에 해당하는 문장을 작성하라.

(1) 정수 10과 20의 합을 정수형 변수 result에 저장한다.

(2) 실수 10.34과 20.67의 합을 부동소수점형 변수 result에 저장한다.

5. 다음의 코드에서 잘못된 부분을 모두 수정하라.

```
#include <iosteam>
using namespace std;

int main()
{
    int x, y = 0;                    // x와 y를 모두 0으로 초기화
    char grade = "A";                // 문자 A의 아스키 코드를 grade에 대입
    double rate = 10 ^ 10;           // rate에 1×10^10을 대입
    int salary = 2,000,000;          // salary에 2,000,000을 대입

    return 0;
}
```

6. 다음 수식의 값과 타입은 무엇인가?

(1) `6 / 5`

(2) `6.0 / 5`

(3) `(int) 6.0 / (int) 5.0`

(4) `3 / 5 * 12.0`

(5) `1 <= 2 && 3 >= 1`

7. 다음과 같이 변수들이 정의되어 있고 다음의 각 문장이 실행되는 경우, 각 변수의 값은 어떻게 변경되는가? 각 문장들은 독립적으로 실행된다고 가정하라.

```
int x = 10, y = 3, z = 2;
```

(1) `x += y -= 2;`

(2) `x *= y + 2;`

(3) `z = ++x + ++y;`

(4) `z = x++ + ++y;`

8. 다음 논리 연산을 설명하라.

(1) `(x >= 10) && (x < 30)`

(2) `(x == 20) || (x == 30)`

(3) `!(x == 10)`

9. 다음의 문장에 해당하는 조건식을 써보아라.

(1) x는 짝수이다.

(2) x가 0 이상이거나 100 이하이다.

(3) x가 1 또는 100

10. 다음의 조건에 해당하는 논리 연산식을 만들어 보라. 변수는 적절하게 선언되어 있다고 가정한다.

(1) 무주택 기간 3년 이상, 가구주 연령 40세 이상, 가족 수 3명 이상

(2) 나이 6세 이하, 키 150cm 이상(키가 150cm 이하이면 보호자 동반)

(3) 평균 학점 3.0 이상 토플 점수 300점 이상이거나 토익 700점 이상

1. 상자의 체적을 구하는 프로그램을 작성하여 보자. 체적은 길이 × 너비 × 높이로 계산된다. 상자의 크기는 사용자가 입력한다. 상자의 크기는 200 × 200 × 200을 넘지 않는다. 사용되는 변수의 크기를 최소로 하여 보자.

2. 우리나라에서 많이 사용되는 면적의 단위인 평을 평방미터로 환산하는 프로그램을 작성하라. 여기서 1평은 $3.3058m^2$이다. 변수들의 자료형은 어떤 것을 선택하는 것이 좋은가? 기호 상수를 이용하여 1평당 평방미터를 나타내어라.

3. cm로 표현된 키를 입력하여 피트와 인치로 변환하는 프로그램을 작성하라. 1피트는 12인치이고 1인치는 2.54cm이다.

```
키를 입력하시오: 163
163cm는 5피트 4.17323인치입니다.
```

4. 시, 분, 초로 표현된 시간을 초 단위의 시간으로 변환하는 프로그램을 작성하라. 예를 들어서 1시간 1분 1초는 3661초이다.

5. 구의 표면적과 체적을 구하는 프로그램을 작성하라. 구의 반지름은 실수로 입력된다. 아래의 공식을 사용하라.

$$A = 4\pi r^2$$

$$V = \frac{4}{3}\pi r^3$$

6. 다음과 같은 상호 작용을 하는 프로그램을 작성하라. `string` 타입을 사용하라.

```
당신의 이름을 입력하시오: 홍길동
홍길동씨 무엇을 해드릴까요?
할일을 입력하시오: 리포트
리포트는 할 수 없습니다.
```

LAB
C++ ESPRESSO

1. 화씨 온도를 섭씨 온도로 바꾸는 프로그램을 작성하여 보자. 변환식은 다음과 같다.

$$섭씨\ 온도 = \frac{5}{9}(화씨\ 온도 - 32)$$

```
#include <iostream>
using namespace std;
int main()
{
	int f_temp = 60;
	int c_temp;

	c_temp = 5 / 9 * (f_temp - 32);
	cout << "섭씨 온도는 " << c_temp << "입니다."<< endl;
	return 0;
}
```

(1) 입력이 끝나면 컴파일하고 실행하여 보자. 어떤 처리 결과가 출력되는가? 컴파일하는 단축키는 무엇인가? 실행하는 단축키와 아이콘은 무엇인가?

(2) 위의 코드를 설명하는 주석을 각 라인에 붙여보자.

(3) `endl` 대신에 `'\n'`을 사용하여 보자. 실행 결과가 달라지는가?

(4) `using` 문장을 삭제하여 보자. 어떤 컴파일 오류가 발생하는가? `using` 문장을 사용하지 않는 다른 방법은 없는가?

(5) 실행 결과가 올바르게 나오는가? 만약 실행 결과가 올바르지 않다면 그 원인은 무엇인가?

(6) 위의 프로그램을 "한단계식 코드 실행(F11)" 메뉴를 이용하여서 한 문장씩 실행하여 보자. 실행하면서 동시에 각 변수들의 값을 화면에 표시하여 본다. 워치(watch) 윈도우를 사용하라.

(7) 결과가 제대로 나오도록 위의 프로그램을 수정하여 보라.

(8) 화씨 온도를 사용자로부터 받도록 수정하라.

```
화씨 온도를 입력하시오: 32
섭씨 온도는 0도입니다.
```

(9) 화씨 온도와 섭씨 온도를 실수로 표현하여 처리하도록 프로그램을 수정하라.

(10) 이 프로그램과는 반대로 섭씨 온도를 입력하여 화씨 온도로 변환하는 프로그램을 작성하여 보라.

02 제어문과 함수

이 장의 차례

학습목표

- 선택 구조와 반복 구조에 대하여 학습한다.
- 함수의 개념, 함수 정의, 함수 원형, 매개 변수 등에 대하여 학습한다.
- 순환 호출을 이해한다.

2.1 if-else 문

if-else 문은 주어진 조건이 참이냐 거짓이냐에 따라 서로 다른 문장을 실행한다. if-else 문은 다음과 같은 형식을 가진다.

형식

```
if( 조건식 )
   문장1;
else
   문장2;
```

설명 만약 조건식이 참이면 문장1이 실행된다. 그렇지 않으면 문장2가 실행된다.

예

```
if( number > 0 )
   printf("양수입니다.\n");
else
   printf("0이나 음수입니다. \n");
```

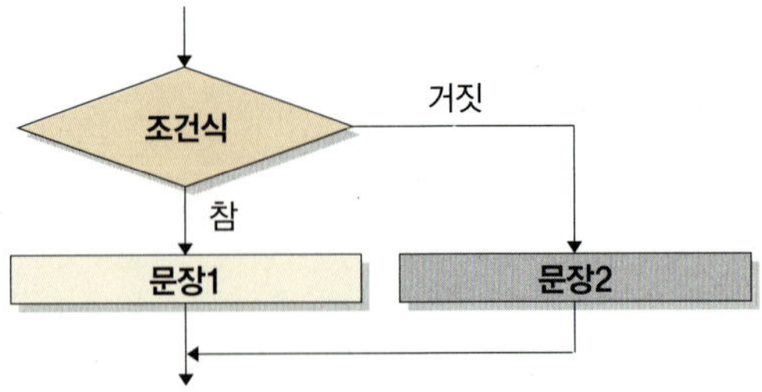

그림 2-1 ● if 문의 흐름도

만약 점수가 60점 이상이면 합격, 60점 미만이면 불합격이라면 다음과 같이 코드를 작성할 수 있다.

```
if ( grade >= 60 )
   cout << "합격입니다.\n";
else
   cout << "불합격입니다.\n";
```

여기서 else 절은 생략될 수도 있다.

```
if ( grade >= 60 )
   cout << "합격입니다.\n";
```

만약 조건에 따라서 두 개 이상의 문장이 실행되어야 한다면 어떻게 하여야 하는가? 이 경우에는 다음과 같이 중괄호를 이용하여 문장들을 묶어서 한꺼번에 실행시킬 수 있다. 이러한 문장 그룹핑을 복합문(compound statement) 또는 블록(block)이라고 한다.

```
if( grade >= 60 )
{
   cout << "합격입니다.\n";
   cout << "장학금도 받을 수 있습니다.\n";
}
else {
   cout << "불합격입니다.\n";
   cout << "장학금을 받을 수 없습니다.\n";
}
```

예제 #1

하나의 예로 사용자로부터 받은 두 개의 정수 중에서 더 큰 수를 찾는 프로그램을 작성하여 보자.

greater.cpp

```
#include <iostream>
using namespace std;

int main() {
   int x, y;

   cout << "x값을 입력하시오: "; // 입력 안내 출력
   cin >> x;

   cout << "y값을 입력하시오: "; // 입력 안내 출력
   cin >> y;

   if (x > y)
      cout << "x가 y보다 큽니다. " << endl;
   else
      cout << "y가 x보다 큽니다. " << endl;
   return 0;
}
```

← 중첩 if-else 문

실행결과

```
x값을 입력하시오: 10
y값을 입력하시오: 20
y가 x보다 큽니다.
```

중첩 if-else 문

if-else 문도 하나의 문장이다. 따라서 if-else 문의 문장1이나 문장2 자리에 다른 if 문이 들어가는 경우도 있다. 이것을 중첩 if-else 문이라고 한다.

```
if( grade >= 80 )            // ❶
   if( grade >= 90 )         // ❷
      cout << "당신의 학점은 A입니다.\n";
   else
      cout << "당신의 학점은 B입니다.\n";
```

만약 grade가 80보다 크거나 같으면 위치 ❷의 if-else 문이 실행된다. 그렇지만 여기서는 해석상의 문제가 발생할 수 있다. else 절이 위치 ❶의 첫 번째 if와 매치되는 것인가, 아니면 위치 ❷의 두 번째 if와 매치되는 것인가? 이것을 해결하기 위하여 "else 절은 무조건 가장 가까운 if와 매치된다"는 하나의 규칙이 존재한다. 이 규칙을 적용하면 else 절이 위치 ❷의 if와 매치되는 것을 알 수 있다.

예제 #2

사용자로부터 나이를 받아서 어린이, 청소년, 성인을 구분하는 프로그램을 작성하여 보자. 연속적인 if-else 문을 사용하여 프로그램을 작성하였다.

age.cpp

```
#include <iostream>
using namespace std;

int main()
{

   int age;    // 나이
   cout << "나이를 입력하시오: ";
   cin >> age;
   if (age<= 12)
      cout << "어린이입니다."<< endl;
   else if (age <= 19)
      cout << "청소년입니다."<< endl;
   else
      cout << "성인입니다."<< endl;

   return 0;
}
```

← 중첩 if-else 문

실행결과

```
나이를 입력하시오: 20
성인입니다.
```

참고사항

C++에서는 다음과 같이 if-else 문장 안에서 변수 선언도 가능하다.

```
if( int condition=get_status() ) { ... }
```

이 경우 get_status()의 반환값이 condition 변수에 저장되고 이 값이 참이면 블록이 실행된다.

중간점검

1. 변수 n의 값이 100보다 크거나 같으면 "large", 100보다 작으면 "small"을 출력하는 if-else 문을 작성하라.
2. k의 값이 각각 0, 4, -1인 경우에 다음의 코드에 의하여 생성되는 출력은 무엇인가?

```
if( k == 0 )
   cout << "A";
else if( k > 3 )
   cout << "B";
else
   cout << "C";
```

3. 컵의 사이즈를 받아서 100ml 미만은 small, 100ml 이상 200ml 미만은 medium, 200ml 이상은 large라고 출력하는 if-else 문을 작성하라.

2.2 switch 문

switch 문은 여러 개의 가능한 실행 경로 중에서 하나를 선택하는데 사용된다. switch 문은 switch 안에 들어 있는 수식을 계산하여 case 절과 비교한다. 일치하는 case 절이 있으면 case 절의 문장들이 실행되다가 break 문에 도달하면 종료된다. 만약 case 절에서 일치하는 정수값을 찾지 못하면 최종적으로 default 절이 실행된다. switch 문은 정수형에 대해서만 동작하는 것에 유의하라. 예를 들어 정수를 입력받아서 한글로 출력하는 프로그램을 살펴보자. 만약 사용자가 1을 입력하였다면 화살표와 같은 순서를 거쳐서 실행된다.

```
int main()
{
   int number;
   cout << "숫자를 입력하시오:";
```

```
cin >> number;
switch (number) {
case 0:
    cout <<"없음\n";
    break;
case 1:
    cout <<"하나\n";
    break;
case 2:
    cout <<"둘\n";
    break;
default:
    cout <<"많음\n";
    break;
}

return 0;
}
```

만약 case 절 안에 break 문이 없으면 다음 case절의 문장들을 계속하여 실행하게 된다. default 문은 어떤 case 문과도 일치되지 않는 경우에 선택되어 실행된다. default 문은 없을 수도 있다. 미처 예상하지 못한 값을 알아내기 위하여 가급적 default 문을 포함시키는 것이 좋다.

예제 #3

사용자로부터 영문자를 받아 자음과 모음의 개수를 세는 프로그램을 작성하여 보자. 모음보다는 자음이 훨씬 많으므로 default를 이용하여 자음을 세도록 하자.

letters.cpp

```
#include <iostream>
using namespace std;

int main()
{
    int vowel=0, consonant=0;
    char ch;

    cout << "영문자를 입력하고 콘트롤-Z를 치세요" << endl;
    while(cin >> ch)
```

```
    {
        switch (ch) {
            case 'a':
            case 'i':
            case 'e':
            case 'o':
            case 'u':
                vowel++;
                break;
            default:
                consonant++;
                break;
        }
    }
    cout << "모음: " << vowel << endl;
    cout << "자음: " << consonant << endl;

    return 0;
}
```

의도적인 break 생략

실행결과

```
영문자를 입력하고 콘트롤-Z를 치세요
a
b
...
^Z
모음: 2
자음: 5
```

중간점검

1. case절에서 break 문을 생략하면 어떻게 되는가?
2. 변수 fruit의 값이 각각 1, 2, 5일 때, 다음의 코드의 출력을 써보아라.

```
switch(fruit) {
    case 1:  cout << "사과";
             break;
    case 2:  cout << "배";
    case 3:  cout << "바나나";
             break;
    default: cout << "과일";
}
```

2.3 while 문

반복 구조는 같은 처리 과정을 여러 번 되풀이하는 구조이다. 반복문은 while 문과 for 문으로 나눌 수 있다. while 문은 조건이 만족되면 반복을 계속하는 구조이다. while 문은 미리 반복 횟수를 알 수 없고 조건에 따라서 반복하는 경우에 사용한다. for 문은 정해진 횟수만큼 반복하는 경우에 사용된다.

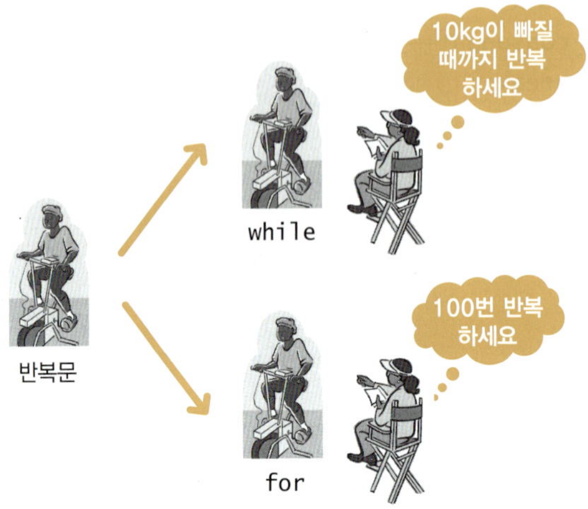

그림 2-2 ● 반복문의 종류

while 문

while 문은 조건식이 참이면 문장들의 블록을 반복적으로 실행한다. while 문의 문법은 다음과 같다.

형식
```
while( 조건식 )
    문장;
```

설명 조건식이 참이면 문장을 반복 실행한다.

예
```
while( i < 10 )
    cout << "Hello" << endl;
```

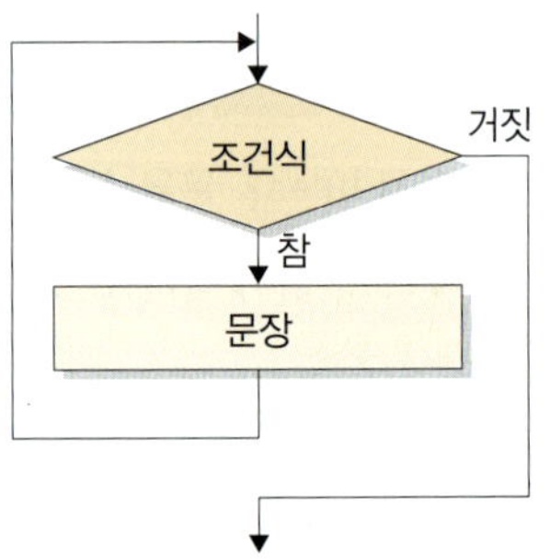

그림 2-3 ● while 문의 흐름도

조건식을 계산하면 참과 거짓 중에 하나를 반환하게 된다. 만약 조건식이 참(true)으로 계산되는 동안에는 문장을 반복하여 실행한다. 조건식이 거짓으로 계산되면 반복을 중단한다.

하나의 예제로 반복문을 사용하여서 구구단을 출력하여 보자.

while1.cpp

```
// while 문을 이용한 구구단 출력 프로그램
#include <iostream>
using namespace std;

int main()
{
   int n;
   int i = 1;

   cout << "구구단 중에서 출력하고 싶은 단을 입력하시오: ";
   cin >> n;
   while (i <= 9){
      cout << n << "*" << i << "=" << n * i << endl;
      i++;
   }
   return 0;
}
```

while 문

실행결과

```
구구단 중에서 출력하고 싶은 단을 입력하시오: 9
9*1=9
9*2=18
...
9*9=81
```

프로그램 설명

먼저 사용자로부터 출력하고 싶은 구구단의 단수를 받아서 변수 n에 저장한다. 여기서의 루프 제어 변수는 i이다. i의 초기값이 0이 아니고 1인 것에 유의하라. 구구단은 1부터 곱해야 하기 때문에 0이 아니고 1로 초기화하였다. 그리고 반복 루프도 9보다 작거나 같을 때까지 반복하도록 하였다.

```

    cout << n << "!은 " << fact << "입니다.\n";

    return 0;
}
```

실행결과

```
정수를 입력하시오:20
20!은 2432902008176640000입니다.
```

프로그램 설명

먼저 변수 fact를 long형으로 정의한다. 팩토리얼의 값은 생각보다 아주 커질 수 있다. 여기서 fact의 초기값은 반드시 1이어야 한다. 0이면 안 된다. 왜냐하면 팩토리얼은 정수를 전부 곱하여 계산하는 것이므로 초기값이 0이면 결과는 0이 되어 버린다. 따라서 반드시 1로 초기화를 시켜야 한다.

사용자로부터 정수를 하나 입력받는다. 입력받은 정수는 변수 n에 저장된다. for 루프를 사용하여 fact에 i의 값을 곱한 결과값을 다시 fact에 저장한다. i의 초기값도 0이 아닌 1이어야 한다. n까지 곱해져야 하므로 for 루프가 끝나는 값도 n이 된다.

Q & A

Q: 세 가지의 반복문 for, while, do...while 중에서 어떤 것을 사용해야 하는가?

A: 부분적으로는 개인적인 취향의 문제이다. 일반적인 선택 기준은 루프의 반복 횟수를 아는 경우에는 for 루프가 while 루프에 비하여 약간 더 편리하다고 할 수 있다. 즉 루프 제어 변수가 증가하는 것을 잊어버린다거나 하는 일이 while 루프에 비하여 덜 발생한다. 만약 조건만 존재하고 정확한 반복 횟수는 모르는 경우에는 while 구조가 좋다. 만약 반드시 한 번은 수행되어야 하는 문장들이 있다면 do...while 구조가 제격이다.

또한 while과 for는 반복하기 전에 조건을 검사하는 구조이고 do...while은 먼저 실행한 후에 반복 조건을 검사한다. 특별한 경우가 아닌 일반적인 경우에는 반복을 하기 전에 조건 검사를 하는 것이 좋다. 뭐든지 실행하기 전에 면밀하게 사전 조사를 하는 것이 좋은 것과 마찬가지이다.

중간점검

1. 다음 코드의 출력을 써보아라.

```
for(int i = 1; i < 5; i++)
    cout << i << endl;
```

2. 다음 코드의 출력을 써보아라.

```
for(int i = 0; i < 3; i++)
    for(int j = 0; j < 3; j++)
        cout << i << " 곱하기 " << j << " 은 " << i*j << endl;
```

2.5 함수란?

함수란 특정 작업을 수행하여 그 결과를 반환하는 블랙 박스와 같은 것이다. 함수들은 일반적으로 특정한 작업을 담당한다. 예를 들어 sqrt()라는 함수는 제곱근을 계산한다. 함수는 프로그래머도 만들 수 있으며 또한 미리 만들어진 함수를 단순히 사용할 수도 있다. 함수는 메소드(method), 프로시저(procedure), 서브루틴(subroutine) 등으로 부르기도 한다.

각 함수들은 레고 블록처럼 다른 함수들과 연결될 수 있으며 다른 프로그램에서도 사용될 수 있다. 함수라는 개념을 사용하게 되면 코드의 재활용 가능, 가독성 증대, 유지 관리의 용이 등의 많은 장점을 얻을 수 있다.

그림 2-5 ● 함수는 이름으로 호출되며 입력과 출력을 가진다

함수를 정의할 때는 함수가 반환하는 데이터의 타입을 가장 먼저 적어준다. 이것을 함수의 반환형(return type)이라고 한다. 이어서 함수의 이름, 매개 변수(parameter)들을 차례대로 적어주면 된다. 매개 변수는 함수가 외부로부터 받은 데이터를 전달하는 역할을 하는 변수이다. 함수의 몸체는 중괄호로 둘러싸인 부분이다. 함수의 몸체 안에는 함수가 수행하는 작업에 필요한 문장들이 들어간다.

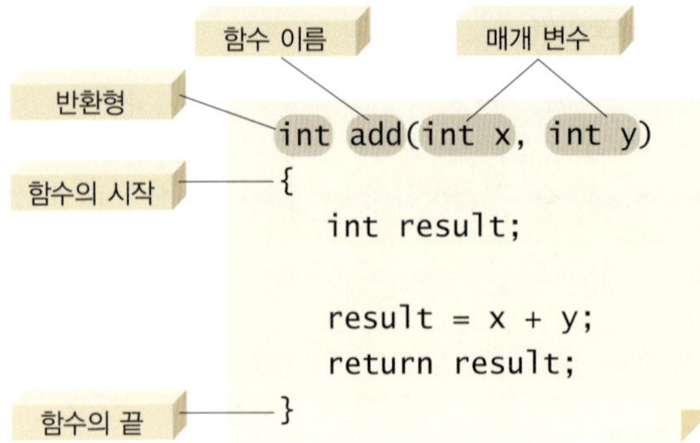

그림 2-6 ● 함수의 구조

반환형

함수의 반환형은 함수가 처리를 종료한 후에 호출한 곳으로 반환하는 데이터의 유형을 말한다. 반환형은 C++가 지원하는 어떤 자료형도 가능하다. C언어에서는 만약 반환형을 명시하지 않으면 `int`형을 가정하였다. 하지만 C++에서는 기본 `int`형을 지원하지 않는다. 따라서 반드시 반환형을 명시하여야 한다. 만약 값을 반환하지 않는다면 `void`라고 표시한다.

함수 호출

함수를 정의하는 목적은 함수를 사용하기 위해서이다. 그렇다면 함수를 사용하려면 어떻게 하여야 하는가? 함수의 이름을 써주고 함수가 필요로 하는 데이터를 나열한 다음 세미콜론을 붙이면 된다. 이것을 함수 호출이라고 한다. 함수가 호출되면 함수 안에 있는 문장들이 순차적으로 실행되며 문장들의 실행이 끝나면 호출한 위치로 되돌아간다. 이때 작업의 결과값을 호출한 곳으로 전달할 수 있다. 예를 들어서 `main()` 함수에서 `square()` 함수를 호출한다고 하면 다음과 같은 순서로 프로그램이 실행된다.

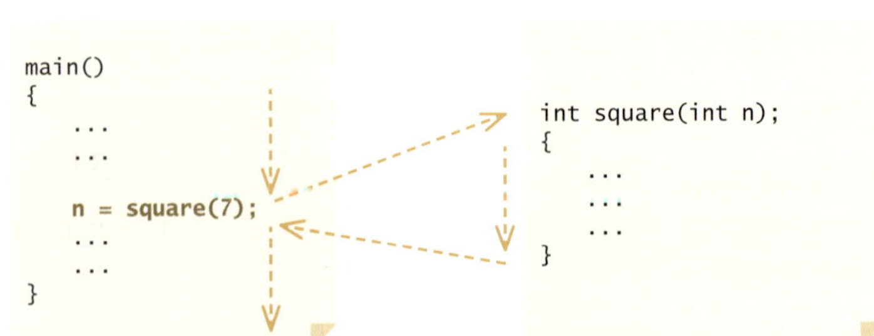

그림 2-7 ● 함수 호출

인수와 매개 변수

인수와 매개 변수는 함수 호출 시에 데이터를 주고받기 위하여 필요하다. 인수(argument)는 함수로 실제 전달되는 값이다. 함수가 호출될 때마다 인수는 함수의 매개 변수로 전달된다. 실제 매개 변수와 형식 매개 변수라고도 한다.

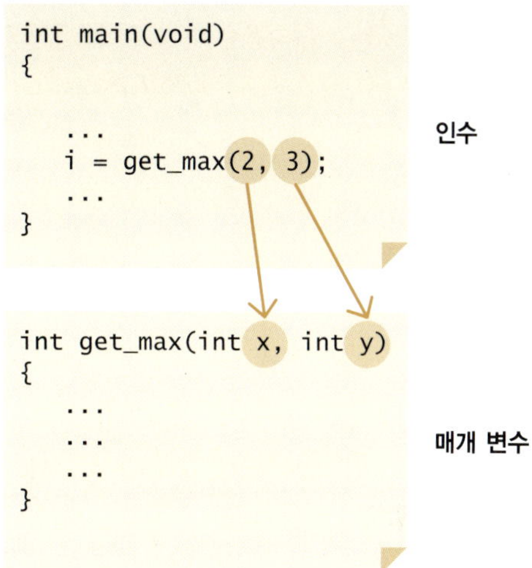

그림 2-8 ● 인수와 매개 변수

값을 반환하는 방법

반환값(return value)은 호출된 함수가 호출한 곳으로 작업의 결과값을 전달하는 방법이다. 인수는 여러 개가 있을 수 있으나 반환값은 하나만 가능하다. 호출한 곳으로 값을 반환하려면 `return` 문장을 쓰고 그 다음에 반환하고자 하는 수식을 넣어야 한다. 함수의 반환값은 결국 `return` 문장 뒤에 있는 수식의 계산값이 된다.

```
return sum;
return (x+y);
```

예제

정수의 제곱값을 구하는 함수를 만들어보자. 먼저 함수 이름을 결정하여야 한다. 함수의 기능이 정수를 제곱하는 것이므로 `square`라고 하자. 다음에는 함수의 반환값과 매개 변수를 결정하여야 한다. 정수의 제곱값을 계산하여야 하므로 외부에서 정수를 받아야 한다. 따라서 매개 변수는 한 개의 정수가 된다. 매개 변수 이름도 지어야 하는데 그냥 `n`이라고 하자. 제곱한 값도 역시 정수이므로 함수의 반환값은 `int`형이 된다.

함수를 정의하려면 반환형을 먼저 쓰고 함수 이름, 매개 변수 순으로 쓰면 된다. 다음은 함수 몸체인데 중괄호를 먼저 적고 그 안에 문장들을 넣으면 된다. 어떤 문장을 넣어야 할까? 매개 변수로 받은 n을 제곱하여 그 값을 반환하면 된다. 함수에서 값을 반환하는 return이다. 키워드 return 다음에 반환하려는 값이나 변수를 적어주면 된다. C++에서는 제곱하는 연산자는 없고 그냥 n*n으로 계산한다.

square.cpp

```
#include <iostream>
using namespace std;

int square(int n)
{
    return(n*n);
}

int main(void)
{
    int n;
    cout << "제곱할 정수를 입력하시오: ";
    cin >> n;
    cout << square(n) << endl;
    return 0;
}
```

함수 작성 (4~7행), 함수 호출 (square(n))

실행결과

```
제곱할 정수를 입력하시오: 10
100
계속하려면 아무 키나 누르십시오...
```

중간점검

1. 함수 이름 앞에 void가 있다면 무슨 의미인가?
2. 함수가 작업을 수행하는데 필요한 데이터로서 외부에서 주어지는 것을 무엇이라고 하는가?
3. 함수 몸체는 어떤 기호로 둘러 싸여 있는가?
4. 두 정수의 곱을 반환하는 함수 mult(int x, int y)를 작성하여 보자.

2.6 중복 함수

C++언어에서는 같은 이름의 함수를 여러 개 정의할 수 있다. 예를 들어서 제곱값을 구하는 함수 square()를 살펴보자.

```
// 정수값을 제곱하는 함수
int square(int i)
{
   return i*i;
}

// 실수값을 제곱하는 함수
double square(double i)
{
   return i*i;
}
```

얼핏보면 함수의 이름이 같으면 함수 호출 시에 문제가 발생할 것 같다. 하지만 좀 더 깊게 생각해보면 두 개의 square() 함수는 이름이 같아도 구별이 된다. 두 개의 함수가 가지고 있는 매개 변수의 형태가 다르기 때문이다. 첫 번째 square() 함수의 매개 변수 타입은 int이고 두 번째 square() 함수의 매개 변수 타입은 double이다. 따라서 컴파일러는 두 개의 함수를 충분히 구별할 수 있다.

이와 같이 같은 이름의 함수를 여러 개 정의하는 것을 중복 함수(overloaded functions)라고 한다. 만약 square(10)과 같이 호출되면 첫 번째 square() 함수가 호출되고 square(2.0)과 같이 호출되면 두 번째 square() 함수가 호출된다. 매개 변수의 개수, 타입, 순서를 시그니처(signature)라고 한다. 중복 함수는 이름은 같지만 시그니처는 달라야 한다.

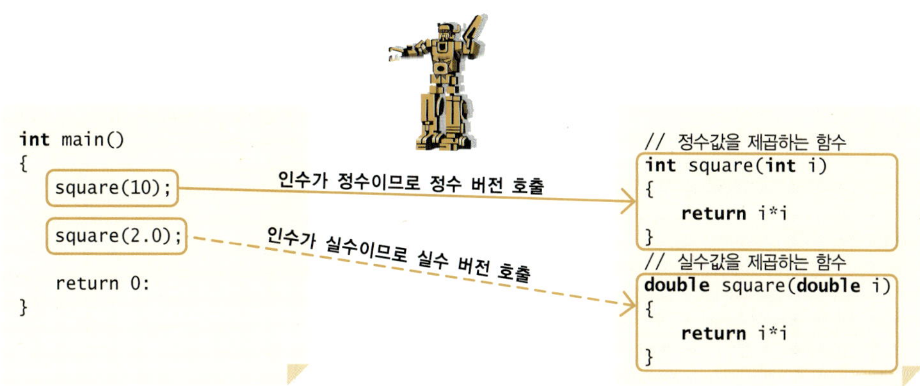

그림 2-9 ● 중복 함수의 개념

중복 함수는 같은 처리를 다양한 대상에 대하여 수행하는 경우에 많이 사용된다. 중복 함수는 함수의 이름을 작성하는 수고를 덜어주는 동시에 프로그램을 좀 더 읽기 쉽게 만든다. 예를 들어 중복 함수 기능이 없다면 주어진 값을 제곱하는 함수는 다음과 같이 여러 개가 존재하여야 한다.

```
int square_int(int);
double square_double(double);
short square_short(short);
```

중복 함수를 사용하면 다음과 같이 동일한 이름에 매개 변수만 변경하여 함수를 정의하는 것이 가능하다.

```
int square(int);
double square(double);
short square(short);
```

overloaded_func.cpp

```
#include <iostream>
using namespace std;

// 정수값을 제곱하는 함수
int square(int i)
{
   cout << "square(int) 호출" << endl;
   return i*i;
}

// 실수값을 제곱하는 함수
double square(double i)
{
   cout << "square(double) 호출" << endl;
   return i*i;
}

int main(void)
{
   cout << square(10) << endl;
   cout << square(2.0) << endl;
   return 0;
}
```

실행결과

```
square(int) 호출
100
square(double) 호출
4
계속하려면 아무 키나 누르십시오...
```

오류 주의

반환형이 다르다고 해서 함수를 중복시킬 수는 없다.

```
int square(int);
double square(int);   // 오류!! - 반환형이 다르더라도 중복 안됨!
```

중간점검

1. 다음과 같은 원형을 가지는 함수 print()를 중복 정의하여 보라. print()는 매개 변수의 값을 콘솔 화면에 출력한다.

```
void print(int);
void print(double);
void print(string);
```

2.7 디폴트 매개 변수

함수 정의에서 선언된 매개 변수에 대해서는 원칙적으로 호출 시에 값을 전달하여야 한다. 전달되는 값은 동일한 자료형이어야 한다. 예를 들어 다음과 같이 함수 원형이 선언된 sub() 함수는 double값을 호출 함수가 전달하여야 한다.

```
void sub(double value);
```

만약 sub()에 전달되는 인자가 double형이 아니면 컴파일 오류가 발생한다. 하지만 C++에서는 인수를 전달하지 않아도 디폴트값을 대신 넣어주는 기능이 있다. 이것을 디폴트 매개 변수(default parameter)라고 한다. 이것은 함수 원형 정의 시에 다음과 같이 선언한다.

```
void sub(double value = 1.0); // 함수 원형 정의
```

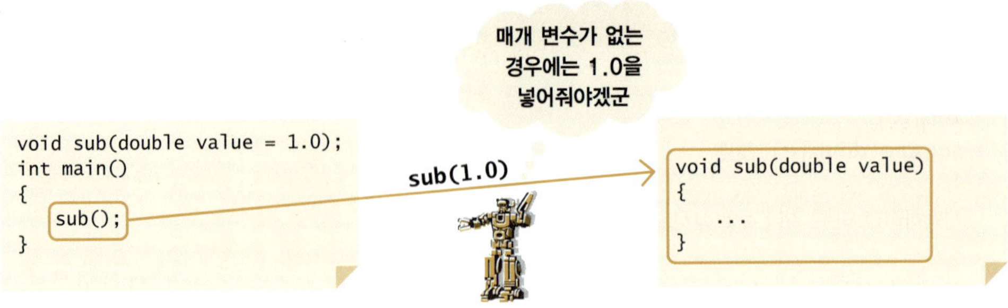

그림 2-10 ● 디폴트 매개 변수

만약 sub()에 인수가 주어지지 않으면 매개 변수는 1.0이라는 디폴트값을 가지게 된다. 디폴트 매개 변수는 원형에서만 정의된다. 함수를 정의할 때는 디폴트값을 표시하지 않는다.

```
void sub(double value)          // 함수 정의
{
    ...
}
```

어떤 함수도 디폴트 매개 변수를 가질 수 있다. 또한 어떤 매개 변수에도 디폴트값을 부여할 수 있다. 하지만 하나의 규칙을 지켜야 한다. 반드시 오른쪽 매개 변수에서부터 시작하여서 왼쪽으로 진행하면서 디폴트 매개 변수로 정의하여야 한다.

```
void func(int p1, int p2, int p3=30);        // OK!
void func(int p1, int p2=20, int p3=30);     // OK!
void func(int p1=10, int p2=20, int p3=30); // OK!
```

다음과 같이 왼쪽 매개 변수부터 디폴트 매개 변수로 선언하는 것은 오류가 된다.

```
void func(int p1=10, int p2, int p3);        // 컴파일 오류!
void func(int p1=10, int p2=20, int p3);     // 컴파일 오류!
```

왜 반드시 디폴트 매개 변수는 오른쪽에서 왼쪽으로만 정의하여야 할까? 그 이유는 함수 호출 시에는 반드시 첫 번째 인수부터 값을 주어야 하기 때문이다. 첫 번째 인수를 제외하고 나머지 인수만을 줄 수 없다. 따라서 반드시 디폴트 매개 변수 지정은 오른쪽에서 시작하여 왼쪽으로 진행하여야 한다.

디폴트 매개 변수의 하나의 예로 월급을 정해진 기간 동안 모았을 경우, 저축액을 계산하는 예제 프로그램을 작성하여 보자.

default_para.cpp

```cpp
#include <iostream>
using namespace std;

int calc_deposit(int salary = 300, int month = 12);

int main()
{
   cout << "0개의 디폴트 매개 변수 사용" << endl;
   cout << calc_deposit(200, 6) << endl;

   cout << "1개의 디폴트 매개 변수 사용" << endl;
   cout << calc_deposit(200) << endl;

   cout << "2개의 디폴트 매개 변수 사용" << endl;
   cout << calc_deposit() << endl;
   return 0;
}

int calc_deposit(int salary, int month)
{
   return salary*month;
}
```

디폴트 매개 변수

실행결과

```
0개의 디폴트 매개 변수 사용
1200
1개의 디폴트 매개 변수 사용
2400
2개의 디폴트 매개 변수 사용
3600
계속하려면 아무 키나 누르십시오...
```

중간점검

1. 다음의 함수 선언이 잘못된 이유를 설명하라.

```cpp
int moveto(int x = 0, int y, int z = 0);
```

2. 다음과 같은 함수 선언을 가지는 함수 호출 중 잘못된 것은?

```cpp
int sub(int a, int b = 100, int c = 100);
```

❶ sub(0, 0, 0);　❷ sub(0);　❸ sub()　❹ sub(0, 0);

3. 다음은 중복 함수와 디폴트 매개 변수를 함께 사용한 함수 선언이다. 잠재적인 문제는 무엇인가?

```
void print(char *s = NULL);
void print(void)
```

2.8 인라인 함수

함수 호출 시에는 약간의 오버헤드가 발생한다. 즉, 함수 호출 전에 모든 레지스터가 저장되어야 하고 인수들을 복사되어야 한다. 함수 호출 후에는 레지스터들이 다시 복구되어야 한다. 만약 아주 간단한 함수라면 함수 안의 문장을 실행하는 시간보다 함수 호출을 준비하는 시간이 더 걸릴 수도 있다. 따라서 크기가 작은 함수의 경우에는 차라리 함수 호출을 하지 않고 코드를 복사하여 넣어주는 편이 효율적일 수 있다.

C++에는 이런 경우를 대비하여서 `inline`이라고 하는 키워드가 준비되어 있다. 만약 함수 이름 앞에 `inline`이 붙으면 컴파일러는 함수를 생성하지 않고 함수의 코드를 호출한 곳에 직접 집어넣는다. 이러한 함수를 인라인 함수(inline function)라고 한다. 함수를 인라인으로 만들면 함수 호출 오버헤드가 사라지므로 프로그램을 더 빠르게 실행할 수 있다.

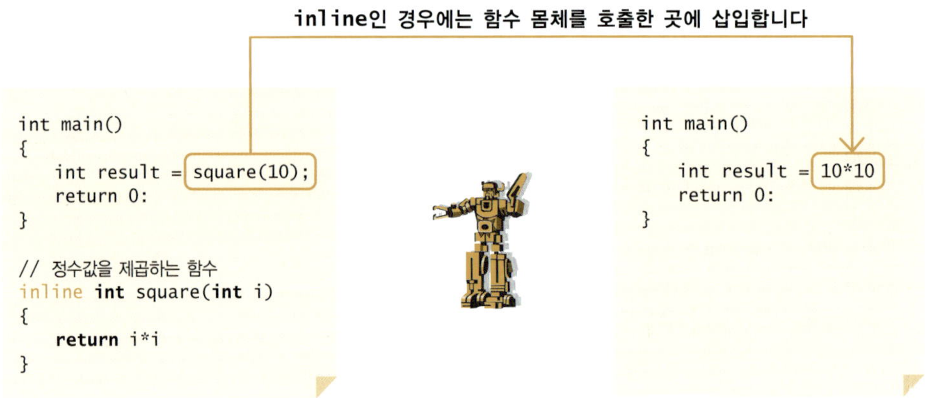

그림 2-11 ● 인라인 함수의 개념

하나의 예로 주어진 값을 제곱하는 함수를 인라인 함수로 작성해보면 다음과 같다.

inline.cpp

```
#include <iostream>
using namespace std;

// 실수값을 제곱하는 함수
inline double square(double i)
{
   return i * i;
}
int main()
{
   cout << "2.0의 제곱은 " << square(2.0) << endl;
   cout << "3.0의 제곱은 " << square(3.0) << endl;
   return 0;
}
```

인라인 함수

실행결과

```
2.0의 제곱은 4
3.0의 제곱은 9
```

프로그램 설명

위의 코드에서 square(2.0);이 2.0 * 2.0으로 대치되어서 컴파일된다.

주의하여야 할 것은 함수 호출이 여러 번 이루어지면 똑같은 코드가 복사되어서 삽입되므로 전체 코드의 크기가 늘어나게 된다는 점이다. 따라서 일반적으로 열 번 이상 서로 다른 곳에서 호출하는 경우에는 인라인 함수를 사용하는 것을 자제하여야 한다.

인라인 함수의 필요성

여기서 한 가지 의문이 생길 수 있다. 왜 간단한 코드를 구태여 함수 형태로 만들려고 하는가? 그냥 코드를 직접 넣으면 안 되는 것일까? 몇 가지의 이유가 있다. 먼저 수식 형태보다 함수가 더 이해하기 쉽다. 함수의 이름을 보면 어떤 동작인지를 쉽게 알 수 있다. 두 번째로 변경이 쉽다. 함수 형태로 되어 있으면 함수만 변경하면 된다. 수식으로 되어 있으면 모든 수식을 찾아서 변경하여야 한다.

함수 매크로와의 차이점

함수 매크로란 전처리기에 의하여 처리되는 것으로 하나의 텍스트를 다른 텍스트로 기계적으로 대치하는 것이다. 위의 `square()` 함수를 함수 매크로로 정의하여 보면 다음과 같다.

```
#define SQUARE(x)   ((x)*(x))
int main()
{
   cout << "2.0의 제곱은 " << SQUARE(2.0) << endl;
   cout << "3.0의 제곱은 " << SQUARE(3.0) << endl;
   return 0;
}
```

위의 코드가 전처리기를 통과하면 다음과 같은 코드로 변경되어서 컴파일된다.

```
int main()
{
   cout << "2.0의 제곱은 " << ((2.0) * (2.0)) << endl;
   cout << "3.0의 제곱은 " << ((3.0) * (3.0)) << endl;
   return 0;
}
```

얼핏 보면 함수 매크로는 인라인 함수와 아주 비슷해 보인다. 하지만 몇 가지의 본질적인 차이점이 있다.

1. 먼저 함수 매크로는 기계적인 대치라서 잘못 사용될 수 있다. 예를 들어서 함수 매크로 정의 시 인수 주위에 괄호를 사용하지 않으면 오류가 발생할 수 있다.

```
#define SQUARE(x)   (x * x)
SQUARE(y++);       //-> y++ * y++로 확장되어서 y의 값이 2번 증가된다.
```

2. 함수 매크로는 인수의 타입에 상관없이 동작한다. 하지만 인라인 함수는 정해진 타입의 인수만을 받을 수 있다. 이것은 장점이 될 수도 있고 단점이 될 수도 있다. 예를 들어서 엄격한 타입 검사를 필요로 하는 프로그램에서는 단점일 수 있다. 인수의 타입을 검사할 수 없기 때문이다.

```
#define SQUARE(x)   ((x) * (x))
SQUARE(2);      // 정수
SQUARE(2.0);    // 실수
```

3 인라인 함수도 중복이 가능하다. 하지만 이 경우에는 뒤에서 학습할 템플릿를 사용하게 되면 하나의 템플릿으로 여러 가지의 타입을 처리할 수 있다. 템플릿을 사용하는 것이 더 바람직하다.

```
// 실수값을 제곱하는 함수
inline double square(double i)
{
   return i * i;
}
// 정수값을 제곱하는 함수
inline int square(int i)
{
   return i * i;
}
```

참고사항

인라인 함수는 가능하면 헤더 파일에 존재하는 것이 좋다. 일반 함수의 경우에는 함수 원형만 헤더 파일에 있으면 된다. 하지만 인라인 함수의 경우에는 함수 정의도 있어야만 코드를 생성할 수 있다. 따라서 인라인 함수는 헤더 파일에 정의하고 필요할 때 소스 파일에 포함시키는 것이 좋다.

중간점검

1. 두 개의 정수 중에서 큰 수를 반환하는 get_max() 함수를 인라인 함수로 작성하여 보자.

2.9 변수의 범위

변수의 범위란 변수가 사용될 수 있는 범위를 의미한다. 변수는 범위에 따라 전역 변수와 지역 변수로 나누어진다. 블록 안에서만 정의되는 변수는 지역 변수(local variable)라고 불린다. 지역 변수는 해당 블록 안에서만 사용이 가능하다. 함수의 외부에서 선언되는 변수는 전역 변수(global variable)라고 한다. 전역 변수는 해당 소스 파일의 어느 곳에서도 사용이 가능하다.

그림 2-12 ● 지역 변수와 전역 변수

지역 변수

지역 변수는 블록 안에 선언되는 변수이다. 블록이란 중괄호로 둘러싸인 영역이다. 함수의 몸체도 블록이고 함수 안에서 중괄호를 둘러싸인 부분도 블록이다. 지역 변수는 변수가 선언된 블록 안에서만 접근과 사용이 가능하다. 지역 변수는 블록이 시작할 때 스택(stack)이라 불리는 메모리 공간에 만들어지며 지역 변수에 할당된 공간은 블록 끝에서 반환된다. 따라서 이때 지역 변수도 사라지게 된다.

```
int sub()
{
  int sum;
  ...                  <------- 지역 변수 sum의 범위
  while(true)
  {
     int total;        <------- 지역 변수 total의 범위
     ...
  }
}
```

지역 변수의 경우, C언어와 C++언어는 상당한 차이를 보인다. C언어에서 지역 변수는 블록의 시작 부분에서만 선언이 가능하다. 중간에서는 선언이 불가능하다. 그러나 C++언어에서는 블록의 어디에서든지 선언이 가능하다. 선언 위치에 제한을 두지 않는다.

하나의 예로 피보나치 수열의 n번째 항을 계산하는 프로그램을 살펴보자. C언어에서는 다음과 같이 지역 변수를 선언하여 프로그램을 작성하여야 한다.

```
int fib(int n)
{
    int fib0 = 0, fib1 = 1, i, tmp;   <------ C언어에서 지역 변수는 블록의 시작에서만 선언이 가능하다.
    for (i = 1; i <= n; i++)
    {
        tmp = fib0 + fib1;
        fib0 = fib1;
        fib1 = tmp;
    }
    return fib0;
}
```

하지만 C++언어의 경우, 지역 변수 선언 위치에 제한이 없기 때문에 다음과 같이 사용이 시작되는 위치에서 지역 변수를 선언하여 사용할 수 있다. 일반적으로 변수는 사용되기 직전 선언되는 것이 가장 이해하기 쉽다고 한다.

```
#include <iostream>
using namespace std;

int fib(int n)
{
    int fib0 = 0, fib1 = 1;   <------ C++언어에서 지역 변수는 어디서나 선언이 가능하다.
    for (int i = 1; i <= n; i++)   <------ for 문 안에서도 지역 변수의 선언이 가능하다.
    {
        int tmp = fib0 + fib1;   <------ 블록 안에서도 지역 변수의 선언이 가능하다.
        fib0 = fib1;
        fib1 = tmp;
    }
    return fib0;
}
```

지역 변수는 컴파일러에 의하여 자동으로 0으로 초기화되지 않는다. 초기값을 정해주지 않았다면 아무 의미 없는 값이 들어가 있다. 보통 이러한 값을 쓰레기값(garbage value)이라고 한다. 따라서 지역 변수는 반드시 초기화를 시켜주는 것이 좋다.

함수의 매개 변수

함수의 헤더 부분에 정의되어 있는 매개 변수도 일종의 지역 변수이다. 즉, 지역 변수가 지니는 모든 특징을 가지고 있다. 지역 변수와 다른 점은 함수를 호출할 때 넣어주는 인자값으로 초기화되어 있다는 점이다.

```
int inc(int counter)
{
   counter++;
   return counter;
}
```

위의 함수에서 counter가 매개 변수이고 이것은 지역 변수이다. 따라서 counter는 지역 변수의 특징을 그대로 가지고 있다. counter는 함수가 시작되면 생성되고 함수가 종료되면 소멸된다. 또한 함수 내부에서는 지역 변수처럼 사용할 수가 있다. 따라서 위에서 변수 counter의 값을 증가할 수 있다. 각종 반복 루프의 제어 변수로도 사용이 가능하다.

전역 변수

전역 변수는 함수 외부에서 선언되는 변수이다. 전역 변수의 범위는 소스 파일 전체이다. 전역 변수는 소스 파일에 존재하는 모든 함수에서 접근이 가능한 변수이다. 다음의 프로그램에서 변수 x는 함수 외부에 선언된 전역 변수이기 때문에 sub(), main()에서 모두 사용할 수 있다.

```
#include <iostream>
using namespace std;

int x = 1; // 전역 변수    <------ 전역 변수는 어디서나 접근이 가능하다.

void sub()
{
   x++;
}
int main(void)
{
   x++;
   ...
}
```

프로그래머가 전역 변수를 초기화하지 않으면 컴파일러에 의하여 0으로 초기화된다. 그렇다면 전역 변수의 생존 기간은 어떻게 되는가? 전역 변수는 프로그램 시작과 동시에 생성되어 프로그램이 종료되기 전까지 메모리에 존재한다. 따라서 프로그램 시작과 동시에 접근이 가능하며 종료되기 전까지 전체 영역에서 접근이 가능하다.

정적 지역 변수

그렇다면 지역 변수처럼 블록에서만 사용되지만 블록을 벗어나도 자동으로 제거되지 않는 변수가 있을까? 우선 전역 변수는 프로그램이 실행되는 동안에는 제거되지 않음을 알고 있다. 그러나 전역 변수는 범위가 프로그램 전체이므로 블록 안에서만 사용하기에는 부담이 있다. 이 경우 지역 변수를 정적 변수(static variable)로 만들면 이것이 가능하다. 정적 변수는 키워드 `static`을 앞에 붙여서 만든다.

정적 변수의 생성과 제거는 일반 지역 변수와는 대조된다. 정적 변수는 전역 변수와 같이 프로그램이 시작할 때 메모리에 생성되고 프로그램이 실행을 종료하면 메모리에서 제거된다. 다음의 예제에서 살펴보자.

static.cpp

```cpp
#include <iostream>
using namespace std;

void sub(void)
{
   int i = 0;
   static int s = 0;

   i++;
   s++;
   cout << "i: " << i << " s: " << s << endl;
}
int main()
{
   sub();
   sub();
   sub();
   return 0;
}
```

정적 변수는 이전 값을 기억한다.

실행결과

```
i: 1 s: 1
i: 1 s: 2
i: 1 s: 3
계속하려면 아무 키나 누르십시오...
```

sub()에서는 일반 지역 변수 i와 정적 지역 변수 s를 선언하고 호출될 때마다 이들 변수를 1씩 증가한다. i는 지역 변수이기 때문에 sub()가 호출되면 생성되고 sub()의 호출이 끝나면 메모리에서 제거된다. 따라서 이전 값을 기억할 수 없다. s는 정적 지역 변수로 선언된다. 정적 지역 변수는 일반 지역 변수와는 달리 한번 생성되면 함수의 호출이 끝났어도 소멸되지 않는다. 따라서 이전 값을 유지할 수 있다. 정적 지역 변수는 호출 때마다 1씩 증가함을 알 수 있다. 따라서 우리는 sub()가 몇 번이나 호출되었는지를 s를 이용하여 알 수 있다.

참고사항

전역 변수는 상당히 편리할 것처럼 생각되지만 전문가들은 사용을 권하지 않는다. 어디서나 접근이 가능하다는 장점이 단점이 될 수 있기 때문이다. 프로그램이 복잡해지다보면 전역 변수를 도대체 어떤 부분에서 변경하고 있는지 잘 모르는 경우가 허다하다. 또한 전역 변수를 사용하여 데이터 교환을 하다보면 함수와 함수들이 서로 얽히고 설키게 된다.

참고사항

만약 전역 변수와 이름이 같은 지역 변수를 선언하면 어떻게 될까? 만약 전역 변수와 지역 변수가 이름이 같다면 지역 변수가 전역 변수보다 우선시된다. 이것을 지역 변수가 전역 변수를 가린다고 한다.

중간점검

1. 지역 변수를 블록의 중간에서 정의할 수 있는가?
2. 똑같은 이름의 지역 변수가 서로 다른 함수 안에 정의될 수 있는가?
3. 지역 변수가 선언된 블록이 종료되면 지역 변수는 어떻게 되는가?
4. 지역 변수의 초기값은 얼마인가?
5. 전역 변수는 어디에 선언되는가?

2.10 순환

함수는 자기 자신을 호출할 수도 있다. 이것을 순환(recursion)이라고 부른다. 순환은 함수가 자기 자신을 호출하여 문제를 해결하는 프로그래밍 기법이다. 이것은 처음에는 상당히 이상하게 보이지만 사실 순환은 가장 흥미롭고 또 효과적인 프로그래밍 기법 중의 하나이다. 순환은 많은 문제들을 해결하는데 독특한 개념적인 프레임 워크를 제공한다. 예를 들어 정수의 팩토리얼은 다음과 같이 정의된다.

$$n! = \begin{cases} 1 & n = 0 \\ n * (n-1)! & n \geq 1 \end{cases}$$

위의 정의에서 팩토리얼 $n!$을 정의하는데 다시 팩토리얼 $n!$이 사용되었다. 이러한 정의를 순환적이라 한다. 위의 정의에 따라 $n!$을 구하는 함수 factorial(n)을 제작하여 보자. $n!$을 계산하려면 먼저 $(n-1)!$을 구하여 여기에 n을 곱해주면 된다. 그러면 $(n-1)!$은 어떻게 계산할 것인가? 현재 작성하고 있는 함수가 $n!$값을 계산하는 함수이므로 함수의 인자를 $n-1$로 변경하여 호출해주면 구할 수 있을 것이다.

factorial.cpp

```
// 순환적인 팩토리얼 함수 계산
#include <iostream>
using namespace std;
long factorial(int n);

int main()
{
   int x;
   long f;

   cout << "정수를 입력하시오: " ;
   cin >> x;

   f = factorial(x);
   cout << x << "!은 " << f << "입니다. " << endl;

   return 0;
}

long factorial(int n)
{
   cout << "factorial(" << n << ")" << endl;

   if(n <= 1) return 1;
   else return n * factorial(n - 1);   <------- 순환 호출
}
```

1. 사용자로부터 세 개의 정수를 읽어들인 후에 if-else 문을 사용하여 가장 작은 값을 결정하는 함수 get_minimum(x1, x2, x3)을 작성하고 이 함수를 테스트하는 프로그램을 작성하라.

2. 간단한 계산기 프로그램을 작성하여 보자. 먼저 사용자로부터 하나의 문자를 입력받는다. 이어서 사용자로부터 두 개의 숫자를 입력받는다. 사용자로부터 받은 문자가 '+' 이면 두 수의 덧셈을, 문자가 '–' 이면 뺄셈을, 문자가 '*' 이면 곱셈을, 문자가 '/' 이면 나눗셈을 수행하도록 작성하라. 나눗셈의 경우, 분모가 0이 아닌지를 먼저 검사하여야 한다. 각각의 연산을 함수로 작성하고 호출하여서 전체 프로그램을 완성하라.

```
**************
+---Add
----Subtract
*---Multiply
/---Divide
Q---Quit
**************
연산을 선택하시오: +
두 수를 공백으로 분리하여 입력하시오: 10 20
30
```

3. switch 문을 사용하여 키보드로부터 하나의 문자를 읽어서 문자가 탭 문자인지 줄바꿈 문자인지, 백스페이스 문자인지를 출력하는 프로그램을 작성하라. 이러한 문자들이 입력되면 화면에 문자를 설명하는 문장을 출력한다. 예를 들어서 문자가 탭 문자이면 "탭 문자"를 출력한다. 각각의 처리를 함수로 작성하고 호출하여 전체 프로그램을 완성하라.

4. 간단한 즉석 복권 프로그램을 작성하여 보자. 복권의 번호는 1부터 100 사이이며 rand() 함수를 호출하여 생성한다. 사용자로부터 1부터 100 사이의 번호를 받아서 당첨 여부를 판단하는 프로그램을 작성하여 보라. 당첨되었으면 당첨 안

내 메시지를 화면에 출력한다. 당첨 번호를 생성하는 함수 get_number()와 당첨 여부를 판별하는 함수 is_winning ticket()을 제작하여 사용하라.

5. 컴퓨터와 가위바위보 게임을 하는 프로그램을 작성하라. 컴퓨터는 사용자에게 알리지 않고 가위바위보 중에서 임의로 하나를 선택한다. 사용자는 프로그램의 입력 안내 메시지에 따라 세 개 중에서 하나를 선택하게 된다. 사용자의 선택이 끝나면 컴퓨터는 누가 무엇을 선택하였고 누가 이겼는지, 비겼는지를 알려준다.

6. 월급에 붙는 소득세를 계산하여 보자. 과표 구간은 1000만원 이하 8%, 1000만원 초과 4000만원 이하 17%, 4000만원 초과 8000만원 이하 26%, 8000만원 초과 35%로 되어 있다고 가정한다. 사용자로부터 소득을 입력받아서 소득의 구간에 따라서 세금을 계산하는 함수 get_tax()를 작성하고 이를 테스트하는 프로그램을 작성하라.

7. 피타고라스의 정리는 직각 삼각형에서 직각을 낀 두 변의 길이를 a, b라고 하고, 빗변의 길이를 c라고 하면 $a^2 + b^2 = c^2$의 수식이 성립한다는 것이다. 각 변의 길이가 100보다 작은 삼각형 중에서 피타고라스의 정리가 성립하는 직각 삼각형은 몇 개나 있을까? 삼중 반복문을 이용하여 피타고라스의 정리를 만족하는 세 개의 정수를 찾도록 한다.

8. 주어진 정수가 소수(prime number)인지를 검사하는 함수 prime()을 작성하라. 이 함수를 이용하여 1부터 100 사이에 존재하는 소수들을 모두 출력하라. 하나의 힌트는 소수라면 1과 자기 자신을 제외한 약수를 가지면 안 된다. 따라서 만약 정수 n이 소수인지를 검사하려면 2부터 $n-1$까지의 숫자로 n을 나누어서 나누어 떨어지지 않으면 소수이다.

9. 두 점 사이의 거리를 계산하는 함수를 작성하여 보자. 2차원 공간에서 두 점 (x_1, y_1)과 (x_2, y_2) 사이의 거리를 계산하는 dist_2d()를 작성하라. 다음과 같은 두 점 사이의 거리를 계산하는 공식을 사용하라.

$$d = \sqrt{(x_1, x_2)^2 + (y_1, y_2)^2}$$

10. 2차 방정식의 근을 계산하는 함수 `quad_eqn()`를 작성하라. `quad_eqn()` 함수는 a, b, c를 나타내는 `double`형의 세 개의 인수를 받는다. 판별식이 양수인 경우에만 근을 출력하라. 만약 판별식의 값이 음수이면 근이 없다는 메시지를 출력하라.

$$ax^2 + bx + c = 0$$

```
2차 방정식의 계수를 입력하시오.
a: 1
b: -5
c: 6
근은 2와 3입니다.
```

11. 돈만 생기면 저금하는 사람을 가정하자. 이 사람을 위한 함수 `save(int amount)`를 작성하여 보자. 이 함수는 저금할 금액을 나타내는 하나의 인수 `amount`만을 받으며 `save(100)`와 같이 호출된다. `save()`는 현재까지 저축된 총액을 기억하고 있으며 한 번 호출될 때마다 총 저축액을 화면에 출력한다. 정적 지역 변수를 사용하라.

12. 다음을 계산하는 순환적인 프로그램을 작성하라.

$$1^3 + 2^3 + 3^3 + \ ... + n^3$$

LAB
C++ ESPRESSO

1. 사용자로부터 일련의 데이터를 입력받아 평균, 최대값, 최소값을 구하는 프로그램을 작성하여 보자. 음수가 입력되면 데이터의 끝이라고 간주한다. 함수를 최대한 사용한다.

```
데이터를 입력하시오(음수이면 종료): 10
데이터를 입력하시오(음수이면 종료): 20
데이터를 입력하시오(음수이면 종료): -1
평균은 15입니다.
최소값은 10입니다.
최대값은 20입니다.
```

2. 1000만원을 연이율 7%로 저금하였을 경우 몇 년만에 두 배가 되는지를 계산하여 보자. 이자는 연말에 계산되며 복리식으로 계산한다. 즉, 이자가 매년 원금에 합쳐진다. 함수를 최대한 사용한다.

3. NIM 게임을 구현하여 보자. 각각의 플레이어가 테이블 위에 놓여진 동전(또는 성냥개비)을 번갈아가면서 한 개에서 세 개까지 가져갈 수 있다. 마지막 남은 동전을 가져가는 사람이 지게 된다. 두 사람이 할 수 있는 NIM 게임을 구현하여 보자. 함수를 최대한 사용한다.

4. 함수의 그래프를 *기호를 이용하여 그려보자. 지금은 모든 컴퓨터에 그래픽 기능이 있지만 예전에는 텍스트를 이용하여 그래프를 많이 그렸다. 계산된 함수의 값에 비례하는 위치에 * 문자를 출력하는 것이 주로 사용되는 방법이다.

```
         *
      *
   *
*
   *
      *
         *
```

$f(x) = x^2 + 1$의 값을 $-3 \le x \le 3$구간에서 그려보자. 함수를 최대한 사용한다.

03 배열과 포인터

이 장의 차례

학습목표

- 배열의 개념을 이해한다.
- 배열의 선언과 초기화에 대하여 학습한다.
- 포인터의 개념을 이해한다.
- 포인터를 이용한 참조 호출을 이해한다.
- 참조자의 개념을 이해한다.

3.1 배열

배열이란?

배열(array)은 같은 종류의 데이터들이 순차적으로 저장되어 있는 자료 구조이다. 각각의 데이터들은 번호(인덱스)를 붙여서 접근된다. 배열을 이용하면 대용량의 데이터를 동일한 이름으로 쉽게 저장하고 처리할 수 있다.

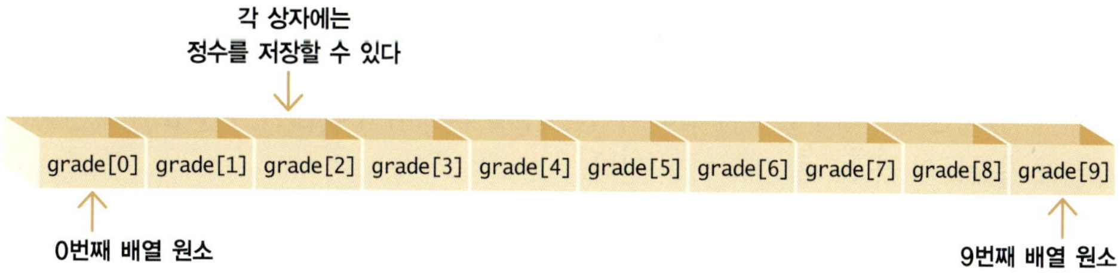

그림 3-1 • 배열의 개념

배열을 사용하려면 배열을 정의하여야 한다. 다음은 `int`형의 크기가 10인 `grade`라는 배열을 정의한 것이다.

```
int grade[10];
```

배열의 원소는 번호가 붙어 있는데 이것을 인덱스(index) 또는 첨자(subscript)라고 부른다. 배열의 이름이 s라면 배열 원소는 s[0], s[1], s[2], s[3], ...로 표시된다. C++에서는 항상 배열 원소의 번호가 0부터 시작함을 명심하여야 한다.

배열의 원소를 접근하려면 배열의 이름에 대괄호를 하고 괄호 안에 번호를 적어주면 된다. [그림 3-2]에서 grade[5]=80;은 배열의 다섯 번째 위치에 있는 배열 원소에 80을 저장하는 문장이다.

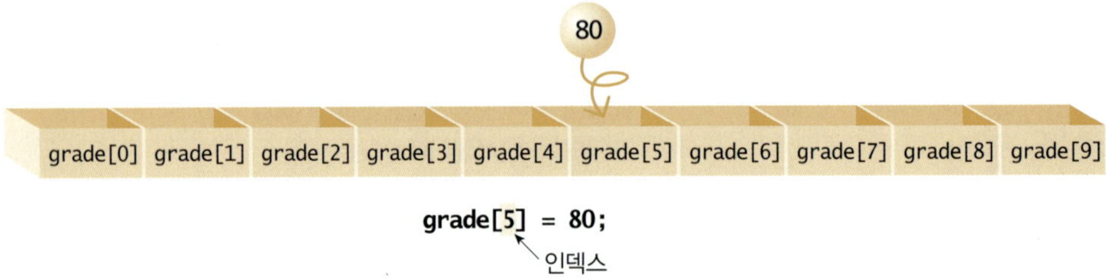

그림 3-2 ● 배열의 원소에 80을 대입하는 문장

참고사항

배열의 크기를 const 지시자로 만들어진 기호 상수로 지정하면 배열의 크기를 변경하기 쉬워진다. 다른 부분의 변경 없이 기호 상수의 정의만 바꾸면 된다.

```
const int STUDENTS = 10;
int grade[STUDENTS];
```

배열의 초기화

배열은 어떻게 초기화 할까? 배열은 여러 개의 원소로 이루어진다. 따라서 초기값도 하나가 아니고 원소의 개수만큼이 필요하다. 배열을 초기화하려면 다음과 같이 콤마로 분리된 초기값들의 리스트를 대입하면 된다.

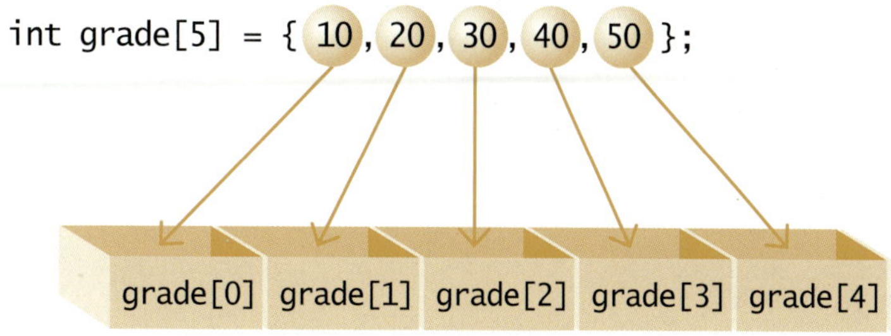

그림 3-3 ● 기본적인 배열의 초기화

모든 배열 원소에 초기값을 부여하는 것이 원칙이다. 만약 초기값이 주어지지 않고 배열이 지역 변수로 정의된다면 일반 변수와 마찬가지로 아무 의미 없는 쓰레기값이 들어가게 된다. 만약 초기값의 개수가 원소들의 개수보다 적은 경우에는 앞에 있는 원소들만 초기화된다. 나머지 배열 원소들은 0으로 초기화된다. 배열의 크기가 비어있고 초기값의 리스트만 있는 경우에는 컴파일러가 자동으로 초기값들의 개수만큼의 배열 크기를 설정한다.

예제 #1

학생들의 성적을 입력받아 평균을 구하는 프로그램을 배열을 이용하여서 작성해보자. 배열 원소들은 인덱스를 통해서 접근되고 처리될 수 있다. 배열의 원소들은 0부터 시작하는 번호를 가진다. 따라서 크기가 10인 배열의 경우, 유효한 인덱스의 범위는 0에서 9까지이다.

grade.cpp

```
#include <iostream>
using namespace std;


int main()
{
   const int STUDENTS = 10;
   int grade[STUDENTS];   <------- 배열 정의
   int sum = 0;
   int i, average;

   for(i = 0; i < STUDENTS; i++)
   {
      cout << "학생들의 성적을 입력하시오: ";
```

```
        cin >> grade[i];
    }

    for(i = 0; i < STUDENTS; i++)
        sum += grade[i];

    average = sum / STUDENTS;
    cout << "성적 평균 = " << average << endl;

    return 0;
}
```

실행결과

```
학생들의 성적을 입력하시오: 10
학생들의 성적을 입력하시오: 20
..
학생들의 성적을 입력하시오: 100
성적 평균 = 55
```

오류 주의

배열을 사용할 때 조심하여야 하는 부분이 인덱스의 범위이다. 인덱스가 배열의 크기를 벗어나게 되면 프로그램에 치명적인 오류를 발생시킨다. 컴파일러는 프로그래머가 유효 범위 안에 있는 인덱스를 사용하고 있는지를 확인해주지 않는다. C11에서는 프로그래머가 인덱스가 범위를 벗어나지 않았는지를 확인하고 책임을 져야 한다. 예를 들어서 다음의 배열 선언이 있다고 하자.

```
int grade[10];
```

위의 배열에서 사용할 수 있는 인덱스의 범위는 0에서 9까지이다. 다음과 같은 문장은 아주 위험한 문장이다.

```
grade[10] = 99;     // 오류! 인덱스 10은 적합한 범위가 아니다.
```

이 경우에는 최악의 경우, 컴퓨터 시스템 자체가 중단될 수 있다. 왜냐하면 배열 범위를 벗어나는 인덱스를 사용하면 엉뚱한 변수의 값을 변경하는 결과를 가져오기 때문이다.

참고사항

동적 배열(dynamic array)

이번 장에서 학습하는 배열은 정적인 배열이라 할 수 있다. 컴파일 시간에 배열의 크기가 결정되고 더 이상 변경이 불가능하다. C++에서는 실행 시간이 크기를 변경할 수 있는 동적인 배열도 제공한다. 이것은 벡터(vector)라고 불리며 STL이라는 라이브러리로 제공된다. 동적 배열의 장점은 컴파일 시간에 배열이 저장하는 원소의 개수를 결정할 필요가 없다는 점이다. 동적 배열은 응용 프로그램의 필요에 따라서 자동적으로 그 크기가 조절된다. 또한 배열을 조작하는 많은 유틸리티 함수들이 함께 제공된다. 동적 배열은 14장에서 학습하게 된다.

중간점검

1. n개의 원소를 가지는 배열의 경우, 첫 번째 원소의 번호는 무엇인가?
2. n개의 원소를 가지는 배열의 경우, 마지막 원소의 번호는 무엇인가?
3. 범위를 벗어나는 인덱스를 사용하면 어떻게 되는가? 즉, `int a[10];`과 같이 선언된 배열이 있는 경우, `a[10]`에 6을 대입하면 어떻게 되는가?
4. 배열 a[6]의 원소를 1, 2, 3, 4, 5, 6으로 초기화하는 문장을 작성하라.
5. 배열의 초기화에서 초기값의 개수가 배열 원소의 개수보다 적은 경우에는 어떻게 되는가? 또 반대로 많은 경우에는 어떻게 되는가?
6. 배열의 크기를 주지 않고 초기값의 개수로 배열의 크기를 결정할 수 있는가?

3.2 다차원 배열

1차원 배열은 배열 원소들이 1차원적으로 배열되어 있다. 다차원 배열은 배열 원소를 다차원으로 가질 수 있다. 다차원 배열에는 2차원 배열, 3차원 배열 등 일반적으로는 n차원 배열이 가능하다. 사실 C에서 배열이 가질 수 있는 차원의 수에는 아무런 제한이 없다. 3차원도 가능하고 필요하다면 더 큰 차원의 배열도 선언할 수 있다. 그러나 다차원이 되면 필요한 메모리 공간이 급격하게 늘어나게 되므로 주의하여야 한다. 보통 특별한 경우를 제외하고는 3차원 이상의 다차원 배열은 피하는 것이 좋다. 먼저 2차원 배열에 대하여 살펴보자. 2차원 배열은 배열 원소들이 2차원으로 배열되어 있다. 2차원 배열은 행과 열을 나타내는 두 개의 인덱스를 가진다.

pointer1.cpp

```
1  // 포인터의 증감 연산
2  #include <iostream>
3  using namespace std;
4
5  int main()
6  {
7      char *pc;
8      int *pi;
9      double *pd;
10
11     pc = (char *)10000;
12     pi = (int *)10000;
13     pd = (double *)10000;
14     cout << "증가 전 pc = " << (void *)pc << "  pi = " << pi << "  pd = " << pd << endl;
15
16     pc++;
17     pi++;  <------포인터 증가
18     pd++;
19     cout << "증가 후 pc = " << (void *)pc << "  pi = " << pi << "  pd = " << pd << endl;
20
21     return 0;
22 }
```

실행결과

```
증가 전 pc = 00002710  pi = 00002710  pd = 00002710
증가 후 pc = 00002711  pi = 00002714  pd = 00002718
```

프로그램 설명

7-9 char형 포인터 pc, int형 포인터 pi, double형 포인터 pd를 선언한다.

11-13 pc, pi, pd에 절대 주소 10000을 대입한다. 절대 주소는 사용하지 않는 것이 좋지만 여기서는 보다 명확한 설명을 위하여 사용하였다.

14 pc, pi, pd의 현재 값을 출력한다. 형식 지정자 %d를 이용하였다.

16-18 pc, pi, pd의 값을 증가 연산자 ++를 이용하여 증가시킨다.

19 pc, pi, pd의 증가된 값을 출력한다. 각 포인터가 가리키는 대상의 크기에 따라 서로 다르게 증가됨을 알 수 있다.

오류 주의

간접 참조 연산자와 증감 연산자

++나 --와 같은 증감 연산자는 간접 참조 연산자인 *와 같이 사용될 수 있다. 여기서 주의하여야 할 점이 있다. 증감 연산자를 포인터에 적용할 수도 있고 포인터가 가리키는 대상에 적용할 수도 있다. 이것을 잘 구별하여 사용하여야 한다. 다음과 같은 문장은 무엇을 증가하는 것일까?

```
*p++;
```

이 문장은 p가 가리키는 위치에서 값을 가져온 후에 p를 증가한다. ++의 우선순위가 *보다 높기 때문이다. 만약 포인터가 가리키는 대상의 값을 증가하려고 했으면 다음과 같이 하여야 한다. 이 문장에서 괄호가 * 연산자를 먼저 수행하게 만든다.

```
(*p)++;
```

참고사항

포인터 사용 시 주의할 점

❶ 포인터 타입과 변수의 타입은 일치하여야 한다. int형 포인터는 int형만을 가리킬 수 있다. 마찬가지로 double형 포인터는 double형만을 가리킬 수 있다. 다음과 같은 문장은 오류이다.

```
int i;
double *pd;
pd = &i;  // 오류! double형 포인터에 int형 변수의 주소를 대입
```

❷ 초기화하지 않고 사용하기
만약 포인터가 선언만 되고 초기화되지 않았다면 포인터는 임의의 주소를 가리키게 된다. 따라서 이런 상태에서 포인터를 이용하여 메모리의 내용을 변경한다면 문제가 발생한다.

```
int *p;    // 포인터 p는 초기화가 되어 있지 않음
*p = 100; // 위험한 코드
```

포인터가 아무 것도 가리키고 있지 않을 때는 NULL(0)로 설정하는 것이 바람직하다.

```
int *p = NULL;
```

왜냐하면 주소 0을 액세스하려고 하면 시스템에서 자동적으로 오류를 감지하고 이것을 해결할 수 있기 때문이다.

중간점검

1. 포인터도 변수인가?
2. 변수의 주소를 추출하는데 사용되는 연산자는 무엇인가?
3. 변수 x의 주소를 추출하여 변수 p에 대입하는 문장을 써보아라.
4. 정수형 포인터 p가 가리키는 위치에 25를 저장하는 문장을 써보아라.
5. 포인터에 대하여 적용할 수 있는 연산에는 어떤 것들이 있는가?
6. int형 포인터 p가 80번지를 가리키고 있었다면 (p+1)은 몇 번지를 가리키는가?
7. p가 포인터라고 하면 *p++와 (*p)++의 차이점은 무엇인가?
8. p가 포인터라고 하면 *(p+3)의 의미는 무엇인가?

포인터와 배열

배열과 포인터는 아주 밀접한 관계를 가지고 있다. 왜냐하면 배열 이름 그 자체가 포인터이기 때문이다. 배열 이름은 첫 번째 배열 원소의 주소와 같다. 따라서 포인터를 사용하여서 배열 원소를 처리할 수도 있다. 예를 들어 포인터를 이용하여서 배열의 전체 원소를 화면에 출력하는 프로그램은 다음과 같다.

pointer2.cpp

```
#include <iostream>
using namespace std;

int main(void)
{
   const int STUDENTS = 5;
   int grade[STUDENTS] = { 10, 20, 30, 40, 50 };

   for(int *p = grade, *pend = grade + STUDENTS; p != pend; p++)
      cout << *p << " ";
   return 0;
}
```

배열 이름은 첫 번째 배열 원소를 가리키는 포인터 (grade)

배열을 벗어난 위치 (*pend = grade + STUDENTS)

실행결과

```
10 20 30 40 50
```

배열을 함수로 전달하는 경우

배열을 함수의 인수로 전달하는 경우에는 배열 이름이 포인터이므로 포인터가 전달된다. 따라서 포인터를 이용하여서 배열 원본이 참조된다. 간단한 예를 들어 보자. 학생들의 성적을 저장하고 있는 정수 배열을 만들고 평균을 계산하는 함수를 따로 제작하여 보자.

pointer3.cpp

```
#include <iostream>

int get_average(int score[], int n);
void increment(int score[], int n);

int main(void)
{
   const int STUDENTS = 5;
   int grade[STUDENTS] = { 1, 2, 3, 4, 5 };
   int avg;

   increment(grade, STUDENTS);
   avg = get_average(grade, STUDENTS);
   cout << "평균은 " << avg << "입니다.\n";

   return 0;
}
void increment(int score[], int n)           // 함수 정의
{
   int i;

   for(i = 0; i < n; i++)
         ++score[i];
}
int get_average(const int score[], int n)
{
   int i;
   int sum = 0;

   for(i = 0; i < n; i++)
         sum += score[i];

   return sum / n;
}
```

함수 원본이 전달된다.

const 때문에 원본 배열을 변경할 수 없다.

실행결과

```
3
```

프로그램 설명

3,4 먼저 함수가 배열을 매개 변수로 받기 위해서는 원형 선언과 함수 정의를 하여야 한다. 먼저 첫 번째 매개 변수 `int score[]`가 배열을 나타낸다. 배열을 매개 변수로 선언하는 경우에는 배열의 크기를 지정하지 않는다. 매개 변수로 배열을 선언하였어도 배열이 생성되는 것은 아니기 때문이다. 다만 매개 변수를 통하여 원본 배열을 참조만 할 수 있다. 따라서 정확한 크기는 필요하지 않다. 단지 [] 기호를 이용하여 매개 변수 score가 배열이라는 것만 표시하면 된다. get_average()가 호출되면, 매개 변수 score는 첫 번째 인수값을 가지며 따라서 grade[]가 score[]와 같아지게 된다.

18 배열은 매개 변수를 통하여 원본을 참조하는 것이기 때문에 항상 조심해야 한다. 만약 함수 안에서 매개 변수 score를 통하여 배열의 원소들의 값을 변경한다면 이것은 원본 배열 grade를 변경시키는 결과를 가져온다. 위의 함수를 increment(grade, STUDENTS)와 같이 호출하면 grade[]에 저장된 모든 학생들의 성적이 1점씩 증가된다.

25 배열이 함수의 매개 변수로 전달되는 경우, 가끔은 프로그래밍 실수로 인하여 의도하지 않았는데도 배열 원소의 값이 변경되는 경우가 발생한다. 이것을 방지하기 위하여 앞에서 학습하였던 const 지정자를 사용할 수 있다. const 지정자를 배열 매개 변수 앞에 붙이면 그 배열은 매개 변수를 통하여 변경이 불가능해진다. 따라서 내용을 변경하지 않고 단순히 읽기만 하는 배열인 경우에는 const를 붙이는 것이 권장된다.

const와 포인터

우리가 알다시피 const는 상수를 만드는 수식어이다. const가 포인터와 같이 사용되는 두 가지의 경우가 있다.

1 다음과 같이 const 객체에 대한 포인터를 생각할 수 있다. 이 경우에는 포인터인 p의 값은 변경될 수 있고 p가 가리키는 값은 변경이 불가능하다.

```
const double *p;   <------- double 상수를 가리키는 포인터
double d = 1.23;
p = &d;                  // 가능!
*p = 3.14;               // 컴파일 오류!
```

2 객체를 가리키는 const 포인터를 정의할 수 있다. 이때는 포인터가 상수이므로 포인터의 값을 변경할 수 없다.

```
double d = 1.23;
double *const p = &d;      // double을 가리키는 포인터 상수
*p = 3.14;                 // 가능!
p = p + 1;                 // 컴파일 오류! p는 변경될 수 없다.
```

포인터가 정의된 문장을 읽을 때는 왼쪽에서 오른쪽으로 읽는 것이 좋다. 다음과 같은 문장은 "double 타입의 객체를 가리키는 상수 포인터 p"라고 읽는다.

```
double을  가리키는  상수
double    *         const p;
```

void 포인터

C에서는 void 포인터가 존재한다. 아무 것도 가리키고 있지 않은 포인터로서 포인터 사이의 변환에 주로 사용된다. 다음과 같은 코드는 C에서는 아무런 오류 메시지 없이 컴파일된다. 명시적인 변환없이도 서로 다른 포인터들끼리 대입이 가능한 것이다.

```
int *pi;
double *pd;
void* vp;
vp = pi;
pd = vp;     // 결과적으로 int 포인터가 double 포인터에 대입되었다!
```

하지만 이것은 잠재적으로 문제가 될 수 있다. 따라서 C++에서는 명시적인 형변환이 없으면 위의 코드를 컴파일 오류로 취급한다. 따라서 C++에서는 보다 안전하게 프로그램을 작성할 수 있다.

실행결과

```
1>c:\sources\test\test\test.cpp(18) : error C2440: '=' : 'void *'에서 'double *'(으)로 변환할 수 없습니다.
1>          'void*'에서 'void'가 아닌 포인터로 변환하려면 명시적 캐스트가 필요합니다.
1>빌드 로그가 "file://c:\sources\test\test\Debug\BuildLog.htm"에 저장되었습니다.
1>test - 오류: 1개, 경고: 0개
========== 빌드: 성공 0, 실패 1, 최신 0, 생략 0 ==========
```

중간점검

1. 배열의 첫 번째 원소의 주소를 계산하는 두 가지 방법을 설명하라.
2. 배열 a[]에서 *a의 의미는 무엇인가?
3. 배열의 이름에 다른 변수의 주소를 대입할 수 있는가?
4. 포인터를 이용하여 배열의 원소들을 참조할 수 있는가?
5. 포인터를 배열의 이름처럼 사용할 수 있는가?
6. 함수의 매개 변수로 전달된 배열을 변경하면 원본 배열이 변경되는가?
7. 배열을 전달받은 함수가 배열을 변경하지 못하게 하려면 어떻게 하여야 하는가?

3.4 동적 메모리 할당

동적 메모리 할당(dynamic memory allocation)이란 프로그램이 실행 도중에 동적으로 메모리를 할당받는 것을 말한다. 동적 할당 메모리를 이용하면 필요한 때에 필요한만큼만 할당받을 수 있기 때문에 메모리를 매우 효율적으로 사용할 수 있다. 먼저 얼마나 할당을 받을 것인지를 결정하고 라이브러리 함수를 호출하여 운영 체제에게 메모리를 요청하는 단계가 필요하다. 만약 충분한 메모리가 존재하면 그 요청은 승인되고 메모리가 할당된다. 프로그램은 할당된 메모리를 사용한다. 사용이 끝나면 메모리를 다시 운영체제에게 반납하는 단계가 필요하다. 만약 메모리를 반납하지 않으면 다른 프로그램이 동적 메모리를 사용할 수 없게 될 것이다. 따라서 반드시 동적 메모리는 명시적으로 반납을 해주어야 한다.

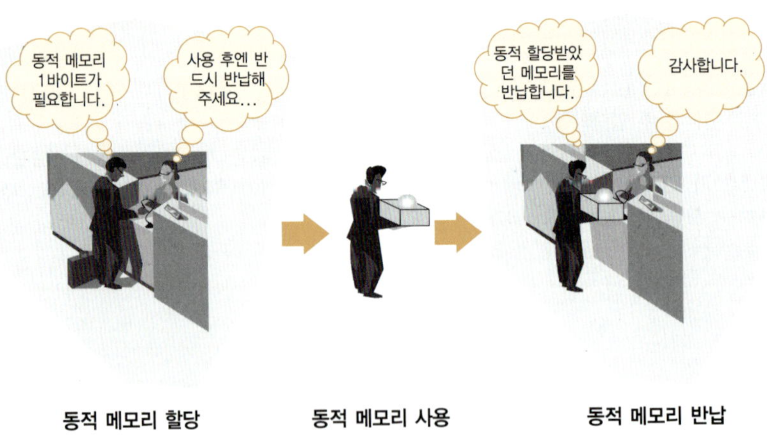

그림 3-7 • 동적 메모리 사용 단계

malloc( )과 free( )

C언어에서는 동적 메모리 할당을 malloc()과 free()라고 하는 라이브러리 함수를 통해서 이용하였다. 예를 들어 100개의 정수 공간을 할당받아서 0으로 초기화한 후에 다시 반납하는 코드는 다음과 같다.

```
#include <iostream>
using namespace std;

int main()
{
    const int MAX_SIZE = 100;
    int *pi;    // 동적 메모리를 가리키는 포인터

    pi = (int *)malloc(MAX_SIZE * sizeof(int));      // ❶ 동적 메모리 할당

    for(int i = 0; i < MAX_SIZE; i++)
        *pi = 0;               // ❷ 동적 메모리 사용
    free(pi);                  // ❸ 동적 메모리 반납

    return 0;
}
```

위의 코드에서 약간 번거로운 것은 malloc() 함수의 인수는 반드시 바이트 단위의 크기여야 한다는 점이다. 또 malloc()이 반납하는 void형 포인터를 int형 포인터로 변환하여 사용하여야 한다.

new와 delete

C++언어에서도 malloc()과 free()를 사용하는 것은 아무런 문제가 없다. 하지만 동적 메모리 사용은 이제 모든 프로그래밍 언어에서 일반화가 되었기 때문에 C++에서는 new와 delete이라고 하는 전용 연산자를 제공한다. 전형적인 동적 메모리 할당 코드는 다음과 같다.

```
#include <iostream>
using namespace std;

int main()
{
    int *pi;    // 동적 메모리를 가리키는 포인터
```

```
    pi = new int[100];  // ❶ 동적 메모리 할당

    for(int i = 0; i < 100; i++)
       *(pi+i) = 0;     // ❷ 동적 메모리 사용
    delete[] pi;        // ❸ 동적 메모리 반납

    return 0;
}
```

크기가 100인 동적 배열 생성

동적 배열 반납

1 동적 메모리 할당

동적 메모리를 할당받기 위해서는 new 연산자를 사용하여야 한다. new의 피연산자는 필요한 자료형이다. 배열인 경우에는 int[100]과 같이 표시한다. 동적 메모리 할당이 성공적이면 new는 할당된 메모리 블록을 가리키는 포인터를 반환한다. 만약 동적 메모리 할당이 실패하였으면 NULL이 반환되기 때문에 반환값이 NULL인지 검사하여야 한다. 몇 개의 전형적인 할당 문장을 작성해보면 다음과 같다.

```
int *pi = new int;                 // 하나의 int형 공간 할당
int *pia = new int[100];           // 크기가 100인 int형 동적 배열 할당
double *pd = new double;           // 하나의 double형 공간 할당
double *pda = new double[100];     // 크기가 100인 double형 동적 배열 할당
```

2 동적 메모리 사용

동적 메모리는 어떻게 사용할 수 있는가? 정적으로 할당된 변수나 배열은 이름이 있어서 이름을 통하여 사용할 수 있다. 하지만 동적 메모리 공간은 이름이 없다. 동적 메모리 공간은 오직 포인터를 이용하여 사용할 수 있다. 반환된 포인터를 통하여 메모리 블록에 데이터를 쓰고 읽는다. *(pia+i) = 0; 문장을 수행하면 동적으로 할당된 배열의 i 번째 원소에 정수 0이 저장된다. pia[i] = 0;하여도 마찬가지이다.

3 동적 메모리 반납

동적 메모리 공간이 더 이상 필요가 없는 경우에는 명시적으로 동적 메모리를 반납하여야 한다. 동적 메모리 반납을 위해서는 delete이 사용된다. delete의 대상은 할당된 메모리 블록을 가리키는 포인터이다. 몇 개의 전형적인 반납 문장을 작성해보면 다음과 같다.

```
delete pi;        // 동적 할당 int형 공간 반납
delete[] pia;     // 동적 할당 배열 반납
```

```
delete pd;          // 동적 할당 double형 공간 반납
delete[] pda;       // 동적 할당 배열 반납
```

C++에서는 가능하다면 malloc()과 free()보다는 new와 delete를 사용하는 것이 권장된다.

중간점검

1. 프로그램의 실행 도중에 메모리를 할당받아서 사용하는 것을 ________(이)라고 한다.
2. 동적으로 메모리를 할당받을 때 사용하는 키워드는 _____(이)다.
3. 동적으로 할당된 메모리를 해제하는 키워드는 _____(이)다.

3.5 참조자

C++에서는 변수에 별명을 붙여서 접근할 수 있는데 이것을 참조자(reference)라고 한다. 참조자를 설명하려면 변수가 하나 필요하다. 먼저 변수 var를 선언하여 보자.

```
int var = 10;
```

이 변수에 또 하나의 이름을 붙여보자. ref라고 하는 별명을 붙여보는 것이다. 왜 별명이 필요한지는 나중에 가면 알게 된다. 별명을 선언하려면 다음과 같이 &기호를 사용한다.

```
int &ref = var;
```

위의 문장은 "참조자 ref은 변수 ver의 별병(alias)이다"라는 의미이다. 여기서 & 기호는 변수의 주소를 반환하는 연산자가 아니라는 점에 주의하자.

그림 3-8 • 참조자는 변수의 다른 이름

참조자는 변수에 대한 별명이므로 참조자에 값을 대입하면 참조자가 참조하는 변수의 값이 변경된다.

```
ref = 20;  // 변수 var의 값이 20으로 변경된다.
```

지금까지 설명한 내용을 예제로 만들어 실행하여 보자.

ref.cpp

```
#include <iostream>
using namespace std;

int main()
{
    int var;
    int &ref = var;      // 참조자 선언

    var = 10;
    cout << "var의 값: " << var << endl;
    cout << "ref의 값: " << ref << endl;

    ref = 20;            // ref의 값을 변경하면 var의 값도 변경된다.
    cout << "var의 값: " << var << endl;
    cout << "ref의 값: " << ref << endl;

    return 0;
}
```

참조자 ref 선언

실행결과

```
var의 값: 10
ref의 값: 10
var의 값: 20
ref의 값: 20
계속하려면 아무 키나 누르십시오.
```

프로그램 설명

6 지역 변수 var이 선언된다.

7 int형에 대한 참조자 ref가 선언되고 var 변수를 참조하도록 초기화된다. 만약 참조자를 선언만 하고 초기화 시키지 않으면 컴파일 오류이다.

9 var에 10이 할당된다.

10-11 var와 ref를 출력하여 보면 값이 동일함을 알 수 있다.

13 ref에 20이 대입된다. ref는 참조자이므로 var의 별명이고 따라서 20은 실제로는 var 변수로 대입된다.

참조자와 포인터의 차이점

1 참조자는 반드시 선언과 동시에 초기화되어야 한다. 만약 초기화시키지 않으면 컴파일 오류가 된다.

```
int &ref;          // 오류! -> 선언과 동시에 초기화하여야함
```

참조자를 먼저 선언하고 나중에 초기화할 수는 없다.

2 참조자는 일견 포인터와 비슷해 보인다. 하지만 차이가 있다. 포인터는 변수이다. 따라서 포인터가 가리키는 대상은 변경될 수 있다. 하지만 참조자에는 자신만의 메모리 공간이 할당되지 않는다. 따라서 참조자가 가리키는 대상은 변경될 수 없다.

```
int &ref = var1;
ref = var2;        // 오류! -> 참조하는 대상을 변경할 수 없음
```

3 참조자를 상수로 초기화하면 역시 컴파일 오류이다.

```
int &ref = 10;     // 오류! -> 상수를 참조할 수 없음
```

일반적으로 포인터보다는 참조자를 사용하는 편이 더 깔끔하고 쉽다. 하지만 참조자는 참조 대상을 변경할 수 없다. 따라서 참조하는 대상이 수시로 변경되는 경우에는 포인터를 사용하여야 한다. 또한 참조자는 NULL이 될 수 없으므로 NULL이 될 가능성이 있는 경우에도 포인터를 사용하여야 한다.

참조자의 용도

참조자는 상수 포인터와 가장 유사하다. 참조자는 주로 함수 호출 시에 매개 변수와 반환값으로 사용된다.

참조자가 함수의 매개 변수로 사용되면 참조자를 이용하여 함수 외부에 존재하는 변수의 값을 변경할 수 있다. 포인터로도 할 수 있지만 참조자가 사용하기 쉽다. 이것은 다음 절에서 좀 더 자세하게 설명될 것이다.

```
void dec_by_r(int& r) { // r은 time의 참조자이다.
    r--;                // time이 감소된다.
    return;
}

void dec_by_p(int* p) {
    --(*p);             // time이 감소된다.
    return;
}

int main()
{
    int time = 10;

    dec_by_r(time);      // time을 전달한다.
    dec_by_p(&time);     // time의 주소를 전달한다.

    return 0;
}
```

함수가 참조자를 반환할 때는 포인터를 반환할 때와 마찬가지로 조심하여야 한다. 지역 변수의 참조자를 반환하면 안된다. 지역 변수는 함수가 종료되면 없어지기 때문이다.

```
int& sub() {
    int n = 0;
    return n;   // 오류! -> n은 지역 변수
}
```

const 참조자

참조자 앞에도 const 수식어를 사용할 수 있다. const 참조자는 특히 상수를 매개 변수로 받는 경우에 꼭 필요하다.

```
void print(const int& r)
{
    cout << "현재의 값 = " << r  << endl;
```

```
    return;
}
int main()
{
    print(100);
    reurn 0;
}
```

참고사항

포인터의 경우에는 NULL 포인터가 존재한다. 참조자는 어떨까? 참조자는 선언과 동시에 반드시 초기화되기 때문에 NULL 참조자가 존재할 수 없다.
참조자는 어디에 사용되는가? 함수에서 매개 변수로 참조자가 선언될 수 있다. 참조자를 이용하면 참조에 의한 호출을 구현할 수 있다.

중간점검

1. 포인터와 참조자의 차이점을 설명하라.
2. 참조자보다 포인터를 사용하여야 하는 경우는?
3. 함수가 참조자를 반환할 수 있는가?

3.6 함수 호출 시 인수 전달 방식

함수가 외부로부터 매개 변수를 통하여 데이터를 받는 방법은 크게 나누어서 두 가지가 있다.

→ 값에 의한 호출(call-by-value)
→ 참조에 의한 호출(call-by-reference)

함수가 호출될 때 인수의 복사본이 함수로 전달되면 값에 의한 호출이다. 만약 함수가 호출될 때 인수들의 원본이 함수로 전달되면 참조에 의한 호출이다. C++에서는 두 가지 방식을 모두 지원한다.

값에 의한 호출

C++에서의 기본적인 인수 전달 방식은 값에 의한 호출이다. 즉, 복사본이 전달되는 것이다. 전통적인 예제인 swap() 함수를 이용하여 설명해보자. swap()은 주어진 변수의 값을 교환하는 함수이다. swap(a, b)와 같이 호출하면 변수 a와 변수 b의 값을 교환하면 된다.

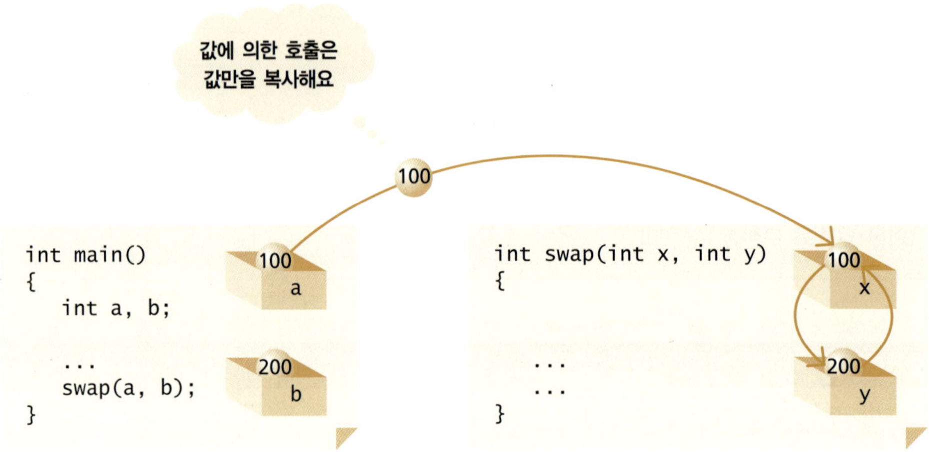

그림 3-9 ● 값에 의한 호출

swap() 함수를 값에 의한 전달을 사용하여 구현해보자. 어떤 결과가 나올까?

swap1.cpp

```
#include <iostream>
using namespace std;

void swap(int x, int y);

int main()
{
    int a = 100, b = 200;
    cout << "swap() 호출 전: a = " << a << ", b = " << b << endl;
    swap(a, b);
    cout << "swap() 호출 후: a = " << a << ", b = " << b << endl;
    return 0;
}

```

```
void swap(int x, int y)
{
   int tmp;
   tmp = x;    x = y;    y = tmp;
}
```

실행결과

```
swap() 호출 전: a = 100, b = 200
swap() 호출 후: a = 100, b = 200
계속하려면 아무 키나 누르십시오 . . .
```

위의 프로그램의 실행 결과를 보면 swap() 안에서는 변수 x와 변수 y의 값이 교환되었지만 main()에서는 변수 a와 변수 b의 값이 교환되지 않았다. swap() 함수 안에서는 변수 x와 y의 값이 서로 바뀌었지만 왜 이것이 main()으로 전달되지 않았을까? 이유는 C++에서는 함수 호출이 기본적으로 "값에 의한 호출"이기 때문이다. 함수로 변수의 값만 전달되기 때문에 원본 변수 자체를 변경할 수는 없다. 우리가 문서의 복사본을 전달했을 경우, 복사본을 가진 사람이 원본을 변경할 수 없는 것이나 마찬가지이다. 복사본에 낙서를 했다고 해서 원본이 훼손되지는 않는다. swap()의 매개 변수인 x, y는 main()의 a, b와는 다른 변수이다. 변수 x와 y의 값은 성공적으로 교환되었지만 변수 a과 b에는 전혀 영향을 끼치지 못했다.

참조에 의한 호출

"값에 의한 호출"과 반대되는 개념은 "참조에 의한 호출"(call-by-reference)이다. 이것은 변수의 복사본이 함수로 전달되는 것이 아니라 원본이 직접 전달되는 것이다. 변수의 원본이 전달되기 때문에 호출된 함수 안에서 매개 변수의 값을 수정하면 원래의 변수가 똑같이 수정된다. "값에 의한 호출"이 부작용을 막는 안전한 방법이고 가장 많이 사용되지만 때때로 참조에 의한 호출이 꼭 필요한 경우가 있다. C++에서는 다음과 같은 두 가지의 방법을 사용하여서 참조에 의한 호출을 구현할 수 있다.

→ 포인터(pointer)를 사용하는 방법

→ 참조자(reference)를 사용하는 방법

포인터를 사용하는 "참조에 의한 호출"

먼저 함수가 포인터를 통하여 변수의 주소를 받는다면 함수는 그 주소에 위치한 변수의 값을 변경할 수 있다. 이것은 인터넷 쇼핑몰에 자신의 주소를 알려주고 물건이 배달되도록 하는 것과 같다. swap()에서는 매개 변수를 선언할 때 포인터로 선언하여야 한다.

이 포인터를 간접 참조하게 되면 변수 a와 b에 접근할 수 있고 따라서 값을 교환할 수 있다.

swap2.cpp

```
void swap(int *px, int *py);

int main()
{
   int a = 100, b = 200;
   cout << "swap() 호출 전: a = " << a << ", b = " << b << endl;
   swap(&a, &b);
   cout << "swap() 호출 후: a = " << a << ", b = " << b << endl;
   return 0;
}

void swap(int *px, int *py)
{
   int tmp;
   tmp = *px; *px = *py; *py = tmp;
}
```

실행결과

```
swap() 호출 전: a = 100, b = 200
swap() 호출 후: a = 200, b = 100
계속하려면 아무 키나 누르십시오 . . .
```

위의 실행 결과를 보면 두 개의 변수값이 제대로 교환된 것을 알 수 있다. 먼저 main()에서는 다음과 같이 swap()을 호출하였다.

```
swap(&a, &b);
```

함수 호출 시 인수가 a, b가 아니고 &a, &b 인 것에 유의하여야 한다. 즉, 변수의 값을 전달하는 것이 아니라 변수의 주소를 전달한다.

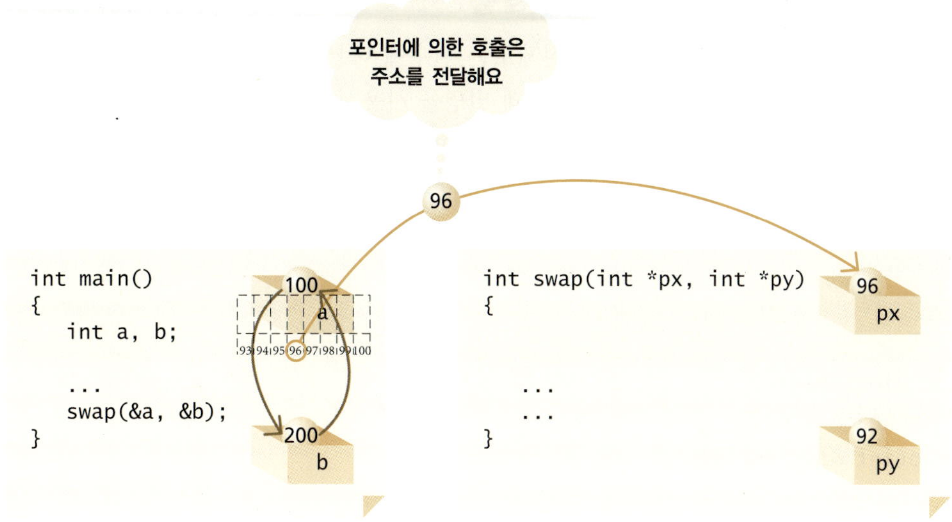

그림 3-10 • 포인터를 이용하는 "참조에 의한 호출"

위와 같이 포인터를 이용하는 것은 잘 동작하지만 약간의 문제가 있다. 만약 프로그래머가 swap() 안에서 실수로 *기호를 생략하는 경우에는 포인터가 가리키는 대상이 변경되지 않고 포인터 자체가 변경되어 버린다. 또한 swap()을 호출하기 전에 반드시 주소 연산자 &을 사용하여서 변수의 주소를 추출해 보내야 한다는 점도 부담이다.

참고사항

값에 의한 호출과 참조에 의한 호출은 어떤 경우에 사용해야 하는가?

일반적으로 함수의 반환값만을 필요로 하면 당연히 값에 의한 호출을 사용하여야 한다. 반면 함수가 외부에서 선언된 변수의 값을 변경할 필요가 있다면 참조에 의한 호출을 사용하여야 한다. 참조에 의한 호출은 함수가 전역 변수를 사용하지 않고서도 외부의 변수들을 참조할 수 있는 합법적인 방법이다.

중간점검

1. 함수에 매개 변수로 변수의 복사본이 전달되는 것을 __________(이)라고 한다.
2. 함수에 매개 변수로 변수의 원본이 전달되는 것을 __________(이)라고 한다.
3. 배열을 함수의 매개 변수로 지정하는 경우, 배열의 복사가 일어나는가?

참조자를 사용하는 "참조에 의한 호출"

참조자는 변수의 별명이다. 하지만 실제로는 변수에 다른 이름을 붙이는 것은 거의 쓸모가 없다. 변수의 원래 이름이 있는데 왜 별명을 사용하겠는가? 참조자가 유용한 것은 "참조에 의한 호출"를 구현할 때이다. 함수의 매개 변수를 참조자로 선언하게 되면 호출된 함수에서는 이 참조자를 이용하여 원본 변수의 값을 수정할 수 있다. 다음 프로그램은 참조자를 이용하여 앞의 swap()을 다시 구현한 예이다.

swap3.cpp

```
#include <iostream>
using namespace std;
void swap(int &rx, int &ry);

int main()
{
   int a = 100, b = 200;
   cout << "swap() 호출 전: a = " << a << ", b = " << b << endl;
   swap(a, b);
   cout << "swap() 호출 후: a = " << a << ", b = " << b << endl;
   return 0;
}

void swap(int &rx, int &ry)
{
   int tmp;
   tmp = rx; rx = ry; ry = tmp;
}
```

실행결과

```
swap() 호출 전: a = 100, b = 200
swap() 호출 후: a = 200, b = 100
계속하려면 아무 키나 누르십시오 . . .
```

swap()의 정의를 보면 매개 변수 rx와 ry가 참조자로 선언되어 있다. main()에서 swap()를 호출할 때는 변수 a와 b를 swap()의 인수로 전달한다. 포인터의 경우처럼 변수의 주소를 추출하여 넘길 필요가 없다. swap() 안에서도 변수의 값을 참조할 때 * 연산자를 사용할 필요가 없다. 포인터의 경우와 비교하여 보면 참조자가 포인터보다 사용하기 편리하다는 것을 알 수 있다.

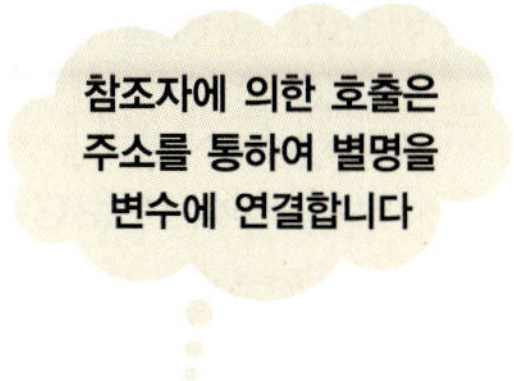

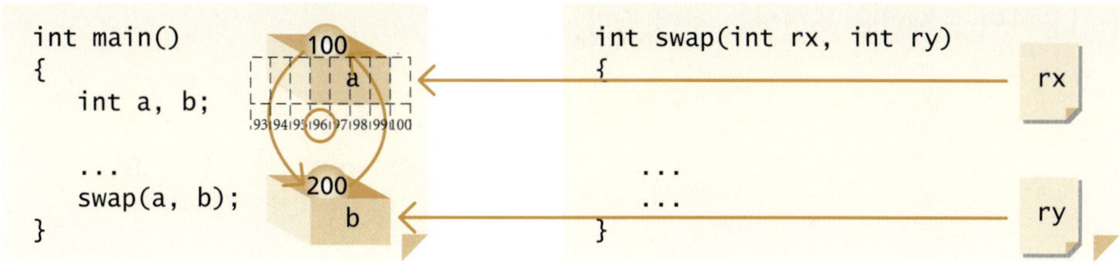

그림 3-11 ● 참조자를 이용하는 "참조에 의한 호출"

참조자를 통한 변경을 방지하려면

"참조에 의한 호출"은 원래 변수의 값을 수정할 필요가 있는 경우에 한하여 구현하여야 한다. 만약 프로그래머가 참조자를 통하여 원본 변수의 값이 변경되지 않도록 하고 싶으면 함수의 매개 변수를 선언할 때 앞에 const를 붙이면 된다. const를 앞에 붙이면 참조자가 가리키는 내용이 변경 불가능한 상수라는 뜻이 된다. 아래의 코드에서 sub()가 매개 변수 p를 통하여 값을 변경하는 것을 방지하고 싶으면 앞에 const를 붙인다.

```
void sub(const int &p)
{
   p = 0; // 오류!!
}
```

3.7 문자열

문자열(string)은 문자들의 연속이다. 즉, 문자들이 여러 개 모인 것이 문자열이다. 문자열은 큰 따옴표를 이용하여 표현된다. 다음은 문자열의 예이다.

```
"A"
"Hello World!"
"변수 score의 값은 %d입니다"
```

C++언어에서는 문자열을 두 가지 방법으로 표현할 수 있다. 첫 번째 방법은 char형 배열을 이용하여 문자열을 저장하고 문자열의 끝에 NULL 문자를 추가하는 방법이다. 이러한 방식은 C언어에서 사용해왔던 고전적인 방식으로 C-문자열이라고 한다. 두 번째 방법은 string 클래스의 객체를 이용하여 문자열을 저장하는 방법이다. 이번 절에서 C-문자열을 살펴보고 다음 장에서 string 클래스를 학습하자. 일반적으로 string 클래스를 사용하여 문자열을 표현하는 것이 좋다.

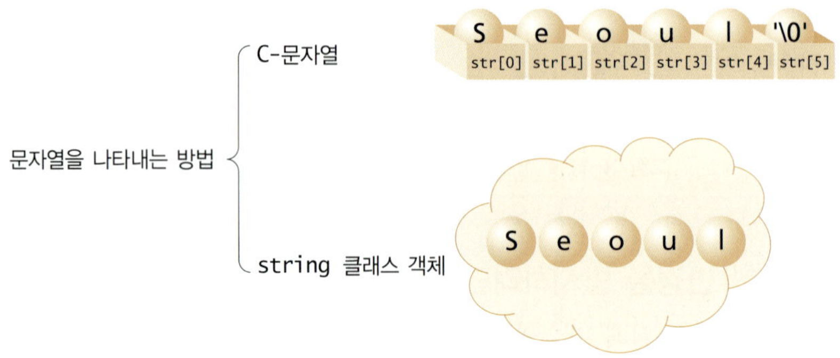

그림 3-12 • 문자열을 나타내는 방법

C-문자열

문자열은 여러 개의 문자들로 이루어져 있다. char형은 단지 하나의 문자만을 저장할 수 있다. 따라서 하나의 char형만 가지고는 부족하다. 대신에 char형의 배열을 이용하여 문자열을 저장한다.

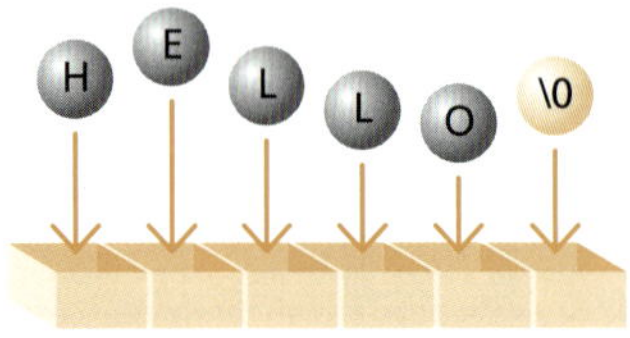

그림 3-13 • 문자열의 표현 방법

예를 들어 다섯 개의 문자로 된 문자열을 표현하려면 다음과 같이 여섯 개의 원소를 가지는 char형 배열을 선언한다.

```
char str[6];
```

문자열을 이루는 각각의 문자는 배열 원소에 저장된다. 여기서 한 가지 의문은 다섯 개의 문자만 저장한다면 배열의 크기가 5면 될 것 같은데 왜 6이어야 하느냐이다. 그 이유는 C++에서는 문자열의 끝이 반드시 NULL 문자(null character)라는 특수한 값으로 끝나야 하기 때문이다. NULL 문자는 아스키값이 0인 문자이다.

예제 #3

char형 배열을 문자열로 초기화하는 간단한 예제를 살펴보자.

string1.cpp

```
1  #include <iostream>
2  using namespace std;
3
4  int main()
5  {
6     char str1[7] = "Seoul ";
7     char str2[3] = { 'i', 's' };
8     char str3[] = " the capital city of Korea.";
9
10    cout << str1 << str2 << str3 << endl;
11    return 0;
12 }
```

실행결과

```
Seoul is the capital city of Korea.
```

프로그램 설명

6 문자 배열 str1을 선언하였다. str1의 초기값은 문자열 상수 "Seoul"이 된다. 문자열 "Seoul"의 각각의 문자들은 문자 배열 str1의 배열 원소에 하나씩 들어가게 된다. 여기서 주의할 점은 문자열의 끝을 나타내는 문자인 NULL 문자를 위한 공간이 필요하기 때문에 문자열의 길이는 5지만 문자 배열의 크기는 6으로 잡아주었다는 점이다.

7 문자 배열 str2를 선언하였다. 이번에는 초기화 방법이 약간 다르다. 문자열 상수로 초기화를 하는 것이 아니라 전통적인 배열 초기화 방법인 각 배열 원소들의 초기값을 중괄호 안에 적어주는 방법으로 초기화되었다. NULL 문자는 컴파일러에 의하여 자동으로 문자 배열의 맨 끝에 삽입된다.

8 문자 배열 str3을 선언하였다. 이번에는 선언 시에 배열의 크기를 지정하지 않았다. 컴파일러는 자동으로 초기화 문자열의 크기에 맞추어 배열의 크기를 결정한다. 여기서는 초기화 문자열의 길이는 26이고 여기에다 NULL 문자를 위한 공간을 합치면 27이 되므로 문자 배열의 크기는 27이 된다. 초기화 문자열이 길어서 문자열의 크기가 얼마인지 계산하기 어려운 경우에 유용하다.

예제 #4

주어진 문자열의 길이를 구하는 방법을 살펴보자. 문자열의 길이는 라이브러리 함수를 이용하면 쉽게 알 수 있으나 여기서는 직접 char형 배열을 처리하여 길이를 구해보자.

string2.cpp

```
1  // 문자열의 길이를 구하는 프로그램
2  #include <iostream>
3  using namespace std;
4
5  int main()
6  {
7     char str[30] = "C++ language is easy";
8     int i = 0;
9
10    while(str[i] != 0)
11       i++;
12    cout << "문자열 "<< str << "의 길이는 " << i << "입니다." << endl;
13
14    return 0;
15 }
```

실행결과

```
문자열 C++ language is easy의 길이는 20입니다.
계속하려면 아무 키나 누르십시오 . . .
```

프로그램 설명

7 위의 문장은 char형 배열을 선언하고 초기화하는 문장이다. 배열의 크기는 일단은 초기화하는 문자열보다 더 크게 잡아야 한다. 만약 정확하게 초기화 문자열만큼만 잡고 싶으면 다음과 같이 하는 편이 좋다.

```
char str[ ] = "C++ language is easy";
```

8 문자열의 길이가 계산되어 저장될 변수 i를 선언하고 0으로 초기화한다.

10-11 위의 반복 루프는 str배열의 i번째 문자가 0이 아니면 i를 증가시키는 연산을 반복하라는 의미이다. i번째 문자의 값이 0이라는 것은 i번째 문자가 NULL 문자임을 의미한다. 따라서 위의 반복 루프는 NULL 문자가 아니면 i값을 계속해서 증가시키라는 의미이다. NULL 문자는 문자열의 끝에 위치하므로 i값은 NULL 문자 앞에 위치한 문자들의 개수와 같게 된다. NULL 문자는 개수에 포함되지 않는다. 여기서 0 대신 '\0' 을 사용하여도 마찬가지이다. 그러나 통상적으로 위의 문장이 더 많이 사용된다.

12 문자열의 길이를 계산한 후에 문자열과 문자열의 길이를 출력한다.

문자열의 복사, 추가, 비교

문자열을 사용하다보면 두 개의 문자열을 붙이는 작업이나 두 개의 문자열을 서로 비교하는 작업들이 필요해진다. 이러한 문자열 처리 작업을 프로그래머가 직접 함수로 작성하여 사용하는 것도 물론 가능하다. 하지만 무척 시간이 많이 소모되는 작업이고 또한 작성된 함수에 오류가 있을 가능성도 있다. C++에서는 이러한 문자열 조작을 처리해주는 많은 라이브러리 함수들을 제공하고 있다.

C-문자열 함수들은 cstring에 선언되어 있다. 따라서 이들 함수들을 사용하려면 cstring을 프로그램의 첫 부분에서 포함시켜야 한다. 그리고 함수 이름은 str으로 시작한다.

```
#include <cstring>
```

문자열 처리 라이브러리는 상당히 복잡하다. 따라서 여기서는 가장 기초적인 것만 살펴볼 것이다.

표 3-1 ● 문자열 라이브러리 함수

함수	설명
strlen(s)	문자열 s의 길이를 구한다.
strcpy(s1, s2)	s2를 s1에 복사한다.
strcat(s1, s2)	s2를 s1의 끝에 붙여넣는다.
strcmp(s1, s2)	s1과 s2를 비교한다.
strncpy(s1, s2, n)	s2의 최대 n개의 문자를 s1에 복사한다.
strncat(s1, s2, n)	s2의 최대 n개의 문자를 s1의 끝에 붙여넣는다.
strncmp(s1, s2, n)	최대 n개의 문자까지 s1과 s2를 비교한다.
strchr(s, c)	문자열 s안에서 문자 c를 찾는다.
strstr(s1, s2)	문자열 s1에서 문자열 s2를 찾는다.

strcpy_strcat.cpp

```
// strcpy와 strcat
#include <iostream>
#include <cstring>
using namespace std;

int main()
{
```

```
8      char string[80];
9
10     strcpy( string, "Hello World from " );
11     strcat( string, "strcpy() " );
12     strcat( string, "and " );
13     strcat( string, "strcat()!" );
14     cout << string << endl;
15     return 0;
16 }
```

실행결과

```
Hello World from strcpy() and strcat()!
계속하려면 아무 키나 누르십시오 . . .
```

프로그램 설명

8 크기가 80인 char형 배열을 정의한다.

10 strpcy() 함수를 이용하여 char형 배열 string[]에 Hello World from 을 복사한다.

11-13 strcat() 함수를 이용하여 기존의 문자열의 끝에 새로운 문자열을 붙인다.

14 최종 문자열을 화면에 출력한다.

중간점검

1. C-문자열 "src"를 C-문자열 "dst"로 복사하는 문장을 써라.
2. "String"을 저장하려면 최소한 어떤 크기 이상의 문자 배열이 필요한가?
3. 문자열을 서로 비교하는 함수는?

EXERCISE
C++ ESPRESSO

1. 다음 문장에서 잘못된 부분을 수정하라.

(1) `int test[5] = { 1, 2, 3, 4, 5, 6 };`

(2) `int test[3][2] = { {1, 2, 3}, {4, 5} };`

(3) `int compute_avg(int grade[ ][ ]);`

(4) `char symbol[5] = { "h", "o", "u" };`

2. 다음 코드에서 잘못된 부분을 수정하라.

```
int test[10];
for(int i = 1; i <= 10; i++)
   test[i] = 0;
```

3. int형 포인터 p에 대한 다음과 같은 연산의 동작을 설명하라.

(1) `*p = 100;`

(2) `*p++;`

(3) `(*p)++;`

(4) `*(p+2) = 300;`

4. 다음에서 인덱스에 의한 배열 원소 참조는 포인터에 의한 참조로 바꾸고 반대로 포인터에 의한 참조는 인덱스에 의한 참조로 바꾸어 보라.

(1) `list[6]`

(2) `name[3]`

(3) `*(cost + 8)`

(4) `*message`

5. 다음과 같이 선언되어 있는 경우, 다음 수식의 값은 얼마인가?

```
int *p = 1000;
double *q = 2000;
```

(1) `p + 3`   (2) `p - 2`   (3) `q + 5`   (4) `q - 1`

6. 다음과 같이 선언되어 있는 경우, 논리적으로 틀린 것을 찾고 그 이유를 말하라.

```
int *p, *q;
int list[10];
p = q = list;
```

(1) `*p = *p + 2;`

(2) `&p = &list[0];`

(3) `q = &(p + 1);`

(4) `*list[0] = 100;`

7. `int`형 배열 a의 다섯 번째 원소에 20을 대입하는 문장을 다양한 방법으로 작성하여 보라.

(1) 인덱스를 사용

(2) 배열 이름을 포인터로 사용

(3) `int`형 포인터 `pi`를 사용

8. `double`형 배열 a를 매개 변수 b로 전달받는 함수 `print_array()`의 헤더를 다음과 같은 방법으로 작성하라. 반환값은 없다.

(1) b를 배열로 선언

(2) b를 포인터로 선언

9. 다음의 변수들에게 몇 바이트의 메모리가 할당되는가?

(1) `char str[ ] = "Sample";`

(2) `char *pc = "Visual C++";`

(3) `char c;`

(4) `char str[10] = "Hello!";`

(5) `char str[2][10] = { "Hello", "World" };`

10. 다음과 같이 정의되어 있다고 가정하고 다음의 수식의 값을 말하라.

```
char s[][10] = { "HIGH", "MIDDLE", "LOW" };
```

(1) `s[0]`

(2) `s[1][3]`

(3) `*(s[2]+1)`

11. 다음의 문장에 오류가 있는지를 밝히고 만약 오류가 있다면 수정하라.

(1) `char c = "c";`

(2) `char s[] = "processing!#$";`

(3) `char s[10] = { "c bible" };`

(4) `char s[][] = {"c", "java", "c++"};`

(5) `char *ps[] = { "network", "security", "vision" };`

12. 다음의 문장의 출력을 써보아라.

(1) `cout << toupper('a');`

(2) `cout << strcmp("xyz", "xy");`

(3)
```
char s[20] = "abc";
cout << strcat(s, "xyz");
```

PROGRAMMING

C++ ESPRESSO

1. 배열 days[]를 아래와 같이 초기화하고 배열 원소의 값을 다음과 같이 출력하는 프로그램을 작성하라.

31, 29, 31, 30, 31, 30, 31, 31, 30, 31, 30, 31

```
1월은 31일까지 있습니다.
2월은 29일까지 있습니다.
...
12월은 31일까지 있습니다.
```

2. 1차원 배열은 벡터라고도 불린다. 두 개의 벡터를 더하는 함수인 vector_add()를 작성하라. 이 함수를 테스트하기 위한 코드도 작성하라.

$$\vec{X} + \vec{Y} = (x_1 + y_1,\ x_2 + y_2,\ x_3 + y_3)$$

3. 사용자로부터 10개 이하의 실수 자료를 읽어서 평균과 표준 편차를 계산하는 프로그램을 작성하라. 사용자로부터 받은 자료들은 배열에 저장하라. 평균이란 n개의 실수가 주어져 있을 때 다음과 같이 계산된다.

$$m = \frac{1}{n}\sum_{i=1}^{n} x_i$$

표준 편차는 분산의 양의 제곱근으로, 분산은 다음과 같이 계산된다. 표준 편차는 자료가 평균값 주위에 어느 정도의 넓이로 분포하고 있는가를 나타내는 하나의 척도이다.

$$v = \frac{1}{n}\sum_{i=1}^{n} (x_i - m)^2$$

4. 0부터 9까지의 난수를 100번 생성하여 가장 많이 생성된 수를 출력하는 프로그램을 작성하라. 난수는 rand() 함수를 사용하여 생성하라.

5. 다음 표의 각 행의 합계, 각 열의 합계를 구하는 프로그램을 작성하라. 표는 2차원 배열을 이용하여 표현하라.

12	56	32	16	98
99	56	34	41	3
65	3	87	78	21

6. 두 개의 정수 배열 a, b를 받아서 대응되는 배열 원소가 같은지를 검사하는 함수 `array_equal(int a[], int b[], int size)`를 작성하고 테스트하라. 이 함수는 `a[0]`와 `b[0]`, `a[1]`과 `b[1]`, . . . , `a[size-1]`과 `b[size-1]`이 같은지를 검사한다. 만약 전체 원소가 같다면 1을 반환하고 그렇지 않으면 0을 반환한다.

7. 2차원 배열을 이용하여 tic-tac-toe 게임 프로그램을 작성하여 보라. tic-tac-toe 게임 보드를 표현하는데 3 × 3의 2차원 배열을 이용한다. 2차원 배열의 원소가 0이면 아직 놓이지 않은 것이고 1이면 ○을 2이면 ×를 표시한다고 가정하라.

	○	
×	○	
	×	

8. 학생들의 시험 점수를 통계 처리하는 프로그램을 작성하여 보라. 한 학급은 최대 열 명까지의 학생들로 이루어진다. 각 학생들은 세 번의 시험을 치른다. 사용자로부터 값을 입력받을 수 있도록 하라.

학번	시험 #1	시험 #2	시험 #3
1	30	10	11
2	40	90	32
3	70	65	56
4	70	43	32
5	80	10	89

(1) 각 시험마다 최고 점수, 최저 점수, 평균 점수를 출력하도록 하라.

(2) 각 학생마다 최고, 최저, 평균 점수를 출력하도록 하라.

9. 배열 A[]를 배열 B[]에 복사하는 함수를 작성하고 테스트하라.

```
void copy(int *A, int *B, int n);
```

10. 배열 A[]에서 주어진 숫자를 탐색하여 숫자를 가리키는 포인터를 반환하는 다음과 같은 원형을 가지는 함수를 작성하고 테스트하라.

```
int *search(int *A, int n, int x);
```

11. 실수값들이 저장되어 있는 double형 배열 A[]에서 평균값, 최대값, 전체의 합을 계산하여 포인터 인수를 통하여 반환하는 함수 get_stat(double A[], doube *p_avg, double *p_max, double *p_sum)을 구현하라.

12. 간단한 철자 교정 프로그램을 작성하여 보자. 문자열을 입력 받아 문자열 안에 마침표가 있으면 문자열의 첫 번째 문자가 대문자인지를 검사한다. 만약 대문자가 아니면 대문자로 변환한다. 또한 문장의 끝에 마침표가 존재하는지를 검사한다. 역시 마침표가 없으면 넣어준다. 입력된 문자열이 "pointer is easy"라면 "Pointer is easy."로 변환하여 화면에 출력한다.

13. 간단한 "찾아 바꾸기" 기능을 구현하여 보자. 첫 번째로 사용자에게 최대 80 문자의 문자열을 입력하도록 한다. 두 번째로 찾을 문자열을 입력받는다. 세 번째로 바꿀 문자열을 입력받는다. 문자열을 찾아서 바꾼 후 결과 문자열을 화면에 출력한다.

```
문자열을 입력하시오: A fool and his mony are soon parted.
찾을 문자열: mony
바꿀 문자열: money
결과: A fool and his money are soon parted.
```

LAB
C++ ESPRESSO

1. 정수 배열에서 최대값을 구하는 함수 get_largest()를 작성하고 테스트하여 보자.

(1) int get_largest(int array[], int n);과 같은 원형을 사용한다.

(2) int get_largest(int *parray, int n);과 같은 원형을 사용한다.

2. 계산기 프로그램을 약간 변경하여 보자. 사용자로부터 다음과 같은 문자열을 받아서 계산을 수행하여 화면에 출력하는 프로그램을 작성하여 보자.

```
문자열을 입력하시오: 10 add 20
연산의 결과는 30입니다.
```

위의 문자열이 입력되면 "10"과 "20"을 정수로 변환한 후에 10과 20을 더하여 그 결과인 30을 화면에 출력하면 된다.

(1) add, minus, multiply, divide와 같은 다양한 연산을 구현하여 보자.

(2) 거듭 제곱 연산인 power도 구현하여 테스트하여 보자.

```
문자열을 입력하시오: 10 power 2
연산의 결과는 100입니다.
```

3. 사용자로부터 받은 문자열에서 각각의 문자가 나타나는 빈도를 계산하여 출력하는 프로그램을 작성하라.

```
문자열을 입력하시오: meet at midnight
a: 1
b: 0
c: 0
e: 2
...
```

4. 문자열의 일부를 추출하는 sub_string() 함수를 작성한다. void sub_string(char *s, int start, int n, char *result)과 같은 원형을 가진다. s가 가리키는 문자열의 start번째 문자부터 n만큼의 문자를 추출하여 result가 가리키는 곳에 저장하여 외부로 전달한다. 예를 들어 sub_string("language", 3, 2, result)이라고 호출하면 "ng"가 result에 저장된다.

```
문자열을 입력하시오: language
시작 위치: 3
길이: 2
결과: ng
```

PART 02

객체 지향 프로그래밍

C++
ESPRESSO

C++ Espresso

04 객체 지향 소개

이 장의 차례

학습목표

- 객체 지향 기법은 소프트웨어 설계에 있어서 많은 장점을 제공하는 매우 강력한 기술이다. 그러나 문제는 객체 지향 개념이 이해하기 어렵다는 것이다. 객체 지향 개념을 완벽하게 이해하기 전에는 객체 지향 설계의 이점을 활용하기가 어렵다. 이번 장에서는 객체 지향의 개념을 살펴본다.

4.1 객체 지향이란?

아무리 객체 지향 언어를 사용한다고 하여도 프로그래머가 객체 지향에 대하여 확실히 이해하고 있지 않으면 객체 지향 언어의 효과는 나오지 않는다. 특히 C++언어에는 C언어의 모든 기능이 포함되어 있으므로 자칫하면 기존의 절차 지향 방식으로 프로그램하기 쉽다. 이번 장에서 객체 지향 개념을 확실하게 학습하도록 하자.

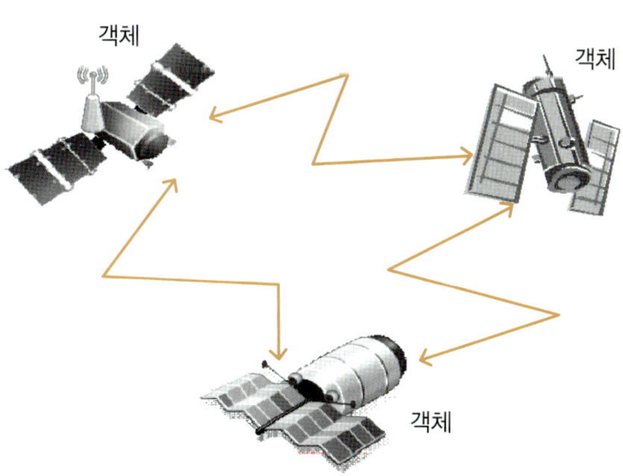

그림 4-1 ● 실제 세계는 객체들로 이루어진다

객체 지향 프로그래밍(object-oriented programming: OOP)은 실제 세계가 객체(object)들로 구성되어 있는 것과 비슷하게 소프트웨어도 객체 단위로 작성하는 방법이다. 우리가 살고 있는 실제 세계에는 통신 위성, 자동차, 사람 등의 많은 객체가 존재한다. 객체들은 객체 나름대로의 고유한 기능을 수행하면서 다른 객체들과 상호 작용한다.

소프트웨어 개발도 이와 같이 하는 방식을 객체 지향 방법(object-oriented approach)이라고 한다. 다양한 기능을 하는 소프트웨어 객체들이 존재하고 이러한 객체들을 조합하여 자기가 원하는 기능을 구현하는 기법이다. 현실 세계의 객체들은 소프트웨어 객체로 표현되며 이들 소프트웨어 객체들이 메시지를 교환하면서 상호 작용하여 원하는 작업을 수행하게 된다.

4.2 객체

객체(Object)는 그 이름에서 볼 수 있듯이, 객체 지향 기술의 핵심 개념이다. 객체는 현실 세계에서 존재하는 객체들을 흉내 내어 소프트웨어 상에서 구현한 것이다. 객체는 상태와 동작을 가지고 있다. 객체의 상태(state)는 객체의 특징값(속성)이다. 예를 들어, 자동차 객체의 경우, 속성은 차종, 색상, 기어, 최대 속도, 연식, 배기량, 주행 거리, 연비 등이다. 객체의 동작(behavior) 또는 행동은 객체가 취할 수 있는 동작이다. 자동차를 예로 들면, 출발하기, 멈추기, 가속하기, 감속하기, 방향 전환하기, 기아 변속하기, 전진하기, 후진하기 등이 여기에 해당된다.

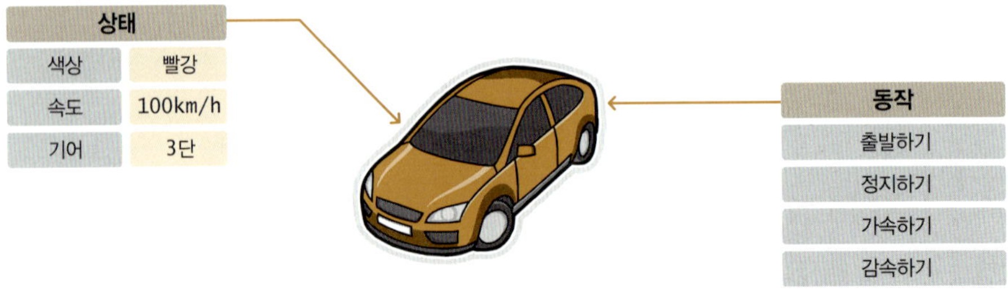

그림 4-2 ● 자동차 객체의 예

객체의 상태와 동작은 소프트웨어에서는 각각 변수와 함수로 표현할 수 있다. 객체는 변수와 함수로 이루어져 있는 소프트웨어의 묶음이라 할 수 있다. 변수(variable)에는 객체의 상태를 저장한다. 객체 안에 포함된 변수를 다른 일반적인 변수와 구별하기 위하여 특별히 필드(field) 또는 멤버 변수라고 한다.

함수(function)는 특정한 동작(작업)을 수행한다. C++에서 함수는 객체 없이도 정의할 수 있으므로 역시 일반적인 함수와 구별하기 위하여 객체 안의 함수를 메소드(method), 또는 멤버 함수라고 한다. 자동차의 경우에는 [그림 4-3]과 같은 멤버 변수와 멤버 함수를 생각할 수 있다.

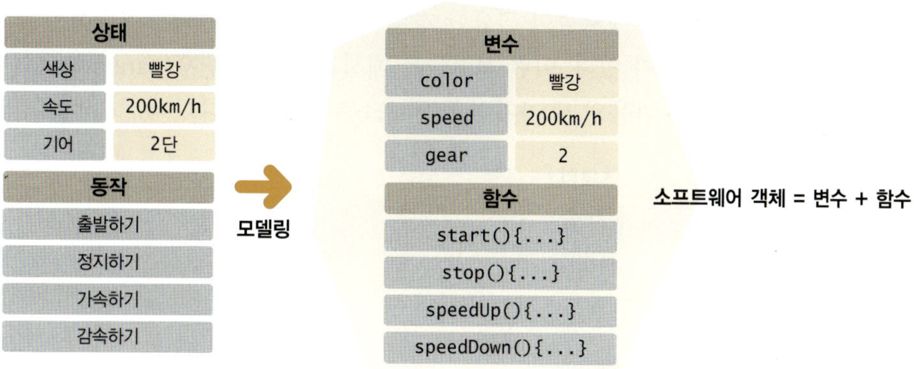

그림 4-3 ● 멤버 변수와 멤버 함수

중간점검

1. 다음과 같은 실제 세계의 객체에서 객체의 가능한 상태와 객체가 수행할 수 있는 동작을 정리하여 보자.

객 체	상 태	동 작
전 구		
라디오		
강아지		
자전거		
사 자		

4.3 메시지

어떤 문제를 해결하는 프로그램을 작성할 때 홀로 작동하는 객체는 거의 유용하지 않다. 일반적인 유용한 프로그램은 많은 수의 객체로 이루어진다. 대부분의 객체는 무언가를 실행하기 위해서 다른 객체를 필요로 한다. 예를 들어, 자동차의 경우 혼자서는 거의 쓸모가 없다. 그러나 운전사가 있으면 유용한 작업을 할 수 있다. 대부분의 유용한 프로그램은 여러 개의 객체를 가지고 있고 작업은 이 객체들의 상호 작용으로 이루어지며 객체들이 다른 것들과 상호 작용하기 위해서 어떤 종류의 통신 메커니즘을 필요로 한다.

소프트웨어의 세계에서도 마찬가지이다. 소프트웨어 객체는 메시지(message)를 통해 다른 소프트웨어 객체와 통신하고 서로 상호 작용한다. 운전사 객체가 자동차 객체를 가속하기 원한다면, 운전사 객체는 가속 메시지를 작성하여 자동차 객체에 전달한다. 때때로 메시지에는 추가적인 정보들이 필요한 경우도 있는데, 예를 들어 가속하는 경우, 목표 속도가 필요한 경우가 있다. 이런 정보들은 메시지의 매개 변수(parameter)의 형태로 전달된다. 메시지는 다음의 세 가지의 구성 요소로 이루어진다.

→ 메시지를 받는 객체 (Car1)
→ 메시지의 이름 (가속)
→ 메시지의 매개 변수 (100km)

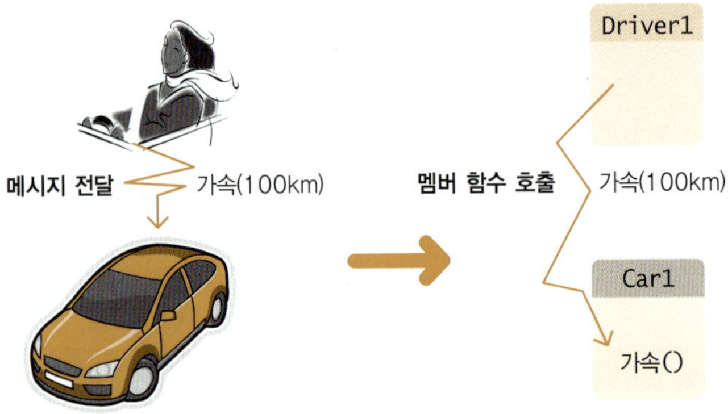

그림 4-4 ● 메시지 전달

"메시지 전달"은 "멤버 함수 호출"을 부르는 또 다른 방법이라는 것을 이해해야 한다. 객체는 다른 객체에 메시지를 보낼 때, 실제로 객체의 멤버 함수를 호출하는 것이다. 메시지의 매개 변수는 실제로 함수의 매개 변수이다. 객체가 할 수 있는 모든 것은 함수로 표현되기 때문에 메시지 전달은 함수 호출을 의미한다.

중간점검

1. 객체들은 _______전달을 통해서 서로 간에 상호 작용을 한다.
2. 자동차 객체에서 생각할 수 있는 메시지와 매개 변수에 대하여 나열하여 보라.

4.4 클래스

우리는 객체 지향 프로그램은 객체로 구성된다는 사실을 알았다. 그런데 같은 종류의 객체는 하나만 있을까? 현실 세계에서도 예를 들면 자동차는 하나만 있는 것이 아니다. 철수네도 같은 브랜드의 자동차를 가지고 있을 수 있고, 영희네도 같은 브랜드의 자동차를 가질 수 있다. 자동차는 공장에서 어떻게 만들어지는가? 엔지니어가 설계하여서 설계도를 만들고 이 설계도에 의하여 각각의 자동차가 만들어진다.

객체 지향 소프트웨어에서도 같은 객체들이 여러 개 필요한 경우도 있다. 이러한 객체들은 모두 하나의 설계도로 만들어진다. 바로 이 설계도를 클래스(class)라고 한다. 다시 말하면 클래스(class)란 어떤 종류의 모든 객체에게 공통인 변수와 멤버 함수를 정의하는 형틀(template) 또는 청사진(blueprint)이라 할 수 있다. 객체 지향에서는 소프트웨어의 기본 단위가 클래스가 된다. 소프트웨어를 만들어간다고 하는 것은 클래스를 하나씩 추가해나가는 과정이다. 객체 지향에서는 클래스로부터 만들어지는 각각의 객체를 특별히 그 클래스의 인스턴스(instance)라고도 한다. 객체들이 변수와 멤버 함수로 되어 있으므로 클래스는 이러한 객체에 포함된 변수들과 멤버 함수들을 정의하여야 할 것이다.

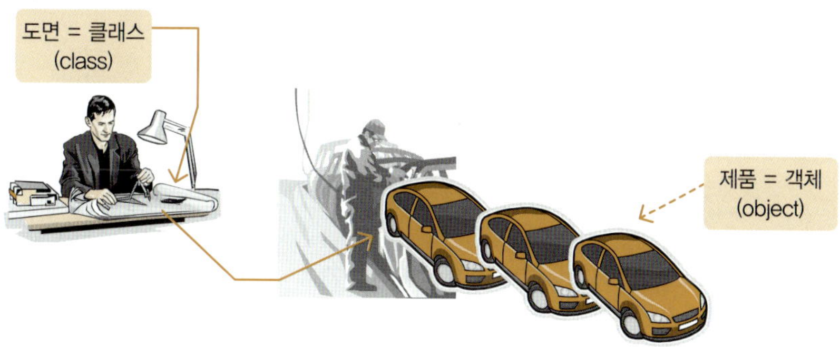

그림 4-5 • 객체를 클래스라는 설계도로 생성된다

객체가 생성될 때마다 각 객체에 필요한 기억 공간이 할당된다. 각각의 객체에 필요한 공간이란 무엇일까? 다시 자동차의 예로 돌아가 보자. 같은 설계도로 만든 자동차라고 하더라도 운전하는 사람에 따라 속도, 주행 거리, 기어 단수 등의 상태는 자동차마다 다르다. 따라서 같은 클래스로 만든 객체라고 하더라도 각기 다른 상태값을 가질 수 있다. 따라서 이들 상태값을 저장할 공간이 객체마다 필요하다.

멤버 함수의 경우는 약간 다르다. 멤버 함수는 같은 클래스에 속하는 객체이면 모두 동일하다. 자동차를 예로 들면, 전조등을 켜는 방법은 같은 설계도로 만든 자동차이면 모두 동일하다. 따라서 객체의 멤버 함수들은 객체마다 저장되는 것이 아니라 하나의 멤버 함수를 공유한다. 정리하면 같은 클래스의 인스턴스들은 멤버 함수는 공유하지만 데이터는 각각 가지고 있다.

4.5 절차 지향과 객체 지향

현재 많이 사용되는 프로그래밍 기법은 절차 지향 프로그래밍과 객체 지향 프로그래밍으로 나눌 수 있다.

절차 지향 프로그래밍

절차 지향 프로그래밍(procedural programming)은 문제를 해결하는 알고리즘(절차)을 중요하게 생각하는 소프트웨어 개발 방법이다. 이들 알고리즘은 모두 함수(또는 프로시저)라는 단위로 묶이게 된다. 일반적으로 이들 프로그램은 함수들의 집합으로 이루어진다. 함수 또는 프로시저는 입력이 들어와서 출력이 나가는 블랙 박스(black box)로 간주된다. 데이터는 별도의 구조에 위치하며 이들 함수나 프로시저에 의하여 조작된다.

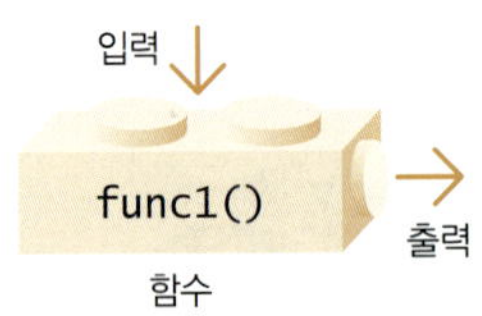

그림 4-6 • 함수의 개념

절차 지향 프로그래밍은 오랫동안 좋은 방법으로 여겨졌다. 하지만 문제는 없었을까? 가장 중요한 단점은 데이터가 함수와 분리된다는 점이다. 절차 지향 방법에서는 데이터가 프로그램의 중요한 부분임에도 불구하고 프로그래머들은 함수 작성에만 신경을 쓰게 된다. 구체적으로 절차 지향 방법에서는 다음과 같은 문제가 발생할 수 있다.

1 과도한 전역 변수의 사용

많은 경우, 데이터는 전역 변수에 저장된다. 이때 데이터에 접근하는 것을 통제할 수 없어서 어떤 함수든지 쉽게 데이터를 변경할 수 있다. 일반적으로 프로그램의 규모가 크면 많은 함수들이 쉽게 접근하게 하기 위해서 전역 변수에 핵심적인 데이터를 저장하게 된다. 하지만 전역 변수는 모든 함수에 대하여 개방되어 있기 때문에 전역 변수의 값을 잘못 설정할 가능성도 많아진다.

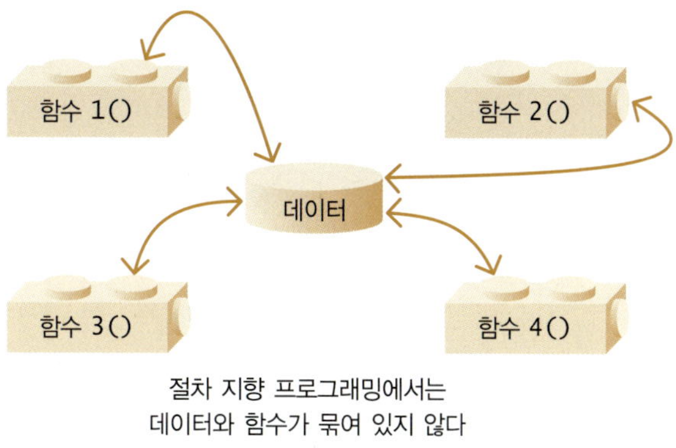

그림 4-7 ● 절차 지향 프로그래밍

2 프로그램의 이해가 어려워진다.

절차 지향에서는 작업들이 함수로 작성된다. 하지만 인간이 동시에 이해할 수 있는 함수의 숫자는 제한되어 있다. 따라서 서로 상호 작용하는 수백 개의 함수를 이해하는 것은 쉽지 않다.

3 변경하고 확장하기가 어렵다.

절차 지향의 경우 프로그램의 복잡도가 어느 정도 이상으로 커지게 되면 프로그램을 변경하기가 어려워진다. 종종 하나의 함수를 수정하면 다른 함수들이 영향을 받게 되기 때문이다.

객체 지향 프로그래밍

이후로 연구가 진행될수록 서로 관련된 함수와 데이터를 묶어서 생각해야 한다는 점이 명백해졌다. 객체 지향 프로그래밍(object-oriented programming)은 데이터와 함수를 하나의 덩어리로 묶어서 생각하는 방법이다. 데이터와 함수를 객체로 묶는 것을 캡슐화(encapsulation)라고 부른다.

객체 지향 프로그래밍 방법은 현재 가장 각광받고 있는 프로그래밍 기술이다. 객체 지향은 현실 세계를 시뮬레이션하는 언어였던 1960년대의 시뮬라(SIMULA)라는 언어에 기반을 두고 있다.

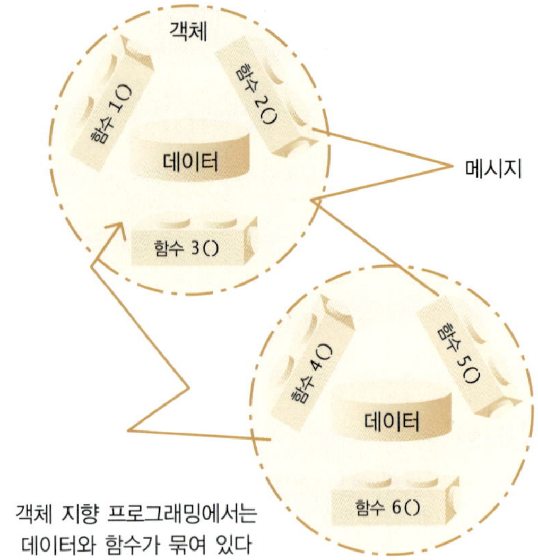

그림 4-8 ● 객체 지향 프로그래밍

객체 지향으로 소프트웨어를 작성하는 것은 컴퓨터 하드웨어 부품을 구입하여 컴퓨터를 조립하는 것과 비슷하다. 컴퓨터 업체들이 아주 빠른 시간에서 새로운 모델의 컴퓨터를 시장에 내어 놓을 수 있는 것은 부품 하나 하나를 자신들이 만들지 않고 다른 업체의 부품을 구입하여 조립만 하기 때문이다. 예를 들어 그래픽 카드나 파워 서플라이, 디스크 드라이브 등은 외부에서 공급받아서 사용한다.

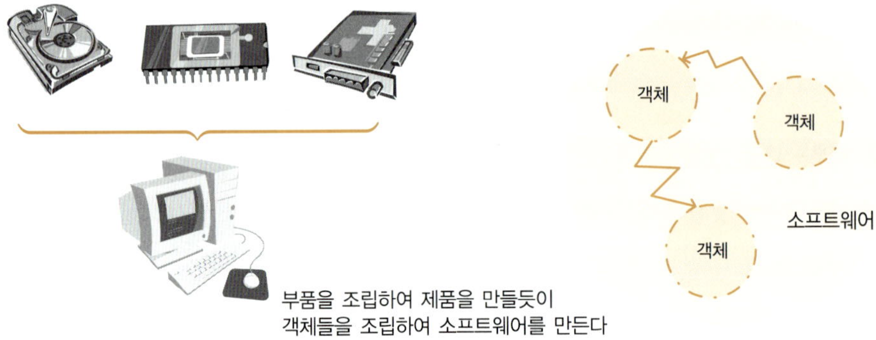

그림 4-9 ● 객체 지향 방법

이들 부품들은 속성(크기, 모양 등)을 가지고 있으며 기능(데이터를 읽는다, 전원을 공급한다 등)도 가지고 있다. 객체 지향 소프트웨어도 같은 아이디어를 사용하는 것이다. 프로그램은 객체들로 구성되고 객체들은 속성과 기능을 가지고 있다. 객체를 직접 작성할 것이냐 아니면 사올 것이냐는 예산과 시간에 따라 달라진다. 하지만 기본적으로 객체가 사양을 만족하기만 하면 그 기능이 어떤 식으로 구현되었느냐는 중요하지 않다. 즉, 디스크 드라이브가 디스크를 읽고 쓰기만 한다면 디스크 드라이브의 내부 구조에 대해서는 신경쓰지 않는다.

자동차 경주 예제

자동차 경주 게임을 제작한다고 가정하여 보자. 절차 지향에서는 먼저 처리하여야 할 절차를 우선적으로 생각한다. 즉, 전체 작업을 몇 개의 세부 작업으로 나눌 것이다. 먼저 자동차를 초기화하는 작업, 자동차를 출발하는 작업, 자동차를 정지하는 작업으로 나눌 수 있다. 이들은 모두 함수로 작성된다.

절차가 어느 정도 마무리되면 데이터를 어떻게 표현할 것인지를 생각한다. 자동차에 대한 데이터는 구조체로 표현할 수 있다. 구조체는 클래스와 비슷한 관계로 이 책에서는 다루지 않았지만 여러 가지 타입의 변수를 모아 놓은 자료 구조라고 생각하면 된다.

```
struct Car {
   int speed;
   int gear;
   char *pcolor;
};

void init(Car& c, char *color);
void start(Car& c);
void stop(Car& c);
int get_speed(Car& c);
void set_speed(Car& c, int speed);


int main()
{
   Car car;
   init(car, "red");
   start(car);
   set_speed(car, 60);
   stop(car);
   return 0;
}
```

(a) 절차 지향 프로그래밍

```
class Car {
   int speed;
   int gear;
   char *pcolor;

public:
   void init(char *color);
   void start();
   void stop();
   int get_speed();
   void set_speed(int speed);
};

int main()
{
   Car car;
   car.init("red");
   car.start();
   car.set_speed(60);
   car.stop(car);
   return 0;
}
```

(b) 객체 지향 프로그래밍

그림 4-10 ● 절차 지향 프로그래밍과 객체 지향 프로그래밍의 비교

객체 지향 방법에서는 상당히 다른 접근 방법을 사용한다. 먼저 데이터에 우선적으로 촛점을 맞춘다. 데이터를 표현하는 방법, 사용하는 방법을 절차보다도 먼저 생각한다. 자동차 경주에서는 자동차가 가장 핵심이 되는 데이터가 된다. 따라서 자동차를 나타내는 모든 정보를 하나의 객체가 가지고 있어야 한다. 이들 정보를 외부로부터 받아들이는 멤버 함수가 필요하다. 또한 주행 거리나 주행 시간을 계산하는 멤버 함수도 필요하다. 결과를 출력하는 멤버 함수도 추가될 것이다. 전체 작업은 이들 자동차 객체를 원하는 만큼 만들고 이들 객체의 적절한 멤버 함수를 호출하면서 실행된다.

중간점검

1. 객체 지향 프로그래밍은 ______들을 조합하여서 프로그램을 작성하는 기법이다.
2. 객체 지향 프로그래밍의 시작은 ________년대에 개발된 ______언어이다.

4.6 객체 지향 프로그래밍의 개념들

캡슐화

캡슐화(encapsulation)란 데이터와 연산들을 객체 안에 넣어서 묶는다는 의미이다. 이것은 보기보다 상당한 장점이 되는데, 캡슐화된 객체들은 다른 프로그래머가 사용하기 매우 편리하다.

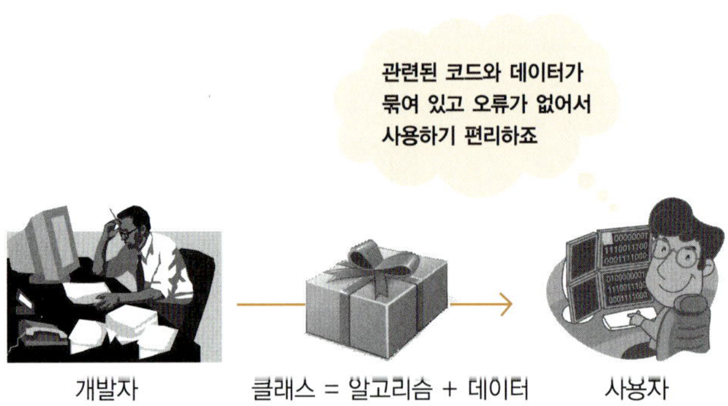

그림 4-11 ● 객체 지향을 사용하면 코드를 재사용할 수 있다

지금까지 소프트웨어 개발이 힘들었던 이유는 이전의 사람들이 작성하였던 수많은 코드가 있음에도 불구하고 새로운 소프트웨어를 개발하기 위해서는 다시 처음부터 모든

것을 개발하여야 했기 때문이다. 따라서 이전의 코드들을 재사용할 수 있는 메커니즘이 필요하다는 것을 인식하게 되었는데 다른 사람이 작성한 코드를 쓰기 위해서는 코드 자체가 잘 정리되어 있어야만 할 것이다. 관련된 데이터와 코드가 하나의 묶음으로 정리되어 있어야 한다. 따라서 만약 자기가 필요로 하는 클래스가 다른 사람에 의해서 작성되어서 이미 존재한다면 언제든지 가져다 사용할 수 있다. 또 이 클래스는 이미 그 방면의 전문가가 테스트와 디버그를 마쳤기 때문에 안심하고 사용할 수 있다.

객체 지향 방법으로 제작된 라이브러리는 절차 지향 언어의 라이브러리와는 다르다. 절차 지향 언어에서도 라이브러리가 제공되지만 함수 수준의 라이브러리만 제공된다. 하지만 객체 지향 방법에서는 필요한 데이터와 함수가 묶여 있기 때문에 사용하기 편리하고 보다 완전한 기능을 제공한다. C++에서도 그래픽, 네트워크, 데이터베이스 등의 많은 기능이 객체 지향 형식으로 제공되고 있다.

정보 은닉

객체 지향 기법에서 객체는 절대 다른 객체의 내부적인 데이터를 직접 조작하지 않는다. 반대로 다른 객체에게는 내부 데이터를 노출하지 않아야 한다. 객체간의 모든 통신은 함수 호출을 통해야 한다. 객체의 함수를 가지고만 상호 작용을 함으로써 객체 내부 구현의 세부 사항은 외부 세계로부터 감춰진다. 이런 식으로 객체의 데이터를 은폐하는 것을 정보 은닉(information-hiding)이라고 한다.

왜 객체의 내부 데이터를 보호하여야 하는가? 내부 데이터가 숨겨져 있다는 것은 이들 부분이 프로그램의 다른 부분에 영향을 미치지 않고 쉽게 변경될 수 있음을 의미한다. 예를 들어서 [그림 4-9]와 같이 컴퓨터와 스피커를 연결하는 문제를 생각해보자. 만약 컴퓨터의 표준 인터페이스 단자를 사용하지 않고 내부의 카드에 직접 선을 연결하였다면 내부의 카드는 업그레이드 할 수 없다.

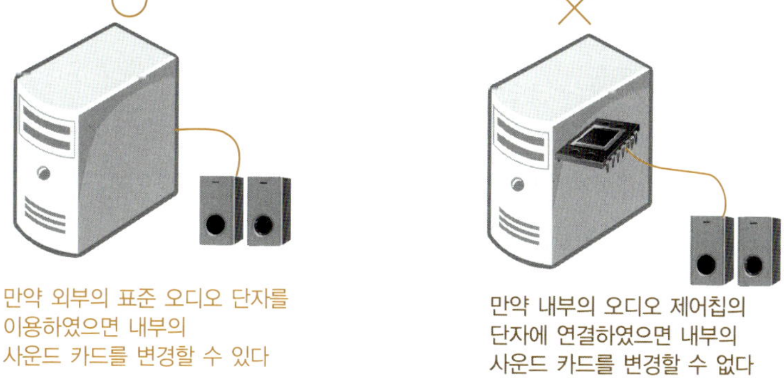

그림 4-12 ● 정보 은닉의 장점

소프트웨어에서도 똑같은 일이 발생한다. 만약 외부에서 객체의 내부 데이터를 직접 사용하였다면 그 객체의 데이터 구조는 변경될 수 없다. 따라서 객체의 업그레이드가 불가능하다. 하지만 객체의 멤버 함수를 통하여 데이터에 접근하였다면 객체 내부의 데이터 구조는 언제든지 업그레이드가 가능하다. 만약 특정한 객체가 문제 있는 것으로 밝혀진다면 그냥 간단하게 그 객체를 제거하고 다른 객체를 대체품으로 끼워 넣으면 된다. 이것은 실세계에서 가전 제품을 수리하는 것과 비슷하다. 만약 TV에서 어떤 부속품이 망가졌으면 전체 TV가 아닌 그 부속품만 갈면 된다. 단 사용자가 TV 내부를 건드리지 않는 경우에만 가능하다.

상속과 다형성

상속은 기존의 코드를 재활용하기 위한 기법으로 이미 작성된 클래스(부모 클래스)를 이어받아 새로운 클래스(자식 클래스)를 생성하는 기법이다. 자식 클래스는 부모 클래스의 모든 속성과 동작을 물려받는다. 추가로 만약 자식 클래스에만 필요한 기능이 있다면 추가 또는 변경할 수 있다. 다른 사람이 제공한 클래스는 아무래도 자신의 문제에 맞지 않는 경우가 종종 있다. 이런 경우에 상속을 사용하여 다른 사람의 클래스를 상속받고 자신이 필요한 부분을 변경하여 사용할 수 있다. 상속은 기존의 코드를 재사용하는 강력한 기법이다.

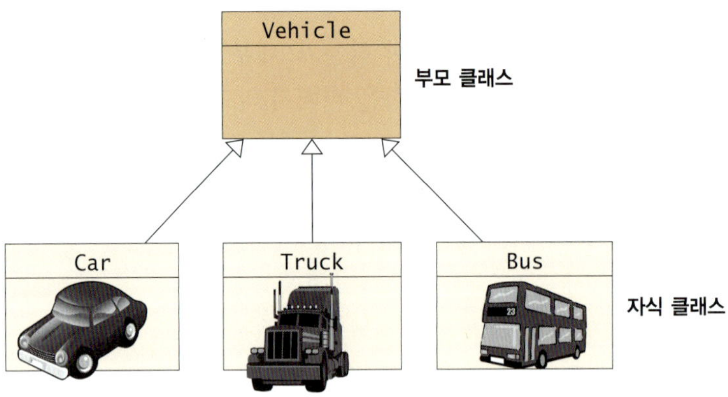

그림 4-13 ● 상속의 개념

다형성이란 객체가 취하는 동작이 상황에 따라서 달라지는 것을 의미한다. C++에서는 서로 다른 타입에 속하는 객체들이 같은 이름의 멤버 함수에 응답하여 서로 다른 동작을 보여주는 것이 가능하다. 프로그래머는 객체의 타입을 미리 알 필요가 없고 객체의 정확한 동작은 실행 시간에야 결정된다. 다형성을 사용하게 되면 실제 동작은 다르더라도 개념적으로 동일한 작업을 하는 멤버 함수들에 똑같은 이름을 부여할 수 있으므로 코드가 더 간단해진다. 예를 들어 `display()`라는 멤버 함수는 모든 객체 타입마다 정의되어 있어서 이것을 호출하면 객체의 내부 정보를 화면에 출력한다고 가정하자. 만약 프로그래머가 객체의 정보를 화면에 출력하는 것이 필요하면 객체의 타입에 관계 없이 `display()` 멤버 함수를 호출하면 된다.

쉬운 디버깅

절차 지향 프로그래밍보다 객체 지향 프로그래밍이 디버깅하기가 유리하다. 예를 들어 절차 지향 프로그램에서 하나의 변수를 1000개의 함수가 사용하고 있다고 가정해보자. 반면에 객체 지향 프로그램에서 100개의 클래스가 있고 클래스 당 10개의 멤버 함수를 가정해보자. 함수의 총 개수는 동일하다. 하지만 만약 어떤 변수가 잘못된 상태에 있다면 클래스 안의 10개의 멤버 함수를 검사하는 편이 전체 1000개의 함수를 검사하는 것보다 훨씬 나을 것이다.

참고사항

어떤 프로그램이든지 계획 단계는 무척 중요하다. 계획 단계에서 프로그래머들은 프로그램의 요구 조건과 어떤 자료 구조와 알고리즘을 사용할 것인지를 결정하여야 한다. 객체 지향 프로그래밍 용어로는 객체 지향 분석(object-oriented analysis)이라고 한다. 어떤 클래스가 사용될 것인지를 결정하는 단계가 바로 이 단계이다. 객체 지향 분석은 다음과 같은 단계로 나누어질 수 있다.

1. 프로그램에서 사용될 객체와 클래스를 식별한다.
2. 각 클래스의 속성을 정의한다.
3. 각 클래스의 동작을 정의한다.
4. 클래스 간의 관계를 정의한다.

중간점검

1. C++에서 코드 재사용이 쉬운 이유는 관련된 ______과(와) ________이(가) 하나의 덩어리로 묶여 있기 때문이다.
2. 정보 은닉이란 ______을(를) 외부로부터 보호하는 것이다.
3. 정보를 은닉하면 발생하는 장점은 무엇인가?

4.7 string 객체의 생성과 사용

객체를 생성하려면 먼저 클래스부터 작성하여야 한다. 하지만 다른 사람이 작성해놓은 클래스가 있다면 지금이라도 객체를 생성할 수 있다. 클래스 작성에 대하여 본격적으로 학습하기 전, 이미 작성되어서 우리에게 제공되는 string 클래스를 이용하여 객체 지향의 장점을 살펴보자.

문자열은 프로그램에서 많이 사용되는 중요한 자료형이다. 문자열은 "Hello World!"와 같이 문자들의 연속(sequence)이다. 3장에서 학습하였듯이 문자열은 char형 배열로도 나타낼 수 있다. 하지만 string 클래스를 이용하면 보다 쉽게 문자열을 저장하고 처리할 수 있다.

string 클래스

string은 문자열을 나타내기 위하여 작성된 클래스이다. 문자열 저장과 처리에 필요한 변수와 함수들이 정의되어 있다. 우리는 3장에서 char형 배열을 사용하여 문자열을 저장하고 처리를 하는 방법을 학습하였다. char형 배열을 사용하는 경우, 사용자가 배열의 크기에 대하여 항상 신경을 써야 한다. 예를 들어서 문자열의 크기가 변경되었을 경우, 배열의 크기가 충분하지 않으면 중대한 문제가 발생한다. string 클래스를 사용하게 되면 string 클래스가 이런 처리를 담당하기 때문에 프로그래머는 문자열의 크기에 신경 쓸 필요가 없다. 또한 string 클래스는 문자열 처리에 필요한 여러 가지 다양한 멤버 함수들을 제공한다. 프로그래머들은 이러한 멤버 함수들이 내부적으로 어떻게 구현되는지 모르더라도 얼마든지 멤버 함수들을 사용할 수 있다. 이것이 객체 지향의 장점이다.

그림 4-14 ● string 클래스

string 객체의 생성

string 클래스는 string이라는 헤더 파일에 정의되어 있다. 따라서 string 클래스를 사용하려면 먼저 string 헤더 파일을 포함시켜야 한다. string 클래스는 std 이름 공간에 속해있기 때문에 using 지시어를 사용하여서 std 이름 공간을 포함하여야 한다.

클래스가 누군가에 의하여 이미 작성되어 있다면 이 클래스를 이용하여서 객체를 생성하여 사용할 수 있다. 예를 들어 string 클래스를 이용하여서 문자열 객체를 생성하려면 다음과 같이 한다.

```
string s;          // string 객체 s를 생성한다.
```

만약 string 객체를 생성과 동시에 초기화하려면 다음과 같이 한다.

```
string s = "Hello World!";     // string 객체를 생성하고 초기화한다.
```

아래의 프로그램에서 string 클래스의 객체를 생성하고 초기화하였다.

string1.cpp

```
#include <iostream>
#include <string>
using namespace std;

int main()
{
    string s1 = "This is a test.";     // string 객체를 생성하고 초기화한다.
    string s2;                         // 비어있는 string 객체를 생성한다.

    cout << s1 << endl;
    cout << "문자열을 입력하시오: " << endl;
    cin >> s2;
    cout << s2 << endl;
    return 0;
}
```

실행결과

```
This is a test.
문자열을 입력하시오: This
This
```

프로그램 설명

string 객체가 char형 배열보다 편리한 점은 string 변수로 선언하면 문자열이 생성된다는 점이다. C에서처럼 char형 배열을 선언할 필요가 없다. 또한 char형 배열처럼 미리 배열의 크기를 결정할 필요가 없다. string 객체의 경우, 문자열 입력 시에 공간이 부족하면 자동적으로 크기에 맞추어서 공간이 재할당된다. 이러한 이유로 string 객체를 사용하는 것은 char형 배열보다 편리하고 안전한다.

객체의 멤버 함수 호출

객체가 생성된 후에 객체의 멤버 함수를 호출하려면 도트 연산자(.)를 사용한다. 예를 들어서 string 클래스는 size()라는 이름의 멤버 함수를 가지고 있다. size()는 문자열의 길이를 계산하여 반환한다. 객체를 통하여 size() 멤버 함수를 사용하려면 다음과 같이 객체 뒤에 도트 연산자를 붙이고, 호출하는 멤버 함수 이름을 적어주면 된다.

```
string s = "Hello World!";
int size = s.size();   // size는 12가 된다.
```

클래스가 제공하는 멤버 함수에 어떤 것이 있는지는 클래스의 제작자가 알려주어야 한다. string 클래스의 경우, C++ 문서를 보면 string 클래스가 제공하는 멤버 함수들이 자세하게 나열되어 있다. string 클래스에는 문자열의 추가, 삭제, 검색을 위한 많은 멤버 함수들이 존재한다. 그 중에서 몇 가지만 [표4-1]에 나타내었다.

표 4-1 ● string 클래스의 멤버 함수

멤버 함수	설명
s[i]	i번째 원소
s.empty()	s가 비어있으면 true 반환
s.insert(pos, s2)	s의 pos 위치에 s2를 삽입
s.remove(pos, len)	s의 pos 위치에 len만큼을 삭제
s.find(s2)	s에서 문자열 s2가 발견되는 첫 번째 인덱스를 반환
s.find(pos, s2)	s의 pos 위치부터 문자열 s2가 발견되는 첫 번째 인덱스를 반환

string2.cpp

```
#include <iostream>
#include <iostream>
#include <string>
using namespace std;

int main()
{
    string s1 = "This is a test."; // string 객체를 생성하고 초기화한다.

    s1.insert(4, "Hello");
    cout << s1 << endl;
    int index = s1.find("test");
    cout << index << endl;
```

멤버 함수 호출

```
    s1.append("World");
    cout << s1 << endl;
    return 0;
}
```

실행결과

```
ThisHello is a test.
15
ThisHello is a test.World
```

문자열의 결합

string 클래스를 사용하면 char형 배열보다 더 쉽게 문자열을 처리할 수 있다. 예를 들어서 두 개의 문자열을 + 연산자를 이용하여 결합할 수 있다. 이것은 객체 지향의 하나의 특징인 다형성으로 설명할 수 있는데 C++에서 연산자는 재정의가 가능하다. + 연산자는 정수를 더하는데 사용되지만 문자열 객체를 더할 때도 사용할 수 있는 것이다. 즉, + 연산자의 정의가 피연산자의 타입에 따라서 달라진다.

```
string subject = "Money";
string other = "has no value if it is not used";
string sentence = subject + other;   // "Money has no
                                     // value if it is not used"
```

= 연산자를 이용하여서 하나의 문자열 객체를 다른 문자열 객체에 할당할 수 있다.

```
string s1 = "Hello";
string s2;
s2 = s1;    // s2는 "Hello"
```

기존의 문자열에 다른 문자열을 추가하려면 += 연산자를 사용할 수 있다.

```
string s1 = "Hello";
string s2 = "World!";
s1 += s2;  // s1은 "Hello World!"
```

string3.cpp

```
#include <iostream>
#include <string>
using namespace std;

int main()
{
   string s1("Slow"), s2("steady");
   string s3 = "the race.";
   string s4;

   s4 = s1 + " and " + s2 + " wins " + s3;
   cout << s4 << endl;
   return 0;
}
```

실행결과

```
Slow and steady wins the race.
```

문자열의 비교

문자열을 처리할 때 string 클래스를 사용하는 것이 편리한 또 다른 이유는 == 연산자나 > 연산자들이 우리가 기대하는 대로 정의되어 있기 때문이다. string 객체의 경우, 다음과 같은 문장을 사용하여 문자열이 동일한지를 검사할 수 있다.

```
string s1("Hello"), s2("World");
if( s1 == s2 )
   cout << "동일한 문자열입니다" << endl;
else
   cout << "동일한 문자열이 아닙니다" << endl;
```

또한 < 연산자나 > 연산자를 사용하면 사전적인 순서로 어떤 문자열이 앞이 나오는지를 검사할 수 있다.

```
if( s1 > s2 )
   cout << "s1이 앞이 있습니다. " << endl;
else
   cout << "s2가 앞이 있습니다. " << endl;
```

string 클래스를 사용하는 입출력

string 클래스도 >>와 << 연산자를 정의하여서 입출력 연산을 구현하고 있다. 다만 문자열 입력에 있어서는 약간 복잡하다. 먼저 >> 연산자를 이용하여서 cin에서 string 객체로 입력하는 경우에 공백 문자가 있으면 입력을 중단하게 된다. 예를 들어 다음과 같은 프로그램에서 사용자가 "All's well that ends well."을 입력하면 s의 값은 All's가 되고 나머지 단어들은 입력을 대기하게 된다.

```
string s;
cin >> s;
```

전체 라인을 읽으려면 getline()이라는 함수를 사용한다. 문제는 getline()이 cin의 멤버 함수가 아니라는 점에 있다. getline()은 매개 변수로 cin을 받는다. getline()도 string 라이브러리에 정의되어 있다.

```
string line;
getline(cin, line);
```

만약 한 문자씩 읽고자 한다면 cin의 멤버 함수인 get()을 사용할 수 있다. 예를 들어서 표준 입력에서 줄바꿈 문자가 나올 때까지 문자를 읽어서 버리는 함수는 다음과 같다.

```
void goNextLine()
{
   char c;
   do{
      cin.get(c);
   } while( c != '\n' );
}
```

string 객체에서 문자 추출하기

string 객체에서 각각의 문자를 추출하려면 배열처럼 [] 연산자를 적용하면 된다. 예를 들어서 line이라는 string 객체에서 첫 번째 문자를 꺼내려면 line[0]이라고 하면 된다. i번째 문자를 추출하려면 line[i]라고 하면 된다. 사용자가 입력한 주민등록번호에서 '-' 문자를 삭제하는 프로그램을 작성하여 보자.

string4.cpp

```
#include <iostream>
#include <string>
using namespace std;

int main()
{
   string s;
   cout << "주민등록번호를 입력하시오: ";
   cin >> s;

   cout << "-가 제거된 주민등록번호: ";
   for(int i = 0; i < s.length(); i++){
      if( s[i] == '-' ) continue;
      cout << s[i];
   }
   cout << endl;

   return 0;
}
```

실행결과

```
주민등록번호를 입력하시오: 111111-11111
-가 제거된 주민등록번호: 11111111111
```

예제 #1

휠오브포춘(wheel of fortune) 또는 행맨(hangman)과 같은 단어 게임을 제작해보자. 빈칸으로 구성된 문자열이 주어지고 사용자는 문자열에 들어갈 글자들을 하나씩 추측하여 맞추는 게임이다. 사용자가 문자열에 들어 있는 글자를 말했으면 화면에 그 글자를 출력한다. 일정한 횟수만 시도할 수 있게 하라.

```
현재 상태: --
글자를 추측하시오: s
현재 상태: s----
글자를 추측하시오: p
...
```

hangman.cpp

```
#include <iostream>
#include <string>
using namespace std;

int main()
{
   string prob = "space";
   int length = prob.length();
   int tries = 0;
   string answer(length, '-');              // -로 초기화

   cout << "현재 상태: " << answer << endl;
   while(tries < 6 && answer != prob ){
      char c;
      cout << "글자를 추측하시오: ";
      cin >> c;
      if( answer.find(c) != string::npos ){
         cout << "전과 동일한 글자입니다. ";
         continue;
      }
      int pos = prob.find(c);
      if( pos == string::npos ){
         cout << "추측한 글자가 없습니다." << endl;
         tries++;
         continue;
      }
      else{
         answer[pos] = c;
         pos = prob.find(c, pos + 1);       // 같은 글자가 또 있으면 반복적으로 찾는다.
         while(pos != string::npos){
            answer[pos] = c;
            pos = prob.find(c, pos + 1);
         }
      }
      cout << "현재 상태: " << answer << endl;
      if( answer == prob ) {
         cout << "맞았습니다" << endl;
         break;
      }
   }
```

```
    if( tries >= 6 ){
       cout << "틀렸습니다. 정답은 " << prob << "입니다." << endl;
    }
    return 0;
}
```

실행결과

```
현재 상태: -----
글자를 추측하시오: s
현재 상태: s----
글자를 추측하시오: p
현재 상태: sp---
글자를 추측하시오: a
현재 상태: spa--
글자를 추측하시오: c
현재 상태: spac-
글자를 추측하시오: p
전과 동일한 글자입니다. 글자를 추측하시오: k
추측한 글자가 없습니다.
글자를 추측하시오: e
현재 상태: space
맞았습니다
```

여기서 `string::npos`는 `find()`에서 찾고자 하는 단어가 없는 경우에 반환되는 값이다.

중간점검

1. 변수를 크게 두 가지로 나누면 ________변수와 ________변수로 분류할 수 있다.
2. 객체를 생성하는 키워드는 ________(이)다.
3. 문자열은 클래스 ________의 객체로 저장할 수 있다.
4. 문자열의 길이를 반환하는 멤버 함수는 ________(이)다.

EXERCISE

C++ ESPRESSO

1. 다음에 대하여 간략하게 설명하라.

(1) 객체와 클래스의 관계

(2) 클래스에서 객체의 상태를 나타내는 것은?

(3) 클래스에서 객체의 동작을 나타내는 것은?

2. 캡슐화란 무엇이며 캡슐화를 사용할 경우의 장점은 무엇인가?

3. 메시지는 객체 지향 프로그래밍에서 어떤 역할을 하는가?

4. 객체의 세부 구현 사항을 숨기는 것을 정보 은닉이라고 한다. 정보가 은닉되면 어떤 장점이 있는가?

5. 본문에서 다루지 않은 string 클래스의 멤버 함수의 사용법을 조사하여 보자. 만약 중복 정의된 멤버 함수가 있으면 역시 조사하여 보자.

멤버 함수	설명
s1.compare(s2)	
s1.append(s2)	
s1.substr(pos1)	
s1.rfind(s2, pos)	
s1.find_first_of(s2, pos)	
s1.find_last_of(s2, pos)	
s1.at(pos)	
s1.replace(pos1, len1, s2)	
s1.clear()	

6. 날짜(date)를 클래스 Date로 작성한다고 가정하자. Date 안에 저장되는 변수 이름과 날짜를 조작하는 멤버 함수 이름을 생각하여 보자.

	변수	설명
상태(속성)		년도
		월
		일

	멤버 함수 이름	설명
동작(행동)		날짜를 설정
		날짜를 출력

7. 유리수(fraction)를 클래스 Fraction으로 작성한다고 가정하자. Fraction 안에 저장되는 변수 이름과 날짜를 조작하는 멤버 함수 이름을 생각하여 보자.

	변수	설명
상태(속성)		분자
		분모

	멤버 함수 이름	설명
동작(행동)		유리수의 덧셈
		유리수의 뺄셈
		유리수의 곱셈
		유리수의 나눗셈
		유리수 출력

8. 다음의 문장에 의하여 생성되는 출력은 무엇인가?

```
string s("Hello World!");
s.erase(3, 2);
cout << s << endl;
```

9. 다음의 문장에 의하여 생성되는 출력은 무엇인가?

```
string s("Hello World!");
int i = s.find("W", 0);
cout << i << endl;
```

10. 다음의 문장에 의하여 생성되는 출력은 무엇인가?

```
string s1 = "Hello";
string s2 = "World!";
string s3 = s1 + " " + s2;
cout << s3 << endl;
```

11. 다음의 문장에 의하여 생성되는 출력은 무엇인가?

```
string s1 = "Hello";
string s2 = "Hi";
bool b = ( s1 == s2 );
cout << b << endl;
```

PROGRAMMING
C++ ESPRESSO

여러 가지 클래스를 설계하여 보자. 문법을 따를 필요는 없고 클래스 이름과 속성, 멤버 함수의 이름과 매개 변수만을 자연 언어로 작성하여 보자. 멤버 함수를 실제로 구현할 필요는 없다.

1. 복소수를 나타내는 클래스를 만들어보자. 복소수는 다음과 같은 형태를 갖는다.

$real + imag*i$, 여기서 $i = \sqrt{-1}$ 이다.

복소수에 필요한 속성들과 가능한 멤버 함수들을 결정하라.

2. 2차원 공간에서 점을 나타내는 클래스 `Point`를 만들어보자. 점에 필요한 속성과 멤버 함수를 생각하여 보자.

3. 사각형을 나타내는 클래스 `Rectangle`을 만들어보자. 사각형에 필요한 속성과 멤버 함수를 생각하여 보자.

4. 직원(employee)을 나타내는 클래스 `Employee`를 설계해보라. 어떤 속성값과 멤버 함수들을 가질 수 있는가?

5. 자동차를 클래스로 표현해보라. 어떤 속성값과 멤버 함수들을 가질 수 있는가?

6. `string` 클래스의 각종 메소드를 사용하여서 사용자로부터 받은 문자열이 올바른 물품 번호인지를 검사하는 프로그램을 작성하라. 물품 번호는 크기가 6인 문자열로 되어 있으며 앞의 두 개의 알파벳 문자는 물건의 종류를 나타내고 뒤의 네 개의 숫자는 모델 번호이다. 예를 들어서 TV1523은 텔레비전을 나타내고 모델 번호는 1523이라는 것을 의미한다. 문자열의 길이, 앞의 두 개의 문자가 알파벳인지, 나머지 문자가 숫자인지를 검사하라.

7. 사용자로부터 원의 반지름을 받아서 원의 면적을 구하는 프로그램을 작성하라. 원의 면적이 계산되면 "사용자에게 계속하시겠습니까?(Y/N)"라는 질문을 하고 사용자가 Y라고 대답하면 다시 반복한다. 만약 N이 입력되면 실행을 중단한다. 사용자가 소문자 y나 n을 입력하여도 대문자와 마찬가지로 동작할 수 있도록 프로그램을 작성하라.

8. 사용자로부터 받은 문자열에서 알파벳 글자의 개수, 숫자의 개수, 공백 문자의 개수를 계산하는 프로그램을 작성하라. 예를 들어 사용자가 "`transformer 2`"를 입력하면 알파벳 글자의 개수는 11개, 숫자의 개수는 1개, 공백 문자의 개수는 1이라고 출력한다.

9. 사용자로부터 문자열을 받아서 단어의 개수를 계산하여 콘솔에 출력하는 프로그램을 작성해보자. 예를 들어 사용자가 "`To be or not to be`"라고 입력하면 6을 출력한다.

10. 사용자에게서 받은 문자열을 역순으로 화면에 출력하는 프로그램을 작성하여 보자. 예를 들어서 사용자가 "`secret`"을 입력하면 "`terces`"를 출력한다.

11. 사용자로부터 받은 문자열에서 자음과 모음의 개수를 계산하여 출력하는 프로그램을 작성하라.

12. 사용자로부터 아이디와 패스워드를 받아서 일치하는지를 검사하는 프로그램을 작성하여 보자.

13. 워드 프로세서에 사용되는 "찾아 바꾸기" 기능을 구현하여 보자. 첫 번째로 사용자로부터 최대 100글자의 텍스트를 입력받는다. 두 번째로 찾는 문자열을 입력받는다. 최대 10글자로 제한한다. 세 번째로 바꾸는 문자열을 입력받는다. 역시 최대 10글자로 제한된다. 텍스트 중에서 지정된 문자열을 찾아서 바꾼 후에 화면에 출력한다.

LAB
C++ ESPRESSO

1. 만약 가격 비교 사이트에 등장하는 물건을 나타내는 `Product` 클래스를 작성한다면 어떤 데이터와 멤버 함수들을 포함하고 싶은가? 아래의 표를 채워보자.

멤버	의미
(예) price	물건의 가격

2. string의 멤버 함수들을 이용하여 문자열을 모르스 코드로 변환하는 프로그램을 작성하여 보자. 모르스 코드는 각 알파벳 글자를 짧은 신호와 긴 신호로 표기하는 방법이다.

구문	모르스 코드	구문	모르스 코드	구문	모르스 코드
A	.-	B	-...	C	-.-.
D	-..	E	.	F	..-.
G	--.	H	....	I	..
J	.---	K	-.-	L	.-..
M	--	N	-.	O	---
P	.--.	Q	--.-	R	.-.
S	...	T	-	U	..-
V	...-	W	.--	X	-..-
Y	-.--	Z	--..		

(1) 영어 알파벳을 받아서 모르스 코드로 변환하는 함수를 작성하고 테스트하라. 모르스 코드 출력에서 글자와 글자 사이에 | 기호를 출력한다. 즉 "AB"는 ".-|-..."으로 변환된다.

(2) 모르스 코드를 영어 알파벳으로 변환하는 함수를 작성하고 테스트하라. 예를 들어서 ".-|-..."을 "AB"로 변환하면 된다.

C++ Espresso

05 클래스의 기초

이 장의 차례

학습목표

- 클래스는 객체를 만들기 위한 청사진이다. 클래스만 있으면 필요할 때마다 객체를 생성시켜 사용할 수 있다. 따라서 C++에서는 기본적인 프로그래밍 단위가 클래스가 된다. 클래스를 작성하는 방법, 작성된 클래스를 가지고 객체를 생성하고 사용하는 방법을 살펴본다. 클래스 안에서 정의되는 변수와 멤버 함수에 대하여 구체적으로 살펴본다.

5.1 클래스의 정의

클래스란?

클래스는 서로 관련이 있는 변수와 함수들을 한곳으로 모은 것이다. 클래스 안에 선언되는 변수를 특별히 멤버 변수 또는 필드(field)라고 하며 객체의 속성을 나타낸다. 클래스 안에 선언되는 함수는 멤버 함수 또는 메소드(method)라고 하며 객체가 할 수 있는 동작을 나타낸다.

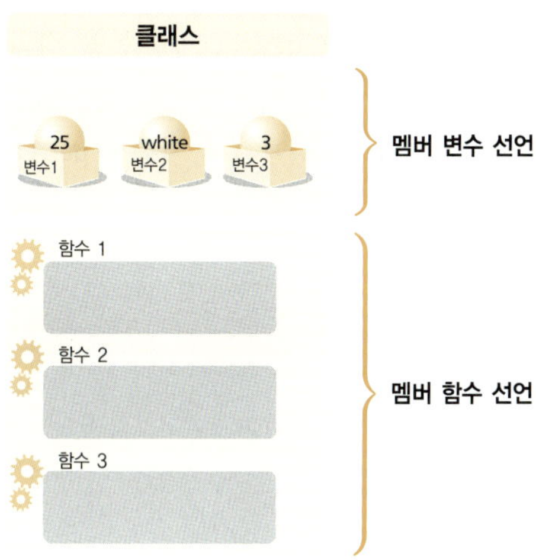

그림 5-1 • 클래스의 구성

클래스 선언

하나의 예제로 자동차를 나타내는 Car 클래스를 작성하여 보자. Car 클래스는 자동차에 관련된 속성과 동작을 묶은 것이다. 자동차는 모델, 색상, 가격, 속도, 기어, 주행 거리, 승차

인원 등의 속성을 가지고 있다. 자동차의 동작으로는 출발하기, 멈추기, 가속하기, 감속하기, 방향 변경 등을 생각할 수 있다. 많은 속성과 동작 중에서 필요한 것만을 선택하도록 하자. 이 과정을 추상화라고 한다. 추상화는 많은 특징 중에서 문제 해결에 필요한 것만을 남기고 나머지는 전부 삭제하는 과정이다. 자동차의 속성 중에서 속도, 기어, 색상만을 선택하자. 자동차의 동작 중에서는 가속과 감속만을 선택한다. 그리고 지금부터는 [그림 5-2]와 같이 변수와 함수를 보다 간단하게 그리도록 하자.

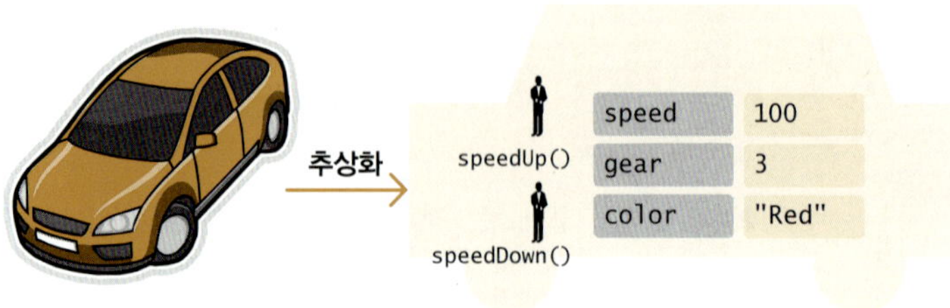

그림 5-2 ● 추상화

클래스를 정의하려면 먼저 클래스 이름을 결정하여야 한다. 자동차를 나타내는 클래스의 이름을 Car라고 하자. 대개 클래스 이름은 명사로 하며 이름을 이루는 단어의 첫 글자는 대문자로 한다. Car 클래스 안에 멤버 변수를 선언하고 이어서 멤버 함수를 정의하면 된다.

멤버 변수로는 speed, gear, color 등을 정의하였다. 이들은 각각 자동차의 속도, 기어, 색상을 나타낸다. 또한 속도를 증가하고 감소시키는 speedUp()과 speedDown() 멤버 함수가 선언되어 있다. 여기서 키워드 public은 외부에서 멤버를 자유롭게 사용할 수 있음을 의미한다.

car.cpp

```
class Car {

public:
    // 멤버 변수 선언
    int speed; // 속도                    <------- 멤버 변수 선언
    int gear; // 기어
    string color; // 색상

    // 멤버 함수 선언
    void speedUp() { // 속도 증가 멤버 함수     <------- 멤버 함수 선언
      speed += 10;
```

```
    }

    void speedDown() { // 속도 감소 멤버 함수
        speed -= 10;
    }
};
```

객체 생성과 멤버 접근

클래스는 객체의 설계도이다. 즉, 객체가 아니다. 예를 들어 자동차의 설계도는 자동차와 다르다. 위의 Car 클래스는 자동차 설계도이다. 자동차를 생성하려면 객체를 정의하여야 한다. int형이나 double형처럼 클래스도 하나의 타입으로 생각할 수 있다. 다음 문장은 Car 클래스 타입의 변수 myCar를 선언한 것이다. 이 변수가 바로 하나의 객체가 된다.

```
Car myCar;
```

위의 문장이 실행되면 myCar라는 객체가 실제로 생성된다. 물리적인 실체를 가지게 되는 것이다. 이처럼 실제로 생성된 객체를 클래스의 인스턴스(instance)라고도 부른다. 이는 객체(object)라는 용어가 많은 의미를 가지고 있으므로 그 의미를 더 확실히 하기 위해서이다.

객체 안에 정의된 멤버 변수와 멤버 함수를 사용하려면 어떻게 해야 할까? 이들 멤버에 접근하기 위해서는 도트(.) 연산자를 사용한다. 예를 들어 myCar 객체의 speed에 100을 대입하려면 다음과 같이 한다.

그림 5-3 • 객체의 멤버 접근

도트 연산자를 이용하여 멤버 함수도 호출할 수 있다.

```
myCar.speedUp();
myCar.speedDown();
```

객체 지향의 개념에서 보면 클래스 안의 멤버 변수를 직접 사용하는 것은 바람직하지 않다. 객체 내의 멤버 변수는 간접적으로 접근하는 것이 원래 객체 지향의 개념이다. 이것은 뒤에서 보다 자세하게 살펴보기로 하자.

앞의 car.cpp에 다음과 같은 main() 함수를 추가하고 여기서 객체를 생성하여 멤버 변수에 값을 대입하고 멤버 함수를 호출하여 보자.

car0.cpp

```cpp
#include <iostream>
#include <string>
using namespace std;

class Car {
public:
   // 멤버 변수 선언
   int speed; // 속도
   int gear; // 기어
   string color; // 색상

   // 멤버 함수 선언
   void speedUp() { // 속도 증가 멤버 함수
      speed += 10;
   }

   void speedDown() { // 속도 감소 멤버 함수
      speed -= 10;
   }
};

int main()
{

   Car myCar;

   myCar.speed = 100;
   myCar.gear = 3;
   myCar.color = "red";

   myCar.speedUp();
   myCar.speedDown();

   return 0;
}
```

객체의 생성 (Car myCar;)

멤버 변수 접근 (myCar.speed = 100; myCar.gear = 3; myCar.color = "red";)

멤버 함수 호출 (myCar.speedUp(); myCar.speedDown();)

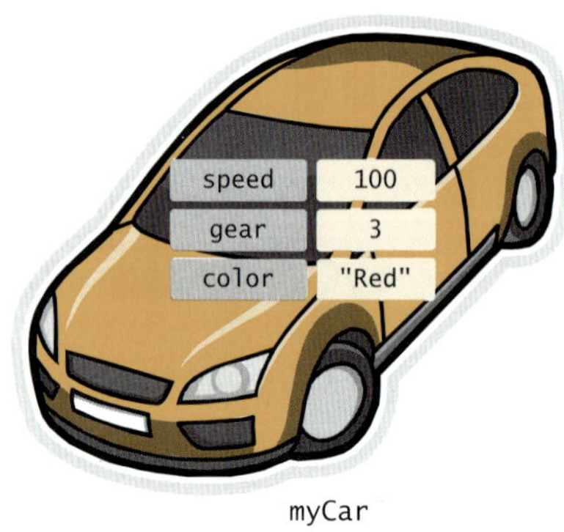

여러 개의 객체 생성

앞에서는 하나의 객체만을 생성하였다. 이번에는 여러 개의 객체를 생성하고 이들 객체의 속성들을 변경하여 보자. 또한 객체의 상태를 출력하는 멤버 함수 show()를 추가하자.

car1.cpp

```
#include <iostream>
#include <string>
using namespace std;

class Car {
public:
   // 멤버 변수 선언
   int speed; // 속도
   int gear; // 기어
   string color; // 색상

   // 멤버 함수 선언
   void speedUp() { // 속도 증가 멤버 함수
      speed += 10;
   }

   void speedDown() { // 속도 감소 멤버 함수
      speed -= 10;
   }
   void show() { // 상태 출력 멤버 함수
      cout << "============== " << endl;
      cout << "속도: " << speed << endl;
      cout << "기어: " << gear << endl;
      cout << "색상: " << color << endl;
      cout << "============== " << endl;
   }
};

int main()
{
   Car myCar, yourCar;

   myCar.speed = 100;
   myCar.gear = 3;
   myCar.color = "red";
```

객체의 상태 출력

첫 번째 객체의 변수 설정

```
    yourCar.speed = 10;
    yourCar.gear = 1;
    yourCar.color = "blue";

    myCar.speedUp();
    yourCar.speedUp();

    myCar.show();
    yourCar.show();

    return 0;
}
```

두 번째 객체의 변수 설정

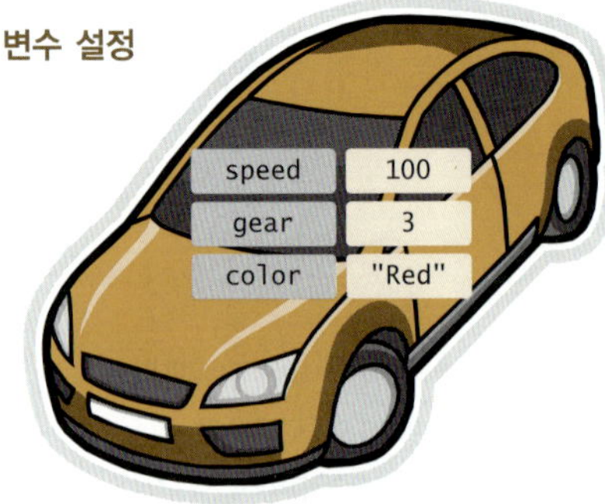

myCar

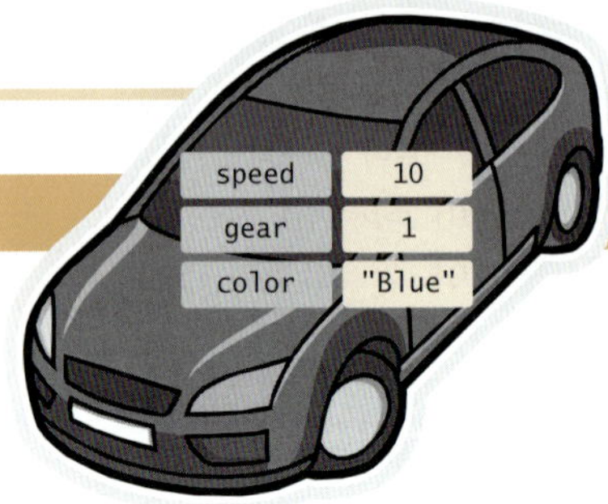

yourCar

실행결과

```
==============
속도: 110
기어: 3
색상: red
==============
==============
속도: 20
기어: 1
색상: blue
==============
```

여러 개의 객체가 생성되면 객체 안에 저장되는 것은 무엇일까? 각각의 객체들은 멤버 변수들을 별도로 가지고 있다. 예제에서 myCar의 speed와 yourCar의 speed는 서로 다른 별도의 변수이다. 하지만 멤버 함수는 어떨까? 모든 객체마다 멤버 함수는 동일하다. 따라서 멤버 함수는 객체 안에 별도로 저장될 필요가 없다. 같은 클래스에서 생성된 객체들은 멤버 함수들을 공유하면 된다. 예제에서 myCar의 speedUp()과 yourCar의 speedUp()은 같은 함수를 공유한다.

멤버 변수의 선언 위치

멤버 변수는 선언 위치에 관계없이 클래스 안에서는 어느 곳에서도 사용이 가능하다. 다음의 예를 참고하라.

date.cpp

```
class Date {
public:
   void printDate() {
      cout << year << "." << month << "." << day << endl;
   }

   int getDay() {
      return day;
   }

      // 멤버 변수 선언
   int year;
   string month;
   int day;
}
```

선언 위치와는 상관없이 어디서나 사용이 가능하다.

객체의 동적 생성

우리는 new와 delete을 사용하여 동적으로 변수나 배열을 생성할 수 있음을 알고 있다. 그렇다면 객체도 new와 delete를 사용하여 동적으로 생성할 수 있을까? 물론이다. 실제로 객체를 동적으로 생성하는 것은 객체 지향의 관점에서 바람직하다. 다음 프로그램을 예로 들어 설명하여 보자. new를 사용하여 동적으로 객체를 생성할 수 있고 객체에 대한 포인터를 사용하여 객체를 사용한다. 사용이 끝나면 명시적으로 객체를 삭제하여야 한다.

```
Car *dynCar = new Car;       // 동적 객체 생성
dynCar->speed = 100;         // 동적 객체 사용
dynCar->speedUp();           // 동적 객체 사용
...
delete dynCar;               // 동적 객체 삭제
```

지금까지의 설명을 종합하여 하나의 예제로 만들어 보면 다음과 같다.

car2.cpp

```
#include <iostream>
#include <string>
using namespace std;

```

```cpp
class Car {
public:
    // 멤버 변수 선언
    int speed; // 속도
    int gear; // 기어
    string color; // 색상

    // 멤버 함수 선언
    void speedUp() { // 속도 증가 멤버 함수
        speed += 10;
    }
    void speedDown() { // 속도 감소 멤버 함수
        speed -= 10;
    }
    void show() { // 상태 출력 멤버 함수
        cout << "============== " << endl;
        cout << "속도: " << speed << endl;
        cout << "기어: " << gear << endl;
        cout << "색상: " << color << endl;
        cout << "============== " << endl;
    }
};

int main()
{
    Car *dynCar = new Car;          <------- 객체 동적 생성

    dynCar->speed = 100;
    dynCar->gear = 2;
    dynCar->color = "green";        <------- 동적 객체 사용
    dynCar->speedUp();
    dynCar->show();

    delete dynCar;                  <------- 객체 동적 삭제

    return 0;
}
```

실행결과

```
==============
속도: 110
기어: 2
색상: green
==============
```

오류 주의

클래스의 정의가 끝나면 반드시 ;을 붙이도록 하자. 또한 클래스에 값을 대입하면 안 된다. 객체에만 값을 대입할 수 있다.

```
Car.speed = 100;   // 오류!!
```

참고사항

멤버 함수의 이름을 짓는 관례는 대개 소문자로 시작되는 동사가 먼저 온 다음 명사나 형용사가 오는 것이다. 예를 들면 setBackground(), isEmpty(), getData(), isActive() 등이다.

중간점검

1. 객체들을 만드는 설계도에 해당되는 것이 ___________(이)다.
2. 클래스 선언 시에 클래스 안에 포함되는 것은 _________(와)과 ________(이)다.
3. 객체의 멤버에 접근하는데 사용되는 연산자는 __________(이)다.
4. 강아지를 나타내는 클래스를 작성하여 보라. 강아지의 이름, 종, 색깔 등을 멤버 변수로 지정하고 짖기, 물기, 먹기 등의 멤버 함수를 정의하여 보라.
5. 동적 메모리 할당을 이용하여 otherCar를 생성하는 문장을 써보아라.
6. 객체 포인터 p를 통하여 getSpeed() 멤버 함수를 호출하는 문장을 써보아라.

5.2 접근 제어

접근 제어(access control)란 외부에서 특정한 멤버 변수나 멤버 함수에 접근하는 것을 제어하는 것이다. private이나 public 등의 접근 지정자를 멤버 변수나 멤버 함수 앞에 붙여서 접근을 제한하게 된다. private이 붙으면 전용 멤버가 되어 클래스 안에만 사용할 수 있다. public이 붙으면 외부 클래스들이 사용할 수 있다. public을 붙이면 모든 사람들이 볼 수 있는 공용 문서와 같고 private을 붙이면 클래스 내부에서만 볼 수 있는 기밀 문서라고 생각하면 된다.

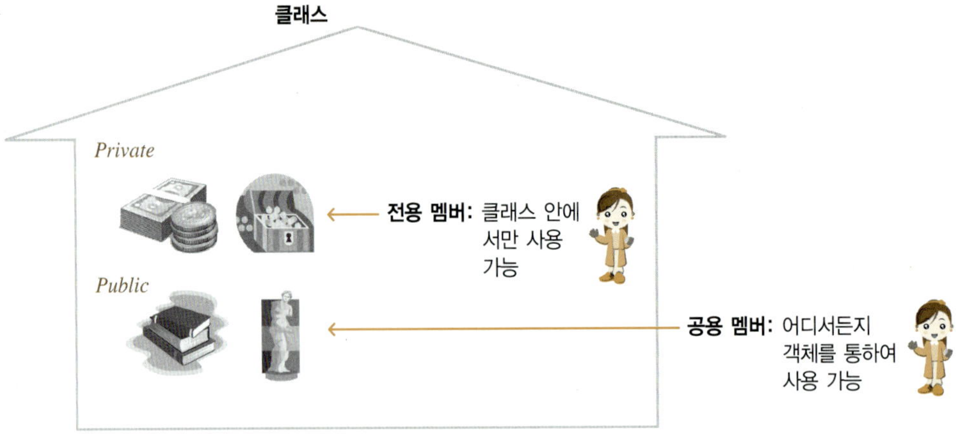

그림 5-4 ● 접근 지정자

전용 멤버(private member)

클래스 내부에서만 접근이 허용된다. 멤버 정의 시 앞에 private을 적어주면 이후에 정의되는 모든 멤버는 전용 멤버가 된다. 만약 멤버 앞에 접근 지정자가 생략되면 자동적으로 전용 멤버가 된다. 전용 멤버는 클래스 내부에서만 사용이 가능하다. 일반적으로 정보 은닉의 취지에 따라서 멤버 변수는 전용 멤버로 선언하는 것이 좋다.

공용 멤버(public member)

공용 멤버는 다른 모든 클래스들이 사용할 수 있다. 공용 멤버를 선언하기 전에 접근 지정자인 public을 적어주면 된다. public 이후에 선언된 모든 멤버는 다른 접근 지정자가 나오기 전까지 공용 멤버가 된다. 공용 멤버는 객체를 통하여 접근할 수 있다.

예제 #1

지금부터 자세한 예를 들어서 위의 개념들을 설명하여 보자. 만약 멤버 앞에 아무 것도 붙이지 않으면 전용 멤버일까 아니면 공용 멤버일까?

```
class Car {
    int speed;          // 속도
    int gear;           // 기어
    string color;       // 색상
};

int main()
{
```

```
    Car myCar;

    myCar.speed = 100;  // 오류!
    return 0;
}
```

멤버 정의 시에 아무 것도 붙이지 않으면 디폴트로 모든 멤버가 private이 된다. 따라서 클래스의 외부인 main()에서 이들 멤버들을 사용하면 오류가 발생한다. 객체 myCar의 speed는 private으로 선언되었기 때문에 클래스 내부의 멤버 함수들은 접근할 수 있지만 외부에서는 전혀 사용할 수 없는 것이다.

그러면 외부에서도 사용하게 하려면 어떻게 해야 하는가? 다음과 같이 앞에 public을 붙여주면 된다.

```
class Car {
public:
    int speed;          // 속도
    int gear;           // 기어
    string color;       // 색상
}
```

위와 같이 public을 붙이면 private이 나오기 전까지 모든 멤버는 전부 public이 된다. 하지만 이런 식으로 모든 멤버 변수를 외부에 공개하는 것은 정보 은닉의 개념에 위배되는 것이다. 더 좋은 방법은 특수한 멤버 함수를 사용하여 멤버 변수의 값을 읽거나 설정하는 것이다. 이것이 접근자와 설정자 함수의 개념이다. 이것은 다음 절에서 자세하게 살펴보자.

멤버를 선언할 때 전용 멤버와 공용 멤버를 섞어서 정의하여도 된다. 만약 speed는 공용이고 나머지 멤버를 전용으로 만들고 싶으면 다음과 같이 작성한다.

```
class Car {
public:
    int speed;          // 공용 멤버
private:
    int gear;           // 전용 멤버
    string color;       // 전용 멤버
}
```

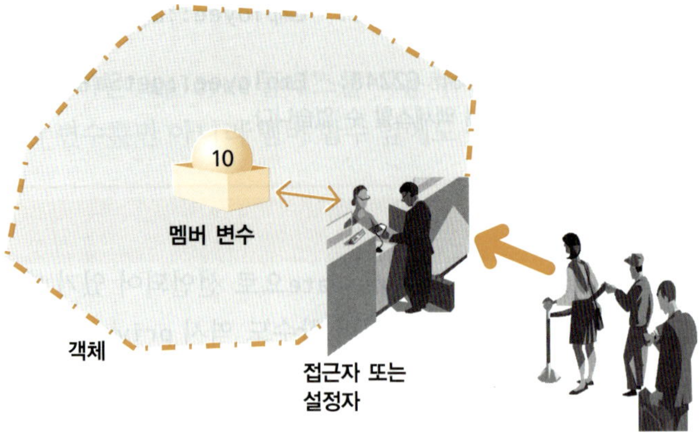

그림 5-5 ● 접근자와 설정자는 멤버 변수의 접근을 제한합니다

앞의 Car 클래스의 모든 멤버 변수에 대하여 접근자와 설정자를 추가해보면 다음과 같다.

car3.cpp

```
#include <iostream>
#include <string>
using namespace std;

class Car {
private:
    // 멤버 변수 선언
    int speed;     //속도
    int gear;      //기어
    string color; //색상
public:
    // 접근자 선언
    int getSpeed() {
        return speed;
    }
    // 설정자 선언
    void setSpeed(int s) {
        speed = s;
    }
    // 접근자 선언
    int getGear() {
        return gear;
    }
    // 설정자 선언
```

```
    void setGear(int g) {
        gear = g;
    }
    // 접근자 선언
    string getColor() {
        return color;
    }
    // 설정자 선언
    void setColor(string c) {
        color = c;

    }
};
int main()
{
    Car myCar;

    myCar.setSpeed(100);
    myCar.setGear(3);
    myCar.setColor("red");

    cout << "차의 속도: " << myCar.getSpeed() << endl;
    cout << "차의 기어: " << myCar.getGear() << endl;
    cout << "차의 색상: " << myCar.getColor() << endl;

    return 0;
}
```

설정자 사용

접근자 사용

실행결과

```
차의 속도: 100
차의 기어: 3
차의 색상: red
```

접근자와 설정자를 사용하는 이유

입문자들은 접근자와 설정자를 상당히 번거로운 것으로 생각하기 쉽다. 멤버 변수를 직접 사용하지 않고 왜 함수를 거쳐서 접근하는지를 잘 이해하여야 한다. 접근자나 설정자를 사용하여 멤버 변수를 간접적으로 접근하는 것은 다음과 같은 이점을 가져다 준다.

1 가장 중요한 이유는 바로 정보 은닉이다. 앞장에서도 설명하였지만 클래스의 인터페이스와 구현을 분리하는 것이 좋다. 클래스의 인터페이스와 구현이 분리되면 구현을 변경하기 쉬워진다. 예를 들어 우리의 예제인 자동차 클래스의 경우 gear 변수를 advanced_gear로 변경하고 싶다고 가정하자. 만약 외부에서 gear 멤버 변수를 직접 사용하였다면 gear 멤버 변수의 이름을 마음대로 변경할 수 없다. 하지만 접근자와 설정자를 사용하였다면 다음과 같이 접근자와 설정자만 변경하면 gear 멤버 변수의 이름을 advanced_gear로 변경할 수 있다.

```
int getGear() {
   return advanced_gear;
}
void setGear(int g) {
   advanced_gear = g;
}
```

2 설정자에서 매개 변수를 통하여 잘못된 값이 넘어오는 경우, 이를 사전에 차단할 수 있다. 즉, 새로운 값이 적절한지를 판단할 수 있다. 예를 들어 시간의 값을 25시로 변경하는 시도는 거부되어야 한다. 또한 인간의 나이를 음수로 변경하려는 것도 거부되어야 한다. 자동차 예제에서 속도는 음수가 될 수 없다. 만약 설정자를 통하지 않고 멤버 변수를 직접 조작하게 한다면 다음과 같은 잘못된 값이 변수에 들어갈 수 있다.

```
myCar.speed = -10;      // 차의 속도가 -10?
```

따라서 다음과 같이 설정자를 사용하는 편이 여러모로 안전하다.

```
void setSpeed(int s)
{
   if( s < 0 )
      speed = 0;
   else
      speed = s;
}
```

3 멤버 변수값을 필요할 때마다 계산하여 반환할 수 있다. 자동차의 속도를 바퀴의 회전수와 바퀴의 반지름을 이용하여서 매번 계산하여 반환할 수도 있다.

```
int getSpeed()
{
```

```
    return (int)(rpm * 2.0 * 3.141592 * wheel_radius);
}
```

4 접근자만을 제공하면 자동적으로 읽기만 가능한 멤버 변수를 만들 수 있다. 또한 접근자는 반환하는 데이터의 형식을 제어할 수 있기 때문에, 외부 코드가 실제 데이터 표현 방식을 모르게 할 수 있다.

중간점검

1. 접근자와 설정자 함수를 사용하는 이유는 무엇인가?
2. 강아지(종, 나이, 몸무게)를 클래스로 모델링하고 각 멤버 변수에 대하여 접근자와 설정자를 작성하여 보라.

5.4 멤버 함수 외부 정의

우리는 지금까지 멤버 함수를 클래스 내부에 정의하였다. 지금까지 등장한 멤버 함수들은 길이가 짧아서 특별한 문제가 없었다. 하지만 만약 멤버 함수가 아주 복잡해서 100줄이 넘으면 어떻게 될까? 이 경우, 멤버 함수 때문에 클래스의 정의가 어디서 시작하여 어디서 끝나는지를 분간하기가 어려워질 것이다.

멤버 함수는 클래스 외부에 정의될 수 있다. 클래스 안에는 멤버 함수의 원형만을 정의하고 함수의 본체는 외부에 따로 작성하면 된다. 만약 Car 클래스에서 getSpeed()와 setSpeed()를 클래스 외부에 정의하려면 다음과 같이 하면 된다.

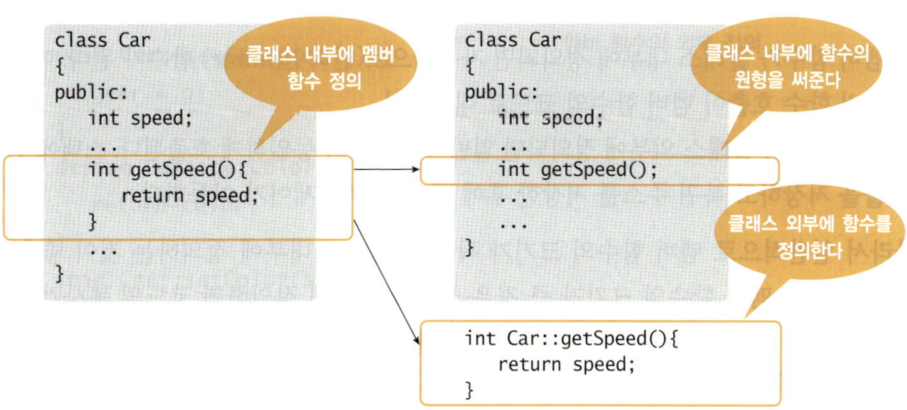

그림 5-6 • 멤버 함수의 외부 정의

```
{
    Car myCar;

    myCar.setSpeed(100);
    myCar.setGear(3);
    myCar.setColor("red");

    cout << "차의 속도: " << myCar.getSpeed() << endl;
    cout << "차의 기어: " << myCar.getGear() << endl;
    cout << "차의 색상: " << myCar.getColor() << endl;

    return 0;
}
```

실행결과

```
차의 속도: 100
차의 기어: 3
차의 색상: red
```

클래스의 선언과 클래스의 정의 분리

일반적으로 선언(declaration)은 컴파일러에게 식별자에 대한 정보를 주는 것이다. 반면에 정의(definition)는 식별자가 참조하는 대상을 생성하는 것이다. 선언과 정의가 동시에 이루어지는 경우도 있고 선언과 정의가 분리되는 경우도 있다.

예를 들어 다음과 같은 문장들을 살펴보자.

```
❶ int value;                  // 선언과 정의가 동시에 이루어진다.
❷ double sqrt (double) ;      // 선언만 주어져 있다.
```

문장 ❶은 컴파일러에게 식별자 value의 타입을 알려주므로 선언이고 동시에 메모리에 변수 value의 공간을 생성하므로 정의에도 해당된다. 문장 ❷는 식별자 sqrt에 대하여 반환형, 매개 변수 정보만 주어져 있고 함수 몸체가 주어지지 않았으므로 선언만 된 것이다.

클래스에 대해서도 똑같은 이야기를 할 수 있다. 멤버 함수 몸체가 포함되어 있지 않으면 클래스 선언이라고 할 수 있다. 반면에 멤버 함수 몸체가 포함되어 있으면 클래스 정의라고 할 수 있다.

멤버 함수들을 외부에 정의하는 것은 그 자체로도 상당한 의미가 있다. 우리가 클래스를 작성하는 이유는 여러 소스 파일에서 이 클래스를 사용하기 위해서이다. 다른 소스 파일에서 클래스를 사용하려면 클래스 선언을 포함하여야 한다. 만약 하나의 파일에 클래스에 대한 모든 것이 들어 있다면, 상당한 양이 될 수도 있다. 따라서 대부분의 프로그래머들이 선호하는 방법은 클래스를 헤더 파일과 소스 파일로 나누어 작성하는 방법이다.

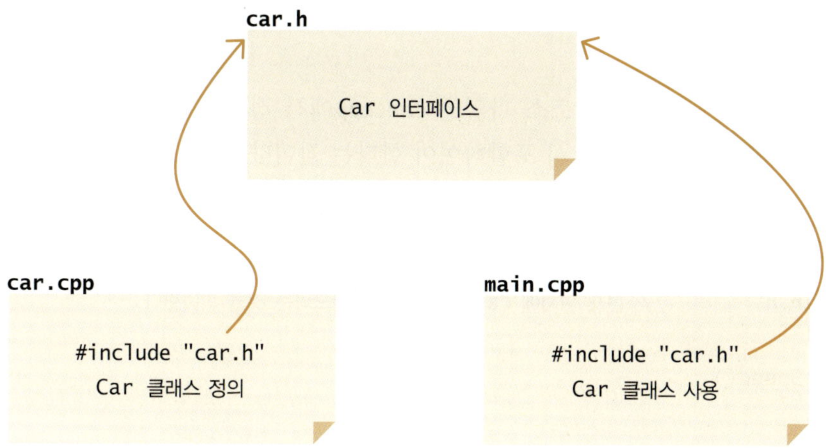

그림 5-7 • 클래스를 헤더 파일과 소스 파일로 분리

예를 들어 Car 클래스는 car.h와 car.cpp에 나누어서 저장된다. car.h에는 Car 클래스를 사용하는데 필요한 Car 클래스 선언이 들어간다. 멤버 함수들의 몸체는 car.h에 포함되지 않는다. car.cpp에서는 Car 클래스의 본격적인 정의가 주어지며 car.cpp에서는 멤버 함수들의 몸체가 클래스의 외부에서 작성된다. Car 클래스를 사용하려면 main.cpp처럼 car.h 파일을 포함한 후에 Car 클래스의 객체를 생성하여 사용하면 된다.

지금까지 설명한 내용을 소스 파일로 정리하여 보자. 편의상 접근자와 설정자는 일부만 포함시켰다. 먼저 헤더 파일인 car.h는 다음과 같다. car.h에는 클래스의 선언이 들어간다.

car.h

```
#include <iostream>
#include <string>
using namespace std;

class Car
{
private:
   int speed;     //속도
   int gear;      //기어
```

```
    string color;       //색상
public:
    int getSpeed();
    void setSpeed(int s);
};
```

멤버 함수의 몸체는 별도의 소스 파일인 car.cpp에서 정의된다. 여기서 주의할 점은 car.cpp에서도 car.h를 반드시 포함하여야 한다는 점이다.

car.cpp

```
#include "car.h"        // 현재 위치에 car.h를 읽어서 넣으라는 것을 의미한다.

int Car::getSpeed()
{
    return speed;
}
void Car::setSpeed(int s)
{
    speed = s;
}
```

만약 다른 소스 파일에서 이 클래스를 사용하려면 헤더 파일만을 포함하면 된다. 예를 들어 main.cpp에서 Car 클래스를 사용하고자 하면 다음과 같이 한다.

main.cpp

```
#include "car.h"        // 현재 위치에 car.h를 읽어서 넣으라는 것을 의미한다.

int main()
{
    Car myCar;

    myCar.setSpeed(80);
    cout << "현재 속도는 " << myCar.getSpeed() << endl;

    return 0;
}
```

실행결과

```
현재 속도는 80
```

어차피 다시 읽어서 포함시킬 것이라면 왜 이런 식으로 클래스의 선언과 구현을 분리하는가? 클래스를 사용하는 사람들은 클래스의 자세한 구현에는 관심이 없기 때문이다. 클래스를 사용하는데 필요한 최소한의 정보만 있으면 되는 것이다. 바로 헤더 파일 car.h에 그 정보가 들어 있다. 또한 개발자 자신도 car.h를 여러 소스 파일에서 사용할 수도 있다.

중간점검

1. 멤버 함수는 클래스의 외부에서 정의될 수 있는가?
2. 멤버 함수는 별도의 소스 파일에서 정의될 수 있는가?

5.5 멤버 함수 중복 정의

우리는 함수의 경우, 중복 정의가 가능하다는 것을 알고 있다. 클래스의 멤버 함수도 함수의 일종이므로 중복 정의가 가능하다. Car 클래스에서 속도에 관한 설정자 setSpeed()를 중복 정의하여 보자.

car5.cpp

```
#include <iostream>
#include <string>
using namespace std;

class Car {
private:
   int speed;          //속도
   int gear;           //기어
   string color;       //색상
public:
   int getSpeed();
   void setSpeed(int s);
   void setSpeed(double s);
```

```cpp
};

int Car::getSpeed() {
    return speed;
}

void Car::setSpeed(int s) {
    speed = s;
}

void Car::setSpeed(double s) {
    speed = (int)s;
}

int main()
{
    Car myCar;

    myCar.setSpeed(80);
    myCar.setSpeed(100.0);

    cout << "차의 속도: " << myCar.getSpeed() << endl;
    return 0;
}
```

멤버 함수 중복 정의

실행결과

```
차의 속도: 100
```

첫 번째 setSpeed(int s)는 정수 타입의 매개 변수를 받는다. 두 번째 setSpeed(double s)는 실수 타입의 매개 변수를 받는다. 중복 정의된 멤버 함수는 매개 변수의 개수와 타입에 의하여 서로 구별된다.

한 가지 주의할 점은 반환형을 사용하여 구별하지 않는다는 것이다. 반환형이 다르다고 해서 중복 정의할 수는 없다.

```cpp
int Car::getSpeed() {
    return speed;
}
double Car::getSpeed() {
    return (double)speed;
}
```

오류! 반환형이 다르다고 중복시킬 수는 없다.

중간점검

1. Car 클래스에서 setColor() 멤버 함수를 중복 정의하여 보자. 문자열과 정수로 색상을 지정할 수 있도록 하여 보자.

5.6 자동차 경주 예제

지금까지 학습한 내용을 바탕으로 아주 간단한 자동차 게임을 작성하여 보자. 두 대의 자동차를 생성하여 속도를 0에서 199 사이의 난수로 설정한다. 속도가 빠른 자동차가 무조건 경주에서 이기는 것으로 한다. 편의상 하나의 파일에 모든 소스 코드를 넣었지만 앞에서 학습한 대로 car.h, car.cpp, main.cpp로 분리하여 저장하는 편이 좋다.

또한 객체의 초기화를 위하여 init() 멤버 함수를 추가하였고 객체의 현재 상태를 출력하기 위한 show() 멤버 함수도 포함되었다.

car_race.cpp

```
#include <iostream>
#include <string>
using namespace std;

class Car {
private:
    int speed;          //속도
    int gear;           //기어
    string color;       //색상
public:
    int getSpeed();
```

```
    void setSpeed(int s);
    int getGear();
    void setGear(int g);
    string getColor();
    void setColor(string c);

    void speedUp();
    void speedDown();
    void init(int s, int gear, string c);
    void show();
};

int Car::getSpeed() {
    return speed;
}
void Car::setSpeed(int s) {
    speed = s;
}
int Car::getGear() {
    return gear;
}
void Car::setGear(int g) {
    gear = g;
}
string Car::getColor() {
    return color;
}
void Car::setColor(string c) {
    color = c;
}
void Car::speedUp() { // 속도 증가 멤버 함수
    speed += 10;
}
void Car::speedDown() { // 속도 감소 멤버 함수
    speed -= 10;
}
void Car::init(int s, int g, string c)
{
    speed = s;
    gear = g;
    color = c;
}
```

초기화를 위한 멤버 함수

```
void Car::show() {
    cout << "============== " << endl;
    cout << "속도: " << speed << endl;
    cout << "기어: " << gear << endl;
    cout << "색상: " << color << endl;
    cout << "============== " << endl;
}

int main()
{
    Car car1, car2;

    car1.init(rand() % 200, 1, "red");
    car1.show();

    car2.init(rand() % 200, 1, "red");
    car2.show();

    if( car1.getSpeed() > car2.getSpeed() )
        cout << "car1이 승리하였습니다" << endl;
    else
        cout << "car2가 승리하였습니다" << endl;

    return 0;
}
```

객체의 현재 상태 출력 멤버 함수

속도를 0에서 199 사이의 정수로 설정

실행결과

```
==============
속도: 41
기어: 1
색상: red
==============
==============
속도: 67
기어: 1
색상: blue
==============
car2가 승리하였습니다.
```

5.7 UML

컴퓨터 프로그래밍 초기부터 사람들은 프로그램을 그림으로 표현하기를 좋아했다. 초기에는 절차적인 논리를 그림으로 표현하기 위하여 순서도(flow chart)를 그렸다. 순서도는 알고리즘을 그리는데는 좋았지만 너무 세부적이었다. 1970년대에 구조적인 프로그래밍이 유행하면서 프로그래머들은 프로그램의 전반적인 구조를 구조도(structure chart)로 그렸다. 구조도는 프로그램의 각 모듈 사이의 구조적인 관계를 나타낸다. 객체지향 프로그래밍에서도 프로그래머들은 애플리케이션을 구성하는 클래스들간의 관계를 그리기 위하여 클래스 다이어그램(class diagram)을 사용한다. 가장 대표적인 클래스 다이어그램 표기법은 UML(Unified Modeling Language)이다.

각 클래스는 사각형으로 그려진다. 사각형은 반드시 클래스 이름을 포함하여야 한다. 보통은 사각형이 두 개나 세 개로 나누어져 있다. 중간 부분은 변수들을 나열하고 아래 부분에는 멤버 함수들이 나열되어 있다. 변수나 멤버 함수의 이름 앞에는 가시성 표시자(visibility indicator)가 올 수 있다. +는 공용을, −는 전용을 의미한다. 예를 들어 다음은 학생, 수업, 교수 등에 관한 클래스 다이어그램을 보여준다.

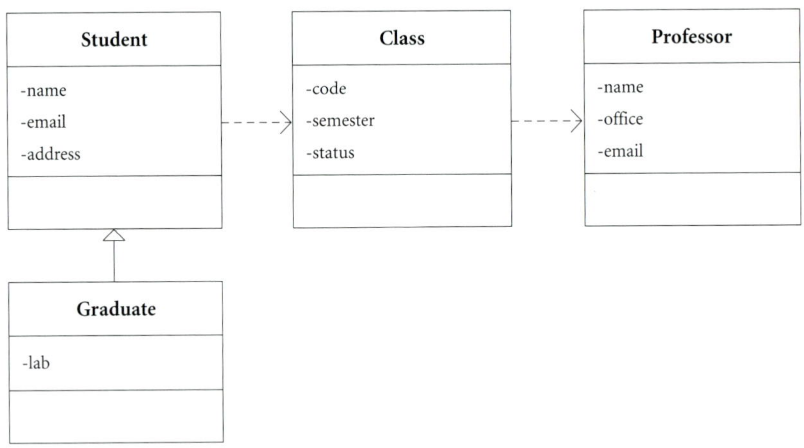

그림 5-8 ● UML의 예

사각형이 클래스를 표시하는 반면에 클래스 다이어그램은 또한 화살표를 사용하여 클래스 간의 관계를 나타낸다. UML은 다양한 화살표를 사용한다.

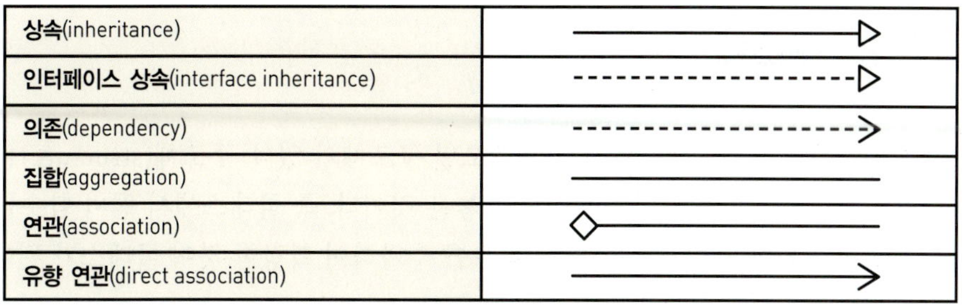

그림 5-9 ● UML에서 사용되는 화살표의 종류

우선 다음의 두 가지만 알아두자. 먼저 실선으로 그려진 삼각형 화살표는 상속을 나타낸다.

상속은 클래스 간에 부모-자식 관계를 형성하는 것으로 차후에 학습하기로 하자. 화살표의 방향은 부모 클래스를 가리킨다.

점선으로 그려진 열린 화살표는 의존을 나타낸다.

의존이란 하나의 클래스가 다른 클래스를 사용하는 관계이다. 즉, 하나의 클래스 안에서 다른 클래스의 객체를 생성하여 사용하는 관계를 말한다. 우리는 아직까지 클래스 하나만을 정의하여 실행하고 있으므로 이런 관계가 없지만 객체 지향 프로그래밍에서는 가장 흔하게 나타나는 관계이다.

참고사항

UML 다이어그램을 그리는 많은 도구들이 있다. 고성능이면서 값이 비싼 대표적인 도구는 IBM사의 Rational Rose(http://www.ibm.com/software/awdtools/developer/rose)일 것이다. 무료로 사용할 수 있는 도구도 많다. ArgoUML(http://argouml.tigris.org)이나 Violet(http://violet.sourceforge.net)이 대표적이다.

중간점검

1. `Car` 클래스를 테스트하는 클래스인 `CarTest` 클래스를 작성하여 보자. `CarTest` 클래스 안에서는 `Car` 클래스의 객체를 생성하여 테스트한다. 이 관계를 UML의 클래스 다이어그램으로 표현하여 보라.

5.8 구조체

클래스와 유사한 것으로 C언어에서 사용해오던 구조체가 있다. 구조체(structure)는 서로 다른 타입이 다른 변수들을 한곳에 모아 놓은 것이다. 즉 클래스에서 멤버 함수를 제외하면 구조체가 된다. 반대로 구조체에 함수를 추가하여 확장한 것이 클래스가 된다.

구조체의 예로 예금 계좌를 구조체로 정의하여 보자. 예금 계좌는 잔액과 이율을 가지고 있다. 예금 계좌는 구조체로 정의하고 잔액은 정수형 변수로 정의하고 이율은 실수형 변수로 정의하여 보자.

```
struct BankAccount { // 은행 계좌
   int accountNumber; // 계좌 번호
   int balance; // 잔액을 표시하는 변수
   double interest_rate; // 연이자
};
```

여기서 BankAccount는 구조체의 이름으로 구조체의 태그(tag)라고 한다. 일반적으로 구조체의 정의는 함수의 외부에서 이루어진다. 구조체가 정의되면 이 구조체를 이용하여서 구조체 변수를 정의할 수 있다.

```
BankAccount a1;
```

만약 구조체의 멤버 변수에 접근하려면 클래스의 경우와 마찬가지로 도트 연산자(.)를 사용한다.

```
a1.balance = 1000000;
```

C++에서 구조체는 클래스와 같은 의미로 사용된다. 실제로 C++ 프로그램에서는 구조체 안에 멤버 함수를 정의할 수도 있다. 따라서 이 책에서는 구조체에 대해서 별도의 설명을 하지 않는다.

```
struct BankAccount { // 은행 계좌
   int accountNumber; // 계좌 번호
   int balance; // 잔액을 표시하는 변수
   double interest_rate; // 연이자
   double get_interrest(int days){
      return (balance*interest_rate)*((double)days/365.0);
   }
};
```

접근 지정자가 없으면 구조체의 멤버들은 기본적으로 public이 된다. 이것은 클래스의 멤버들이 기본적으로 private으로 여겨지는 것과는 차이가 있다.

중간점검

1. 구조체와 클래스의 단 하나 차이점은 무엇인가?

5.9 예제

예제 #3

집에서 사용하는 데스크 램프를 클래스로 작성하여 보자. 먼저 DeskLamp 클래스의 외부 인터페이스부터 작성하여 보자. 데스크 램프는 우리가 잘 알고 있듯이 켜는 것과 끄는 것을 동작으로 가진다. 내부 데이터로는 점등 여부를 나타내는 bool형 변수만 있으면 될 것이다.

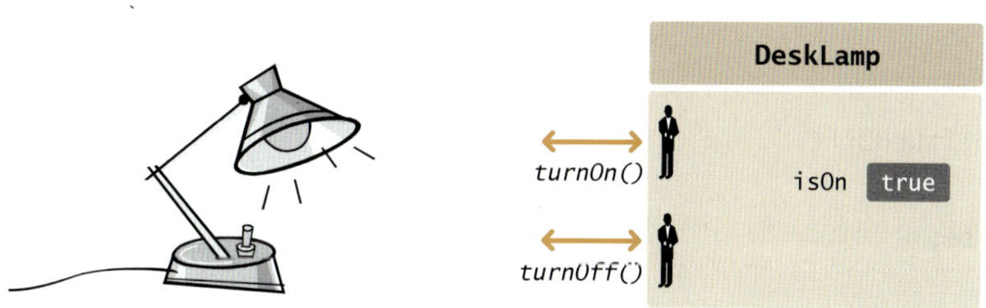

그림 5-10 • DeskLamp 클래스

멤버 변수와 멤버 함수에 이름을 붙여서 UML로 그려보면 다음과 같다.

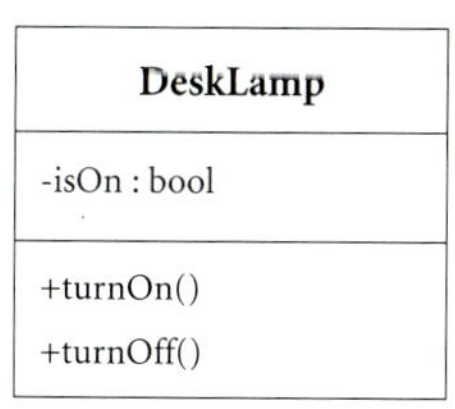

그림 5-11 • DeskLamp UML

멤버 함수들은 모두 클래스 외부에 정의되었다.

desk_lamp.cpp

```
#include <iostream>
#include <string>
using namespace std;

class DeskLamp {
private:
    // 인스턴스 변수 정의
    bool isOn;        // 켜짐이나 꺼짐과 같은 램프의 상태

public:
    // 멤버 함수 선언
    void turnOn();    // 램프를 켠다.
    void turnOff();   // 램프를 끈다.
    void print();     // 현재 상태를 출력
};

void DeskLamp::turnOn()
{
    isOn = true;
}

void DeskLamp::turnOff()
{
    isOn = false;
}

void DeskLamp::print()
{
    cout << "램프가 " << (isOn == true ? "켜짐" : "꺼짐") << endl;
}

int main()
{
    // 객체 생성
    DeskLamp lamp;

    // 객체의 멤버 함수를 호출하려면 도트 연산자(.)를 사용한다.
    lamp.turnOn();
    lamp.print();
    lamp.turnOff();
```

클래스 정의

멤버 함수 외부 정의

```
    lamp.print();

    return 0;
}
```

실행결과

```
램프가 켜짐
램프가 꺼짐
```

예제 #4

은행 계좌를 클래스로 정의하여 보자. 클래스 이름은 BankAccount로 하고 은행 계좌 번호, 예금주, 잔액은 각각 accountNumber, owner, balance라는 멤버 변수로 표시한다. 은행 계좌에 관련된 동작은 접근자와 설정자에 추가하여 저금하기, 인출하기 등을 생각할 수 있다. 통상적인 접근자와 설정자는 제외하고 중요한 동작인 저금하기, 인출하기를 각각 deposit()와 withdraw() 멤버 함수로 구현하였다.

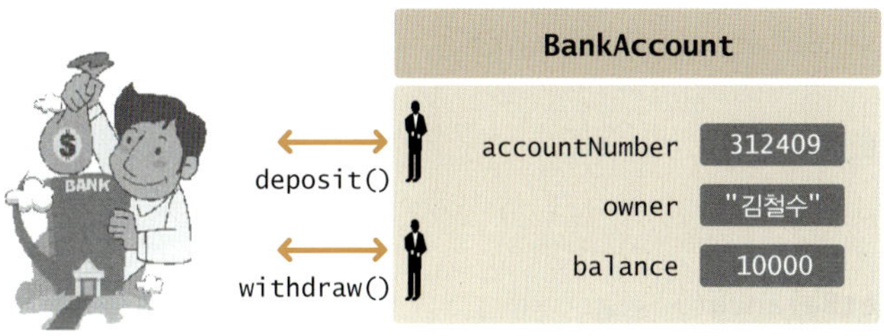

그림 5-12 • BankAccount 클래스

멤버 변수와 멤버 함수에 이름을 붙여서 UML로 그려보면 다음과 같다. UML에서 통상적인 접근자와 설정자는 생략하였다.

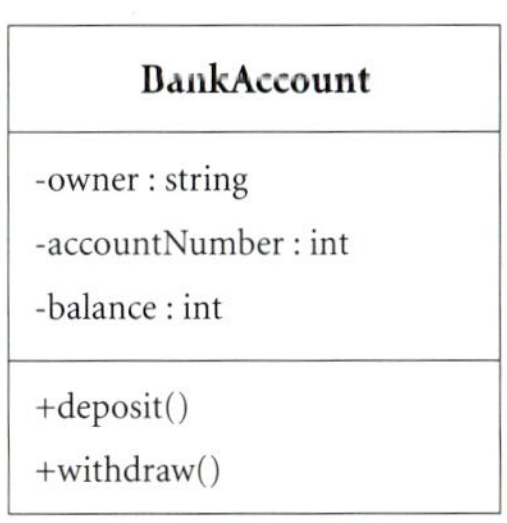

그림 5-13 • BankAccount UML

멤버 함수들은 모두 클래스 외부에 정의되었다.

bank_account.cpp

```cpp
#include <iostream>
#include <string>
using namespace std;

class BankAccount {   // 은행 계좌
private:
   int accountNumber; // 계좌 번호
   string owner;      // 예금주
   int balance;       // 잔액을 표시하는 변수

public:
   void setBalance(int amount);   // balance에 대한 설정자
   int getBalance();              // balance에 대한 접근자
   void deposit(int amount);      // 저금 함수
   void withdraw(int amount);     // 인출 함수
   void print();                  // 현재 상태 출력
};

void BankAccount::setBalance(int amount)
{
   balance = amount;
}

int BankAccount::getBalance()
{
   return balance;
}

void BankAccount::deposit(int amount)
{
   balance += amount;
}

void BankAccount::withdraw(int amount)
{
   balance -= amount;
}

void BankAccount::print()
{
```

```
    cout << "잔액은 " << balance << "입니다." << endl;
}

int main() {
    BankAccount account;

    account.setBalance(0);
    account.deposit(10000);
    account.print();
    account.withdraw(8000);
    account.print();

    return 0;
}
```

실행결과

```
잔액은 10000입니다.
잔액은 2000입니다.
```

예제 #5

날짜를 클래스로 정의하여 보자. 클래스 이름은 Date로 하고 연, 월, 일은 각각 year, month, day라는 멤버 변수로 표시한다. 날짜에 관련된 동작은 통상적인 접근자, 설정자, 현재 날짜를 콘솔에 출력하는 함수를 생각할 수 있다. 아래 그림에는 year에 관련된 접근자와 설정자만을 표시하였다.

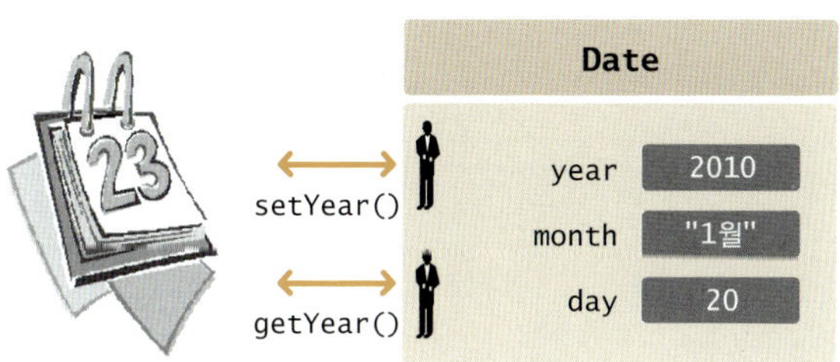

그림 5-14 • Date 클래스

멤버 변수와 멤버 함수에 이름을 붙여서 UML로 그려보면 다음과 같다. UML에서 통상적인 접근자와 설정자는 생략하였다.

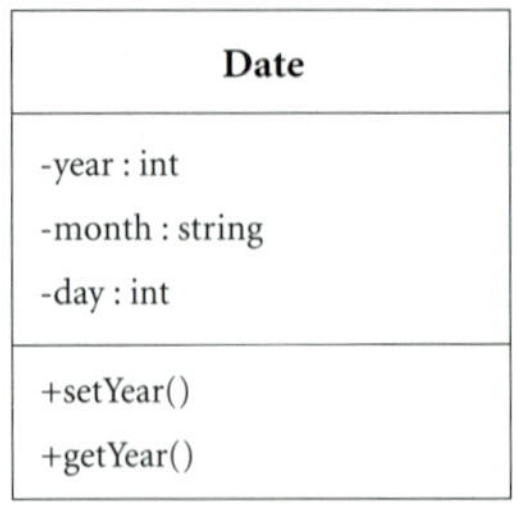

그림 5-15 ● Date UML

멤버 함수들은 모두 클래스 외부에 정의되었다.

date.cpp

```
#include <iostream>
#include <string>
using namespace std;

class Date {
private:
   int year;
   int month;
   int day;

public:
   int getYear();
   void setYear(int y);
   int getMonth();
   void setMonth(int m);
   void setDay(int d);
   int getDay();
   void print();
};

int Date::getYear()
{
   return year;
}

void Date::setYear(int y)
{
   year = y;
}
```

```
int Date::getMonth()
{
    return month;
}

void Date::setMonth(int m)
{
    month = m;
}

int Date::getDay()
{
    return day;
}

void Date::setDay(int d)
{
    day = d;
}

void Date::print()
{
    cout << year << "년 " << month << "월 " << day << "일" << endl;
}

int main()
{
    Date date;

    date.setYear(2010);
    date.setMonth(1);
    date.setDay(20);
    date.print();

    return 0;
}
```

실행결과

```
2010년 1월 20일
```

예제 #6

마트에서 판매되는 상품을 클래스 Product로 정의하여 보자. Product는 일련번호, 이름, 가격, 수량 등의 정보를 가지고 있다.

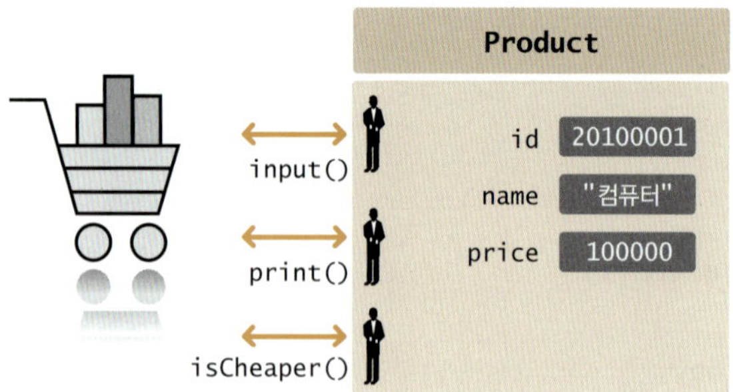

그림 5-16 • Product 클래스

멤버 함수들은 모두 클래스 외부에 정의되었다.

product.cpp

```
#include <iostream>
#include <string>
using namespace std;

class Product {
private:
   int id;
   string name;
   int price;

public:
   void input();
   void print();
   bool isCheaper(Product other);
};

void Product::input()
{
   cout << "상품의 일련 번호: ";
   cin >> id;
   cout << "상품의 이름: ";
   cin >> name;
   cout << "상품의 가격: ";
```

```
    cin >> price;
}

void Product::print()
{
    cout  << " 상품 번호 " << id << endl
          << " 상품의 이름:  " << name << endl
          << " 상품의 가격:  " << price << endl;
}

bool Product::isCheaper(Product other)
{
    if( price < other.price )
        return true;
    else
        return false;
}

int main()
{
    Product p1, p2;

    p1.input();
    p2.input();
    if( p1.isCheaper(p2) ){
        p1.print();
        cout << "이 더 쌉니다\n";
    }
    else {
        p2.print();
        cout << "이 더 쌉니다\n";
    }

    return 0;
}
```

실행결과

```
상품의 일련 번호: 1
상품의 이름: 모니터
상품의 가격: 100000
상품의 일련 번호: 2
```

```
상품의 이름: 컴퓨터
상품의 가격: 20000000
상품 번호 1
상품의 이름: 모니터
상품의 가격: 100000
이 더 쌉니다.
```

프로그램 설명

여기서 특이한 점은 isCheaper() 멤버 함수의 구현이다. isCheaper()는 물건의 가격을 비교하는 멤버 함수로서 첫 번째 물건은 이 함수를 실행하는 객체 자신이다. 두 번째 물건은 함수의 매개 변수로 전달된다. 객체도 int 타입과 같이 함수의 매개 변수로 전달될 수 있다.

EXERCISE
C++ ESPRESSO

1. 다음 질문에 대하여 간단히 답하라.

(1) 클래스와 객체의 차이점은 무엇인가?

(2) 멤버 변수와 지역 변수의 차이점은 무엇인가?

(3) 멤버 함수의 결과값은 어떤 문장에 의하여 반환되는가?

2. 멤버 변수를 직접 사용하는 것보다 접근자 멤버 함수와 설정자 멤버 함수를 통해서 사용하는 것이 좋은 이유는 무엇인가?

3. 다음의 클래스 정의에서 오류를 모두 찾아보자.

```
class Test
{
private int x;
public:
   Test(int x){    }
};
```

4. 다음의 클래스에서 각 멤버 변수가 공용 멤버인지 전용 멤버인지 구분하라.

```
class Test
{
   int x;
public:
   int y;
};
```

5. 다음 코드에서 오류를 모두 찾아보자.

```
class Audio
{
public:
```

```
    void setVolume(int level);
    int getVolume();
private:
    int volume;
};
int main()
{
    Audio bose;
    bose.volume = 50;
    Audio.setVolume(80);
    return 0;
}
```

6. (1) 다음 프로그램의 빈칸에 알맞은 코드를 넣어라.

```
class Time
{
public:
    int hour, minute;
    void print();
};
________________________
{
    cout << hour << ":" << minute << endl;
}
int main()
{
    Time t;
    t.hour = 11;
    t.minute = 35;
    t.print();
    return 0;
}
```

(2) 각 멤버 변수에 설정자와 접근자를 정의하여 추가하라. 멤버 변수는 private으로 설정한다. main() 안의 문장들을 수정하라.

7. 2차원 공간에서 하나의 점을 나타내는 Point 클래스를 작성하여 보자.

```
class Point {
   int x;
   int y;
public:
   int getX()      // 접근자
   {
      ______________________;
   }
   void setX(int xCoord)      // 설정자
   {
      ______________________;
   }
};
```

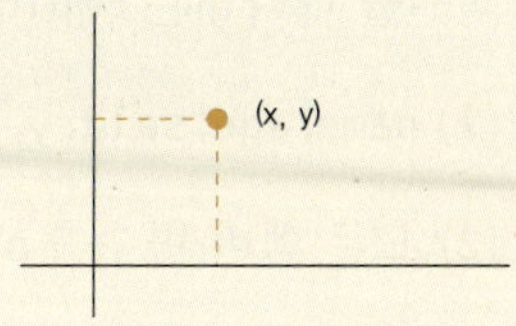

(1) 위의 빈칸을 채우고 실행하여 보자.

(2) 멤버 변수 y에 대해서도 접근자와 설정자를 추가하여 보자.

(3) 접근자와 설정자를 클래스 외부에 정의하여 보자.

(4) p1이라는 이름의 객체를 생성하고 p1을 통하여 설정자를 호출하여 p1의 x 좌표를 100, y 좌표를 200으로 설정하여 보라.

(5) 두 번째 객체를 생성하고 p2가 가리키게 하라.

8. 다음은 영화를 나타내는 Movie 클래스이다. 질문에 답하라.

```
class Movie
{
   string title;
   string director;
   string actors;
};
```

(1) Movie 클래스를 UML로 그려보자. 멤버 함수도 포함시켜라.

(2) 각 멤버 변수에 대한 접근자와 설정자를 작성하여 보라.

(3) 추가할 수 있는 멤버 변수와 멤버 함수를 생각하여 보자.

(4) Movie 클래스를 C++로 작성하여 보라.

(5) Movie 객체를 하나 생성하여 보자.

(6) 생성된 객체의 title 속성을 "Transformer"로 변경하여 보자.

(7) Movie 객체를 세 개 생성하여 보자.

9. 직원을 나타내는 `Employee` 클래스를 다음의 단계에 따라 작성하여 보자.

(1) `name`, `age`, `salary`, `years` 등을 멤버 변수로 가지는 클래스를 정의한다.

(2) 모든 멤버 변수를 `private`으로 정의하고 접근자와 설정자를 제공하라.

(3) `Employee` 클래스의 객체를 생성하고 설정자를 통하여 `{ "홍길동", 26, 1000000, 1 }`으로 설정하고 접근자를 이용하여 멤버 변수의 값을 화면에 출력한다.

10. 다음의 은행 업무를 기술한 문장을 읽고 클래스의 후보를 생각하여 보자.

> 은행은 정기 예금과 보통 예금 업무를 제공한다. 고객들은 자신의 계좌에 돈을 입금할 수 있으며 계좌에서 돈을 인출할 수 있다. 그리고 각 계좌는 기간에 따라 이자를 지급한다. 계좌마다 이자는 달라진다.

(1) 이 문제 영역 기술 문서를 읽고 잠재적인 클래스 후보를 찾아보라. 참고로 업무 기술서의 문장에 등장하는 명사가 클래스의 후보가 된다.

(2) 이 문제를 해결하는 데 필요한 클래스만을 선별하여 보자.

(3) 각 클래스에 필요한 멤버 변수와 멤버 함수를 생각하여 보자.

1. 사각형을 나타내는 `Rectangle`이라고 이름 붙여진 클래스를 설계하여 보자. `Rectangle`은 사각형의 가로를 나타내는 `width`와 `length`를 멤버 변수로 가진다. 또한 사각형의 넓이를 계산하여서 반환하는 `calcArea()`를 멤버 함수로 가진다. `Rectangle` 클래스를 UML로 그리고 접근자, 설정자를 추가하여서 구현하라.

2. 책을 나타내는 Book 클래스를 정의하여 보자. Book 클래스는 제목(title)과 저자(author)를 나타내는 멤버 변수를 가진다.

(1) 각 멤버 변수를 직접 접근하여 제목에 "Great C++"를 대입하고 저자에 "bob"을 대입하여 보자.

(2) 접근자와 설정자 함수를 정의하고 이것을 통하여 제목과 저자를 설정하여 보자.

3. 주사위를 나타내는 클래스인 `Dice`를 작성하여 보자. `Dice` 클래스에 필요한 멤버 변수와 멤버 함수를 생각하여 보자. 멤버 함수에는 주사위를 굴리는 멤버 함수인 `roll()`을 포함하라. `roll()` 멤버 함수를 작성할 때 난수를 얻는 다음 문장을 참조하라.

```
face = (int) (rand() % 6 + 1)
```

`Dice` 객체를 생성하여 테스트하라.

4. 직원을 나타내는 `Employee` 클래스를 작성하여 보자. 직원은 이름, 전화번호, 연봉을 멤버 변수로 가지고 있다. 각 멤버 변수에 대하여 접근자와 설정자를 작성하라. `Employee` 객체를 생성하여 테스트하라.

5. 핸드폰을 나타내는 `CellPhone` 클래스를 작성하여 보자. 핸드폰의 상태는 모델명, 제조 회사, 색상, 전원, 카메라 장착 여부로 나타낸다. 이것들을 멤버 변수로 정의하고 각 멤버 변수에 대하여 접근자와 설정자를 작성한다. 전원을 끄고 켜는 멤버 함수도 추가하여 보자. `CellPhone` 객체를 생성하여 테스트하라.

6. 복소수를 나타내는 Complex 클래스를 작성하라. 복소수는 실수부와 허수부로 이루어진다. 필요한 멤버 변수와 접근자와 설정자 함수를 정의하라. 복소수를 12.0 + 17.9i와 같이 출력하는 print() 멤버 함수를 정의하라. 복소수에 대한 덧셈 연산과 뺄셈 연산을 정의하라. Complex 객체를 생성하여 테스트하라.

7. 삼각형을 나타내는 Triangle 클래스를 정의하여 보자. Triangle 클래스는 밑변과 높이, 면적을 나타내는 멤버 변수를 가진다. 각 멤버 변수에 대하여 접근자와 설정자를 작성한다. 삼각형의 면적을 구하는 멤버 함수 getArea()를 추가하라. Triangle 객체를 생성하여서 테스트하라.

8. 본문의 은행 계좌를 나타내는 BankAccount 클래스에 다음과 같은 기능을 하는 멤버 함수를 추가하고 테스트하라.

```
// 현재 객체의 잔액에서 amount만큼을 otherAccount 계좌로 송금한다.
public int transfer(int amount, BankAccount otherAccount)
{
    ...
}
```

9. 평균을 구하는 멤버 함수 getAverage()를 중복 정의해보자.

(1) 두 개의 정수를 받아서 평균을 구하는 멤버 함수를 정의하여 보자.

(2) 세 개의 정수를 받아서 평균을 구하는 멤버 함수를 중복 정의하여 보자.

(3) 중복 정의된 멤버 함수를 호출하여 보자.

10. MyArray라는 이름의 클래스를 작성하여 보자. MyArray는 정수들을 저장하는 동적 배열을 구현한다. 멤버 변수로는 배열의 크기를 나타내는 size와 정수들이 실제로 저장된 메모리를 가리키는 ptr을 가진다. 멤버 함수로는 정수를 추가하는 append(), 마지막 정수를 삭제하는 delete(), 배열 안의 정수를 출력하는 print() 등을 가진다. MyArray 객체를 생성하여 테스트하라.

11. Product라는 이름의 클래스를 작성하여 보자. Product는 제품을 나타낸다. 멤버 변수로는 제품의 이름을 나타내는 name, 제품의 가격을 나타내는 price, 제품에 대한 평가를 나타내는 assessment를 가진다. 멤버 함수로는 제품에 대한 정보들을 읽는 getInfo(), 두 개의 제품을 비교하는 bool is Better(Product another), 제품에 대한 정보를 출력하는 print()를 가진다. Product 객체를 생성하여 테스트하라.

LAB
C++ ESPRESSO

1. 상자를 나타내는 Box 클래스를 작성하자.

(1) 먼저 상자의 속성을 나열하여 보라.

(2) 상자의 속성 중에서 가로, 세로, 높이를 나타내는 속성만을 선택하고 width, length, height이라는 이름을 부여하여 멤버 변수로 만들어라.

(3) 위의 멤버 변수들을 포함하는 Box 클래스를 정의하라.

```
class Box {
   // 멤버 변수 정의
   int ________;
   int ________;
   int ________;
   // 멤버 함수 정의
};
```

(4) 각 멤버 변수에 대하여 설정자와 접근자 함수를 작성하여 Box 클래스 내부에 추가하라. 접근자와 설정자는 모두 public으로 선언한다.

(5) 상자의 부피를 계산하는 getVolume()을 작성하여 Box 클래스 내부에 추가하라. public으로 선언한다.

(6) 상자의 속성값을 출력하는 print() 멤버 함수를 작성하여 Box 클래스 내부에 추가하라. public으로 선언한다.

(7) box1이라는 이름의 객체를 생성하라.

(8) box1을 통하여 멤버 변수 width에 접근하여 보라. 접근이 가능한가?

(9) width를 public으로 선언한 후에 box1을 통하여 멤버 변수 width에 접근하여 보라. 접근이 가능한가?

(10) 설정자 함수를 호출하여 상자 box1의 가로, 세로, 높이를 100, 100, 100으로 설정하여 보자.

(11) box1 객체를 통하여 getVolume() 멤버 함수를 호출하여 보자. 어떤 값이 출력되는가?

(12) Box 클래스에 사용자로부터 상자의 가로, 세로, 높이를 받아서 멤버 변수에 대입하는 함수 get_input()을 추가하여 보자.

(13) Box 클래스의 모든 멤버 함수들을 클래스 외부에 정의하여 보자.

C++ Espresso

06 생성자와 소멸자

이 장의 차례

학습목표

- 객체를 초기화하는 생성자의 역할을 이해한다.
- 객체가 소멸될 때 마무리 작업을 하는 소멸자의 역할을 이해한다.
- 복사 생성자의 필요성과 의미를 이해한다.
- 디폴트 생성자에 대하여 학습한다.
- 초기화 리스트에 대하여 이해한다.

6.1 생성자와 소멸자의 필요성

생성자

변수의 경우, 초기화를 하지 않으면 쓰레기값을 가지는 경우가 종종 있다. 객체도 마찬가지이다. 따라서 객체가 생성된 후에는 반드시 객체를 초기화하여야 한다. 객체의 초기화에는 멤버 변수의 값을 초기화하는 것뿐만 아니라 객체의 동작에 필요한 메모리 공간이나 파일과 같은 여러 가지 자원들을 할당받는 것도 포함된다. 객체 초기화를 위하여 init()와 같은 멤버 함수를 별도로 작성하여 필요할 때 호출할 수도 있다. 하지만 이 방법도 일단 객체를 생성한 후에 별도로 init()를 호출해야 하기 때문에 약간은 번거롭다.

그림 6-1 ● 생성자의 역할

C++에서는 초기화를 담당하는 생성자(constructor)라는 특수한 함수가 존재한다. 생성자를 사용하면 객체 생성과 동시에 초기화가 가능하다. 생성자는 객체가 생성될 때에 자동으로 한 번만 호출되어서 필요한 초기화 절차를 실행한다. 생성자는 클래스 이름과 동일한 이름을 가진다. 생성자는 값을 반환하지 않으며 매개 변수를 받을 수 있고 중복 정의도 가능하다.

```
class Car {
private:
    int speed;
    ...
public:
    Car() {
        speed = 0;        <------- 생성자
        ...
    }
};
```

소멸자

객체에 따라서는 객체가 소멸되는 시점에서 마무리 작업을 해주어야 하는 경우가 있다. 예를 들어 생성자에서 동적 메모리 할당을 하였다면 객체가 소멸되면 이 동적 메모리 공간을 시스템에 반납하여야 한다. 만약 반납하지 않고 객체가 소멸되면 메모리 누수가 일어나게 된다.

소멸자는 객체 소멸 시에 자동으로 호출된다. 소멸자는 클래스 이름에 ~가 붙는다. 소멸자도 생성자와 마찬가지로 값을 반환하지 않는다. 또한 매개 변수를 받지 않으며 따라서 중복 정의도 불가능하다.

```
class Car {
private:
    int speed;
    ...
public:
    ~Car() {
        ...               <------- 소멸자
    }
};
```

객체의 일생을 그림으로 그려보면 [그림 6-2]와 같다. 객체는 생성된 후에 생성자를 통하여 초기화되고 사용이 끝나면 소멸자를 거쳐서 파괴된다.

그림 6-2 ● 객체의 일생

> **참고사항**
>
> 객체의 멤버 변수를 초기화한다고 해서 다음과 같이 클래스 안의 변수에 초기값을 주게 되면 컴파일 오류가 발생한다.
>
> ```
> class Car {
>    int speed = 0;        // 오류!!
>    ...
> }
> ```
>
> 언어마다 약간의 차이가 있는데 C++에서 위와 같은 초기화는 컴파일 오류에 해당한다. 멤버 변수는 클래스를 정의할 때 생성되는 것이 아니라 객체가 생성되어야만 존재하기 때문이다.

6.2 생성자

생성자는 일반 멤버 함수와 아주 흡사하다. 다만 멤버 함수 이름이 클래스 이름과 같고 반환값을 가지지 않는다는 점만 다르다. 또 생성자는 반드시 public으로 선언되어야 한다. 하나의 클래스 안에 여러 개의 생성자를 중복 정의하는 것도 가능하다. 먼저 매개 변수가 없는 생성자를 먼저 살펴보고 이어서 매개 변수가 있는 생성자를 살펴보자.

앞장에서 학습한 Car 클래스에 매개 변수를 가지지 않는 생성자를 추가하여 보자. 매개 변수를 가지지 않는 생성자를 디폴트 생성자(default constructor)라고 한다. 객체를 생성할 때 특별히 생성자를 지정하지 않으면 자동으로 디폴트 생성자가 사용된다. Car 클래스의 경우, 디폴트 생성자에서는 멤버 변수인 speed, gear, color의 값을 디폴트값으로 초기화한다.

car1.cpp

```
#include <iostream>
#include <string>
using namespace std;

class Car {
private:
   int speed; // 속도
   int gear; // 기어
   string color; // 색상
public:
   Car()
   {
      cout << "디폴트 생성자 호출" << endl;
      speed = 0;
      gear = 1;
      color = "red";
   }
};
int main()
{
   Car c1;
   return 0;
}
```

생성자

객체 생성 시에 자동 호출

실행결과

```
디폴트 생성자 호출
```

위의 생성자가 호출되면 아래 [그림 6-3]처럼 Car 객체가 디폴트 생성자에서 지정한 초기값을 가지고 생성된다.

speed	0
gear	1
color	"red"

그림 6-3 ● 생성자를 통한 객체의 초기화

생성자도 다른 멤버 함수들과 마찬가지로 클래스 내부에 정의될 수도 있고 클래스 외부에 정의될 수 있다. 클래스 외부에 정의하려면 아래 코드와 같이 앞에 "클래스_이름::"을 붙여야 한다.

```
Car::Car()
{
    cout << "디폴트 생성자 호출" << endl;
    speed = 0;
    gear = 1;
    color = "red";
}
```

매개 변수를 가지는 생성자

이번에는 매개 변수를 가지는 생성자를 추가하여 보자. 이번 생성자는 세 개의 매개 변수를 가지고 있고 이들은 각각 멤버 변수의 초기값으로 사용된다.

car2.cpp

```
#include <iostream>
#include <string>
using namespace std;

class Car {
private:
    int speed;          // 속도
    int gear;           // 기어
    string color;       // 색상

public:
    Car(int s, int g, string c)
    {
        speed = s;
        gear = g;                   <------- 생성자
        color = c;
    }
    void print()
    {
        cout << "============= " << endl;
        cout << "속도: " << speed << endl;
        cout << "기어: " << gear << endl;
```

```
        cout << "색상: " << color << endl;
        cout << "============== " << endl;

    }
};

int main()
{
    Car c1(0, 1, "red");       // 생성자 호출
    Car c2(0, 1, "blue");      // 생성자 호출
    c1.print();
    c2.print();
    return 0;
}
```

실행결과

```
==============
속도: 0
기어: 1
색상: red
==============
==============
속도: 0
기어: 1
색상: blue
==============
```

위의 코드처럼 객체가 생성되면 객체는 다음과 같은 멤버 변수값을 가지게 된다.

그림 6-4 ● 생성자를 통한 객체의 초기화

생성자 중복 정의

생성자도 멤버 함수의 일종이라고 생각할 수 있다. 따라서 생성자도 중복 정의될 수 있다. 앞의 디폴트 생성자와 매개 변수가 있는 생성자를 동시에 정의하면 다음과 같다. 이번에는 생성자를 외부에 정의하여 보자.

car3.cpp

```
#include <iostream>
#include <string>
using namespace std;

class Car {
private:
   int speed;    // 속도
   int gear;     // 기어
   string color; // 색상
public:
   Car();
   Car(int s, int g, string c) ;
};
Car::Car()
{
   cout << "디폴트 생성자 호출 << endl;
   speed = 0;
   gear = 1;
   color = "white"
}
Car::Car(int s, int g, string c)
{
   cout << "매개 변수가 있는 생성자 호출 << endl;
   speed = s;
   gear = g;
   color = c;
}
int main()
{
   Car c1;                        // 디폴트 생성자 호출
   Car c2(100, 0, "blue");        // 매개 변수가 있는 생성자 호출
   return 0;
}
```

실행결과

```
매개 변수가 있는 생성자 호출
디폴트 생성자 호출
```

시스템은 어떻게 프로그래머가 원하는 생성자를 찾을 수 있을까? 중복 멤버 함수와 마찬가지로 컴파일러는 생성자의 호출 시에 전달하는 매개 변수의 개수와 타입을 보고 자동적으로 원하는 생성자를 알아낸다. 예를 들어 Car c1과 같은 식으로 호출했다면 이것은 매개 변수가 없는 생성자를 의미한다. 만일 c2(100, 0, "blue");와 같이 호출했다면 이는 세 개의 매개 변수를 가지는 생성자라는 것을 컴파일러가 알 수 있다.

생성자 호출 방법

여기서 생성자를 호출하는 방법을 정리하고 주의해야 할 점을 살펴보자.

```
❶ Car c1;                         // 디폴트 생성자 호출
❷ Car c2();                       // c2()라는 함수의 원형 선언, 생성자 호출 아님!
❸ Car c3(100, 3, "white");        // 생성자 호출
❹ Car c4 = Car(0, 1, "blue");// 먼저 임시 객체를 만들고 이것을 c4에 복사
```

❶은 디폴트 생성자를 호출한다.

❷는 생성자의 호출처럼 보이지만 컴파일러는 함수의 원형을 선언한 것으로 해석한다. 즉, Car라는 객체를 반환하는 함수 c2()의 원형을 정의한 것으로 간주한다. 따라서 이런 식으로 디폴트 생성자를 호출하면 안 된다. 다음과 같은 문장과 동일하게 간주한다.

```
int sub(); // int를 반환하는 sub()
```

❸은 구체적인 값들이 있으므로 생성자 호출로 취급된다.

❹는 먼저 생성자가 호출되어서 임시 객체가 만들어진 후에 c4로 복사된다. 이것은 전적으로 ❸과 동일한 효과를 가진다.

생성자를 호출하는 많은 방법이 있지만 되도록 ❶ 또는 ❸과 같이 호출하는 것이 권장된다.

생성자를 하나도 정의하지 않으면?

만약 클래스 작성 시 생성자를 하나도 만들지 않는 경우에는 자동적으로 비어있는 디폴트 생성자가 하나 만들어진다. 디폴트 생성자는 몸체가 비어 있기 때문에 실행 결과에 아무런 영향을 끼치지 않는다. 아래 코드에서 Car 클래스는 생성자를 전혀 작성하지 않았다. 따라서 디폴트 생성자가 자동으로 만들어진다.

car4.cpp

```
#include <iostream>
#include <string>
using namespace std;

class Car {
   int speed;          // 속도
   int gear;           // 기어
   string color;       // 색상
};
int main()
{
   Car c1; // 디폴트 생성자 호출
   return 0;
}
```

위의 클래스 정의는 다음과 같은 클래스 정의와 동일하다.

```
class Car {
   int speed;    // 속도
   int gear;     // 기어
   string color; // 색상
public:
   Car() {  }
};
```

디폴트 매개 변수

생성자도 당당한 함수이기 때문에 매개 변수에 디폴트값을 지정할 수 있다.

```
Car(int s = 0, int g = 1, string c = "red")
{
   speed = s;
   gear = g;
   color = c;
};
```

위와 같이 디폴트 매개 변수를 지정하면 결국 디폴트 생성자를 정의한 것과 동일한 효과를 얻게 된다.

```
class Car {
   int speed;    // 속도
   int gear;     // 기어
   char *color;  // 색상
public:
   // 생성자
   Car(int s, int g, char *c) {
           cout << "생성자 호출" << endl;
           speed = s;
           gear = g;
           color = new char[strlen(c)+1];
           strcpy(color, c);
   }
   ~Car() {
           cout << "소멸자 호출" << endl;
           delete [] color;
   }
};

int main()
{
   Car c(0, 1, "yellow");
   return 0;
}
```

생성자 / 소멸자

실행결과

```
생성자 호출
소멸자 호출
```

디폴트 소멸자

만약 프로그래머가 소멸자를 정의하지 않았다면 어떻게 되는가? 생성자와 마찬가지로 소멸자도 디폴트 소멸자가 자동으로 삽입되어 호출된다.

중간점검

1. 만약 클래스 이름이 MyClass라면 소멸자의 이름은 무엇이어야 하는가?
2. 소멸자의 반환형은 무엇인가?
3. 소멸자는 중복 정의가 가능한가?

6.4 멤버 초기화 목록

생성자의 주된 임무는 멤버 변수를 초기화하는 것이다. 만약 생성자에서 멤버 변수를 초기화하는 작업만 한다면 C++에는 더 간단한 형식이 있다. 바로 멤버 초기화 목록(member initialization list)이다. 멤버 초기화 목록은 생성자 함수 헤더와 몸체 사이에 : 을 찍고 "멤버(매개 변수)"의 형식을 사용하여서 멤버의 초기값을 나열하는 것이다. Car 생성자를 멤버 초기화 목록으로 다시 작성하여 보면 아래와 같다.

```
Car(int s, int g, string c) : speed(s), gear(g), color(c) {
    ...// 만약 더 하고 싶은 초기화가 있다면 여기에
}
```

위의 Car 생성자는 speed는 s로, gear는 g로, color는 c로 초기화한다. 생성자 몸체에서 값을 직접 대입하는 것과 멤버 초기화 목록은 근본적으로 같은 효과를 낸다. 단 멤버 초기화 목록을 꼭 사용해야만 하는 경우가 있다. 멤버가 상수인 경우, 멤버가 참조자인 경우, 멤버가 객체인 경우가 바로 그것이다.

멤버가 상수인 경우

만약 클래스의 멤버 중에 상수가 있다면 이 상수의 초기화는 어떻게 해야 하는가?

```
class Car
{
    const int MAX_SPEED;   <------ 상수
    int speed; // 속도
    ...
};
```

클래스의 상수를 다음과 같이 초기화하는 것은 컴파일 오류이다.

```
class Car
{
    const int MAX_SPEED = 300;   <------ 컴파일 오류
    int speed; // 속도
    ...
};
```

클래스를 신인할 때는 아직 객체가 생성되지 않았으므로 위와 같은 초기화는 실행할 수

없다. 아직 상수에 메모리가 할당되지 않은 것이다.

또한 생성자 안에서 문장으로 상수를 초기화할 수는 없다.

```
class Car
{
   const int MAX_SPEED;
   int speed; // 속도
public:
   Car()
   {
      MAX_SPEED = 300;  <------- 상수
   }
};
```

왜냐하면 상수에 값을 대입하는 것은 금지되어 있기 때문이다. 상수는 한번 값이 정해지면 변경을 할 수 없다. 이때 바로 초기화 리스트를 사용한다. 상수가 클래스의 멤버인 경우에는 객체가 생성될 때까지 초기화가 연기되며 초기화 리스트를 통해서만 값을 초기화할 수 있다.

```
class Car
{
   const int MAX_SPEED;
   int speed; // 속도
public:
   Car() : MAX_SPEED(300)  <------- 올바른 방법
   {
   }
};
```

멤버가 참조자인 경우

참조자는 변수에 대한 별명으로 선언 시에 참조하는 변수가 지정되어야 한다. 다만 클래스 안에 선언된 참조자인 경우에는 생성자 호출 때까지 초기화가 연기된다. 이때도 멤버 초기화 목록에서 참조자를 초기화하면 된다.

```
class Car
{
   string& alias;
   int speed; // 속도
```

```
public:
    Car(string s) : alias(s)      <------ 참조자도 멤버 초기화 목록에서 초기화
    {
        cout << alias << endl;
    }
};

int main()
{
    Car c1("꿈의 자동차");
    return 0;
}
```

실행결과

```
꿈의 자동차
```

멤버가 객체인 경우

클래스 안에 객체를 멤버로 정의할 수 있다. 객체 안에 다른 객체가 포함되는 것이다. 예를 들어 사각형 클래스 안에는 점을 나타내는 클래스가 포함될 수 있다. 포함된 객체를 초기화할 때에도 멤버 초기화 목록이 사용된다.

```
class Point
{
    int x, y;
public:
    Point(int a, int b) : x(a), y(b) { }
};

class Rectangle
{
    Point p1, p2;                  Point의 생성자를 멤버 초기화 목록에서 호출
public:
    Rectangle(int x1, int y1, int x2, int y2) : p1(x1, y2), p2(x2, y2) { }
};

int main()
{
```

```
    Rectangle r1(10, 10, 100, 100);
    return 0;
}
```

Rectangle의 생성자 안에서 Point()의 생성자를 호출할 수는 없다. 생성자는 객체가 생성될 때 자동으로만 호출된다. 일반 함수처럼 명시적으로 호출할 수는 없다.

만약 포함된 객체가 디폴트 생성자를 정의하였다면 멤버 초기화 목록을 사용하여 초기화하지 않아도 컴파일러가 자동으로 디폴트 생성자를 호출하게 된다. 하지만 디폴트 값이 아닌 다른 값으로 초기화하는 경우에는 반드시 위와 같은 멤버 초기화 목록을 사용하여야 한다.

중간점검

1. 멤버 초기화 목록을 반드시 사용하여서 초기화해야 되는 멤버의 타입은?
2. 클래스 MyClass의 상수 limit를 초기화 리스트를 사용하여서 초기화하여 보라.

6.5 복사 생성자

작업을 하다보면 한 객체의 내용을 다른 객체로 복사하여 생성하고 싶은 경우가 있다. 그런 경우에 사용하는 것이 복사 생성자(copy constructor)이다.

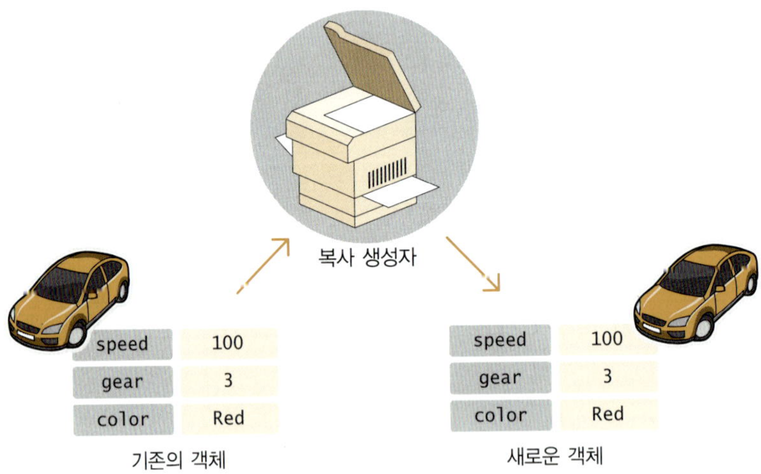

그림 6-6 ● 복사 생성자는 다른 객체의 내용을 복사하여 새로운 객체를 초기화한다.

복사 생성자는 자신과 같은 타입의 객체를 매개 변수로 받아서 그 객체와 똑같은 데이터를 가지는 새로운 객체를 생성한다. 예를 들어서 Car 클래스의 복사 생성자는 다음과 같이 선언된다.

```
Car(const Car& obj);
```

기존의 Car 클래스에 복사 생성자를 추가하고 객체를 생성할 때에 복사 생성자를 사용하여 보자.

car6.cpp

복사 생성자

```
#include <iostream>
#include <string>
using namespace std;

class Car {
   int speed;     // 속도
   int gear;      // 기어
   string color; // 색상


public:
   Car(int s, int g, string c) : speed(s), gear(g), color(c)
   {
      cout << "생성자 호출" << endl;
   }
   Car(const Car &obj) : speed(obj.speed), gear(obj.gear), color(obj.color)
   {
      cout << "복사 생성자 호출" << endl;
   }
   void print()
   {
      cout << "============= " << endl;
      cout << "속도: " << speed << endl;
      cout << "기어: " << gear << endl;
      cout << "색상: " << color << endl;
      cout << "============= " << endl;

   }
};
int main()
```

```
{
    Car c1(0, 1, "yellow");
    Car c2(c1);

    c1.print();
    c2.print();
    return 0;
}
```

이때에 복사 생성자가 호출된다

실행결과

```
==============
속도: 0
기어: 1
색상: yellow
==============
==============
속도: 0
기어: 1
색상: yellow
==============
```

복사 생성자는 다른 객체의 데이터를 복사하여 새로운 객체를 만드는 경우에 호출된다. 위의 코드에서 c2는 c1의 데이터를 복사하여 생성된다. 이때 복사 생성자가 호출되는 것이다.

위의 코드의 main()에서 다음과 같이 c2를 생성하여도 복사 생성자가 호출된다.

```
Car c2 = c1;
```

디폴트 복사 생성자

C++에서는 프로그래머가 복사 생성자를 명시적으로 정의하지 않아도 디폴트 복사 생성자를 자동으로 생성한다. 따라서 우리는 복사 생성자를 정의하지 않았어도 마치 복사 생성자가 있는 것처럼 복사 생성자를 호출하여 사용할 수 있다.

car7.cpp

```
#include <iostream>
#include <string>
using namespace std;
```

```

class Car {
   int speed;    // 속도
   int gear;     // 기어
   string color; // 색상
public:
   Car(int s, int g, string c) : speed(s), gear(g), color(c)
   {
   }
   void print()
   {
      cout << "============== " << endl;
      cout << "속도: " << speed << endl;
      cout << "기어: " << gear << endl;
      cout << "색상: " << color << endl;
      cout << "============== " << endl;
   }
};
int main()
{
   Car c1(0, 1, "yellow");
   Car c2(c1);
   c1.print();
   c2.print();
   return 0;
}
```

디폴트 복사 생성자 사용

실행결과

```
==============
속도: 0
기어: 1
색상: yellow
==============
==============
속도: 0
기어: 1
색상: yellow
==============
```

위의 실행 결과를 보면 복사 생성자를 작성하지 않았는데도 마치 복사 생성자가 있는 것처럼 실행된 것을 알 수 있다. 왜 그런가? 만약 복사 생성자가 정의되어 있지 않으면 컴파일러가 알아서 디폴트 복사 생성자를 추가하여 주기 때문이다. 디폴트 복사 생성자가 아무런 작업을 하지 않는 것은 아니다. 객체가 가지고 있는 변수의 값을 복사한다는 것을 알 수 있다.

그렇다면 굳이 복사 생성자는 정의할 필요가 없는 것인가? 하지만 경우에 따라서 복사 생성자를 정의하여야 하는 경우가 발생한다. 바로 얕은 복사(shallow copy) 문제 때문이다.

얕은 복사와 깊은 복사

예제를 잠시 변경하여 보자. 학생을 Student 클래스로 나타내자. Student 클래스에서는 학생의 이름을 동적 할당된 문자 배열에 저장하고 있다. 디폴트 복사 생성자를 사용하였을 때에 발생할 수 있는 문제점을 살펴보자.

student.cpp

```
#include <iostream>
#include <string>
using namespace std;

class Student {
   char *name; // 이름
   int number;
public:
   Student(char *p, int n) {
      cout << "메모리 할당" << endl;
      name = new char[strlen(p)+1];
      strcpy(name, p);
      number = n;
   }
   ~Student() {
      cout << "메모리 소멸" << endl;
      delete [] name;
   }
};
int main()
{
   Student s1("Park", 20100001);
   Student s2(s1);      // 복사 생성자 호출
```

```
    return 0;
}
```

실행결과

```
메모리 할당
메모리 소멸
메모리 소멸
```

메모리 할당은 한 번이지만 메모리 소멸은 두 번 호출되는 이상한 결과가 출력된다. 그리고 실행 도중에 오류가 발생한다. 원인이 무엇일까?

이러한 결과가 나오는 이유는 디폴트 복사 생성자에서 단순히 한 객체의 멤버의 값을 다른 객체의 멤버로 복사하였기 때문이다. 즉, name이라는 포인터 안에 들어 있었던 주소값만 복사가 되었기 때문이다. 즉 s2를 위한 새로운 공간이 할당되지 않았고 동일한 공간을 s1과 s2가 공유하는 상황이 된 것이다. 위의 상황을 그림으로 그려보면 [그림 6-7]과 같다.

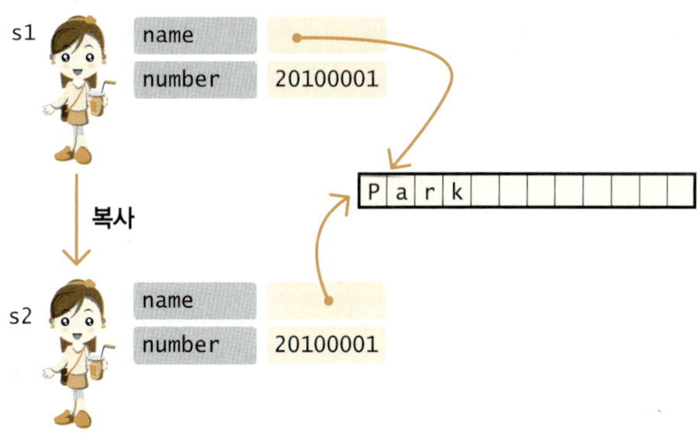

그림 6-7 • 얕은 복사의 문제점

실행 오류가 발생하는 이유는 지역 변수인 s1이 소멸되면서 이름을 저장한 메모리 공간을 반납하게 되고 이 동일한 공간을 다른 지역 변수 s2가 소멸될 때 다시 반납하려고 하기 때문이다.

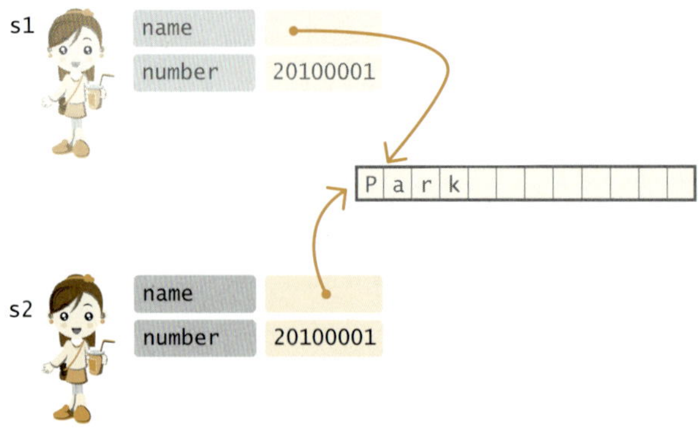

그림 6-8 ● s1이 소멸된 상태에서 s2를 소멸할 때에 할당받은 메모리를 다시 반납한다

이 문제를 해결하려면 어떻게 하면 될까? 이것은 디폴트 복사 생성자를 사용하지 않고 우리가 직접 복사 생성자를 구현하여 주면 된다. 이것을 깊은 복사(deep copy)라고 한다.

student1.cpp

```
class Student {
   ....
   Student(const Student& s) {
           cout << "메모리 할당 << endl;
           name = new char[strlen(s.name)+1];
           strcpy(name, s.name);
           number = s.number;
   }
   ....
};
```

복사 생성자 정의

실행결과

```
메모리 할당
메모리 할당
메모리 소멸
메모리 소멸
```

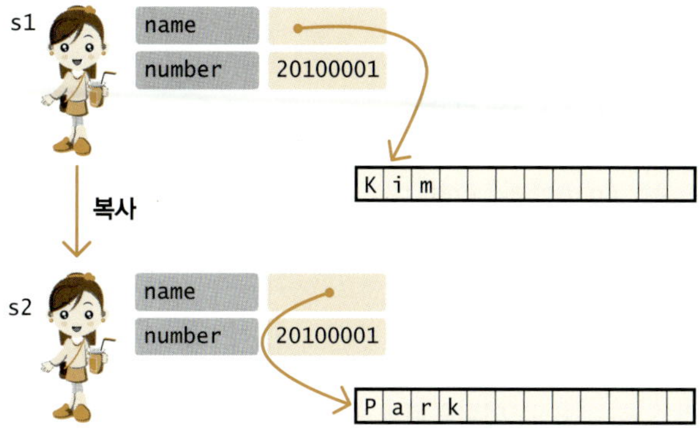

그림 6-9 ● 깊은 복사

묵시적인 복사 생성자 호출

복사 생성자는 생각보다 많이 호출된다. 객체를 복사하는 경우에도 호출되지만 객체를 함수에 전달하는 경우에도 호출되며 객체를 반환하는 경우에도 호출된다. 이런 경우에는 복사 생성자가 묵시적으로 호출된다. 예제를 통하여 자세히 살펴보자.

car8.cpp

```
#include <iostream>
#include <string>
using namespace std;

class Car {
   int speed;     // 속도
   int gear;      // 기어
   string color; // 색상
public:
   Car(int s, int g, string c) : speed(s), gear(g), color(c)
   {
      cout << "일반 생성자 호출" << endl;
   }
   Car(const Car &obj) : speed(obj.speed), gear(obj.gear), color(obj.color)
   {
      cout << "복사 생성자 호출" << endl;
   }
   int getSpeed() { return speed; }
   int getGear() { return gear; }
   string getColor() { return color; }
   void print()
```

```
    {
        cout << "============= " << endl;
        cout << "속도: " << speed << endl;
        cout << "기어: " << gear << endl;
        cout << "색상: " << color << endl;
        cout << "============= " << endl;
    }
};

void isMoving(Car obj)  <------ 인수를 매개 변수로 복사할 때에 복사 생성자 호출
{
    if( obj.getSpeed() > 0 )
        cout << "움직이고 있습니다" << endl;
    else
        cout << "정지해 있습니다" << endl;
}

int main()
{
    Car c(0, 1, "white");
    isMoving(c);
    return 0;
}
```

실행결과

```
일반 생성자 호출
복사 생성자 호출
정지해 있습니다
```

실행 결과에서 보면 복사 생성자도 호출되었다. 하지만 객체 복사를 명시적으로 하지는 않았다. 그러면 어디에서 호출된 것인가?

isMoving() 함수에서는 객체를 받아 객체의 정보를 출력한다. isMoving() 함수의 매개 변수인 obj도 객체이다. 하지만 isMoving()이 호출되기 전까지는 obj 객체는 생성되지 않는다. isMoving()이 호출되면 비로소 객체가 생성되고 이때에 복사 생성자가 호출이 되면서 인자인 s1 객체의 속성이 obj로 모두 복사가 되는 것이다.

같은 식으로 만약 함수가 반환값으로 객체를 반환하였다면 이것을 보내고 받는 과정에서 복사 생성자가 호출된다.

car9.cpp

```
...   // 앞의 소스와 동일
Car createCar()
{
   Car obj(0, 1, "white");
   return obj;
}
int main()
{
   Car c = createCar();
   c.print();

   return 0;
}
```

return obj; ← 객체를 반환하는 경우에 복사 생성자 호출

실행결과

```
일반 생성자 호출
복사 생성자 호출
==============
속도: 0
기어: 1
색상: white
==============
```

중간점검

1. 복사 생성자는 언제 사용되는가?
2. 얕은 복사와 깊은 복사의 차이점은 무엇인가?

6.6 디폴트 멤버 함수

만약 생성자나 소멸자가 전혀 정의되어 있지 않은 클래스의 경우에는 객체가 생성되거나 소멸될 때 아무 것도 호출되지 않을까? 그렇지 않다고 앞에서 이야기하였다. 컴파일러가 알아서 디폴트 생성자나 디폴트 소멸자, 디폴트 복사 생성자를 추가하여 준다. 단, 이러한 디폴트 생성자나 소멸자에서는 아무런 작업도 하지 않는다. 단지 함수 외형만 작성하여 주고 함수 몸체는 비어 있다.

디폴트 멤버 함수들은 클래스 안에 해당되는 함수들이 하나도 정의되어 있지 않은 경우에만 추가된다. 만약 프로그래머가 하나라도 정의하였다면 해당 멤버 함수를 자동으로 추가하지 않는다. 예를 들어 프로그래머가 생성자를 하나라도 정의하면 디폴트 생성자는 추가하지 않는다.

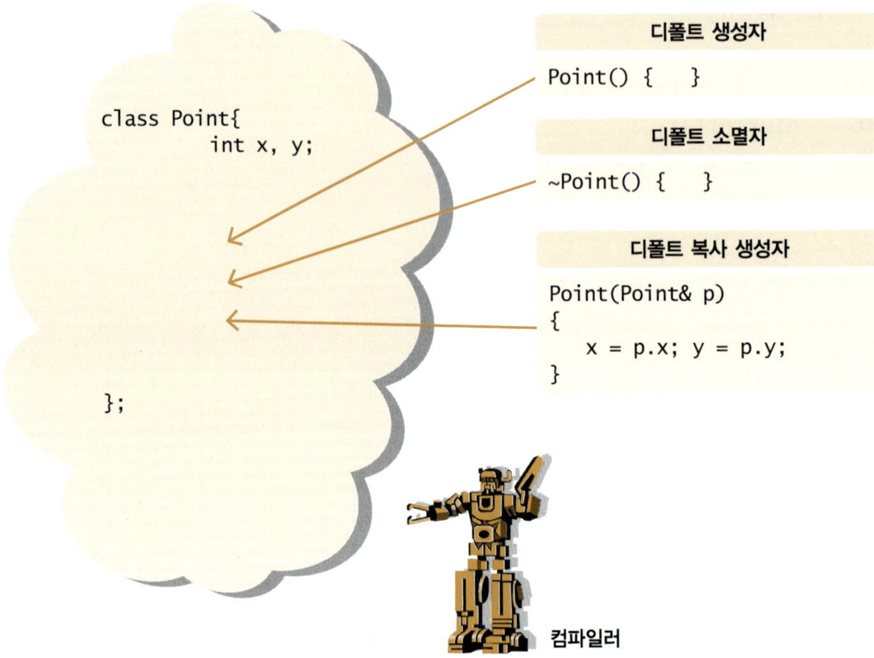

그림 6-10 ● 디폴트 멤버 함수의 추가

6.7 예제

예제 #1

앞장에서 등장하였던 Date 클래스에 대하여 생성자를 중복 정의하여 보자. 매개 변수를 가지지 않는 디폴트 생성자와 하나의 매개 변수를 가지는 생성자, 세 개의 매개 변수를 가지는 생성자를 정의한 후에 호출하여 보자.

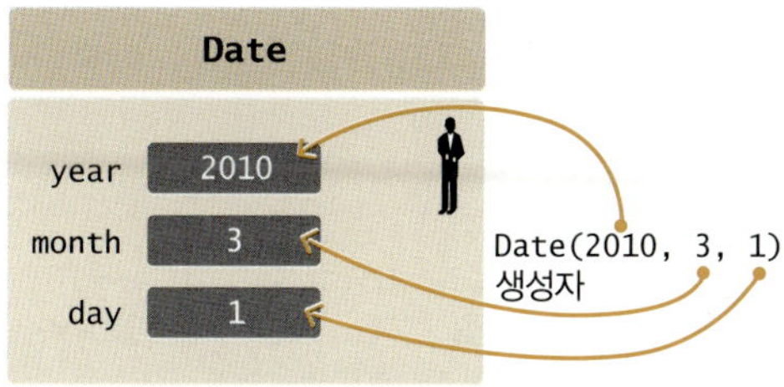

그림 6-11 ● Date 클래스 생성자

date.cpp

생성자 선언

```
#include <iostream>
using namespace std;

class Date {
private:
    int year;
    int month;
    int day;
public:
    Date();                                      // 디폴트 생성자
    Date(int year);                              // 생성자
    Date(int year, int month, int day);          // 생성자
    void setDate(int year, int month, int day);  // 멤버 함수
    void print();                                // 멤버 함수
};

Date::Date()  // 디폴트 생성자
{
    year = 2010;
    month = 1;
    day = 1;
}
Date::Date(int year)                             // 생성자
{
    setDate(year, 1, 1);
}
Date::Date(int year, int month, int day) // 생성자
{
    setDate(year, month, day);
}
void Date::setDate(int year, int month, int day)
{
    this->month = month;                         // this는 현재 객체를 가리킨다.
```

```
    this->day = day;
    this->year = year;
}
void Date::print()
{
    cout << year << "년 " << month <<  "월 " << day << "일" << endl;
}

int main()
{
    Date date1(2009, 3, 2);     // 2009.3.2
    Date date2(2009);           // 2009.1.1
    Date date3;                 // 2010.1.1

    date1.print();
    date2.print();
    date3.print();
    return 0;
}
```

실행결과

```
2009년 3월 2일
2009년 1월 1일
2010년 1월 1일
```

프로그램 설명

setDate()에서 사용되는 this는 현재 객체를 가리키는 포인터이다. 따라서 this->day는 현재 객체가 가지고 있는 멤버 변수 day를 가리킨다.

예제 #2

시간을 나타내는 클래스 Time의 생성자를 작성하고 테스트하여 보자. 이번에는 생성자에서 올바르지 않은 시간은 수정하여 보자.

time.cpp

```
#include <iostream>
using namespace std;

```

```
class Time {
private:
   int hour; // 0 - 23
   int minute; // 0 - 59
   int second; // 0 - 59

public:
   Time();                                          // 생성자
   Time(int h, int m, int s);
   void setTime(int h, int m, int s);
   void print();
};
// 첫 번째 생성자
Time::Time()
{
   setTime(0, 0, 0);
}

// 두 번째 생성자
Time::Time(int h, int m, int s)
{
   setTime(h, m, s);
}

// 시간 설정 함수
void Time::setTime(int h, int m, int s)
{
   hour = ((h >= 0 && h < 24) ? h : 0);      // 시간 검증
   minute = ((m >= 0 && m < 60) ? m : 0);    // 분 검증
   second = ((s >= 0 && s < 60) ? s : 0);    // 초 검증
}

// "시:분:초"의 형식으로 출력
void Time::print()
{
   cout << hour << ":" << minute << ":" << second << endl;
}

int main()
{
   Time time1;

```

생성자

프로그램 설명

10 생성자가 선언되었다. 디폴트 매개 변수를 사용하여서 매개 변수가 없으면 0으로 간주한다.

11 복사 생성자를 선언하였다. 디폴트 복사 생성자로는 문자 배열을 복사할 수 없다. 따라서 우리 나름대로의 복사 생성자를 정의하여야 한다.

12 소멸자가 선언되었다.

19 `const`는 매개 변수를 통하여 변경을 하지 않는다는 것을 확실히 하기 위해서이다. 버그를 예방하는 효과가 있다.

21 만약 매개 변수 s가 0이면 한 개의 문자만큼의 공간을 할당받아서 NULL 문자를 넣어놓는다.

28 만약 s가 0이 아니면 s의 크기만큼의 문자 배열을 할당받아 s를 복사한다. NULL 문자도 저장되어야 하기 때문에 문자 배열의 크기가 `s.getSize() + 1`이 된다.

29 `strcpy()` 함수는 C언어의 라이브러리 함수이다.

41 생성자에서 동적 메모리를 할당하였기 때문에 소멸자에서 이 동적 메모리를 반납하여야 한다. 배열을 반납하는 경우에는 `delete[]`을 사용한다.

59 디폴트 생성자가 사용된다. 즉, `MyString(const char *s = NULL)`이 호출된다.

60 `MyString(const char *s)` 생성자가 사용된다.

61 `MyString(const char *s)`은 매개 변수가 하나이므로 변환 생성자로 사용될 수 있다. 컴파일러는 `"World!"`를 받을 수 있는 생성자가 있는지를 살피고 `"World!"`를 `MyString("World!")`로 변환하여 처리한다.

62 복사 생성자가 사용된다.

중간점검 ←

1. `MyString` 클래스에 두 개의 문자열을 합하는 멤버 함수인 `add(String& s)`를 추가하여 보자.

EXERCISE

C++ ESPRESSO

1. 다음 코드에 존재하는 모든 오류를 수정하라.

```
class Test {
    const int SIZE;
    Test()
    {
        SIZE = 100;
    }
};
```

2. 다음 코드에 존재하는 모든 오류를 수정하라.

```
class Point {
private:
    int x, y;
public:
    void Point() {                          // 생성자
        x = 0;
        y = 0;
    }
    void Point(int xloc, int yloc) {        // 생성자
        x = xloc;
        y = yloc;
    }
    ~Point(void) {                          // 소멸자
    }
};
```

3. 2번 문제처럼 `Point` 클래스가 정의되었다고 가정하라.

(1) 생성자와 소멸자를 클래스 외부에 정의하여 보라.

(2) 초기화 리스트를 사용하여 멤버 변수를 초기화하여 보라.

(3) 디폴트 매개 변수를 사용하여 y값이 주어지지 않으면 0으로 초기화하라.

(4) 복사 생성자를 정의하여 보라.

(5) Point 클래스의 생성자를 호출하는 문장으로 잘못된 것을 모두 골라라.

```
int main()
{
   Point p1;
   Point p2();
   Point p3(100, 200);
   Point *p4 = new Point();
   Point *p5 = new Point(100);

   return 0;
}
```

(6) 다음 문장 중에서 Point 클래스의 복사 생성자가 호출되는 문장은?

```
int main()
{
   Point p1;
   Point p2(100, 200);
   Point *p3 = new Point;
   Point p4 = Point(p2);
   return 0;
}
```

4. 사람을 나타내는 Person이라는 클래스는 다음과 같이 정의된다. Person 클래스의 모든 멤버 함수들을 클래스 외부에서 구현하여 보라.

```
class Person
{
   string name;
   int snumber;  // 주민등록번호
   int age;
public:
   Person();
   Person(string n, int a);
   string getName();
   int getAge();
   int getSnumber();
   void print(); // 모든 정보를 출력한다.
};
```

5. BankAccount 클래스는 저축 예금을 나타낸다. balance와 rate는 각각 잔고와 이율을 나타낸다.

```
class BankAccount {
   int balance;
   double rate;
public:
   BankAccount()
   {
   }
   BankAccount(int balance, double rate)
   }
}
```

(1) 디폴트 생성자가 호출되면 잔고는 0으로 이율은 5%로 설정하는 코드를 추가하라.

(2) 만약 매개 변수가 있는 생성자가 호출되면 매개 변수로 전달된 값을 멤버 변수에 할당하라.

(3) deposit(), withdraw(), transfer(), print()와 같은 멤버 함수들을 구현하여 보라.

6. Dog이라는 이름의 클래스를 설계한다. Dog 클래스는 다음과 같은 데이터를 가져야 한다.

- name: 강아지의 이름, 전용 멤버
- breed: 강아지의 종류, 예를 들면 "요크셔테리어", "푸들", "말티즈" 등등, 공용 멤버
- age: 강아지의 나이, 전용 멤버

Dog 클래스는 다음과 같은 생성자를 가져야 한다. 초기화되지 않은 데이터는 0으로 초기화하라.

- Dog(string name, int age): 강아지의 이름과 나이를 초기화
- Dog(string name, string breed, int age): 강아지의 이름, 종류, 나이를 초기화

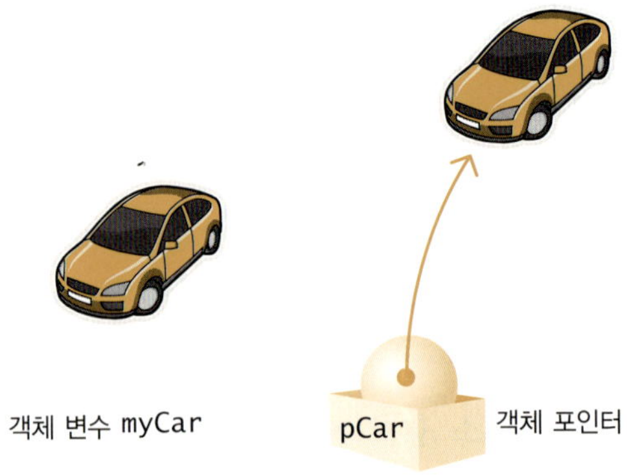

그림 7-1 ● 객체 변수와 객체 포인터

객체 포인터를 사용하여서 객체 멤버들을 접근할 때는 -> 연산자를 사용하여야 한다.

```
pCar->speed = 100;
pCar->speedUp();
```

객체 포인터에는 반드시 동적 할당된 객체의 주소만 저장하는 것은 아니라는 점을 주의하자. 일반적인 정적 객체의 주소도 얼마든지 저장할 수 있다.

```
Car myCar;
Car *pCar = &myCar;     // 객체 변수의 주소를 pCar에 할당
```

dynamic_object.cpp

```
#include <iostream>
#include <string>
using namespace std;

class Car {
   int speed;
   int gear;
   string color;
public:
   Car(int s = 0, int g = 1, string c = "white") : speed(s), gear(g), color(c) {  }
   void print()
   {
      cout << "속도: " << speed << " 기어: " << gear << " 색상: " << color << endl;
   }
};
```

```
int main()
{
    Car myCar;              // 정적 메모리 할당으로 객체 생성
    myCar.print();

    Car *pCar = new Car(0, 1, "blue");   <------- 객체 동적 생성
    pCar->print();
    return 0;
}
```

실행결과

```
속도: 0 기어: 1 색상: white
속도: 0 기어: 1 색상: blue
```

중간점검

1. 클래스로부터 객체를 생성할 수 있는 방법을 열거하여 보라.
2. 객체 포인터로는 반드시 동적 생성된 객체만을 가리켜야 하는가?

7.2 this 포인터

this는 자신을 가리키는 객체 포인터이다. 현재 멤버 함수를 실행하고 있는 객체가 필요한 경우가 종종 있다. 이런 경우에 this를 사용하면 좋다. 다음 예제로 살펴보자.

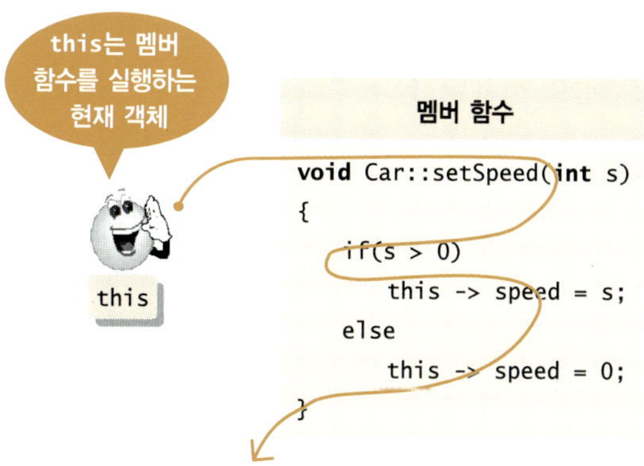

그림 7-2 • this 포인터

this는 컴파일러에 의하여 자동으로 생성된다. 따라서 별도로 선언할 필요가 없다. 특히 멤버 변수를 사용할 때는 암묵적으로 컴파일러는 this->를 앞에 붙인다. 특히 this는 멤버 변수의 이름과 멤버 함수 매개 변수의 이름이 동일한 경우, 구분하기 위하여 자주 사용된다. 앞의 Car 클래스에서 멤버 변수를 설정하는 설정자 setSpeed()를 다음과 같이 작성할 수 있다.

```
void Car::setSpeed(int speed)
{
   if( speed > 0 )
      this->speed = speed;     // speed는 매개 변수, this->speed는 멤버 변수
   else
      this->speed = 0;
}
```

위의 코드에서 매개 변수가 speed로 선언되어 있다. 하지만 멤버 변수 이름도 speed이다. 이런 경우에 그냥 speed라고 하면 매개 변수를 의미한다. 만약 멤버 변수 speed를 참조하고 싶으면 this->speed라고 하여야 한다. 현재 객체의 멤버 변수라는 의미이다.

또한 this는 멤버 함수 몸체에서 멤버 변수나 멤버 함수를 좀 더 확실하게 하려고 할 때 사용될 수 있다. 예를 들어 Car 클래스의 멤버 함수에서 setSpeed()를 호출하는 경우, setSpeed()가 현재 클래스의 멤버 함수라는 것을 강조하기 위하여 다음과 같이 작성할 수 있다.

```
// 생성자
Car::break() {
   this->setSpeed(0);  // this는 없어도 된다. 멤버 함수임을 강조
   ...
}
```

또 가끔은 함수의 매개 변수로 자기 자신을 넘겨야 할 필요가 있는 경우나 자기 자신을 함수의 반환값으로 반환하여야 하는 경우에 사용된다. 예를 들어 연결 리스트를 클래스로 구현할 때 이런 작업들이 필요하다.

예제 #1

자동차를 나타내는 Car 클래스를 이용하여 this의 사용 방법을 이해하여 보자.

car.cpp

```
#include <iostream>
#include <string>
```

```
using namespace std;

class Car {
   int speed; // 속도
   int gear; // 기어
   string color; // 색상
public:
   Car(int s = 0, int g = 1, string c = "white") : speed(s), gear(g), color(c)
   {
   }
   int getSpeed()
   {
      return speed;
   }
   void setSpeed(int speed)
   {
      if( speed > 0 )
         this->speed = speed;  // speed는 매개 변수, this->speed는 멤버 변수
      else
         this->speed = 0;
   }
   void print()
   {
      cout << "속도: " << speed << " 기어: " << gear << " 색상: " << color;
   }

   void isFaster(Car *p)
   {
      if( this->getSpeed() > p->getSpeed() )
         this->print();
      else
         p->print();
      cout << "의 자동차가 더 빠름" << endl;
   }
};

int main()
{
   Car c1(0, 1, "blue");
   Car c2(100, 3, "red");
   c1.isFaster(&c2);
   return 0;
}
```

현재 객체의 멤버 변수

현재 객체의 멤버 함수

실행결과

```
속도: 100 기어: 3 색상: red의 자동차가 더 빠름
```

Car 클래스의 setSpeed()에서 매개 변수 speed와 멤버 변수 speed를 구분하기 위하여 this 키워드가 사용되었다. 또한 isFaster()와 같이 this를 사용하여서 명확하게 같은 클래스에 속하는 멤버 함수를 호출할 수 있다.

중간점검

1. this 포인터는 무엇을 가리키는가?
2. this 포인터가 꼭 필요한 경우는?

7.3 const 수식자

이쯤에서 const 수식자를 다시 복습하고 넘어가야 한다. const는 여러분도 잘 알고 있다시피 변수 선언 앞에 붙여서 상수를 만드는 수식자이다. 멤버 함수나 멤버 변수에 const를 붙이면 어떤 의미가 될까? 또 객체 앞에도 const를 붙일 수 있는가? 이제부터 살펴보도록 하자.

멤버 변수에 const를 붙이는 경우

멤버 변수에 const가 붙으면 상수가 된다. 값이 변하지 않는 멤버들은 const를 이용하여서 상수로 만드는 것이 바람직하다. 예를 들어 Car 클래스에서 자동차의 시리얼 번호는 자동차 생성 시에 결정되고 차후로 변경되지 않으므로 상수라고 선언하는 편이 좋다. 상수 멤버는 생성자에서 학습한 대로 멤버 초기화 목록을 사용하여 초기화해주면 된다.

```
#include <iostream>
#include <string>
using namespace std;

class Car
{
```

```
    const int serial; <------ 상수 멤버 변수
    int speed;
    int gear;
    string color;
public:
    Car(int ser, int s = 0, int g = 1, string c = "white") : serial(ser), speed(s), gear(s), color(c)
    {
    }
};
int main()
{
    Car c1(1, 0, 1, "white");
    Car c2(2, 0, 1, "red");
    Car c3(3, 0, 1, "blue");
    Car c4(4);

    return 0;
}
```

멤버 함수에 const를 붙이는 경우

멤버 함수에 const를 붙이면 이 함수를 통하여 멤버 변수를 변경할 수 없다는 의미가 된다. 예를 들어 Car 클래스에서 displaySpeed() 멤버 함수를 정의할 때 다음과 같이 매개 변수 목록 뒤에 const를 붙이면 displaySpeed()를 통하여 멤버 변수의 값을 변경할 수 없다. const가 붙는 함수를 상수 멤버 함수라고 한다.

```
class Car
{
    ...
public:
    void displaySpeed() const <------ 객체를 변경하지 않는 멤버 함수라는 의미
    {
        cout << "자동차의 속도: " << speed << endl;
    }
};
```

만약 상수 멤버 함수 안에서 다음과 같이 멤버 변수의 값을 변경하려고 시도하였다면 컴파일 오류가 발생한다.

```
void displaySpeed() const
{
   speed = 0; // 오류!
}
```

또한 상수 멤버 함수 안에서 상수화되지 않은 함수를 호출하면 오류가 발생한다. 예를 들어 다음과 같이 상수 함수 displaySpeed()에서 상수화되지 않은 함수 getSpeed()를 호출하면 컴파일 오류가 발생한다.

```
int getSpeed()
{
   return speed;
}
void displaySpeed() const
{
   cout << "자동차의 속도: " << getSpeed() << endl;    // 오류!
}
```

비록 getSpeed()에서 멤버 변수를 변경하지 않는다고 하더라도 가능성은 존재하기 때문에 호출 자체를 못하게 막는 것이다. 이것을 해결하려면 getSpeed(), getGear(), getColor()를 상수 멤버 함수로 만들면 된다. 실제로 접근자의 경우에는 const를 붙이는 편이 바람직하다.

```
class Car
{
   ...
public:
   int getSpeed() const
   {
      return speed;
   }
   int getGear() const
   {
      return gear;
   }
   string getColor() const
   {
      return color;
   }
};
```

객체에 const를 붙이는 경우

만약 객체에 const가 붙는다면 이 객체를 통해서는 멤버 변수의 값을 변경할 수 없다. 멤버 함수의 경우에도 상수 멤버 함수가 아니면 호출할 수 없다.

```
int main()
{
   const Car c1(0, 1, "yellow"); <------ 변경이 불가능한 객체
   c1.setSpeed();       // 오류!
   return 0;
}
```

특히 함수의 매개 변수 선언에서 객체 참조자에 const를 붙이는 경우가 많다. 참조자에 const가 붙으면 이 참조자를 통해서 멤버 변수의 값을 변경할 수 없으며 또한 상수화되지 않은 함수도 호출할 수 없다.

```
void sub(Car& c, const Car& cc)
{
   int s1 = c.getSpeed();       // 가능
   c.setSpeed(100)              // 가능

   int s2 = cc.getSpeed();      // 가능    ------- cc를 통해서는 변경할 수 없다.
   cc.setSpeed(200); <-------   // 오류!
}
```

위의 코드에서 Car 클래스 안에 getSpeed()는 상수 멤버 함수로 정의되어 있다고 가정하자. 반면에 setSpeed()는 상수 멤버 함수가 아니다. cc는 상수 참조자로 정의되어 있으므로 cc를 통하여 상수화되지 않은 멤버 함수를 호출할 수 없다.

중간점검

1. 객체 선언 시에 const가 붙으면 어떤 의미인가?
2. 멤버 변수 getGear()에 const를 붙여보라. 어떤 의미인가?

7.4 객체와 연산자

객체에 대하여 대입 연산자인 =을 사용할 수 있을까? 즉, 다음과 같이 하나의 객체를 다른 객체에 복사할 수 있을까?

```
class Car
{
   ... //생략
};

int main()
{
   Car c1(0, 1, "white");
   Car c2(0, 1, "red");
   c1 = c2;    // c2의 멤버 변수가 c1으로 복사된다.
   return 0;
}
```

결론적으로 객체끼리 복사할 수 있다. c2가 가지고 있는 모든 멤버 변수의 값이 c1로 복사된다. 같은 타입의 객체끼리는 대입 연산이 가능하다.

객체와 객체를 비교 연산자인 ==을 이용하여 비교할 수 있을까?

```
int main()
{
   Car c1(0, 1, "white");
   Car c2(0, 1, "red");
   if( c1 == c2 ){
      cout << "같습니다" << endl;
   }
   else {
      cout << "같지 않습니다" << endl;
   }
   return 0;
   }
```

위의 코드를 컴파일하면 오류가 발생한다. Car 클래스에서 == 연산자를 정의하지 않았다는 것이다. 만약 == 연산자를 이용하여 Car 클래스 객체들을 서로 비교할 수 있으면 상당히 편리할 것이다. 이것을 위하여 연산자 중복(operator overloading)이라는 메커니즘이 존재한다. 연산자 중복을 이용하면 객체에 대하여 원하는 연산자를 마음대로 정의하여서 사용할 수 있다. 10장에서 학습하도록 하자.

중간점검

1. = 연산자를 이용하여 하나의 객체를 다른 객체에 대입할 수 있는가?
2. == 연산자를 이용하여 하나의 객체와 다른 객체를 비교할 수 있는가?

7.5 객체와 함수

객체와 함수와의 관계를 살펴보자. 구체적으로 다음과 같은 4가지의 경우에 대하여 살펴볼 것이다.

1. 객체가 함수의 매개 변수로 전달되는 경우
2. 함수가 객체를 반환하는 경우
3. 객체의 포인터가 함수의 매개 변수로 전달되는 경우
4. 객체의 참조자가 함수의 매개 변수로 전달되는 경우

객체가 함수의 매개 변수로 전달되는 경우

함수의 인자수는 기본적으로 값에 의하여 매개 변수로 전달된다. 이것은 인수가 객체일 때도 마찬가지이다. 객체 변수를 매개 변수로 받아 객체를 교환하는 프로그램을 작성하여 보자.

object_func1.cpp

```
#include <iostream>
#include <string>
using namespace std;

class Car {
   int speed;
   int gear;
   string color;
public:
```

```
    Car(int s = 0, int g = 1, string c = "white") : speed(s), gear(g), color(c) {  }
    void print()
    {
    cout << "속도: " << speed << " 기어: " << gear << " 색상: " << color << endl;
    }
};

void swapObjects(Car c1, Car c2)
{
    Car tmp;
    tmp = c1;  c1 = c2;  c2 = tmp;
}

int main()
{
    Car red(0, 1, "red");
    Car blue(30, 2, "blue");

    swapObjects(red, blue);
    red.print();
    blue.print();
    return 0;
}
```

객체가 값으로 복사된다.

실행결과

```
속도: 0 기어: 1 색상: red
속도: 30 기어: 2 색상: blue
```

위의 실행 결과로부터 몇 가지의 정보를 얻을 수 있다. swapObjects()는 두 개의 매개 변수로 객체를 받아서 객체의 내용을 서로 교환하는 함수이다. 먼저 객체를 인자로 전달하면 매개 변수로 객체의 내용이 복사된다. 즉 main() 안에 정의된 mine과 yours의 내용은 swapObjects()의 매개 변수인 c1과 c2로 복사된다. swapObjects() 안에서 c1과 c2의 내용은 tmp 변수를 사용하여 교환할 수 있었다. 하지만 swapObjects() 안의 c1과 c2의 내용이 교환되어도 원본인 mine과 yours의 내용에는 전혀 변화가 없다. 왜 그럴까? 원본이 swapObjects()에 전달된 것이 아니고 객체의 내용이 복사되었기 때문이다.

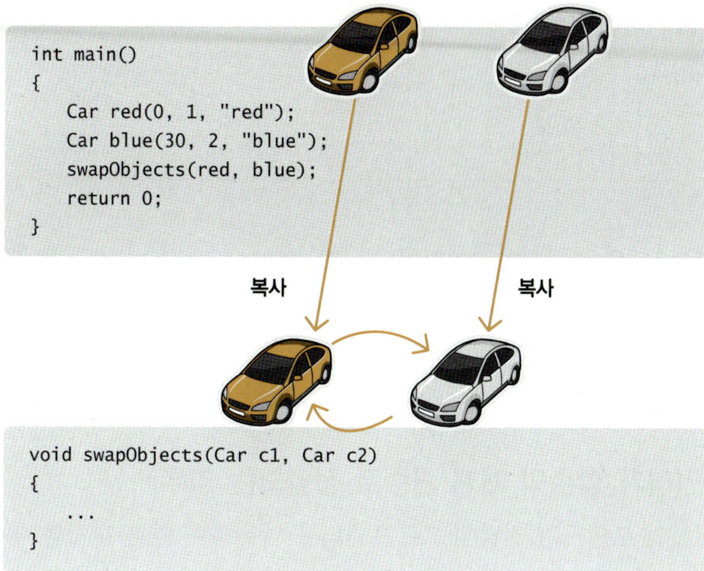

그림 7-3 ● 객체는 값으로 전달된다

함수가 객체를 반환하는 경우

함수가 객체를 반환할 때도 객체의 내용이 복사될 뿐 원본이 전달되지 않는다. 다음의 코드를 살펴보자.

object_func2.cpp

```
...// 전과 동일
Car createCar()
{
   Car tmp(0, 1, "metal");
   return tmp;   <------- tmp 객체의 내용이 임시 객체로 복사되어서 반환된다.
}

int main()
{
   Car c;
   c.print();
   c = createCar();   <------- 반환된 임시 객체가 c로 복사된다.
   c.print();

   return 0;
}
```

실행결과

```
속도: 0 기어: 1 색상: white
속도: 0 기어: 1 색상: metal
계속하려면 아무 키나 누르십시오 . . .
```

먼저 createCar()의 반환형은 Car이어야 한다. createCar()는 함수 안에서 정의된 객체 변수 tmp를 반환한다. 이 경우, tmp가 전달되는 것이 아니라 tmp의 내용이 복사된다. main()에서 createCar()의 반환값을 받는 변수인 c1으로 복사되는 것이다. 따라서 c1이 가지고 있었던 값은 사라지고 createCar()가 반환한 객체의 값이 덮어씌워진다.

객체의 포인터가 함수의 매개 변수로 전달되는 경우

이때에는 객체의 포인터가 전달되므로 포인터를 이용하여 원본 객체의 내용을 변경할 수 있다. swapObjects()를 객체 포인터를 이용하여 다시 작성하면 다음과 같다.

object_func3.cpp

```cpp
...// 전과 동일
void swapObjects(Car *p1, Car *p2)
{
    Car tmp;

    tmp = *p1;
    *p1 = *p2;
    *p2 = tmp;
}

int main()
{
    Car red(0, 1, "red");
    Car blue(0, 1, "blue");
    swapObjects(&red, &blue);
    red.print();
    blue.print();

    return 0;
}
```

객체의 주소가 전달된다.

실행결과

```
속도: 0 기어: 1 색상: blue
속도: 0 기어: 1 색상: red
계속하려면 아무 키나 누르십시오 . . .
```

여기서 함수를 호출할 때 &mine과 같이 변수의 주소를 추출하여서 매개 변수로 전달하여야 한다. 실행 결과를 보면 포인터가 전달되는 경우에는 객체의 내용이 교환되는 것을 알 수 있다.

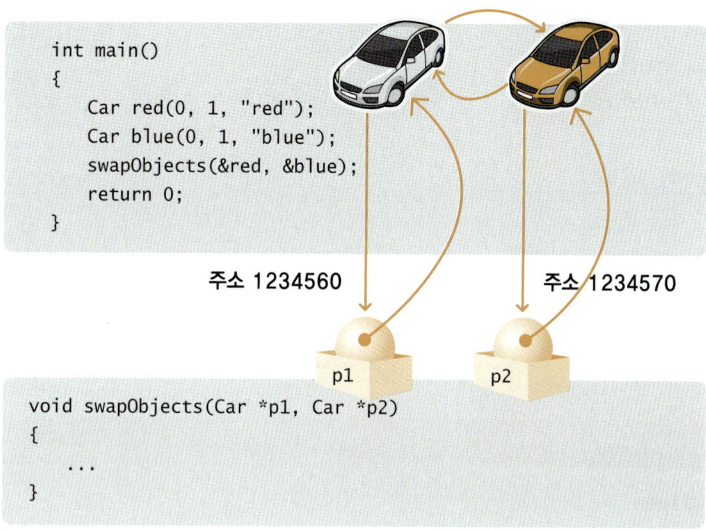

그림 7-4 ● 객체의 포인터를 전달하는 경우

객체의 참조자가 함수의 매개 변수로 전달되는 경우

참조자란 변수에다가 하나의 이름을 더 주는 것이다. 따라서 참조자를 통하여 변수의 값을 변경하면 원본 변수를 변경하는 것이나 마찬가지이다. 객체에 대한 참조자도 마찬가지의 역할을 한다.

object_func4.cpp

```cpp
...// 전과 동일
void swapObjects(Car &r1, Car &r2)
{
   Car tmp;

   tmp = r1;
   r1 = r2;
   r2 = tmp;
}
int main()
{
   Car red(0, 1, "red");
   Car blue(30, 2, "blue");

   swapObjects(red, blue);
   red.print();
   blue.print();
   return 0;
}
```

객체가 참조자에 의하여 참조된다.

실행결과

```
속도: 0 기어: 1 색상: blue
속도: 0 기어: 1 색상: red
계속하려면 아무 키나 누르십시오 . . .
```

참조자로 객체를 받으면 객체의 이름이 하나 더 생기는 것과 마찬가지이다. 따라서 참조자를 통하여 값을 교환하면 변수의 원래 이름을 사용하는 것과 마찬가지가 된다.

```
int main()
{
    Car red(0, 1, "red");
    Car blue(0, 1, "blue");
    swapObjects(red, blue);
    return 0;
}
```

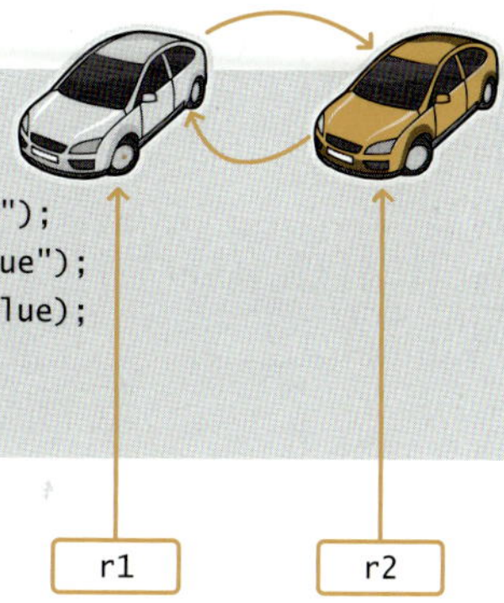


```
void swapObjects(Car & r1, Car & r2)
{
    ...
}
```

그림 7-5 ● 객체의 참조자를 전달하는 경우

일반적으로 객체를 값으로 전달하는 것보다 객체의 참조자를 전달하는 편이 더 효율적이다. 객체의 크기가 큰 경우에 객체를 복사하는 시간이 많이 걸리기 때문이다. 따라서 객체의 참조자를 전달하여도 무방한 경우에는 참조자를 전달하도록 하자.

중간점검

1. 함수 안에서 매개 변수로 전달받은 객체의 내용을 수정하려면 매개 변수를 어떤 타입으로 선언하여야 하는가?
2. 매개 변수로 포인터와 참조자를 사용하는 경우를 비교하여 보자.

7.6 임시 객체

임시 객체(temporary object)는 수식의 계산 도중에 중간 결과를 저장하기 위하여 임시적으로 만들어지는 객체이다. 일반적으로 임시 객체는 수식의 계산이 끝나면 소멸된다. 따라서 주의하여야 한다. 예를 들어서 `string` 클래스를 사용하는 다음과 같은 코드를 살펴보자.

```
int main()
{
   string s1 = "Hello ";
   string s2 = "World";
   const char* p = (s1 + s2).c_str();        // ❶
   cout << p;

   return 0;
}
```

임시 객체가 생성된다.

위의 코드의 출력은 "Hello World"가 되어야 할 것 같으나 아무 것도 출력되지 않는다. 이유는 무엇인가?

(s1 + s2)는 s1과 s2를 합한 문자열 객체를 생성한다. 이때에 임시 객체가 생성된다. c_str()은 이 임시 객체가 가지고 있는 문자 배열의 주소를 반환한다. 하지만 임시 객체는 ❶의 문장이 끝나면 소멸된다. 따라서 p가 가지고 있었던 주소는 잘못된 주소가 된다. 위의 문제점을 해결하려면 다음과 같이 정상적인 객체를 하나 더 만들면 된다.

```
int main()
{
   string s1 = "Hello ";
   string s2 = "World";
   string s3 = s1 + s2;
   const char* p = s3.c_str();
   cout << p;

   return 0;
}
```

임시 객체는 또한 함수가 객체를 반환할 때도 생성된다. 예를 들어 다음과 같은 코드를 살펴보자.

temp_obj.cpp

```
class Car {
...
};
Car createCar()
{
   Car tmp(0, 1, "metal");
```

```
    return tmp;
}

int main()
{
    createCar().print();
    return 0;
}
```

반환된 임시 객체를 통하여 멤버 함수 호출

실행결과

```
속도: 0 기어: 1 색상: metal
```

함수가 객체를 반환하면 임시 객체가 생성된다. createCar()가 반환하는 tmp의 값이 임시 객체에 복사되는 것이다. 위의 코드에서는 임시 객체를 통하여 print()를 호출해 본 것이다.

임시 객체는 명시적으로 생성할 수도 있는데 생성자를 명시적으로 호출해주면 된다.

```
Car(0,1,"gray");
```

위의 문장은 임시 객체를 생성하지만 어딘가에 저장하지 않는다. 따라서 임시 객체가 만들어지고 다음 문장으로 넘어가면서 임시 객체는 바로 소멸하게 된다.

```
Car &r = Car(0,1,"gray");
```

위의 문장은 임시 객체가 생성되어서 참조자 r에 의하여 참조된다는 것을 나타낸다. 따라서 이 참조자가 존재하는 동안에는 임시 객체는 없어지지 않는다.

```
   Car c = Car(0,1,"gray");
```

위의 문장은 임시 객체가 생성되어서 객체 변수 c에 복사된다는 것을 의미한다.

7.7 정적 멤버

정적 멤버 변수

다음과 같은 문제를 생각하여 보자. 지금까지 자동차 객체가 얼마나 생산되었는지를 파악하고 싶다면 어떻게 계산할 수 있을까? 객체가 생성될 때마다 카운터 변수를 증가시키면 될 것이다. 하나의 객체가 생성될 때마다 생성자가 한 번 호출되므로 생성자 안에서 카운터 변수를 증가시키면 된다. 카운터 변수는 어디에 선언하여야 하는가?

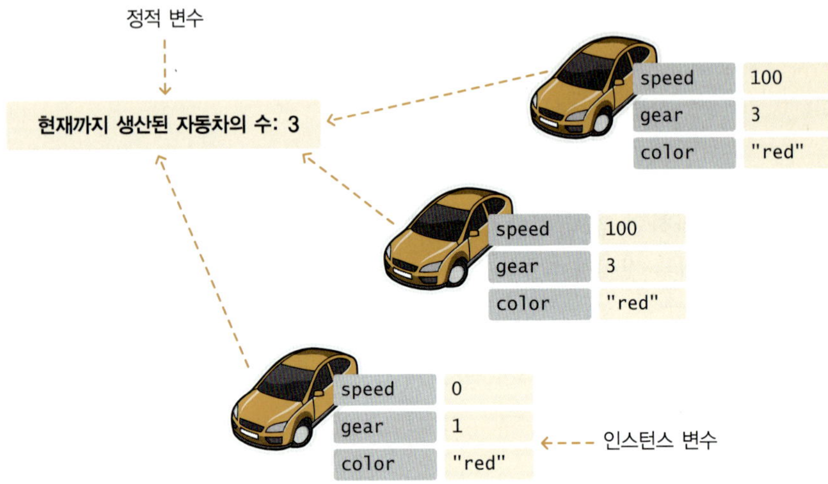

그림 7-6 • 정적 멤버

클래스 안에 변수를 선언하게 되면 멤버 변수가 되고 해당 객체만 이용할 수 있다. Car 클래스 예제에서 speed, gear, color는 멤버 변수가 된다. 이들 멤버 변수들은 별도의 기억 공간을 가지고 있으며 객체마다 서로 다른 값을 가지고 있다. 따라서 지금까지 자동차 객체가 얼마나 생산되었는지를 파악하고 싶다면 인스턴스 변수로는 불가능하다. 카운터 변수를 멤버 변수로 선언하고 생성자에서 증가하더라도 자신의 카운터 변수만 증가되는 것이고 다른 객체의 카운터 변수들에는 영향을 주지 않는 것이다.

```
class Car {
   ...
   int count; // 카운터 변수
public:
```

```
   Car(int s = 0, int g = 1, string c = "white") : speed(s), gear(g), color(c) {
      count++;    // 객체마다 자신의 변수만을 증가시킨다.
   }
};
```

한 가지 방법은 전역 변수를 사용하는 것이다. 즉, 생성자에서 전역 변수로 선언된 카운터 변수를 증가하는 것이다. 하지만 전역 변수는 객체 지향의 원리에 위배된다.

```
int count; // 카운터 변수
class Car {
   ...
public:
   Car(int s = 0, int g = 1, string c = "white") : speed(s), gear(g), color(c) {
      count++;
   }
};
```

이런 경우에 보다 적절한 방법이 존재한다. 바로 정적 변수(static variable)이다. 정적 변수는 static을 붙여서 선언하는 변수로서 클래스마다 하나만 생성된다. 클래스의 모든 객체가 하나의 변수를 공유하는 것이다. 카운터 변수를 정적 변수로 선언하고 생성자 안에서 증가시키면 지금까지 생산된 자동차 객체의 개수를 알 수 있다. 전역 변수는 클래스 변수라고도 한다.

```
class Car {
   ...
static int count;       // 카운터 변수
public:
   Car(int s = 0, int g = 1, string c = "white") : speed(s), gear(g), color(c) {
      count++;
   }
};
int main()
{
   Car c1;
   Car c2;
   ...
}
```

만약 위와 같이 두 개의 객체를 생성하게 되면 c1과 c2가 count 변수를 공유하고 각 객체의

생성자에서는 count를 하나 증가시킨다. 정적 변수는 마치 전역 변수처럼 사용되지만 그 사용 범위가 해당 클래스 안으로 제한된다.

한 가지 주의할 점은 정적 변수는 다음과 같이 생성자에서 초기화하면 안된다. 왜냐하면 정적 변수는 객체의 생성과 동시에 생성되는 변수가 아니고 전역 변수처럼 별도의 공간에 이미 생성된 변수이기 때문이다.

```
class Car {
    ...
static int count;        // 카운터 변수
public:
    Car(int s = 0, int g = 1, string c = "white") : speed(s), gear(g), color(c) {
        count = 0; // 잘못된 초기화
        count++;
    }
};
```

정적 변수의 초기화는 전역 변수와 비슷하게 클래스 외부에서 다음과 같이 정의하면 된다.

```
int Car::count = 0;
```

지금까지의 설명을 바탕으로 자동차 객체가 생성되면 카운터 변수를 증가시키고 소멸되면 카운터 변수를 감소시키는 예제를 작성하여 보자. 카운터 변수를 증가시키는 작업은 생성자에서, 감소시키는 작업은 소멸자에서 하면 된다.

static.cpp

```
#include <iostream>
#include <string>
using namespace std;

class Car {
    int speed;
    int gear;
    string color;
public:

    static int count;  <------- 정적 멤버 변수
    Car(int s = 0, int g = 1, string c = "white") : speed(s), gear(g), color(c) {
```

```
        count++;
    }
    ~Car() {
        count--;
    }
};

int Car::count = 0;          //❶

int main()
{
    cout << "지금까지 생성된 자동차 수 = " << Car::count << endl; //❷

    Car c1(100, 0, "blue");
    Car c2(0, 0, "white");
    cout << "지금까지 생성된 자동차 수 = " << Car::count << endl; //

    Car c3(0, 0, "red");
    cout << "지금까지 생성된 자동차 수 = " << c1.count << endl; //
    cout << "지금까지 생성된 자동차 수 = " << c2.count << endl; //

    return 0;
}
```

정적 멤버 변수의 초기화

실행결과

```
지금까지 생성된 자동차 수 = 0
지금까지 생성된 자동차 수 = 2
지금까지 생성된 자동차 수 = 3
지금까지 생성된 자동차 수 = 3
```

프로그램 설명

위의 코드에서 바로 count가 바로 정적 변수이다. 정적 변수의 초기화는 반드시 클래스 외부에서 ❶과 같이 하여야 한다. 인스턴스 변수들은 생성자 안에서 초기화를 하지만 정적 변수는 클래스의 외부에서 초기화를 한다.

정적 변수는 객체를 만들지 않고서도 사용될 수 있다. 객체가 없으므로 ❷와 같이 "Car::count"와 같이 접근한다. 객체가 생성될 때마다 count가 증가되는 것을 알 수 있다. 위의 예에서 세 개의 객체가 생성되었으므로 최종적으로 정적 멤버 변수 count는 3이 된다.

정적 멤버 함수

멤버 함수도 정적 멤버 함수로 만들 수 있다. 정적 멤버 함수는 static 수식자를 멤버 함수 앞에 붙이며 클래스 이름을 통하여 호출되어야 한다. 정적 멤버 함수도 클래스의 모든 객체들이 공유한다. 정적 멤버 함수는 클래스의 객체를 만들지 않고서도 호출될 수 있다. 객체가 없으므로 클래스의 이름을 객체처럼 사용하여 호출한다.

```
Car::getCount();
```

앞의 Car 클래스에서 정적 변수 count의 값을 반환해주는 정적 멤버 함수를 작성하여 보면 다음과 같다.

static1.cpp

```
class Car {
   ...
public:
   static int count;    // 정적 변수의 선언
   ...
   // 정적 멤버 함수
   static int getCount() {
      return count;           <------- 정적 멤버 함수
   }
};
int Car::count = 0;     // 정적 변수의 정의

int main()
{
   Car c1(100, 0, "blue");
   Car c2(0, 0, "white");
   int n = Car::getCount();  <------- 정적 멤버 함수 호출
   cout << "지금까지 생성된 자동차 수 = " << n << endl;
   return 0;
}
```

실행결과

```
지금까지 생성된 자동차 수 = 2
```

정적 멤버 함수는 객체가 생성되지 않은 상태에서 호출되는 멤버 함수이므로 일반 멤버 변수들은 사용할 수 없고 정적 변수와 지역 변수만을 사용할 수 있다. 또한 정적 멤버 함수에서 일반 멤버 함수를 호출하면 역시 오류가 된다. 일반 멤버 함수도 객체가 생성되어야만 사용할 수 있기 때문이다. 다음 코드를 참조하라.

```
class Car {
   int speed;
   ...
public:
   int getSpeed() {
      return speed;
   }
   static int break() {
      int s = getSpeed();        // 오류: 일반 멤버 함수는 호출할 수 없음
      speed = 0;                 // 오류: 일반 멤버 변수는 접근할 수 없음
      return s;
   }
};
```

정적 멤버 함수에서 일반 멤버는 사용할 수 없다.

하지만 정적 함수에서 정적 함수를 호출하는 것은 가능하다. 또한 정적 멤버 함수는 this 포인터를 사용할 수 없다. 왜냐하면 this가 가리키는 객체가 없기 때문이다.

정적 상수

클래스의 선언에서 정적 멤버로 많이 정의되는 것은 바로 상수이다. 상수는 클래스의 모든 객체들이 공유하게 되기 때문이고 정적 멤버로 선언하면 각각의 객체 안에 저장되지 않고 객체를 통틀어서 하나만 존재하기 때문에 메모리를 절약할 수 있다.

```
class Car {
   ...
public:
   const static int MAX_PASSENGER = 5;
   const static int MAX_SPEED = 300;
   ...
};
```

이런 식의 초기화 가능

상수는 앞에서도 지적한 바와 같이 반드시 "멤버 초기화 목록"을 사용해서 초기화하여야 한다. 하지만 상수를 정적 상수로 선언하면 선언과 동시에 초기화가 가능하다(단, 정수형만 가능하다).

중간점검

1. 정적 변수는 어떤 경우에 사용하면 좋은가?
2. 정적 변수나 정적 멤버 함수를 사용할 때, 클래스 이름을 통하여 접근하는 이유는 무엇인가?
3. 정적 멤버 함수 안에서 인스턴스 멤버 함수를 호출할 수 없는 이유는 무엇인가?

7.8 객체 배열

일반 변수와 마찬가지로 객체들의 배열도 정의하여 사용할 수 있다. 예를 들어 Car 배열은 다음과 같이 선언한다.

```
Car objArray[3];
```

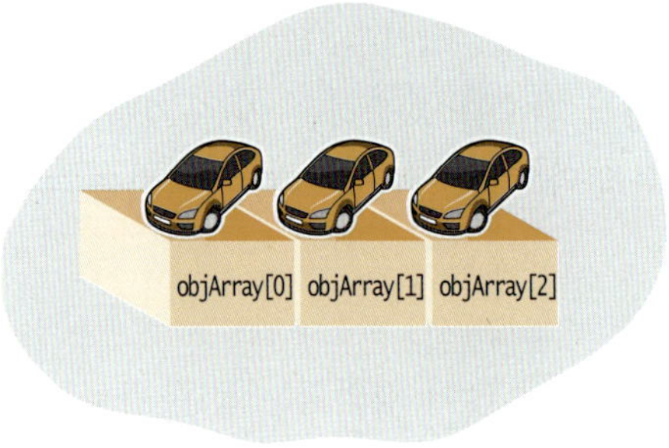

그림 7-7 ● 객체 배열

만약 객체 배열을 통하여 멤버 변수나 멤버 함수를 호출하려면 다음과 같이 한다.

```
objArray[0].speed = 0; // 멤버 변수 접근
objArray[1].speedUp(); // 멤버 함수 호출
```

여기서 약간 어색한 것은 객체 배열 안에 정의된 각각의 객체들을 초기화하는 문법이다. 다음과 같이 각 배열 원소별로 생성자를 호출할 수 있다.

```
Car objArray[3] = {
   Car(0, 1, "white"),
   Car(0, 1, "red"),
```

```
    Car(0, 1, "blue"),
};
```

객체 배열은 일반 배열과 같은 초기화 형태를 가지지만 초기화값 대신에 생성자를 호출할 수 있는 것이다. 각 배열의 원소마다 서로 다른 생성자를 호출할 수도 있다.

object_array.cpp

```cpp
#include <iostream>
#include <string>
using namespace std;

class Car {
   int speed;
   int gear;
   string color;
public:
   Car(int s = 0, int g = 1, string c = "white"): speed(s), gear(g), color(c) {
   }
   void print()
   {
      cout << "속도: " << speed << " 기어: " << gear << " 색상: " << color << endl;
   }
};

int main()
{
   Car objArray[3] = {
      Car(0, 1, "white"),
      Car(0, 1, "red"),
      Car(0, 1, "blue"),
   };
   for(int i = 0; i < 3; i++)
      objArray[i].print();

   return 0;
}
```

객체들의 배열

복소수: a + bi

그림 7-9 • 복소수

복소수를 나타내는 Complex 클래스를 작성하여 보면 다음과 같다. Complex는 당연히 실수부와 허수부를 데이터로 가져야 한다. 디폴트 생성자와 실수부와 허수부를 매개 변수로 받는 생성자를 작성하자.

complex.cpp

```
#include <iostream>
using namespace std;

class Complex
{
private:
   double real;  // 실수부
   double imag;  // 허수부

public:
   Complex();     // 생성자
   Complex(double a, double b); // 생성자
   ~Complex();    // 소멸자

   double getReal();   // 실수부를 반환한다.
   double getImag();   // 허수부를 반환한다.
   Complex add(const Complex& c);    // 복소수의 덧셈 연산을 구현한다.
   void print();        // 복소수를 출력한다.
};

Complex::Complex()
{
   real = 0;
   imag = 0;
}

Complex::Complex(double a, double b)
{
```

```
    real = a;
    imag = b;
}

Complex::~Complex()
{
}

double Complex::getReal()
{
    return(real);
}

double Complex::getImag()
{
    return(imag);
}
// 복소수의 덧셈 연산 구현
Complex Complex::add(const Complex& c)
{
    Complex temp; // 임시 객체
    temp.real = this->real + c.real;
    temp.imag = this->imag + c.imag;

    return(temp); // 객체를 반환한다.
}

void Complex::print()
{
    cout << real << " + " << imag << "i" << endl;
}

int main(void)
{
    Complex x(2, 3), y(4, 6), z;

    cout << "첫 번째 복소수 x: ";
    x.print();

    cout << "두 번째 복소수 y: ";
    y.print();

    z = x.add(y);        // z = x + y
```

```
72
73     cout << " z = x + y = ";
74     z.print();
75
76     return(0);
77 }
```

실행결과

```
첫 번째 복소수 x: 2 + 3i
두 번째 복소수 y: 4 + 6i
z = x + y = 6 + 9i
```

프로그램 설명

47 복소수의 많은 연산 중에서 멤버 함수로 덧셈 연산만을 구현하여 보자. 복소수끼리의 덧셈을 나타내는 add() 멤버 함수는 Complex 객체를 매개 변수로 받아서 덧셈한 결과를 새로운 객체를 생성하여 반환하게 된다. 덧셈 연산의 첫 번째 피연산자는 현재 객체인 *this이고 두 번째 피연산자는 함수의 매개 변수 c가 된다. 여기서 매개 변수가 참조자로 정의되어 있는 것에 유의하라. 단순히 객체를 복사하여 받는 것보다 참조자가 조금이나마 효율적이다. 하지만 다음과 같이 값에 의한 전달을 사용하여도 100% 올바르다.

```
Complex Complex::add(const Complex c)
{
    Complex temp;
    temp.real = this->real + c.real;
    temp.imag = this->imag + c.imag;

    return(temp);
}
```

53 덧셈 연산의 결과를 가지고 있는 객체 temp를 반환한다. 만약 여기서 객체 temp의 참조자를 반환하면 절대 안된다. temp는 지역 변수이기 때문에 add() 함수가 종료되면 소멸된다. 소멸되는 객체의 참조자를 반환하면 안된다. 여기서는 값에 의한 전달을 하여야 한다.

만약 복소수의 덧셈 연산을 멤버 함수가 아닌 일반 함수로 구현하면 어떻게 될까? 아래와 같이 작성할 수 있다.

```
Complex add(Complex& c1, Complex& c2)
{
   double real = c1.getReal() + c2.getReal();
   double imag = c1.getImag() + c2.getImag();
   Complex temp(real, imag);

   return(temp);
}

int main(void)
{
   Complex x(2, 3), y(4, 6), z;
   z = add(x, y);              // z = x + y

   return(0);
}
```

객체 사이의 연산은 10장에서 학습하게 되는 연산자 중복을 사용하면 더 쉽게 표현할 수 있다.

EXERCISE
C++ ESPRESSO

1. 다음은 동적 객체 생성에 대한 코드이다. 오류를 찾아서 올바르게 수정하라.

```
Point p1 = new Point(100, 200);
Point p2;
p2->setX(30);
p2->setY(60);
delete p2;
Point *p3 = new Point();
p3.setY(50);
*p3.setY(50);
```

2. 다음은 정적 멤버에 대한 코드이다. 오류 또는 생략된 부분을 찾아서 올바르게 수정하거나 추가하라.

```
class Company
{
public:
   static int nEmployee;
};
int main()
{
   Box::nEmployee = 100;
   return 0;
}
```

3. 다음과 같은 코드에서 각 const 키워드가 의미하는 것을 설명하라.

```
const int SIZE = 100;
class Test
{
public:
   int sub1() const;
   int sub2(const Test& y);
};
```

4. 아래와 같은 클래스의 멤버 함수에 최대한 많이 const를 추가하여 보라.

```
class Point {
        int x;
        int y;
public:
       int getX()      { return x; }
       int getY()      { return y; }
       int setX(int x)      { this->x = x }
       int setY(int y)      { this->y = y }
};
```

5. 다음과 같은 함수에서 질문에 답하라.

```
bool isEqual(Point p1, Point p2)
{
   return ((p1.getX() == p2.getX()) && (p1.getY() == p2.getY()));
}
```

(1) 위의 프로그램에 const를 최대한 많이 추가하여 보라.

(2) 위와 같이 "값에 의한 호출"을 사용하는 것과 "참조에 의한 호출"을 사용하는 것을 효율적 측면에서 비교하여 보자. 어떤 방법이 효율적인가?

```
❶ bool isEqual(Point p1, Point p2);          // 값에 의한 호출
❷ bool isEqual(Point& p1, Point& p2);        // 참조에 의한 호출
```

6. 다음 코드에서 잘못된 곳을 찾아서 그 이유를 설명하라.

```
class Box
{
   int data;
public:
   static void setData();
};

void Box::setData()
{
   data = 100;
}
```

PROGRAMMING
C++ ESPRESSO

1. 싸이월드나 마이스페이스와 같은 인맥 기반 커뮤니티를 객체 포인터를 이용하여서 작성하여 보자. 먼저 MyWorld라는 클래스를 구현한다. 이 클래스는 이름, 친구(일촌)를 가리키는 포인터, 인기도 등을 멤버 변수로 가지고 있다. MyWorld 객체의 배열을 생성한 후에 각각의 객체에 대하여 친구들의 이름을 질문한다. 이름이 입력되면 배열에서 일치하는 이름을 가지는 객체를 찾아서 친구를 가리키는 포인터에 그 객체의 주소를 저장한다. 인기도는 친구가 많을수록 증가되게 한다.

2. MyMath 클래스에 PI라는 이름으로 정적 변수를 선언하고 3.141592로 초기화한다. 이 PI값을 반환하는 getPI() 라는 이름의 정적 메소드도 작성하여 보자.

3. MyMetric이라는 클래스를 작성하고 여기에 킬로미터를 마일로 변환하는 정적 함수인 kiloToMile()을 작성하라. 또 반대로 마일을 킬로미터로 변환하는 정적 메소드 mileToKilo()로 작성하라. main()에서 이들 정적 메소드를 호출하여 테스트하여 보자.

4. 카운터를 나타내는 클래스 Counter를 작성하여 보자. 전용 멤버로 value를 가지며 이 변수에 대하여 접근자와 설정자 함수가 존재한다. print() 멤버 함수는 현재 카운터의 값을 콘솔에 출력한다. countDown()과 countUp() 멤버 함수도 가지고 있다. 클래스 구현 시에 최대한 const를 많이 사용하여 보자.

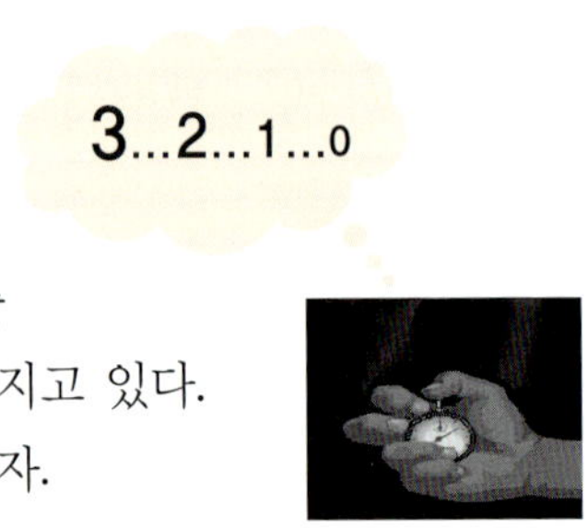

5. 시간을 나타내는 Time 클래스를 작성하여 보자. 전용 멤버로 hour, minute, second를 가지며 각 멤버 변수에 대하여 접근자와 설정자 함수를 제공하라. 생성자와 소멸자도 적절하게 정의하라. print() 멤버 함수는 현재 시간을 콘솔에 출력한다. 다음과 같은 원형을 가지는 전역 함수를 중복 정의하여 보자.

```
bool isEqual(Time t1, Time t2);
bool isEqual(Time& t1, Time& t2);
bool isEqual(Time *pt1, Time *pt2);
```

몇 개의 Time 객체를 생성하고 위의 함수의 인자로 전달하여서 위의 함수들을 테스트하라.

6. 날짜를 나타내는 Date 클래스를 정의하라. Date 클래스는 year, month, day를 멤버 변수로 가지며 생성자와 소멸자도 가진다. 이어서 직원을 나타내는 Employee 클래스를 정의한다. Employee 클래스는 직원의 이름과 직원의 생일, 직원의 입사일을 가지고 있다. 생일과 입사일은 Date 객체로 표현된다. Employee 클래스의 생성자는 이름, 생일, 입사일을 매개 변수로 받는다.

```
Employee(string name, Date& birthDate, Date& hireDate);
```

Employee 클래스를 구현하고 객체를 생성하여 테스트하라.

08 상속

이 장의 차례

학습목표

- 상속의 개념을 이해한다.
- 상속과 접근 지정자와의 관계를 이해한다.
- 상속시 생성자와 소멸자가 호출되는 순서를 이해한다.

8.1 상속의 개요

상속의 개념

우리는 현실 세계의 상속에 대해서는 잘 알고 있다. 우리는 부모에게서 재산을 상속받을 수 있으며 상속된 재산에 우리가 벌어들인 새로운 재산을 추가할 수 있다.

객체 소프트웨어에서도 비슷한 개념이 존재한다. C++에서의 상속은 기존에 존재하는 유사한 클래스로부터 속성과 동작을 이어받고 자신에게 필요한 기능을 추가하는 기법이다. 상속은 이미 작성된 검증된 소프트웨어를 재사용할 수 있어서 신뢰성 있는 소프트웨어를 손쉽게 개발, 유지 보수할 수 있게 해주는 중요한 기술이다. 또한 상속을 이용하면 코드의 중복을 줄일 수 있어서 전체적으로 코드의 크기가 작아진다.

그림 8-1 ● 상속의 개념

상속

상속(inheritance)이란 이미 존재하는 클래스로부터 멤버들을 물려받는 것이다. 이미 존재하는 클래스를 부모 클래스(parent class)라고 하고 상속을 받는 클래스를 자식 클래스(child class)라고 한다. C++에서의 상속은 다음과 같은 형식을 사용한다.

```
class ChildClass : 접근지정자 ParentClass
{
   ...   // 추가된 멤버 변수와 멤버 함수
};
```

스포츠카는 일반적인 자동차의 특징을 모두 가지고 있고 추가로 스포츠카에 필요한 장치(예를 들어서 터보 차저)가 추가되어 있다고 하자. 이런 경우에는 스포츠카를 위한 클래스를 처음부터 다시 작성하는 것보다는 일반적인 자동차를 나타내는 클래스인 Car 클래스를 상속받아 슈퍼카를 나타내는 클래스인 SportsCar를 작성하는 것이 쉽다. 간단하게 클래스를 정의하여 상속의 개념을 기술하여 보자.

```
class Car
{
   int speed;
};
class SportsCar : public Car
{
   bool turbo;
};
```

클래스 간의 상속은 UML을 이용하여 표시할 경우, 자식 클래스에서 부모 클래스로의 화살표로 표시한다.

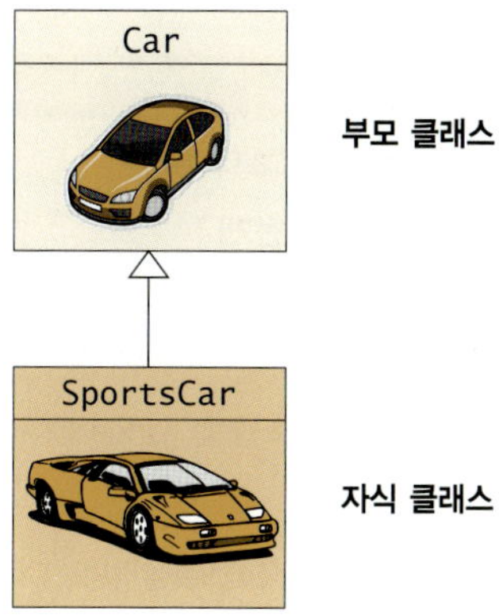

그림 8-2 • 자동차에서의 상속의 예

자식 클래스는 부모 클래스가 가지고 있는 모든 멤버들을 전부 상속받고 자신이 필요한 멤버를 추가하기 때문에 항상 자식 클래스가 부모 클래스를 포함하게 된다.

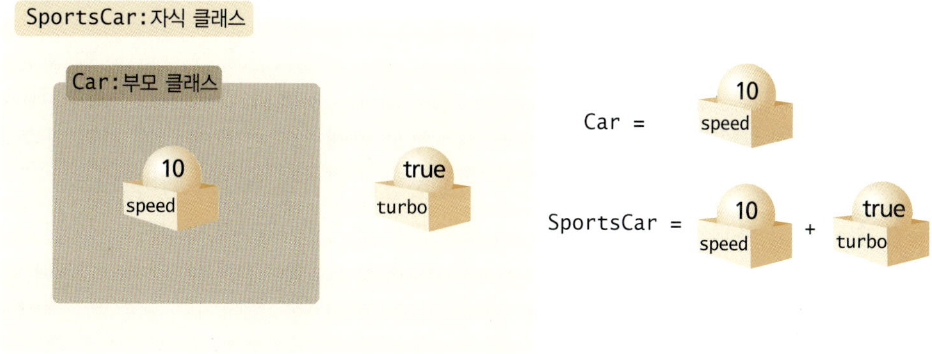

그림 8-3 • 자식 클래스는 부모 클래스를 포함한다

예를 들어 SportsCar 클래스는 Car 클래스가 가지고 있는 speed 변수는 물론 자신이 정의한 turbo 변수까지 가지고 있다. 상속을 나타낼 때 확장(extend) 또는 파생(derive)이라는 용어를 사용하는 이유도 상속을 하게 되면 멤버가 증가하기 때문이다.

자주 언급되는 부모 클래스와 자식 클래스의 예를 정리하여 보면 [표 8-1]과 같다. 대개 부모 클래스는 추상적이고 자식 클래스는 구체적이다.

표 8-1 • 전형적인 부모 클래스와 자식 클래스

부모 클래스	자식 클래스
Animal(동물)	Lion(사자), Dog(개), Cat(고양이)
Bike(자전거)	MountainBike(산악자전거)
Vehicle(탈것)	Car(자동차), Bus(버스), Truck(트럭), Boat(보트), Motorcycle(오토바이), Bicycle(자전거)
Student(학생)	GraduateStudent(대학원생), UnderGraduate(학부생)
Employee(직원)	Manager(관리자)
Shape(도형)	Rectangle(사각형), Triangle(삼각형), Circle(원)

참고사항

- 부모 클래스 == 슈퍼 클래스(super class) == 베이스 클래스(base class)
- 자식 클래스 == 서브 클래스(sub class) == 파생된 클래스(derived class)

상속되는 것

그렇다면 도대체 무엇이 상속되는 것인가? 부모 클래스의 멤버 변수와 멤버 함수가 자식 클래스로 상속된다. 따라서 자식 클래스는 부모 클래스의 멤버 변수와 멤버 함수를 자유롭게 사용할 수 있다. 자식 클래스는 필요하면 자신만의 변수와 멤버 함수를 추가시킬 수도 있고 부모 클래스에 이미 존재하는 멤버 함수를 새롭게 정의하여 사용할 수도 있다. 상속의 강점은 부모 클래스로부터 상속된 특징들을 자식 클래스에서 추가, 교체, 상세화시킬 수 있는 능력으로부터 나온다.

상속의 예제

앞의 예제를 좀 더 구체적으로 알아보자. 앞에 등장하였던 `Car` 클래스와 `SportsCar` 클래스를 UML로 그려보면 다음과 같다. 여기서 멤버 변수들이 `private`이 아니라 `public`으로 선언된 것은 의도적인 것으로 멤버 변수도 `public`으로 선언되면 자식 클래스에서 사용할 수 있음을 보여주기 위한 것이다.

앞의 예제를 확장시켜 다음과 같은 멤버 변수와 멤버 함수를 가졌다고 가정하자.

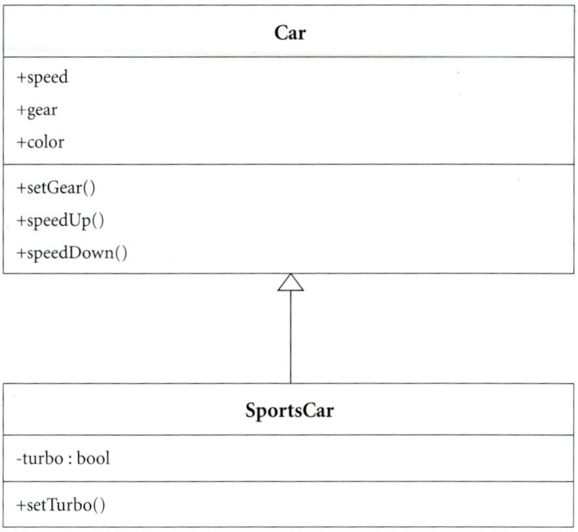

그림 8-4 ● SportsCar가 Car를 상속한다

위의 UML 표기법을 코드로 옮겨보면 다음과 같다. 접근자와 설정자 함수는 일부만 구현하였고 멤버 함수들은 클래스 안에 표기되었다.

inhri_car.cpp

```
#include <iostream>
#include <string>
using namespace std;

class Car {
public:
   // 3개의 멤버 변수 선언
   int speed; // 속도
   int gear; // 주행거리
   string color; // 색상

   // 3개의 멤버 함수 선언
   void setGear(int newGear) { // 기어 설정 멤버 함수
      gear = newGear;
   }
   void speedUp(int increment) { // 속도 증가 멤버 함수
      speed += increment;
   }
   void speedDown(int decrement) { // 속도 감소 멤버 함수
      speed -= decrement;
```

```
    }
};

// Car 클래스를 상속받아서 다음과 같이 SportsCar 클래스를 작성하여 보자.
class SportsCar : public Car {              // Car를 상속받는다.
    // 1개의 멤버 변수를 추가
    bool turbo;

public:
    // 1개의 멤버 함수를 추가
    void setTurbo(bool newValue) { // 터보 모드 설정 멤버 함수
        turbo = newValue;
    }
};
```

상속을 이용하지 않고 작성하였다면 SportsCar는 네 개의 멤버 변수와 네 개의 멤버 함수를 가진 클래스로 새로 작성해야 했을 것이다. 여기서는 간단하게 설명하기 위하여 Car의 멤버 변수와 멤버 함수를 대폭 줄였지만 상속은 부모 클래스가 복잡한 클래스일 때 시간을 절약하고 버그를 줄여주는 중요한 기법이다.

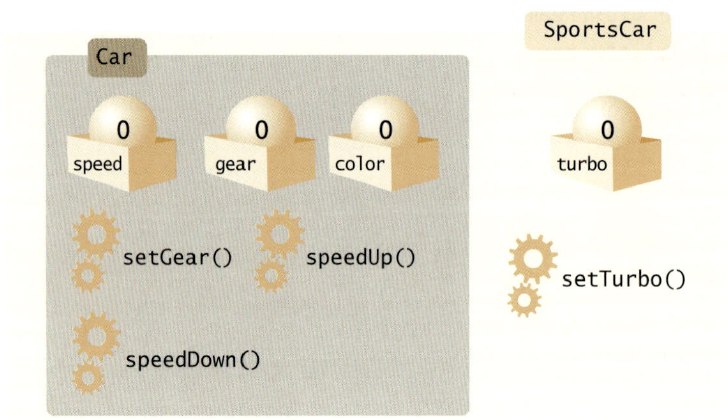

그림 8.5 • Car와 SportsCar

자, 이제부터는 SportsCar 클래스의 객체를 생성하여 상속받은 멤버 변수와 멤버 함수를 사용하여 보자. 자식 클래스 객체는 부모 클래스의 멤버들을 사용할 수 있다.

```
int main()
{
    SportsCar  c;
    c.color = "Red";              // 부모 클래스 멤버 변수 접근
    c.setGear(3);                 // 부모 클래스 멤버 함수 호출
    c.speedUp(100);               // 부모 클래스 멤버 함수 호출
    c.speedDown(30);              // 부모 클래스 멤버 함수 호출
    c.setTurbo(true);             // 자체 멤버 함수 호출
    return 0;
}
```

자식 클래스는 부모 클래스의 멤버 변수와 멤버 함수를 마치 자기 것처럼 사용할 수 있다. 상속받은 멤버 변수들은 직접 선언한 것과 똑같이 사용할 수 있다. c는 SportsCar 클래스의 객체이지만 Car 클래스의 멤버 변수인 color를 사용할 수 있다. 부모 클래스에 선언된 setGear(), speedUp(), speedDown() 등의 멤버 함수도 마음대로 사용할 수 있다. 자체 멤버 함수인 setTurbo()를 사용할 수 있음은 물론이다.

상속된 변수나 멤버 함수는 원래의 가시성을 유지한다. 즉, 부모 클래스에서 public이었으면 자식 클래스에서도 public이 된다.

오류 주의

상속은 일방향성임을 기억해야 한다. 자식 클래스에서 추가된 멤버 변수나 멤버 함수는 부모 클래스에 의해 사용될 수 없다. 위의 예제 프로그램에서 Car 클래스 객체는 SportsCar 클래스의 turbo를 사용할 수 없다.

왜 상속이 필요한가?

상속을 사용하면 중복되는 코드를 줄일 수 있다. 예를 들어 승용차, 트럭, 버스는 모두 가속 페달을 밟아서 가속시키고 브레이크 페달을 밟아서 감속시킨다. 이들 각각을 클래스로 표현한다면 동일한 멤버 함수들이 중복되어 각 클래스에 포함되게 된다.

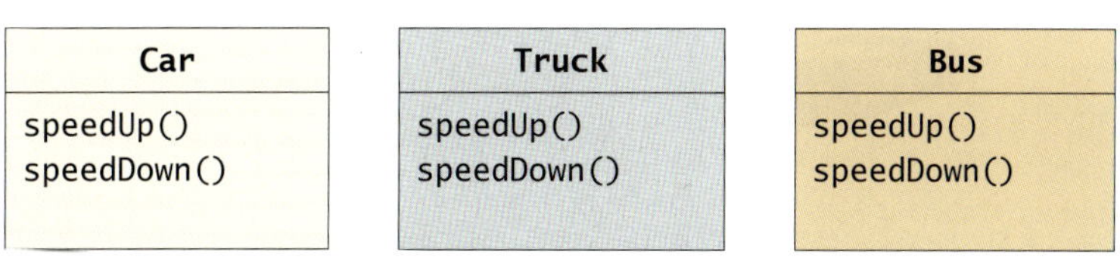

그림 8-6 • 각 클래스에 코드가 중복된다

만약 여러 클래스의 공통적인 특징을 새로운 클래스 Vehicle로 만들고 Vehicle을 상속받는다면 중복되는 부분을 최소화할 수 있다.

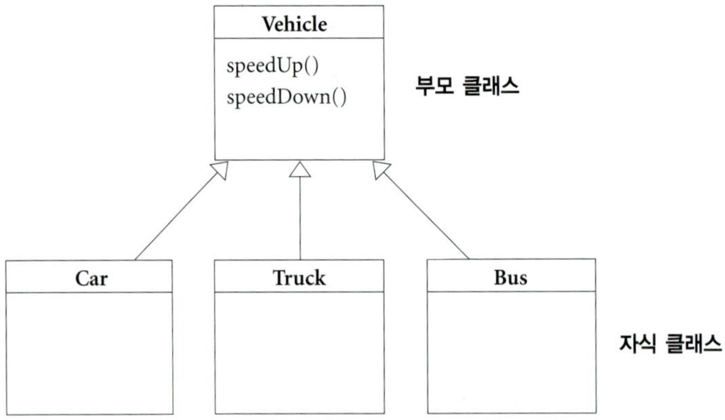

그림 8-7 ● 중복되는 코드는 부모 클래스에 모은다

이제 공통 부분은 하나로 정리되어 관리하기 쉽고 유지 보수와 변경도 쉬워진다. 이것을 SportsCar까지 집어 넣어서 다시 상속 계층도로 그려보면 다음과 같다.

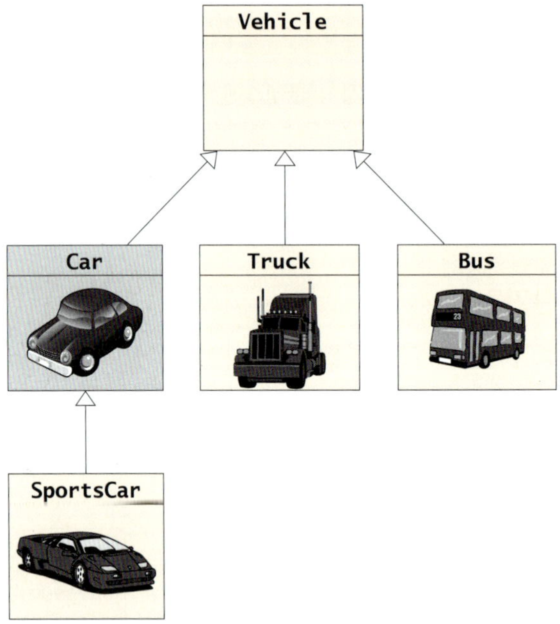

그림 8-8 ● 상속 계층 구조도

위의 상속 계층도에 맞추어 클래스를 정의하여 보면 다음과 같다.

```
class Vehicle { ...  }
class Car : public Vehicle { ...    }
class Truck : public Vehicle { ...  }
class Bus : public Vehicle { ...    }
class SportsCar : public Car { ...  }
```

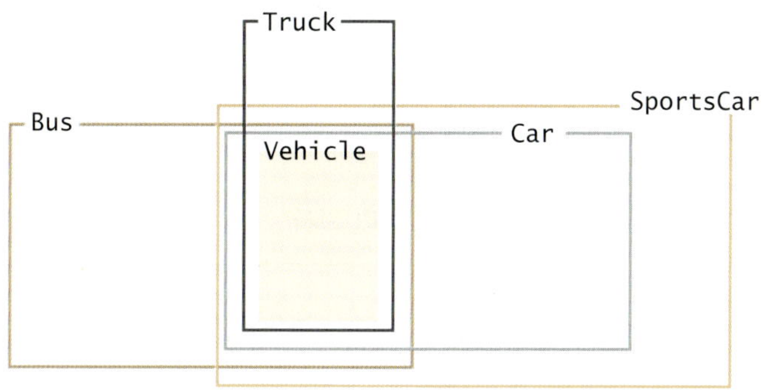

그림 8-9 ● 클래스들의 크기

상속은 is-a 관계

상속에서 자식 클래스와 부모 클래스는 "~은 ~이다"와 같은 is-a 관계가 있다. 따라서 상속의 계층 구조를 올바르게 설계하였는지를 알려면 is-a 관계가 성립하는지를 생각해 보면 된다.

→ 자동차는 탈것이다. (Car *is a* Vehicle).

→ 사자, 개, 고양이는 동물이다.

만약 "~은 ~을 가지고 있다"와 같은 has-a(포함) 관계가 성립되면 이 관계는 상속으로 모델링을 하면 안 된다. 예를 들면 다음과 같다.

→ 도서관은 책을 가지고 있다(Library *has a* book).

→ 거실은 소파를 가지고 있다.

has-a 관계가 성립되는 경우에는 상속을 이용하는 것이 아니라 하나의 클래스 안에 다른 클래스의 객체를 포함시키면 된다. 예를 들면 직선은 양 끝점을 가지고 있다(has-a). 따라서 직선을 나타내는 클래스 안에 점을 나타내는 객체를 포함시키면 된다.

```
class Point {
    int x;
    int y;
}
class Line {
    Point p1;   // 객체 포함
    Point p2;   // 객체 포함
}
```

중간점검

1. 상속은 왜 필요한가?
2. 사자, 호랑이, 고양이를 상속 계층 구조를 이용하여 표현하여 보자.

8.2 접근 지정자

상속이 도입되기 전까지는 두 개의 접근 지정자만을 사용했었다. 바로 private과 public이다. 상속이 도입되면 protected라고 하는 접근 지정자가 하나 더 필요하다. 왜 필요한지 잠시 생각해보자.

그림 8-10 ● 상속에서의 접근 지정자

멤버 변수들은 대개 private으로 지정되어서 외부의 접근이 차단된다. 멤버 변수를 접근하려면 접근자와 설정자라고 하는 특수한 멤버 함수를 사용해야 한다. 하지만 private로 지정되면 자식 클래스에서도 접근할 수 없다. 그렇다고 만약 public으로 지정하면 정보 은닉이라는 객체 지향의 목표를 위반하는 것이 된다. 따라서 외부에서는 접근하지 못하지만 자식 클래스는 접근하게 하는 새로운 접근 지정자가 필요해지는 것이다. 이것이 바로 protected이다. protected로 지정되면 자식 클래스에서는 마음대로 사용할 수 있지만 외부에서는 접근할 수 없다. protected는 private과 public의 중간에 있다고 생각하면 된다.

표 8-2 ● 접근 지정자

접근 지정자	현재 클래스	자식 클래스	외부
private	○	×	×
protected	○	○	×
public	○	○	○

그렇다면 자식 클래스가 부모 클래스로부터 상속을 받는 것은 과연 무엇인지 자세히 살펴보자. 자식 클래스는 부모 클래스의 공용 멤버(public member)와 보호 멤버(protected member)를 상속받는다. 물론 상속되지 않는 것도 있다. 부모 클래스의 전용 멤버(private member)는 상속되지 않는다.

직원과 매니저의 예를 들어서 접근 지정자의 효과를 살펴보자. 직원은 월급만 받지만 매니저는 월급과 보너스를 받는다. 따라서 이 경우에는 매니저도 직원의 일종이기 때문에 직원이 부모 클래스가 되고 매니저가 자식 클래스가 된다. 직원을 나타내는 클래스 Employee에는 공용 멤버로 name, 전용 멤버로 rrn(주민등록번호), 보호 멤버로 salary가 선언되어 있다.

inheri_employee.cpp

```
#include <iostream>
#include <string>
using namespace std;

class  Employee {
private:
   int rrn;            // Regident Resgistration Number: 주민등록번호

protected:
   int salary;         // 월급
```

```

public:
    string name;  // 이름
    void setSalary(int salary);
    int getSalary();
};

void Employee::setSalary(int salary) {
    this->salary = salary;
}
int Employee::getSalary() {
    return salary;
}

class Manager : public Employee {
    int bonus;
public:
    Manager(int b = 0) : bonus(b) { }
    void modify(int s, int b);
    void display();
};

void Manager::modify(int s, int b) {
    salary = s;  // 부모 클래스의 보호 멤버 사용 가능!
    bonus = b;
}

void Manager::display()
{
    cout << "봉급: " << salary << " 보너스: " << bonus << endl;
    // cout << "주민등록번호: " << rrn << endl;   // 부모 클래스의 전용 멤버는 사용할 수 없음!!
}

int main()
{
    Manager m;
    m.setSalary(2000);
    m.display();
    m.modify(1000, 500);
    m.display();
}
```

부모 클래스의 보호 멤버 사용

부모 클래스의 전용 멤버는 사용할 수 없음

부모 클래스의 공용 멤버 함수 사용

실행결과

```
봉급: 1000 보너스: 500
계속하려면 아무 키나 누르십시오 . . .
```

Employee를 상속받아 Manager 클래스를 정의하였다. 자식 클래스인 Manager에서는 공용 멤버 name과 보호 멤버 salary를 접근할 수 있다. 하지만 private으로 선언된 전용 멤버인 rrn은 접근이 불가능하다.

자식 클래스 객체를 통하여 public이나 protected로 선언된 부모 클래스의 멤버 함수는 얼마든지 사용이 가능하다. 하지만 멤버 함수가 private으로 선언되면 자식 클래스 조차 사용할 수 없게 된다.

중간점검

1. protected가 의미하는 바는 무엇인가?
2. 부모 클래스에서 private으로 선언된 변수를 자식 클래스에서 사용할 수 있는가?
3. 자식 클래스의 객체 obj를 통하여 부모 클래스에서 protected로 선언된 변수 x를 사용할 수 있는가? 즉, obj.x = 10;과 같은 문장을 작성할 수 있는가?

8.3 상속과 생성자/소멸자

자식 클래스의 객체가 생성될 때에 당연히 자식 클래스의 생성자는 호출된다. 이때에 부모 클래스 생성자도 호출될까?

우리는 자식 클래스의 객체가 부모 클래스의 객체를 포함하고 있음을 알고 있다. 앞의 Car와 SportsCar의 예에서도 보듯이 SportsCar 객체 안에는 Car 객체가 있는 것이나 마찬가지이다.

출력 결과를 보면 부모 클래스의 기본 생성자가 먼저 호출되고 이어서 자식 클래스의 생성자, 다시 자식 클래스의 소멸자, 부모 클래스의 소멸자 순으로 호출되는 것을 알 수 있다. 여기서는 부모 클래스의 생성자를 특별히 지정하지 않았으므로 디폴트 생성자가 호출되었다.

부모 클래스의 생성자를 지정하는 방법

부모 클래스의 생성자를 지정하지 않으면 항상 디폴트 생성자(매개 변수가 없는 생성자)가 호출된다. 그렇다면 매개 변수가 있는 다른 생성자를 호출하려면 어떻게 하여야 할까? 이때에는 자식 클래스의 생성자 헤더의 뒤에 콜론(:)을 추가한 후에 원하는 부모 클래스의 생성자를 적어주면 된다.

```
자식 클래스의 생성자() : 부모 클래스의 생성자()
{
   ...
}
```

앞의 예제에서 Shape와 Rectangle의 생성자가 모두 매개 변수를 받는다고 가정하자. 만약 Rectangle 클래스에서 Shape의 생성자 중에서 Shape(int x, int y) 생성자를 호출하려면 아래와 같이 : 다음에 적어주면 된다.

```
Rectangle(int x = 0, int y = 0, int w = 0, int h = 0) : Shape(x, y)
{
      width = w;
      height = h;
}
```

부모 클래스의 생성자 호출

부모 클래스의 생성자 호출 다음에 멤버 초기화 리스트를 붙여도 된다.

```
Rectangle(int x = 0, int y = 0, int w = 0, int h = 0) : Shape(x, y), width(w), height(h)
{
}
```

완전한 프로그램으로 작성하여 보면 다음과 같다.

inheri_shape2.cpp

```
#include <iostream>
#include <string>
using namespace std;

class Shape {
   int x, y;
public:
   Shape() {
      cout << "Shape 생성자() " << endl;
   }
   Shape(int xloc, int yloc) : x(xloc), y(yloc){
      cout << "Shape 생성자(xloc, yloc)" << endl;
   }
   ~Shape() {
      cout << "Shape 소멸자()" << endl;
   }
};

class Rectangle : public Shape {
   int width, height;
public:
   Rectangle(int x = 0, int y = 0, int w = 0, int h = 0);
   ~Rectangle(){
      cout << "Rectangle 소멸자()" << endl;
   }
};
Rectangle::Rectangle(int x, int y, int w, int h) : Shape(x, y) {
      width = w;
      height = h;
      cout << "Rectangle 생성자(x, y, w, h)" << endl;
}

int main()
{
   Rectangle r(0, 0, 100, 100);
   return 0;
}
```

부모 클래스의 생성자 호출

실행결과

```
Shape 생성자(xloc, yloc)
Rectangle 생성자(x, y, w, h)
Rectangle 소멸자()
Shape 소멸자()
계속하려면 아무 키나 누르십시오 . . .
```

오류 주의

Rectangle::Rectangle(int x, int y, int w, int h) : Shape(int x, int y) { ... }와 같이 작성하는 것은 오류이다.

중간점검

1. 상속에서 자식 클래스의 생성자와 부모 클래스의 생성자 중에서 먼저 실행되는 것은?
2. 상속에서 자식 클래스의 소멸자와 부모 클래스의 소멸자 중에서 먼저 실행되는 것은?

8.4 재정의

재정의의 개념

만약 상속받은 멤버 함수의 변경이 필요하면 어떻게 하면 되는가? 이 경우에는 재정의(overriding)를 사용하면 된다. 재정의는 오버라이딩이라고도 한다. 재정의는 자식 클래스가 필요에 따라 상속된 멤버 함수를 재정의하여 사용하는 것을 의미한다. 이 기법을 사용하면 자식 클래스에서는 상속받은 멤버 함수들을 자기 자신의 필요에 맞추어 변경할 수 있다.

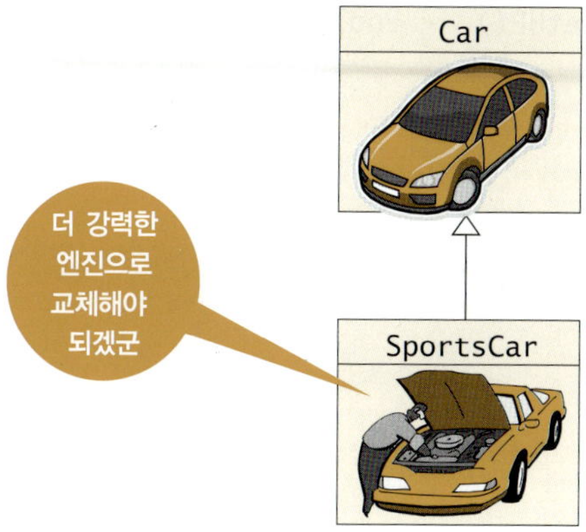

그림 8-13 ● 멤버 함수 재정의

예를 들면 Car 클래스에 자동차의 마력수를 반환하는 getHP() 라는 멤버 함수가 선언되어 있다고 하자. Car 클래스를 상속받은 SportsCar 클래스에서는 이 getHP() 함수를 재정의하였다.

inheri_car1.cpp

```
#include <iostream>
#include <string>
using namespace std;
class Car {
public:
    int getHP()
    {
        return 100;// 100마력 반환
    }
};
class SportsCar : public Car {
public:

    int getHP()
    {
        return 300;// 300마력 반환
    }
};
int main()
{
    SportsCar sc;
```

재정의

```
    cout << "마력: " << sc.getHP() << endl;
    return 0;
}
```

실행결과

```
마력: 300
계속하려면 아무 키나 누르십시오 . . .
```

SportsCar 클래스의 객체인 sc를 통하여 getHP()를 호출하면 부모 클래스의 getHP()가 아니라 재정의한 getHP()가 호출되는 것을 실행 결과에서 확인할 수 있다.

자식 클래스인 SportsCar 클래스는 부모의 getHP()와 재정의된 getHP()를 동시에 가지게 된다. SportsCar 객체인 sc을 통하여 접근하면 재정의된 함수가 우선권이 있으므로 SportsCar에서 재정의된 getHP()가 먼저 호출된다. 만약 부모 클래스의 getHP()를 호출하고 싶으면 다음과 같이 명시적으로 범위 지정자를 사용하면 된다.

```
cout << "마력: " << sc.Car::getHP() << endl; // 100이 출력된다.
```

재정의의 조건

재정의는 멤버 함수의 헤더는 그대로 두고 멤버 함수의 몸체만을 교체하는 것이다. 따라서 멤버 함수의 헤더 부분은 부모 클래스의 헤더와 동일하여야 한다. 즉, 부모 클래스의 멤버 함수와 동일한 시그니처를 가져야 한다. 멤버 함수의 이름, 반환형, 매개 변수의 개수와 데이터 타입이 일치하여야 하는 것이다.

멤버 함수 재정의에서 흔히 하는 실수는 멤버 함수의 이름이 잘못되어서 자신이 재정의하였다고 믿고 있지만 실제로는 재정의되지 않은 경우이다. 예를 들어 앞의 예에서 getHP()라고 하여야 할 것을 getPH()라고 하였다면 멤버 함수는 재정의되지 않는다. 하지만 컴파일러는 getPH()를 새로운 멤버 함수로 인지하기 때문에 아무런 오류가 발생하지 않는다.

inheri_car2.cpp

```
class SportsCar : public Car {
public:

    int getPH()
    {
       return 300;// 300마력 반환
    }
};
int main()
{
   SportsCar sc;
   cout << "마력: " << sc.getHP() << endl;    // 부모 클래스의 getHP() 호출
   return 0;
}
```

새로운 멤버 함수로 인식

실행결과

```
마력: 100
계속하려면 아무 키나 누르십시오 . . .
```

중복 정의와 재정의의 차이

여기서 잠깐 중복 정의와 재정의의 차이점을 살펴보고 지나가자. 중복 정의는 같은 이름의 멤버 함수를 여러 개 정의하는 것이다. 반면에 재정의는 부모 클래스에 있던 상속받은 멤버 함수를 다시 정의해서 내용을 변경하는 것이다. [그림 8-14]를 참고하자.

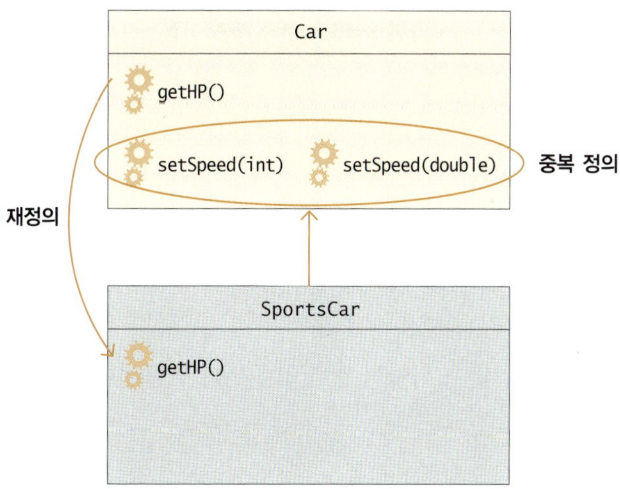

그림 8-14 ● 재정의와 중복 정의의 비교

참고사항

자식 클래스에서 부모 클래스로부터 상속받은 멤버 함수들을 중복 정의할 수 있을까? 예를 들어 SportsCar 클래스에서 getHP(int)를 작성하면 어떻게 될까? 이것은 함수 getHP()의 매개 변수가 다르므로 재정의가 아니고 이것들은 SportsCar의 새로운 멤버 함수로 간주된다.

재정의된 멤버 함수의 호출 순서

다음과 같은 상속 계층 구조에서 만약 Eagle의 객체를 생성하여서 멤버 함수를 호출하였다면 과연 어떤 멤버 함수가 호출되는지 알아보자. eat(), sound(), move() 등의 멤버 함수는 재정의되어 있다.

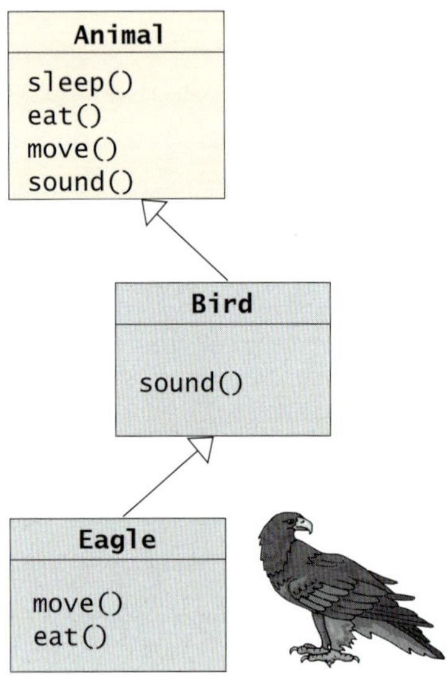

그림 8-15 ● 상속 계층 구조

```
Eagle e;
e.sleep();      // Animal의 sleep() 호출
e.eat();        // Eagle의 eat() 호출
e.sound();      // Bird의 sound() 호출
```

상속 계층 구조에서 가장 낮은 위치의 멤버 함수부터 호출된다.

부모 클래스의 멤버 함수 호출

상속에서 부모 클래스의 멤버 함수를 호출하려면 범위 연산자인 ::을 사용하여서 "부모 클래스::"을 함수 앞에 붙이면 된다. 만약 부모 클래스의 멤버 함수를 재정의한 경우에 이 방법을 사용하면 부모 클래스의 멤버 함수나 멤버 변수를 호출할 수 있다.

보통 자식 클래스에서는 부모 클래스의 멤버 함수를 완전히 대치하는 경우보다 내용을 추가하는 경우가 많다. 이런 경우에는 자신이 필요한 부분을 작성한 후 부모 클래스의 멤버 함수를 호출해주면 된다.

inheri_child.cpp

```
#include <iostream>
#include <string>
using namespace std;

class ParentClass {
public:
   void print() {
      cout << "부모 클래스의 print() 멤버 함수" << endl;
   }
};

class ChildClass : public ParentClass {
   int data;
public:
   void print() { //멤버 함수 재정의
         ParentClass::print();
         cout << "자식 클래스의 print() 멤버 함수 " << endl;
   }
};
int main()
{
   ChildClass obj;
   obj.print();
   return 0;
}
```

부모 클래스의 함수 호출

실행결과

```
부모 클래스의 print() 멤버 함수
자식 클래스의 print() 멤버 함수
계속하려면 아무 키나 누르십시오 . . .
```

위의 코드에서는 print()가 재정의되었다. ChildClass의 print()에서는 먼저 ParentClass의 print()를 호출한 후에 자신의 작업을 수행한다.

멤버 변수 재정의

만약 자식 클래스에서 부모 클래스와 동일한 이름의 멤버 변수를 정의하면 어떻게 되는가? 이런 경우에는 무조건 자식 클래스의 멤버 변수가 부모 클래스의 멤버 변수를 가리게 된다. 이런 경우, 부모 클래스의 멤버 변수를 참조하려면 부모 클래스의 이름을 지정해 주어야 한다. 일반적으로 부모 클래스의 멤버 변수를 재정의하는 것은 코드를 난해하게 하므로 피하는 것이 좋다. 상속 시에는 멤버 함수만을 재정의하여야 한다.

inheri_car2.cpp

```
#include <iostream>
#include <string>
using namespace std;

class Car {
public:
   int speed;
   int gear;
   string color;
   Car(): speed(0), gear(1), color("white") { }
   void setSpeed(int s){ speed = s; }
   int getSpeed(){ return speed; }
};

class SportsCar : public Car {
public:
   int speed;
   int gear;
   string color;
   SportsCar(): speed(100), gear(3), color("blue") { }
};

int main()
{
   SportsCar sc;
   cout << "스피드: " << sc.speed << endl;          // 자식 클래스의 speed
   cout << "스피드: " << sc.Car::speed << endl;     // 부모 클래스의 speed
   cout << "스피드: " << sc.getSpeed() << endl;     // 부모 클래스의 speed 반환
```

멤버 변수의 재정의

```
    return 0;
}
```

실행결과

```
스피드: 100
스피드: 0
스피드: 0
계속하려면 아무 키나 누르십시오 . . .
```

위의 코드에서도 알 수 있듯이 SportsCar의 변수 speed가 부모 클래스 Car의 변수 speed를 가리게 된다. 하지만 진짜 문제는 Car의 멤버 함수는 Car 안에 정의된 speed를 사용하고 SportsCar의 함수들은 SportsCar 안에 정의된 speed를 사용하게 되는 것이다. 즉, 어떤 멤버 함수를 사용하느냐에 따라 서로 다른 speed가 사용될 수 있다. 결론적으로 멤버 변수를 재정의하는 것은 절대 피해야 한다.

중간점검

1. 자식 클래스에서 재정의시킨 부모 클래스의 멤버 함수는 어떻게 호출하는가?
2. 재정의와 중복 정의의 차이점은 무엇인가?

8.5 부모 클래스를 상속받는 세 가지 방법

이제까지는 항상 부모 클래스를 public으로 상속받았다. 다음과 같은 형식만을 사용한 것이다.

```
class 자식 클래스 : public 부모 클래스   <------ public으로 상속
{
   ...
}
```

일반적으로 가장 많이 사용하는 것이 public으로 상속받는 것이지만 protected나 private을 통해서도 부모 클래스를 상속받을 수 있다. protected나 private을 통한 상속은 부모 클래스의 멤버들의 접근 권한이 다음 표와 같이 변경된다.

표 8-3 ● 상속의 종류

	public으로 상속	protected로 상속	private로 상속
부모 클래스의 public 멤버	->public	->protected	->private
부모 클래스의 protected 멤버	->protected	->protected	->private
부모 클래스의 private 멤버	접근 안됨	접근 안됨	접근 안됨

protected로 부모 클래스를 상속받으면 부모 클래스의 모든 멤버들이 적어도 protected가 된다. 또 private으로 부모 클래스를 상속받으면 부모 클래스의 모든 멤버들이 적어도 private이 된다. public으로 상속받는 것은 앞에서 다루었기 때문에 protected로 상속받는 것과 private만 학습하여 보자.

inheri_child2.cpp

```
#include <iostream>
using namespace std;

class ParentClass {
private:
    int x;
protected:
    int y;
public:
    int z;
};

class ChildClass1 : public ParentClass
{                                              <------ public으로 상속
};

class ChildClass2 : protected ParentClass
{                                              <------ protected로 상속
};

class ChildClass3 : private ParentClass
{                                              <------ private으로 상속
};

int main()
{
    ChildClass1 obj1;
```

```
    ChildClass2 obj2;
    ChildClass3 obj3;

    cout << obj1.x << endl;         // 불가능
    cout << obj1.y << endl;         // 불가능: y는 protected로 유지된다.
    cout << obj1.z << endl;         // 가능: z는 public으로 유지된다.

    cout << obj2.x << endl;         // 불가능
    cout << obj2.y << endl;         // 불가능: y는 protected로 유지된다.
    cout << obj2.z << endl;         // 불가능: z는 public에서 protected로 변경되었다.

    cout << obj3.x << endl;         // 불가능
    cout << obj3.y << endl;         // 불가능: y는 protected에서 private로 변경되었다.
    cout << obj3.z << endl;         // 불가능: z는 public에서 private로 변경되었다.
    return 0;
}
```

실행결과

```
1>컴파일 하고 있습니다
...
1>c:\projects\test\test\test.cpp(37) : error C2247: 'ParentClass::z'에 액세스할 수 없습니다 이는'ChildClass2'가 'protected'을 사용하여'ParentClass'에서 상속하기 때문입니다
...
```

위의 실행 결과를 보면 많은 오류가 발생하였다. 그 이유를 살펴보자. ChildClass1은 public으로 부모 클래스를 상속받았다. 따라서 부모 클래스에서 public으로 선언되어 있던 변수 z를 사용할 수 있다. 하지만 ChildClass2는 protected로 부모 클래스를 상속받았다. 따라서 부모 클래스에 있던 변수인 z는 public에서 protected로 접근 권한이 변경되었다. 따라서 ChildClass2의 외부에서는 사용할 수 없다. 다른 멤버들도 마찬가지로 해석할 수 있다. 사실 public 상속이 아니면 잘 사용되지 않는다. 하지만 개념은 알고 있어야 한다.

중간점검

1. 부모 클래스에 public 변수 x가 있다. 부모 클래스를 protected로 상속받은 자식 클래스에서는 x의 접근 권한이 무엇으로 변경되는가?

8.6 다중 상속

다중 상속(multiple inheritance)이란 하나의 자식 클래스가 두 개 이상의 부모 클래스로부터 멤버를 상속받는 것을 의미한다. 이런 경우에는 다음과 같은 형식을 사용한다.

```
class Sub : public Sup1, public Sup2
{
    ...// 추가된 멤버
    ...// 재정의된 멤버
}
```

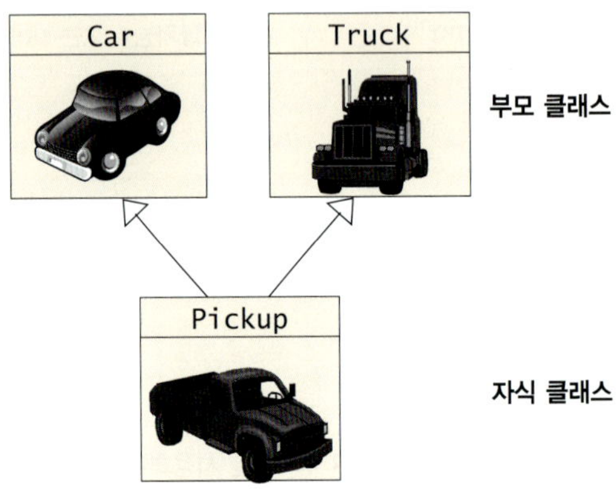

그림 8-16 ● 다중 상속

간단한 예로 픽업 트럭을 생각해보자. 픽업 트럭은 승용차의 특징도 일부 가지고 있고 트럭의 특징도 가지고 있다. 이런 경우에는 다중 상속을 사용하는 것도 하나의 방법이다.

inheri_multi.cpp

```
#include <iostream>
using namespace std;

class PassangerCar {
public:
    int seats; // 정원
    void set_seats(int n){ seats = n; }
};

class Truck {
public:
```

```
    int payload; // 적재 하중
    void set_payload(int load){ payload = load; }
};

class Pickup : public PassangerCar, public Truck {
public:
    int tow_capability; // 견인 능력
    void set_tow(int capa){ tow_capability = capa; }
};

int main()
{
    Pickup my_car;
    my_car.set_seats(4);
    my_car.set_payload(10000);
    my_car.set_tow(30000);
    return 0;
}
```

실행결과

```
계속하려면 아무 키나 누르십시오 . . .
```

다중 상속의 문제점

어떤 문제들이 다중 상속에서 나타날까? 다중 상속에 나타나는 문제들 중 하나는 다음과 같다.

inheri_multi2.cpp

```
#include <iostream>
using namespace std;

class SuperA
{
public:
    int x;
    void sub(){
        cout << "SuperA의 sub()" << endl;
    }
```

```
};
class SuperB
{
public:
   int x;
   void sub(){
      cout << "SuperB의 sub()" << endl;
   }
};
class Sub : public  SuperA, public SuperB
{
};

int main()
{
   Sub obj;
   obj.x = 10;          // obj.x는 어떤 부모 클래스의 x를 참조하는가?
   return 0;
}
```

SuperA와 SuperB에 똑같이 x라는 이름의 인스턴스 변수가 있는 경우에 obj.x는 과연 어떤 인스턴스 변수를 가리키는가? 위와 같이 입력하고 컴파일하면 다음과 같은 오류가 발생한다.

실행결과

```
1>.\multi_inheri.cpp(27) : error C2385: 'x' 액세스가 모호합니다.
1>   기본 'SuperA'의 'x'일 수 있습니다.
1>   또는 기본 'SuperB'의 'x'일 수 있습니다.
```

위의 오류를 제거하려면 다음과 같이 x의 앞에 범위 지정자를 붙여야 한다.

```
int main()
{
   Sub obj;
   obj.SuperA::x = 10;        // x는 SuperA의 x를 의미
   return 0;
}
```

결론적으로 다중 상속은 상당히 이해하기 어렵고 미묘한 문제들을 발생시킬 수 있으니 매우 주의하여 사용해야 한다.

중간점검

1. 다중 상속에서 나타날 수 있는 문제에는 어떤 것이 있는가?

8.7 예제

예제 #1

앞에서 등장한 동물 예제 중에서 일부만 구현하여 보자. Animal을 부모 클래스로 하고 Dog 클래스를 작성하여 본다. Dog 클래스는 Animal 클래스의 speak()을 재정의하고 있다.

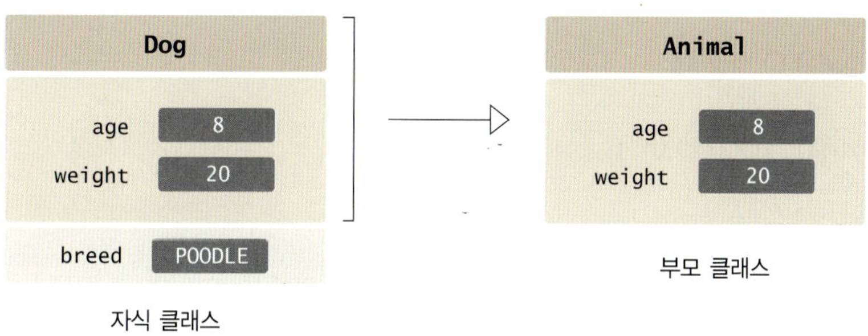

그림 8-17 • Dog과 Animal 클래스

dog.cpp

```
#include <iostream>
using namespace std;
enum BREED { YORKIE, POODLE, BULLDOG };

class Animal
{
protected:
   int age;    // 나이
   int weight;// 몸무게

```

```
public:
    // 생성자와 소멸자
    Animal();
    ~Animal();

    // 멤버 함수들
    void speak() const;
    void sleep() const;
    void eat() const;
};
Animal::Animal()
{
    cout << "Animal 생성자\n";
}
Animal::~Animal()
{
    cout << "Animal 소멸자\n";
}

// 멤버 함수들
void Animal::speak() const
{
    cout << "Animal speak()\n";
}
void Animal::sleep() const
{
    cout << "Animal sleep()\n";
}
void Animal::eat() const
{
    cout << "Animal eat()\n";
}

class Dog : public Animal
{
private:
    BREED breed;

public:
    // 생성자와 소멸자
    Dog();
    ~Dog();

```

```
    // 멤버 함수들
    void wag();
    void bite();
    void speak() const;

};

Dog::Dog()
{
    cout << "Dog 생성자\n";
}
Dog::~Dog()
{
    cout << "Dog 소멸자\n";
}

// 멤버 함수들
void Dog::wag()
{
    cout << "Dog wag()\n";
}
void Dog::bite()
{
    cout << "Dog bite()\n";
}
void Dog::speak() const
{
    cout << "Dog speak()\n";
}

int main()
{
    Dog dog;

    dog.eat();
    dog.sleep();
    dog.speak();
    dog.wag();

    return 0;
}
```

실행결과

```
Animal 생성자
Dog 생성자
Animal eat()
Animal sleep()
Dog speak()
Dog wag()
Dog 소멸자
Animal 소멸자
```

예제 #2

사람을 나타내는 Person 클래스를 정의하고 이 Person을 상속받아 직원을 나타내는 Employee 클래스를 정의하여 보자. 가독성을 위하여 멤버 함수들은 모두 클래스 안에서 인라인으로 정의되었다.

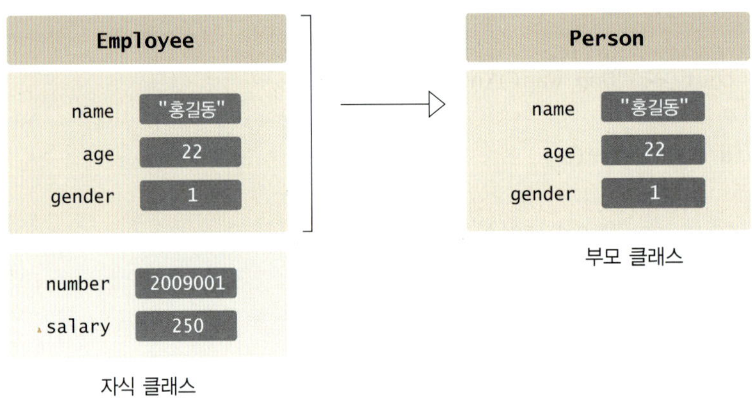

그림 8-17 • Employee과 Person 클래스

inheri_employee2.cpp

```
#include <iostream>
#include <string>
using namespace std;

class Person {
   string name;
   int age;
   bool gender;
public:
```

```
    Person(string n = "", int a = 0, bool g = true): name(n), age(a), gender(g) { }
    void setName(string s) { name = s; }
    string getName() const { return name; }
    void setAge(int a) { age = a; }
    int getAge() const { return age; }
    void setGender(bool g) { gender = g; }
    bool getGender() const { return gender; }
};

class Employee : public Person {
    int number;
    int salary;
public:
    Employee(string n = "", int a = 0, bool g = true, int num = 0, int s = 0):
        Person(n, a, g), number(num), salary(s) { }
    void display() const;
    void setNumber(int n) { number = n; }
    int getNumber() const { return number; }
    void setSalary(int s) { salary = s; }
    int getSalary() const { return salary; }
};

void Employee::display() const
{
    cout << this->getName() << endl;
    cout << this->getAge() << endl;
    cout << this->getGender() << endl;
    cout << this->getNumber() << endl;
    cout << this->getSalary() << endl;
}

int main()
{
    Employee e("김철수", 26, true, 2010001, 2800);
    e.display();
    return 0;
}
```

```
    b.speed = 0;
    mb.gear = 3;
    mb.speed = 30;
    mb.seatHeight = 65;
    mb.maxGear = 8;
    return 0;
}
```

6. 다음 프로그램의 출력을 써보아라.

```
#include <iostream>
#include <string>
using namespace std;

class Animal
{
    string name;
public:
    Animal() { cout << "동물(생성자)\n"; }
    Animal(string name) { cout << "동물(생성자)(string)\n"; }
    ~Animal() { cout << "동물(소멸자)\n"; }
};
class Lion : public Animal
{
public:
    Lion() { cout << "사자(생성자)\n"; }
    Lion(string name) : Animal(name) { cout << "사자(생성자)\n"; }
    ~Lion() { cout << "사자(소멸자)\n"; }
};
int main()
{
    Lion lion1("king");
    return 0;
}
```

1. 회사에서 근무하는 직원들을 나타내는 클래스들을 상속을 이용하여 작성해 보자.

(1) Employee 클래스를 설계하라. Employee 클래스는 이름, 사번 등의 정보를 멤버 변수로 가져야 한다. 생성자를 정의하고 접근자와 설정자도 작성하라. 월급을 계산하는 멤버 함수인 computeSalary()를 구현하라.

(2) Employee 클래스에서 상속받아서 SalariedEmployee라는 클래스를 정의하여 보자. 이 클래스는 월급이라는 멤버 변수를 추가로 가진다. 역시 생성자를 정의하고 접근자와 설정자 멤버 함수도 작성하라. 부모 클래스의 computeSalary()를 재정의하라.

(3) Employee 클래스에서 상속받아서 시간제 직원을 나타내는 Hourly Employee 클래스를 정의하라. 시간당 임금과 일한 시간을 멤버 변수로 추가하라. 역시 생성자를 정의하고 접근자와 설정자 멤버 함수도 작성하라. 부모 클래스의 computeSalary()를 재정의하라.

2. Person 클래스를 설계하라. Person 클래스는 이름, 주소, 전화 번호를 멤버 변수로 가진다. 하나 이상의 생성자를 정의하고 각 멤버 변수에 대하여 접근자와 설정자 함수를 작성하라. 이어서 Person을 상속받아 Customer를 작성하여 보자. Customer는 고객 번호와 마일리지를 멤버 변수로 가지고 있다. 한 개 이상의 생성자를 작성하고 적절한 접근자 함수와 설정자 함수를 작성하라.

3. 일반적인 책을 나타내는 Book 클래스를 상속받아서 잡지를 나타내는 Magazine 클래스를 작성하여 보자. Book 클래스는 제목, 페이지 수, 저자 등의 정보를 가진다. Magazine 클래스는 추가로 발매일 정보를 가진다. 먼저 UML을 그리고 생성자를 포함하여서 구현하여 보라.

4. 일반적인 음식을 나타내는 Food 클래스를 상속받아 멜론을 나타내는 Melon 클래스를 작성하여 보자. Food 클래스는 칼로리, 가격, 중량 등의 정보를 가진다. Melon 클래스는 추가로 경작 농원 정보를 가진다. 먼저 UML을 그리고 생성자를 포함하여 구현해 보자.

5. Coffee라는 부모 클래스를 작성하고 이 클래스를 상속받아 Latte, Mocha, Cappuccino, Americano 커피를 정의해보라.

6. 2차원 도형들을 나타내는 클래스들을 작성하여 보자. 부모 클래스인 Shape에는 도형의 위치, 크기 등의 정보가 들어간다. 각각의 멤버 변수에 대하여 접근자와 설정자 함수를 정의하라. 추가로 도형의 둘레, 면적을 계산하는 멤버 함수 getArea()도 제공해야 한다. 각 도형은 Shape에서 상속받아서 특정 도형에 맞도록 둘레와 면적을 계산하는 getArea() 함수를 재정의한다. 여러 도형들을 생성하고 테스트하여라.

7. 다음 그림에 해당하는 클래스를 작성하여 보자.

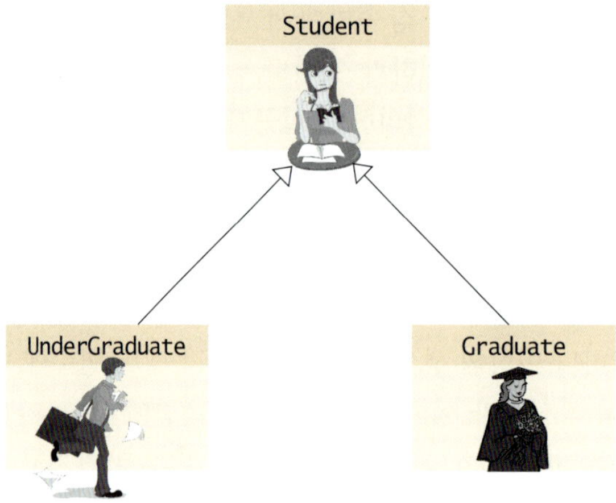

모든 학생은 이름, 학번, 소속 학과, 학년, 이수 학점 수를 가진다. 추가적으로 학부생은 소속 동아리명을 가지고 있고 대학원생은 조교 유형과 장학금 비율을 가진다. 조교 유형에는 교육 조교와 연구 조교가 있으며 장학금 비율은 0과 1사이의 값이다. 각 클래스는 적절한 생성자, 접근자, 설정자를 가진다. 이러한 클래스들의 객체를 만들고 각 객체에 대응된 모든 정보를 출력하는 프로그램을 작성하라.

LAB
C++ ESPRESSO

1. 상속에 대하여 실습하여 보자.

(1) Human 클래스를 정의하여 보자. 다음과 같은 필드를 정의하라.

```
string name;
int age;
```

(2) 생성자를 작성하여 보자.

```
Human(string name, int age)
{
    ...// 매개 변수의 값으로 필드를 초기화한다.
}
```

(3) 각 멤버 변수에 대하여 접근자와 설정자를 작성하여 보자.

(4) 객체의 현재 상태를 출력하는 print()를 작성하여 보자.

(5) main() 함수 안에서 ("춘향", 18세), ("몽룡", 21세), ("사또", 50)에 해당하는 객체를 생성하여 보라. 각 객체의 print()를 호출하여 보라.

(6) Human 클래스를 상속하여 Student 클래스를 작성하여 보자. 다음과 같은 필드가 추가된다.

```
string major;
```

(7) 다음과 같은 생성자를 정의하여 보자. 부모 클래스의 생성자를 호출하여 보라.

```
student(string name, int age, string major)
{
    ...// 매개 변수의 값으로 필드를 초기화한다.
}
```

(8) Student의 각 멤버 변수에 대하여 접근자와 설정자를 작성하여 보자.

(9) Student 객체의 현재 상태를 출력하는 print()를 작성하여 보자.

(10) main() 함수 안에서 (“명진”, 21세, “컴퓨터”), (“미현”, 22세, “경영”), (“용준”, 24, “전자”)에 해당하는 Student 객체를 생성하여 보라. 각 객체의 print()를 호출하여 보라. 어떤 생성자가 호출되는지 알기 위하여 모든 생성자에 출력문을 넣어보자.

(11) Human과 Student에 소멸자를 정의하고 어떤 소멸자가 호출되는지 알기 위하여 모든 소멸자에 출력문을 넣어보자.

09 다형성

이 장의 차례

학습목표

- 다형성의 개념을 이해한다.
- 가상 함수를 이해한다.
- 순수 가상 함수를 이해한다.

9.1 다형성이란?

다형성(polymorphism)이란 객체들의 타입이 다르면 똑같은 메시지가 전달되더라도 서로 다른 동작을 하는 것을 말한다. 만약 강아지가 speak이라는 메시지를 받는다면 "멍멍"이라고 할 것이고 고양이가 speak 메시지를 받는다면 "야옹"이라고 할 것이다. 즉, 똑같은 메시지를 보내지만 객체의 타입이 다르면 서로 다른 결과를 얻는 것이 다형성이다. 여기서 중요한 것은 메시지를 보내는 측에서는 객체가 어떤 타입인지 알 필요가 없다는 점이다. 실행 시간에 객체의 타입에 따라서 자동적으로 적합한 동작이 결정된다. 다형성은 객체 지향 기법에서 하나의 코드로 다양한 타입의 객체를 처리하는 중요한 기술이다. 예를 들어서 한곳에 모인 동물들이 각자의 소리를 내게 하고 싶으면 어떤 동물인지 신경쓰지 말고 무조건 speak 메시지를 보내면 된다. 받은 동물은 자신이 낼 수 있는 소리를 낼 것이다.

그림 9-1 ● 다형성의 개념

상향 형변환

다형성은 객체 포인터를 통하여 이루어진다. 객체 포인터는 객체를 가리키는 포인터이다. 설명을 위하여 몇 가지 클래스가 정의되어 있다고 가정하자. Animal 클래스는 동물을 나타낸다. Animal 클래스에서 상속을 받아 Dog과 Cat 클래스를 정의한다.

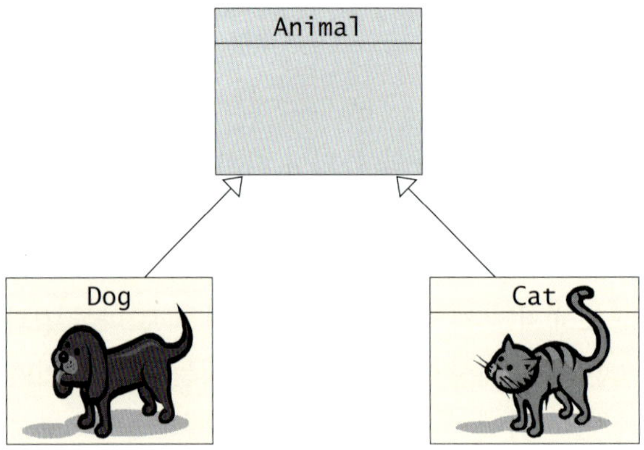

그림 9-2 ● 상속 계층도

객체 포인터도 타입이 맞는 객체만을 가리킬 수 있다. 예를 들면 Dog 객체의 포인터는 Dog 타입의 객체만을 가리킬 수 있다. 하지만 다음과 같은 코드를 생각하여 보자.

```
Dog dog;         // ❶ Dog 타입의 객체
Animal *pa;      // ❷ Animal 객체 포인터
pa = &dog;       // ❸ Animal 객체 포인터로 Dog 타입의 객체를 가리킨다.
```

❸번 문장은 Animal 타입의 포인터로 Dog 타입의 객체를 가리키는 문장이다. 이 문장은 문법적으로 맞을까? 놀랍게도 컴파일러는 아무런 오류 메시지를 발생하지 않는다. 왜 그런가?

왜냐하면 자식 클래스 객체는 부모 클래스 객체를 포함하고 있기 때문에 자식 클래스 객체는 부모 클래스 객체이기도 하기 때문이다. 따라서 부모 클래스 포인터는 자식 클래스 객체를 가리킬 수 있다. 위의 문장은 다형심의 핵심이 되므로 잘 이해하여야 한다.

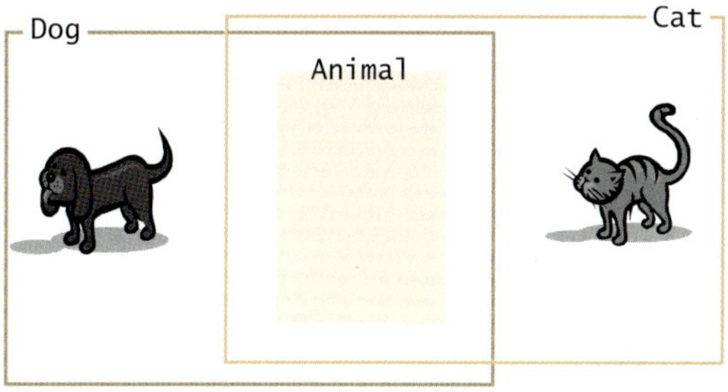

그림 9-3 ● 부모 클래스와 자식 클래스의 크기 비교

이러한 포인터 타입의 변환을 상향 형변환(up-casting)이라고도 한다. 상향이라고 하는 이유는 객체 포인터가 상속 계층도에서 위쪽, 즉 부모 클래스 쪽을 가리킨다는 의미이다.

상향 형변환을 하면 자식 클래스 중에서 부모 클래스로부터 상속받은 부분만을 포인터를 통해 사용할 수 있고 나머지는 사용하지 못한다. 즉 위의 ❸번 문장이 실행되면 dog 객체 중에서 Animal로부터 상속받은 부분은 pa를 통해서 사용할 수 있지만 dog 객체의 다른 부분은 pa를 통해서 사용할 수 없는 것이다. 좀 더 완전한 소스를 통해서 상향 형변환을 분석하여 보자.

하나의 예로 Rectangle, Triangle, Circle와 같은 도형을 나타내는 클래스들이 부모 클래스인 Shape 클래스로부터 상속되었다고 가정하자.

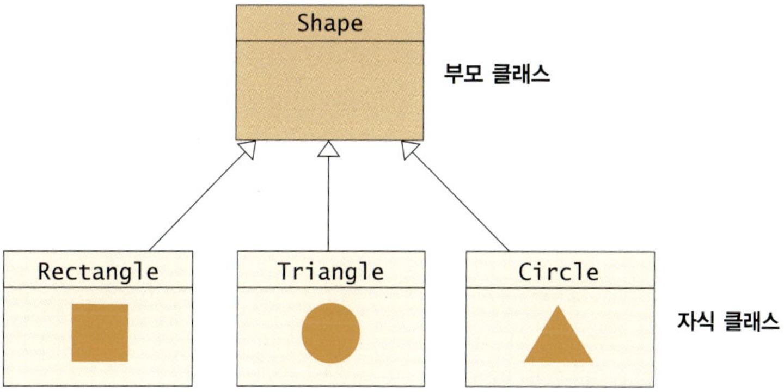

그림 9-4 ● 도형의 상속 구조

각 도형들은 2차원 공간에서 도형의 위치를 나타내는 기준점 (x, y)을 가진다. 이것은 모든 도형에 공통적인 속성이므로 부모 클래스인 Shape에 저장한다. 또한 각 도형들을 화면에 그리는 멤버 함수 draw()가 필요하다. 이것도 모든 도형에 필요한 기능이므로 부모 클래스 Shape에 정의하도록 하자. 하지만 아직 특정한 도형이 결정되지 않았으므로 draw()에서 하는 일은 없다.

```
class Shape {
protected:
   int x, y;

public:
   void setOrigin(int x, int y){
      this->x = x;
      this->y = y;
   }
   void draw() {
      cout <<"Shape Draw";
   }
};
```

이어서 Shape에서 상속을 받아서 사각형을 나타내는 클래스 Rectangle을 정의하여 보자. Rectangle은 추가적으로 width와 height 변수를 가진다. 각 멤버 변수에 대하여 설정자를 정의한다. Shape 클래스의 draw()라는 멤버 함수를 사각형을 그리도록 재정의(오버라이딩)한다. 물론 실제 그래픽은 사용할 수 없으므로 화면에 사각형을 그린다는 메시지만을 출력한다.

```
class Rectangle : public Shape {
private:
   int width, height;

public:
   void setWidth(int w) {
      width = w;
   }
   void setHeight(int h) {
      height = h;
   }
   void draw() {
      cout << "Rectangle Draw";
```

```
    }
};
```

위와 같이 정의된 상태에서 다음과 같은 문장을 작성하여 보자. 동적으로 객체를 생성하고 그 주소를 ps에 저장한다. 아래의 문장이 문제가 없다는 것은 앞에서 설명하였다.

```
Shape *ps = new Rectangle(); //  OK!
```

그렇다면 ps로 접근할 수 있는 것은 무엇일까? 자식 클래스는 부모 클래스의 멤버를 상속받고 추가로 자신만의 멤버를 정의하게 된다. 그중에서 ps로 참조할 수 있는 것은 부모 클래스의 멤버뿐이다.

```
ps->setOrigin(10, 10);          // OK!
```

하지만 ps로 setWidth()나 setHeight() 같은 Rectangle의 멤버는 참조할 수 없다.

```
ps->setWidth(100);                  // 컴파일 오류!
```

이것은 좀 이상하게 보인다. 왜냐하면 ps가 실제로 가리키는 것은 Rectangle 객체이기 때문이다. 하지만 ps가 Shape 포인터이기 때문에 ps로는 Rectangle 안에 있는 Shape 부분만을 참조할 수 있는 것이다. 객체 포인터를 상향 형변환하면 참조할 수 있는 영역의 크기가 축소되는 것이다.

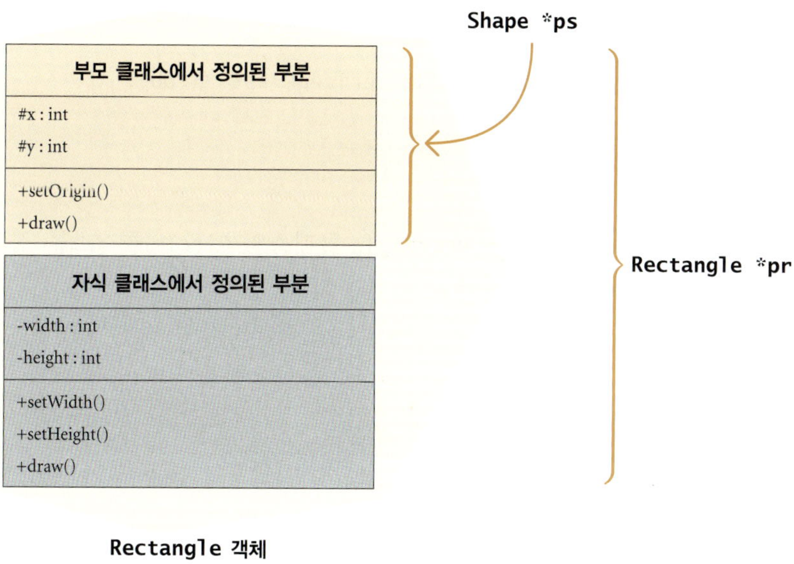

그림 9-5 • Rectangle 객체를 Shape 포인터로 가리키면 Shape에 정의된 부분 밖에 가리키지 못한다

하향 형변환

하향 형변환(down-casting)은 상향 형변환의 반대이다. 부모 클래스를 가리키는 포인터가 자식 클래스를 가리키도록 형변환하는 것을 의미한다. 하향이라고 하는 이유는 상속 계층도에서 아래 방향, 즉 자식 클래스를 가리키기 때문이다. 하향 형변환 시에는 형변환 연산자를 앞에 지정하여야 한다.

```
BaseClass *pb = new DerivedClass();          // ❶
DerivedClass *pd = (DerivedClass *)pb;       // ❷
```

위의 코드에서 ❷가 바로 하향 형변환이다. pb는 원래 BaseClass 타입의 포인터인데 DerivedClass 타입으로 하향 형변환을 하였다.

잘못된 하향 형변환

하향 형변환은 아무데서나 사용하면 안 된다. 포인터가 가리키는 실제 객체가 DerivedClass인 경우에만 사용하여야 한다. 다음과 같이 하향 형변환을 하면 잘못된 것이다.

```
BaseClass *pb = new BaseClass();             // ❶
DerivedClass *pd = (DerivedClass *)pb;       // ❷
```

위의 코드에서 pb가 실제로 가리키는 객체는 BaseClass 타입이다. 이것을 DerivedClass 타입으로 하향 형변환을 하게 되면 BaseClass에는 없는 멤버를 참조할 수도 있다. 이때는 오류가 발생한다. 이것을 방지하기 위해서는 뒤에서 학습하게 될 dynamic_cast라는 진보된 형변환 연산자를 사용하는 것이 좋다.

```
DerivedClass *pd = dynamic_cast<DerivedClass *>(pb);
```

전체 프로그램

Shape 클래스에서 상속을 받아 Rectangle 클래스와 Circle 클래스를 정의하고 상향 형변환과 하향 형변환을 실험하여 보자.

shape.cpp

```
#include <iostream>
using namespace std;

```

```
class Shape {     // 일반적인 도형을 나타내는 부모 클래스
protected:
   int x, y;

public:
   void draw() {
      cout << "Shape Draw" << endl;
   }
   void setOrigin(int x, int y){
      this->x = x;
      this->y = y;
   }
};

class Rectangle : public Shape {
private:
   int width, height;

public:
   void setWidth(int w) {
      width = w;
   }
   void setHeight(int h) {
      height = h;
   }
   void draw() {
      cout << "Rectangle Draw"<< endl;   <------- 재정의
   }
};

class Circle : public Shape {
private:
   int radius;

public:
   void setRadius(int r) {
      radius = r;
   }
   void draw() {
      cout << "Circle Draw" << endl;   <------- 재정의
   }
};
```

```
int main()
{
   Shape *ps = new Rectangle();             // OK!
   ps->setOrigin(10, 10);
   ps->draw();
   ((Rectangle *)ps)->setWidth(100);        // Rectangle의 setWidth() 호출
   delete ps;
}
```

상향 형변환 (Shape *ps = new Rectangle();)

하향 형변환 (((Rectangle *)ps)->setWidth(100);)

실행결과

```
Shape Draw
```

함수의 매개 변수

이와 같은 형변환 규칙은 함수 호출 시에도 그대로 적용된다. 그러므로 함수의 매개 변수는 자식 클래스보다는 부모 클래스 타입으로 선언하는 것이 좋다. 예를 들어 Shape와 Rectangle 객체를 받는 함수를 별도로 선언하는 것보다, Shape 객체만을 받는 함수를 선언하는 것이 좋다.

그림 9-6 ● 함수의 매개 변수는 부모 클래스 포인터로 선언하는 것이 좋다

예를 들어 도형을 평행 이동하는 함수를 move()로 구현하는 경우, Rectangle과 Circle을 받는 함수를 별도로 작성할 것이 아니라 다음과 같이 함수의 매개 변수를 Shape 클래스 참조로 정의하면 모든 종류의 도형을 전부 매개 변수로 받을 수 있다.

```
void move(Shape& s, int sx, int sy)
{
   s.setOrigin(sx, sy);
}

int main()
{
   Rectangle r;
   move(r);

   Circle c;
   move(c);

   return 0;
}
```

중간점검

1. 부모 클래스 포인터 변수는 자식 클래스 객체를 참조할 수 있는가? 그 역은 성립하는가?
2. 다형성은 어떤 경우에 유용한가?
3. 부모 클래스 포인터로 자식 클래스에만 정의된 함수를 호출할 수 있는가?

9.2 가상 함수

가상 함수의 필요성

단순히 자식 클래스 객체를 부모 클래스 객체로 취급하는 것이 어떤 쓸모가 있을까? 앞에서 살펴본 Shape 클래스의 draw() 함수는 도형을 화면에 그리는 멤버 함수이다. 각각의 도형을 그리는 방법은 당연히 도형에 따라 다르다. 따라서 도형의 종류에 따라 서로 다른 draw()를 호출하는 것이 자연스럽다. [그림 9-7]처럼 Shape가 draw() 멤버 함수를 가지고 있고 Rectangle, Triangle, Circle 클래스들이 이 draw() 멤버 함수를 재정의하였다고 가정하자.

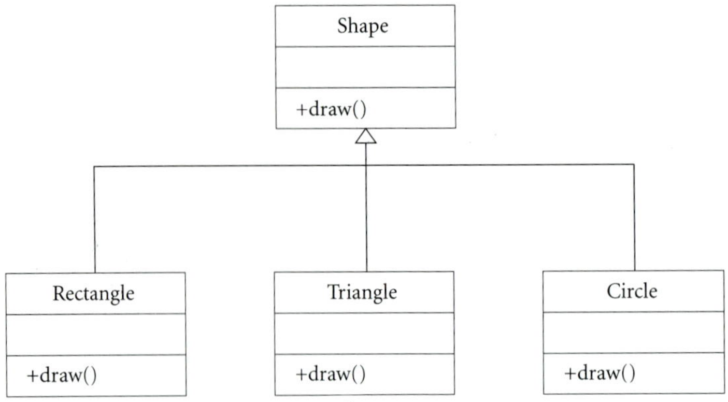

그림 9-7 ● 도형의 UML

Shape 포인터 변수를 통하여 각 객체들의 draw() 멤버 함수를 호출하면 과연 어떤 멤버 함수가 호출될까?

virtual1.cpp

```
class Shape {
   ...
}
class Rectangle : public Shape {
   ...
}
int main()
{
   Shape *ps = new Rectangle();      //  OK!
   ps->draw();          // 어떤 draw()가 호출되는가?
}
```

실행결과

```
Shape Draw
```

현재는 Shape의 draw()가 호출된다. ps가 실제 가리키는 것은 Rectangle 객체이고 draw()가 재정의되어 있지만 Shape 포인터이기 때문에 Shape의 draw()가 호출되는 것이다.

가상 함수

만약 Shape 포인터를 통하여 멤버 함수를 호출하더라도 도형의 종류에 따라 서로 다른 draw()가 호출된다면 상당히 유용할 것이다. 즉 사각형인 경우에는 사각형을 그리는 draw()가 호출되고 원의 경우에는 원을 그리는 draw()가 호출된다면 좋을 것이다. C++에는 이것을 위한 메커니즘이 준비되어 있다. 바로 가상 함수(virtual function)이다. 부모 클래스의 포인터로 호출하더라도 자식 클래스의 재정의된 함수가 호출되게 하려면 부모 클래스의 함수를 가상 함수로 정의하면 된다.

shape2.cpp

```
#include <iostream>
#include <string>
using namespace std;

class Shape {
protected:
   int x, y;

public:
   void setOrigin(int x, int y){
      this->x = x;
      this->y = y;
   }
   virtual void draw() {
      cout << "Shape Draw" << endl;      <------ 가상 함수 정의
   }
};

class Rectangle : public Shape {
private:
   int width, height;

public:
   void setWidth(int w) {
      width = w;
   }
   void setHeight(int h) {
      height = h;
   }
   void draw() {
      cout << "Rectangle Draw" << endl;  <------ 재정의
   }
```

```
};
class Circle : public Shape {
private:
   int radius;

public:
   void setRadius(int r) {
      radius = r;
   }
   void draw() {
      cout << "Circle Draw" << endl;
   }
};

int main()
{
   Shape *ps = new Rectangle();        // OK!
   ps->draw();      <------------------ Rectangle의 draw() 호출
   delete ps;

   Shape *ps1 = new Circle();          // OK!
   ps1->draw();     <------------------ Circle의 draw() 호출
   delete ps1;
   return 0;
}
```

실행결과

```
Rectangle Draw
Circle Draw
```

virtual 키워드는 멤버 함수에만 사용할 수 있다. 멤버 변수에는 사용할 수 없다. 부모 클래스에서 virtual로 정의하면 자식 클래스에서는 virtual 키워드를 사용하지 않더라도 자동으로 가상 함수가 된다.

여기서 다형성의 가장 중요한 특징을 알 수 있는데 가상 함수를 사용하면 ps가 실제로 가리키고 있는 객체의 타입이 Rectangle이기 때문에 Shape의 draw()가 호출되는 것이 아니라 Rectangle의 draw()가 호출된다. 즉, 포인터 변수가 실제로 가리키는 객체에 따라 서로 다른 멤버 함수가 자동적으로 선택된다. 따라서 도형을 그릴 때 모든 도형을 부모 클래스인 Shape의 포인터로 가리키고 포인터를 통하여 draw() 함수를 호출하면 도형에 따라 서로 다른 draw()가 자동적으로 선택된다.

Q & A

Q: 부모 클래스에서 가상 함수로 정의했으면 자식 클래스에서도 가상 함수로 정의하여야 할까?

A: 한번 가상 함수로 정의하면 자식 클래스에서 재정의하더라도 자동적으로 가상 함수가 된다. 따라서 virtual을 써줄 필요는 없다. 하지만 가상 함수라는 것을 분명히 하기 위하여 virtual을 적어주는 것이 좋다.

동적 바인딩

앞에서 Shape의 포인터나 참조를 통하여 가상 함수 draw()를 호출하면 자식 클래스 Rectangle의 재정의된 함수가 호출된다. 그렇다면 과연 어떻게 Rectangle의 draw()가 호출되는 것일까?

함수 호출을 함수의 몸체와 연결하는 것을 바인딩(binding)이라고 한다. 바인딩에는 정적 바이딩과 동적 바인딩이 존재한다. 컴파일 단계에서 모든 바인딩이 완료되는 것을 정적 바인딩(static binding)이라고 한다. 반대로 바인딩이 실행 시까지 연기되고 실행 시간에 호출되는 함수를 결정하는 것을 동적 바인딩(dynamic binding), 또는 지연 바인딩(late binding)이라고 한다.

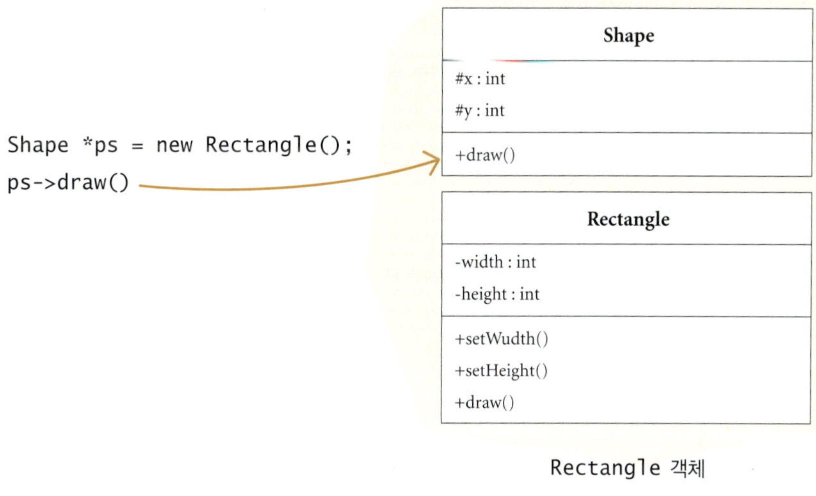

그림 9-8 • 정적 바인딩

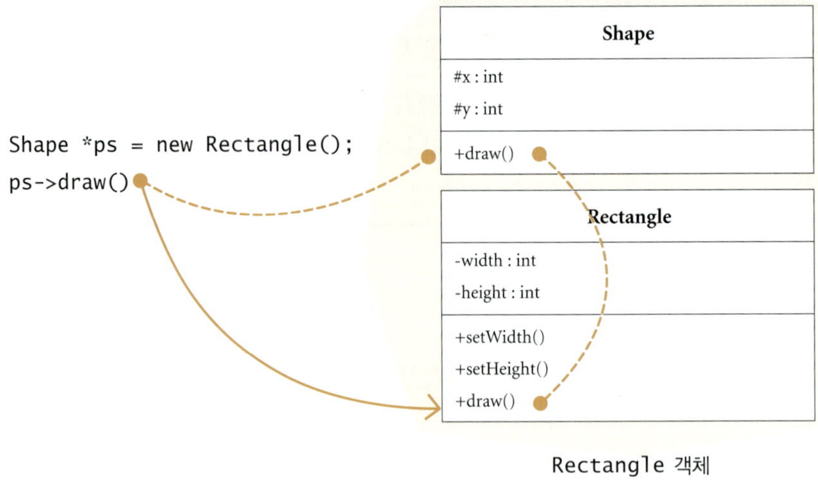

그림 9-9 ● 동적 바인딩

동적 바인딩을 사용하면 객체 지향의 중요한 특징 중의 하나인 다형성을 구현할 수 있다. 즉, 객체에 메시지를 보내면 객체가 메시지를 해석하여 가장 적절한 동작을 하게 한다.

표 9-1 ● 정적 바인딩과 동적 바인딩

바인딩의 종류	특징	속도	대상
정적 바인딩 (dynamic binding)	컴파일 시간에 호출 함수가 결정된다.	빠르다	일반 함수
동적 바인딩 (static binding)	실행 시간에 호출 함수가 결정된다.	늦다	가상 함수

C++에서 가상 함수가 아니면 모든 함수가 정적 바인딩으로 호출된다. 정적 바인딩은 호출 속도가 빠르지만 호출 함수가 컴파일 단계에서 항상 결정되므로 유연성은 떨어진다. 가상 함수는 동적 바인딩으로 호출된다. 동적 바인딩은 테이블을 사용하여 실제 호출되는 함수를 결정하여야 하므로 처리 속도가 늦어진다. 그렇지만 객체의 실제 타입에 알맞은 동작을 할 수 있다.

가상 함수의 구현

여기서는 가상 함수 기능이 어떤 식으로 구현되는지 간단히 살펴보도록 하자. 가상 함수는 `v-table`이라고 불리는 테이블에 의하여 구현된다. `Rectangle` 객체는 내부에 `Shape`에 해당되는 부분과 `Rectangle`에 해당되는 부분을 가지게 된다.

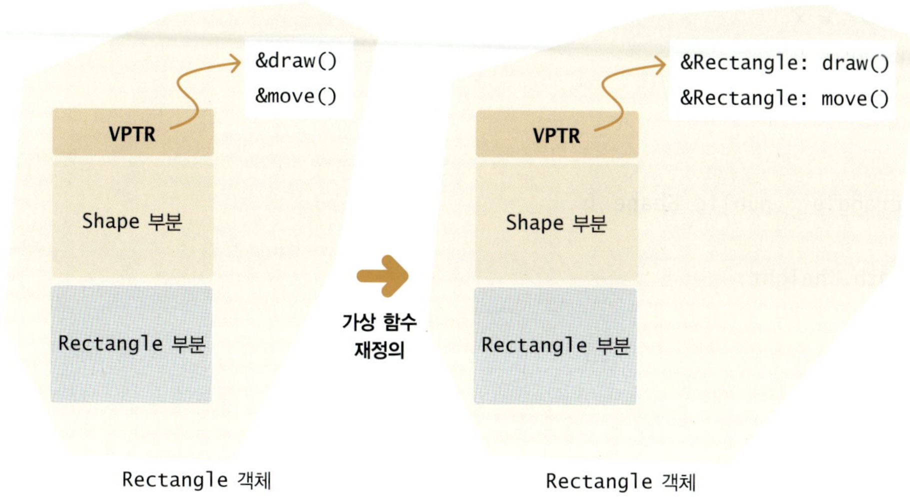

그림 9-10 ● 가상 함수의 구현

객체 안에서 가상 함수가 정의되면 각각의 객체는 이들 가상 함수를 관리하는 테이블을 만들게 된다. 객체가 생성되어 Shape() 부분이 생성되면 가상 함수 테이블은 Shape() 안 함수들의 주소를 가지게 된다. 이어서 Rectangle 부분이 추가로 생성되어 가상 함수가 재정의되면 Rectangle() 안의 함수 주소로 테이블의 내용이 변경된다.

예제 #1

배열에 타입이 다른 객체들을 저장하고 이들 객체에 대하여 동일한 멤버 함수를 호출하여 보자.

Shape3.cpp

```
#include <iostream>
using namespace std;

class Shape {
protected:
   int x, y;

public:
   virtual void draw() {
      cout << "Shape Draw";      // <------- 가상 함수
   }
   void setOrigin(int x, int y) {
```

```
        this->x = x;
        this->y = y;
    }
};

class Rectangle : public Shape {
private:
    int width, height;

public:
    void setWidth(int w) {
        width = w;
    }

    void setHeight(int h) {
        height = h;
    }

    void draw() {
        cout << "Rectangle Draw" << endl;    <------- 재정의
    }
};

class Circle : public Shape {
private:
    int radius;

public:
    void setRadius(int r) {
        radius = r;
    }
    void draw() {
        cout << "Circle Draw" << endl;    <------- 재정의
    }
};

class Triangle: public Shape {
private:
    int base, height;

public:
```

```
54        void draw() {
55           cout << "Triangle Draw" << endl;      <------- 재정의
56        }
57    };
58
59
60    int main()
61    {
62       Shape *arrayOfShapes[3];
63
64       arrayOfShapes[0] = new Rectangle();
65       arrayOfShapes[1] = new Triangle();
66       arrayOfShapes[2] = new Circle();
67       for (int i = 0; i < 3; i++) {
68          arrayOfShapes[i]->draw();   <------- 타입에 맞는 draw()가 호출된다
69       }
70    }
```

실행결과

```
Rectangle Draw
Triangle Draw
Circle Draw
```

프로그램 설명

4 자식 클래스인 Shape를 정의한다. draw() 멤버 함수는 몸체가 비어 있는 멤버 함수이다. 이러한 멤버 함수는 추상 멤버 함수를 사용하면 깔끔하게 처리된다.

18 자식 클래스인 Rectangle을 Shape 클래스에서 상속받아 작성한다.

36 자식 클래스인 Circle을 Shape 클래스에서 상속받아 작성한다.

49 자식 클래스인 Triangle을 Shape 클래스에서 상속받아 작성한다.

62 클래스 Shape에 대한 포인터 배열 arrayOfShapes[]를 선언한다.

67 배열 arrayOfShapes[] 길이만큼 루프를 돌면서 포인터를 사용하여 draw() 멤버 함수를 호출해본다. 그렇다면 어떤 draw()가 호출될까? 각 포인터가 실제로 가리키고 있는 객체에 따라 서로 다른 draw()가 호출된다.

위와 같이 코딩하는 것은 어떤 장점이 있을까? 만약 위의 프로그램에 다음과 같이 새로운 도형인 평행사변형를 나타내는 Parallelogram 클래스를 추가한다고 가정해보자.

```
class Parallelogram  extends Shape {
public:
  void draw(){
      cout << "Parallelogram Draw" << endl;
   }
};
```

만약 main()에서 switch 문장을 사용했다면 새로운 case 문을 추가해야 할 것이다. 그러나 위의 프로그램처럼 가상 함수를 사용했다면 main()은 변경할 필요가 없다. 프로그래밍할 때 고려하지 않았던 도형의 종류도 처리할 수 있는 것이다. 다형성을 사용하면 시스템에 최소한의 영향을 미치면서 새로운 유형의 객체를 추가하여 시스템을 쉽게 확장할 수 있다.

예제 #2

동물을 나타내는 클래스를 작성하여 보자. 동물을 나타내는 Animal 클래스를 정의하고 여기에서 상속받아 Dog 클래스와 Cat 클래스를 정의하여 보자. 동물의 울음 소리를 나타내는 speak() 함수를 가상 함수로 선언한다.

animal1.cpp

```
#include <iostream>
using namespace std;

class Animal
{
public:
   virtual void speak() { cout << "Animal speak()" << endl; }
};

class Dog : public Animal
{
public:
   void speak() { cout << "멍멍" << endl; }
};

class Cat : public Animal
{
public:
   void speak() { cout << "야옹" << endl; }
};
```

```
int main()
{
    Animal *a1 = new Dog();
    a1->speak();

    Animal *a2 = new Cat();
    a2->speak();
    return 0;
}
```

실행결과

```
멍멍
야옹
```

참고사항

만약 객체를 함수에 값으로 전달하는 경우에도 가상 함수 기능이 작동하는가? 가상 함수 기능은 포인터와 참조자를 통해서만 가능하다. 객체를 값으로 전달하는 경우에는 동작하지 않는다.

중간점검

1. 가상 함수를 사용하면 어떤 장점이 있는가?
2. 동적 바인딩과 정적 바인딩을 비교하라.

9.3 참조자와 가상 함수

앞에서는 포인터만을 이용하여 다형성을 설명하였다. 그렇다면 참조자인 경우에는 다형성이 동작될 것인가? 참조자도 포인터와 마찬가지로 모든 것이 동일하게 적용된다. 즉, 부모 클래스의 참조자로 자식 클래스를 가리킬 수 있으며 가상 함수의 동작도 동일하다. 앞의 동물 예제를 참조자로 다시 작성하여 보면 다음과 같다.

animal2.cpp

```
#include <iostream>
using namespace std;

class Animal
{
public:
   virtual void speak() { cout << "Animal speak()" << endl; }
};

class Dog : public Animal
{
public:
   void speak() { cout << "멍멍" << endl; }
};

class Cat : public Animal
{
public:
   void speak() { cout << "야옹" << endl; }
};

int main()
{
   Dog d;
   Animal &a1 = d;
   a1.speak();

   Cat c;
   Animal &a2 = c;
   a2.speak();
   return 0;
}
```

참조자 정의

실행결과

```
멍멍
야옹
```

9.4 가상 소멸자

다형성을 사용하는 과정에서 소멸자를 virtual로 해주지 않으면 문제가 발생한다. 어떤 문제가 발생하는지 다음의 코드에서 살펴보자. 문자열을 나타내는 String 클래스를 작성하여 보자. String 클래스는 내부에 문자열을 저장하기 위하여 char 배열을 동적으로 생성한다. 소멸자에서는 이 동적으로 생성된 공간을 반납한다.

```
Hello World
I am a new programmer.
```

String 객체

→

```
--Hello World--
--I am a new programmer.--
```

MyString 객체

그림 9-11 ● MyString 클래스

String 클래스를 상속받아 각 줄의 앞과 뒤에 헤더를 붙이는 MyString이라는 클래스를 정의하여 보자. MyString 클래스에서도 헤더 문자열을 저장하기 위한 공간을 동적으로 할당받는다. 따라서 메모리 누수를 막기 위하여 반드시 MyString의 소멸자도 호출되어야 한다.

my_string1.cpp

```cpp
#include <iostream>
using namespace std;

class String {
   char *s;
public:
   String(char *p){
      cout << "String() 생성자" << endl;
      s = new char[strlen(p) + 1];
      strcpy(s, p);
   }
   ~String(){
      cout << "String() 소멸자" << endl;
      delete[] s;
   }
   virtual void display()
   {
      cout << s;
   }
```

```
};
class MyString : public String {
   char *header;
public:
   MyString(char *h, char *p) : String(p){
      cout << "MyString() 생성자" << endl;
      header = new char[strlen(h) + 1];
      strcpy(header, h);
   }
   ~MyString(){
      cout << "MyString() 소멸자" << endl;
      delete[] header;
   }
   void display()
   {
      cout << header;  // 헤더 출력
      String::display();
      cout << header << endl; // 헤더 출력
   }
};

int main()
{
   String *p = new MyString("----", "Hello World!");      // OK!
   p->display();
   delete p;

   return 0;
}
```

상향 형변환

실행결과

```
String() 생성자
MyString() 생성자
----Hello World!----
String() 소멸자
```

위의 실행 결과를 보면 MyString 객체를 생성하여 String 포인터로 가리킨 후 객체를 삭제하면 MyString 소멸자가 호출되지 않았음을 알 수 있다. 이것은 실제로는 MyString 객체이지만 String 포인터로 가리키고 있으므로 컴파일러는 String 객체로 생각한다. 따라서 삭제 시 String의 소멸자만 호출하는 것이다.

그렇다면 어떻게 해야 MyString 소멸자도 호출되게 할 수 있는가? String 클래스의 소멸자를 virtual로 선언하면 된다. 즉 부모 클래스의 소멸자를 가상 함수로 선언하면 되는 것이다.

이것을 [그림 9-12]를 이용하여서 설명해보자. 부모 클래스의 소멸자가 가상 함수로 선언되어 있다고 가정하자. 포인터 p가 가리키는 객체가 자식 클래스 객체이면 (1)과 같이 부모 클래스의 소멸자가 호출되는 것이 아니라 (2)와 같이 재정의된 자식 클래스의 소멸자가 호출된다. 자식 클래스의 소멸자가 끝나면 이번에는 (3)과 같이 부모 클래스 부분을 소멸하기 위하여 부모 클래스의 소멸자가 자동으로 호출된다. 자식 클래스의 소멸자가 호출된 후에는 항상 부모 클래스의 소멸자가 호출된다는 것을 잊으면 안된다.

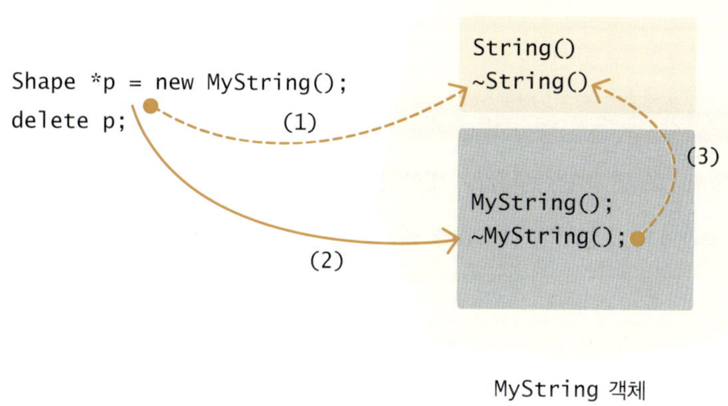

그림 9-12 • 가상 소멸자

my_string2.cpp

```
class String {
   char *s;
public:
   String(char *p){
      ... // 앞과 동일
   }
   virtual ~String(){
      cout << "String() 소멸자" << endl;
      delete[] s;
   }
};
class MyString : public String {
   ...// 앞과 동일
```

소멸자를 가상 함수로 만든다.

```
};

int main()
{
    ...// 앞과 동일
}
```

실행결과

```
String() 생성자
MyString() 생성자
----Hello World!----
MyString() 소멸자
String() 소멸자
```

중간점검

1. 소멸자를 가상 함수로 만들지 않으면 어떤 문제점이 발생하는가?
2. 어떤 경우에 반드시 부모 클래스의 소멸자에 virtual을 붙여야 하는가?

9.5 순수 가상 함수

순수 가상 함수(pure virtual function)는 헤더만 존재하고 몸체는 없는 함수이다. 다음과 같은 형식을 사용한다.

```
virtual  반환형  함수이름(매개변수리스트) = 0;
```

순수 가상 함수를 하나라도 가지고 있는 클래스를 추상 클래스(abstract class)라고 한다. 추상 클래스로는 객체를 생성할 수 없다. 그렇다면 추상 클래스의 용도는 무엇일까? 추상 클래스는 추상적인 개념을 나타내거나 클래스와 클래스 사이의 인터페이스를 나타내는 용도로 사용된다. 추상 클래스는 멤버 함수의 원형만을 정의하는 것이고 그 구현은 자식 클래스에서 하게 된다. 추상 클래스를 상속받는 자식 클래스는 반드시 순수 가상 함수를 구현하여야 한다.

예를 들어 앞의 Shape 클래스를 추상 클래스로 작성하면 다음과 같다. Shape 클래스의 draw()는 어차피 도형의 종류가 결정되지 않았으므로 도형을 그릴 수가 없다. 따라서 순수 가상 함수로 선언하는 것이 바람직하다.

shape4.cpp

```
#include <iostream>
#include <string>
using namespace std;

class Shape {
protected:
   int x, y;

public:
   void setOrigin(int x, int y){
      this->x = x;
      this->y = y;
   }
   virtual void draw() = 0;        // 순수 가상 함수 정의
};

class Rectangle : public Shape {
private:
   int width, height;

public:
   void setWidth(int w) {
      width = w;
   }
   void setHeight(int h) {
      height = h;
   }
   void draw() {
      cout << "Rectangle Draw" << endl;
   }
};
int main()
{
   Shape *ps = new Rectangle();        // OK!
   ps->draw();                         // Rectangle의 draw()가 호출된다.
   delete ps;
```

실제 객체의 draw() 호출

```

    return 0;
}
```

실행결과

```
Rectangle Draw
```

여기서 한 가지 주의할 점이 있다. Shape가 추상 클래스이기 때문에 Shape를 가지고는 객체를 생성할 수 없다. 하지만 위에서 보듯이 포인터 변수는 생성할 수 있고 이 포인터 변수를 통하여 자식 클래스의 객체를 가리킬 수 있다. 또한 Shape에 정의된 함수들을 호출할 수 있다.

예제 #3

추상 클래스는 추상적인 개념을 표현할 수 있다. 하나의 예로 동물을 나타내는 상속 계층도를 생각하여 보자. 동물을 Animal 클래스로 정의할 수 있지만 약간의 문제가 있다. 우리는 동물의 추상적인 개념에 대해서는 알고 있지만 구체적으로 어떤 동물인지가 결정이 되지 않았으므로 구체적인 속성이나 동작에 대해서는 결정할 수 없다. 예를 들어서 동물이 움직인다는 것은 알지만 날아다니는지 기어다니는지 구체적으로는 알 수 없다. Animal 클래스의 멤버 함수들을 완전하게 작성할 수 없는 것이다. 따라서 이런 경우에 Animal은 추상 클래스로 정의된다. 마찬가지로 Mammal(포유류), Fish(어류), Bird(조류) 클래스도 마찬가지이다.

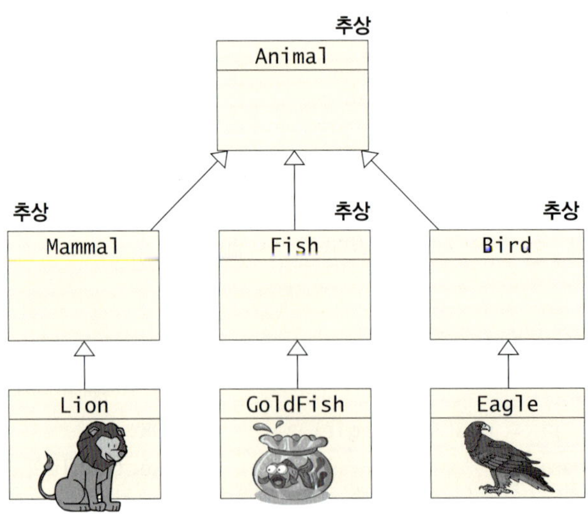

그림 9-13 ● 동물의 상속 계층도에서 추상 클래스

추상 클래스를 만들기 위해서는 클래스 선언 안에 순수 가상 함수를 정의하면 된다. 앞의 Animal 클래스를 추상 클래스로 정의하여 보면 다음과 같다.

```
class Animal  {
   virtual void move() = 0;
   virtual void eat() = 0;
   virtual void speak() = 0;
};
class Lion : public Animal  {
   void move(){
      cout << "사자의 move() << endl;
   }
   void eat(){
      cout << "사자의 eat() << endl;
   }
   void speak(){
      cout << "사자의 speak() << endl;
   }
};
```

각종 동물들의 움직이는 방법은 동물에 따라 상당히 다르므로 추상 메소드로 선언하는 것이 논리적이다. 추상 클래스를 상속받는 자식 클래스에서는 반드시 추상 메소드를 재정의하여야 한다. 만약 재정의하지 않으면 오류가 발생한다.

예제 #4

추상 클래스는 객체들 사이에 상호 작용하기 위한 인터페이스를 정의하는 용도로 사용할 수 있다.

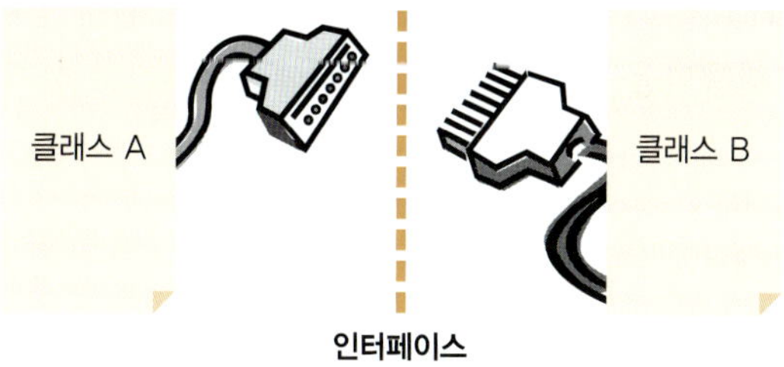

그림 9-14 • 추상 클래스는 클래스 간의 상호간의 인터페이스로 사용할 수 있다

예를 들어서 홈 네트워크 시스템을 생각하여 보자. 홈 네트워크 시스템이란 가정에서 쓰이는 모든 가전 제품들이 유무선 하나의 시스템으로 연결, 쌍방향 통신이 가능한 미

래형 가정 시스템을 말한다. 가전 제조사들과 홈 네트워크 업체 사이에는 가전 제품을 제어할 수 있는 일종의 표준 규격이 필요하다. C++로 작성한다면 이 표준 규격은 바로 추상 클래스로 나타난다. 가전 제조사들은 가전 제품을 원격 제어할 수 있도록 가전 제품을 제어할 수 있는 소프트웨어를 내장하여 제공한다. 반면 홈 네트워크 업체에서는 모든 가전 제품을 원격 제어할 수 있는 통일된 방법이 필요하다. 따라서 둘 사이에는 어떤 약속이 필요하게 되고, 구체적으로 원격으로 제어하는데 필요한 멤버 함수들에 대하여 합의해야 한다. 가전 제품 안에서 멤버 함수가 어떻게 구현되는가는 전혀 필요가 없다. 외부에서 멤버 함수를 호출하여 사용할 수 있으면 그것으로 충분하다.

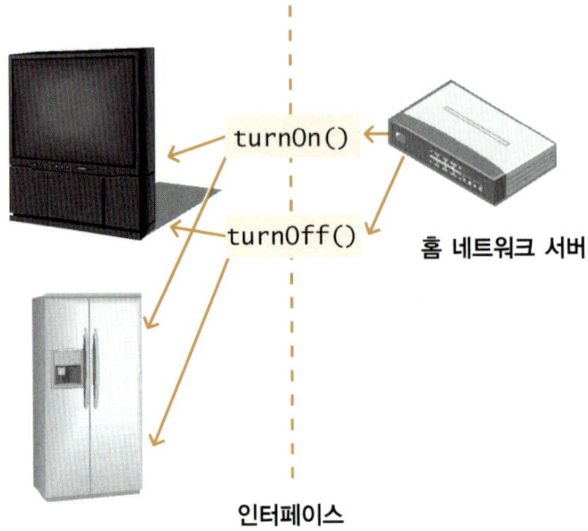

그림 9-15 ● 홈네트워크 예제

일단 추상 클래스가 디자인되면, 클래스들간의 통합에 대하여 걱정할 필요없이 각 클래스들은 별도의 팀에 의해 병렬적으로 작성될 수 있다.

구체적으로 홈 네트워크의 가전 제품들을 원격 조종하기 위한 인터페이스를 정의하여 보자. 여기서는 가전 제품들을 켜고 끄는 기능만을 정의하기로 하자.

```
class RemoteControl {
   // 순수 가상 함수 정의
   virtual void turnOn() = 0;          // 가전 제품을 켠다.
   virtual void turnOff() = 0;         // 가전 제품을 끈다.
}
```

추상 클래스만 가지고서는 객체를 생성할 수 없다. 추상 클래스를 사용하기 위해서는 추상 클래스를 상속받는 클래스를 작성하여야 한다. 추상 클래스를 상속받으면 반드시 추상 클래스 안에 선언된 각 순수 가상 함수에 대하여 틀을 제공하여야 한다.

```
class Television : public RemoteControl {
    void turnOn()
    {
        // 실제로 TV의 전원을 켜기 위한 코드가 들어간다.
        ...
    }
    void turnOff()
    {
        // 실제로 TV의 전원을 끄기 위한 코드가 들어간다.
        ...
    }
}
```

홈 네트워크 예제에서는 Televion 클래스가 RemoteControl 추상 클래스를 상속받게 된다. TV 생산 업체마다 상당히 다르게 인터페이스를 구현할 것이다. 하지만 여전히 동일한 제어 인터페이스를 지원한다. 따라서 홈 네트워크 업체에서는 이들 인터페이스 멤버 함수들을 호출하여 가전 제품들을 원격 조종할 수 있다.

Television 클래스의 객체를 생성하여 인터페이스에 정의된 메소드를 호출하여 보자.

```
Television *pt = new Television();
pt->turnOn();
pt->turnOff();
```

만약 냉장고를 나타내는 Refrigerator 클래스도 동일한 추상 클래스를 상속받았다면 같은 방식으로 가전 제품을 제어할 수 있다.

```
Refrigerator *pr = new Refrigerator();
pr->turnOn();
pr->turnOff();
```

추상 클래스를 어떤 클래스가 사용하기 위해서는 추상 클래스에 포함된 모든 가상 함수를 구현하여야 한다. 즉, 각 가상 함수들의 매개 변수 수나 반환형 등을 맞추어 모든 가상 함수를 정의하여야 한다. 클래스가 추상 클래스에 있는 하나의 가상 함수라도 빠뜨린다면 컴파일러는 빠뜨린 클래스도 추상 클래스로 정의되어야 함을 지적한다.

중간점검

1. 순수 가상 함수의 용도는?
2. 모든 순수 가상 함수를 구현하여야 하는가?

1. 다음 문장이 참인지 거짓인지를 말하라. 만약 거짓이면 올바르게 수정하라.

(1) 부모 클래스의 포인터 변수는 자식 클래스의 객체를 참조할 수 있다.

(2) 자식 클래스의 포인터 변수는 부모 클래스의 객체를 참조할 수 있다.

(3) 멤버 함수가 포인터를 통하여 호출되면 항상 정적 바인딩된다.

(4) 멤버 함수가 객체를 통하여 호출되면 항상 정적 바인딩된다.

(5) 가상 함수를 호출하는 것은 일반 함수를 호출하는 것보다 더 많은 시간이 소요된다.

(6) 생성자도 가상 함수로 만들 수 있다.

(7) 부모 클래스에서 가상 함수로 선언되면 자식 클래스에서는 자동적으로 가상 함수로 된다.

2. 다음의 문장 중에서 오류가 발생하는 문장을 지적하라. 각 문장의 의미도 설명하자. 여기서 Base는 부모 클래스이고 Derived는 자식 클래스이다.

```
class Base{ };
class Derived : public Base { };
```

(1)

```
Base p;
Derived c;
p = c;
```

(2)

```
Base p;
Derived c;
c = p;
```

(3)

```
Base *pp = new Base();
Derived *pc;
pc = pp;
```

(4)

```
Base *pp;
Derived *pc = new Derived();
pp = pc;
```

3. 다음 프로그램의 출력은 무엇인가?

```
class Base
{
public:
   Base() { };
   void print() const {  cout << "Base::print()" << endl;  }
   virtual void display() const {  cout << "Base::display()" << endl;  }
};
class Derived : public Base
{
public:
   Derived() { };
   void print() const {  cout << "Derived::print()" << endl;  }
   virtual void display() const {  cout << "Derived::display()" << endl;  }
};
int main()
{
   Derived d;
   Derived*  pd1 = new Base;
   Derived*  pd2 = new Derived;
   d.print();
   d.display();
   pd1.print();
   pd1.display();
   pd2.print();
   pd2.display();
   return 0
}
```

4. 가상 메소드 sound()를 가지고 있는 추상 클래스 Bird를 작성하고 Bird를 상속받아서 Dove 클래스를 작성하라. Dove 클래스의 sound()에서는 "coo coo"를 출력한다.

5. 오른쪽 UML 그림과 같은 클래스 상속 관계를 가정하라.

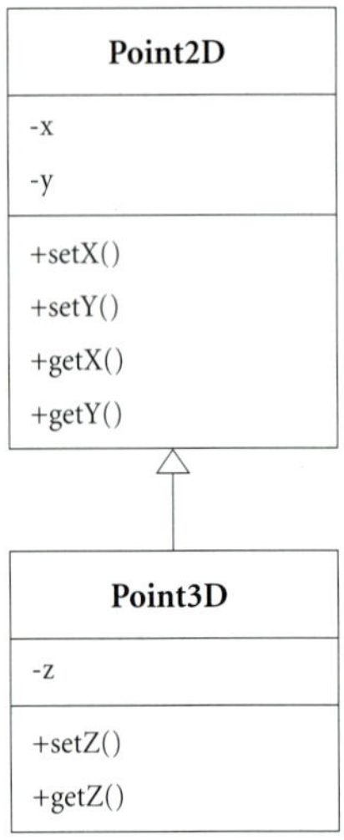

(1) 다음과 같은 문장은 적절한가? 그 이유는?

```
Point2D *p = new Point3D();
```

(2) 다음과 같은 문장은 적절한가? 만약 적절하지 않다면 알맞게 고쳐보라.

```
p->setX(100);
p->setZ(40);
```

(3) 다음과 같은 문장은 적절한가? 그 이유는?

```
Point2D *p = new Point3D();
```

(4) Point2D와 Point3D 클래스를 실제로 작성하여 보라.

1. 은행의 계좌를 나타내는 BankAcct라는 부모 클래스를 작성한다. Account 클래스는 deposit()와 withdraw()라는 멤버 함수를 가진다. getInterest()라는 이름의 가상 함수를 정의한다. getInterest()는 현재 계좌의 이자율을 반환한다. SavingAcct와 CheckingAcct 클래스를 BankAcct로부터 상속받아 작성한다. SavingAcct 클래스는 이자율이 연 9%인 저축 예금 계좌를 나타내고 CheckingAcct 클래스는 이자율이 연 5%인 당좌 예금 계좌를 나타낸다. main() 안에서 각 객체를 생성하여서 돈을 저축하고 인출하면서 이자를 계산하여 보자.

2. 전자 제품을 나타내는 HomeAppliance 클래스를 작성한다. HomeAppliance 클래스는 가격을 반환하는 getPrice()라는 가상 함수를 가진다. Television 클래스와 Refrigerator 클래스는 HomeAppliance 클래스를 상속받는다. Television 클래스와 Refrigerator 클래스는 모델명, 메이커를 멤버 변수로 가진다. 필요한 생성자, 접근자 설정자를 제공하라. 몇 개의 객체를 생성한 후에 getPrice() 함수를 호출하여 제품의 가격을 출력해 보자.

3. 본문에 등장하는 Shape라는 클래스에 추가로 move(), getArea() 함수를 모두 가상 함수로 정의하라. move()는 도형의 기준점을 이동한다. getArea()는 도형의 면적을 구한다. Rectangle(사각형), Ellipse(타원), Triangle(삼각형) 클래스는 Shape 클래스를 상속받아서 작성된다. Shape* 포인터 배열을 다양한 도형 객체로 채운다. 도형을 그리고 면적을 계산하며 도형을 이동하는 작업을 코딩해보라.

4. 3번 문제에서 새로운 도형 객체를 생성하여서 반환해주는 가상 함수 createShape()를 부모 클래스 Shape 안에 정의하고 자식 클래스에서 이 가상 함수를 구현하여 보자. 객체를 생성하는 작업을 한 클래스에 캡슐화시켜 놓으면 구현을 변경해야 하는 경우 여기저기 다 들어가서 고칠 필요 없이 클래스 하나만 고치면 된다. 이것을 팩토리 메소드(factory method)라고 한다.

5. 도형에 관한 클래스를 약간 변경하여 보자. Shape 클래스는 전체 도형의 부모 클래스이다. Shape에서 상속된 TwoDimShape은 2차원 도형을 나타내며 면적을 계산하기 위하여 getArea()라는 메소드를 가진다. Shape에서 상속된 ThreeDimShape는 3차원 도형을 나타내며 체적을 계산하기 위하여 getVolume()을 가진다. 2차원 도형에는 타원, 사각형, 삼각형이 있으며 3차원 도형에는 구, 직육면체, 원기둥이 있다. 다양한 도형을 생성하여 Shape 배열에 저장하는 프로그램을 작성하라. 각 도형은 자신의 정보를 텍스트로 출력한다. 프로그램의 반복 루프에서 각 도형이 2차원 도형이면 면적을 출력하고 3차원 도형이면 체적을 출력한다.

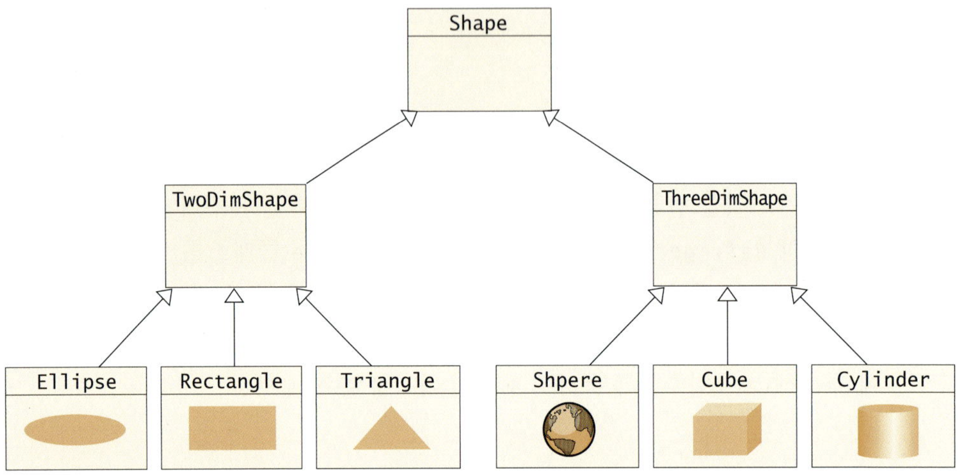

6. 3차원 도형들을 칠하는데 필요한 페인트의 양을 계산하는 프로그램을 작성하여 보자. 부모 클래스는 Shape이며 자식 클래스는 구(Sphere), 직육면체(Cube), 원기둥(Cylinder)이다. Shape는 이름(name)과 3차원 도형의 표면적을 계산하는 함수인 getSurfaceArea()만을 가지고 있다. 하나의 구, 하나의 직육면체, 하나의 원기둥을 생성하여서 Shape* 배열에 저장하고 저장된 모든 도형에 대하여 표면적을 계산하여 보자.

7. 마트에서 판매되는 물건을 클래스 Product로 나타내자. Product 클래스에서 상속을 받아 할인 물건을 나타내는 DiscountProduct 클래스를 작성할 수 있다.

(1) Product 클래스는 물건의 이름(name)과 가격(price)를 멤버 변수로 가지고 있다. 또한 현재 물건의 가격을 계산하는 getPrice() 멤버 함수를 가지고 있다. Product 클래스를 구현하고 테스트하여 보자. 생성자, 설정자, 접근자를 작성하라. print()에서 물건의 이름과 가격을 출력한다.

(2) DiscountProduct는 Product로부터 상속받는다. % 단위의 할인율(discount)을 멤버 변수로 가진다. getPrice()는 할인된 가격을 반환하도록 재정의된다. DiscountProduct 클래스를 구현하고 테스트하여 보자. 생성자, 설정자, 접근자를 작성하라. print()에서 물건의 이름과 할인된 가격을 출력한다.

(3) main() 메소드 안에서 다음과 같은 문장을 사용하여 어떤 getPrice()가 호출되는지를 관찰하라.

```
Product *p1 = new Product("toothbrush", 3000);
Product *p2 = new DiscountProduct("toothbrush", 3000, 15%);
cout << p1.getPrice() << endl;
cout << p2.getPrice() << endl;
```

8. 책을 대여해주는 업체를 위한 Book이라는 클래스를 작성한다. Book은 관리 번호(number), 제목(title), 지자(author)를 필드로 가진다. Book 클래스는 각 멤버 변수에 대한 접근자와 설정자를 가진다. Object 클래스의 equals()를 재정의하여 만약 관리 번호가 동일하면 동일한 책으로 간주한다. 다음으로 Book으로부터 상속을 받는 Novel, Poet, ScienceFiction 클래스를 작성한다. 이들 클래스들은 연체된 날짜에 따라서 연체료를 계산하는 getLateFees() 메소드를 재정의한다. getLateFees() 메소드는 연체 일수를 매개 변수로 받는다. Novel의 경우에는 300원/일이고 Poet는 200원/일, ScienceFiction는 600원/일이다. main()에서 작성된 클래스들을 테스트하라.

9. 간단한 게임 프로그램을 다형성을 이용하여서 작성해보자. 게임에는 많은 캐릭터들이 있다. 예를 들자면 호빗, 타이탄, 주술사 등이 있다. 이들 클래스들이 공통의 부모 클래스 GameCharacter로부터 상속받았다고 가정하라. 이 클래스는 `draw()`라는 가상 함수를 가지고 있다. 자식 클래스들은 이 `draw()` 메소드를 재정의한다. 이들 캐릭터들은 GameCharacter 배열에 주소값이 저장된다. 화면을 다시 그리기 위하여 프로그램은 주기적으로 모든 캐릭터의 `draw()`를 호출한다. 예를 들어 호빗의 경우, `draw()`가 호출되면 콘솔에 "호빗을 그립니다"라고 출력한다.

LAB
C++ ESPRESSO

1. 다음과 같은 코드를 가지고 실습하여 보자.

```
class Base  {
public: int x;
      Base(): x(0) { }
      virtual void print() { cout << "Base Class print()\n"; }
};
class Derived : public Base  {
public: int y;
      Derived(): y(20) { x = 100; }
      void print() { cout << "Derived Class print()\n"; }
};
```

(1) 다음과 같이 print()를 호출하여 보라. 어떤 print()가 호출되는가?

```
Base *b1 = new Base;
Derived *d1 = new Derived;
Base *b2 = new Derived;
b1->print();
d1->print();
b2->print();
```

(2) Base 클래스에서 virtual 키워드를 삭제하고 (1)을 다시 실행하여 보자. 결과가 달라지는가?

(3) Base 클래스의 print()를 순수 가상 함수로 작성하여 보라. (1)의 결과가 어떻게 달라지는가?

(4) 여러 가지 형변환을 테스트하여 보자.

```
Base *b1 = new Derived;
Derived *d1 = b1;               // 가능한가?
Derived *d2 = (Derived *)b1;    // 가능한가?
Derived *d3 = new Derived;
Base *b2 = d3;    // 가능한가?
Derived *d4 = (Derived *)b2;    // 가능한가?
```

2. 다음의 클래스 계층도를 보고 클래스를 작성하고 테스트한다. 운송 수단의 공통적인 동작들은 가상 함수로 구현한다.

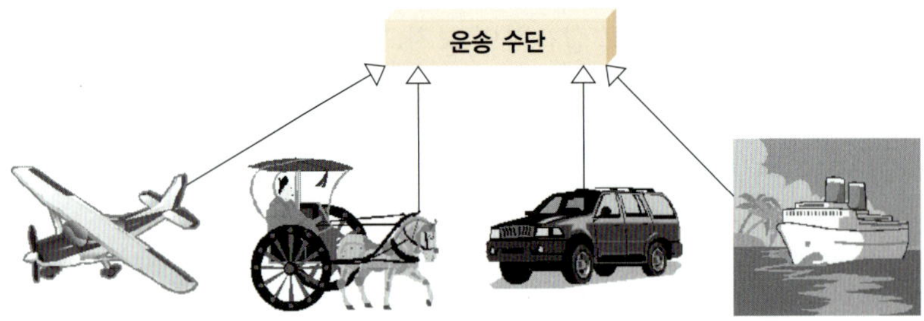

C++ Espresso

10 프렌드와 연산자 중복

이 장의 차례

학습목표

- 내부 데이타에 접근할 수 있는 프렌드 함수를 학습한다.
- 연산자 중복을 이해하고 활용할 수 있도록 한다.

10.1 프렌드 함수

클래스 안에서 private으로 선언된 멤버들은 내부 데이터를 저장하고 있고 외부에서는 이들 내부 데이터에 접근할 수 없다. 하지만 어떤 경우에는 특정한 클래스나 함수가 자신의 내부 데이터에 접근할 수 있도록 만드는 것이 효율적이다. 프렌드(friend)라는 메커니즘을 사용하면 외부의 클래스나 함수가 자신의 내부 데이터를 사용하도록 허가할 수 있다.

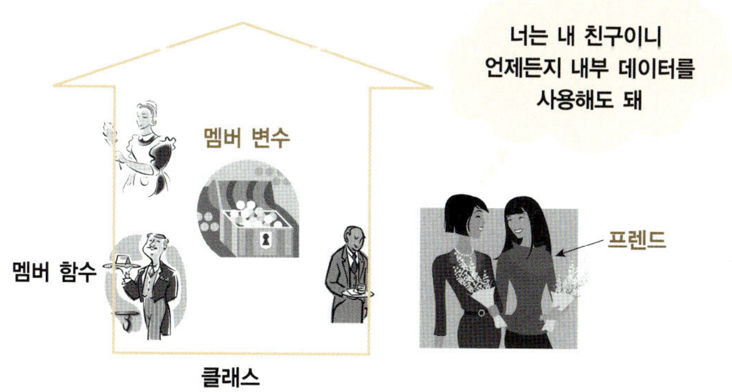

그림 10-1 ● 프렌드의 개념

프렌드는 전역 함수일 수도 있고 어떤 클래스의 멤버 함수일 수도 있고 아니면 전체 클래스일 수도 있다. 하나의 클래스를 프렌드로 지정하면 그 클래스의 모든 멤버 함수는 내부 데이터를 참조할 수 있다.

하나의 예로 특정한 함수를 프렌드로 지정하여 보자. 프렌드를 선언하기 위해서는 클래스 안에 프렌드로 지정하고 싶은 함수의 원형을 적고 원형 앞에 friend라는 키워드를 붙인다.

```
class MyClass
{
   friend void sub();   <------- 프렌드 선언
   ....
};
```

프렌드 함수 선언은 클래스 안의 어떤 위치에서도 가능하지만 일반적으로 시작 부분에 두는 것이 바람직하다. 프렌드 함수 선언은 클래스의 멤버가 아니므로 public이나 private의 영향을 받지 않는다. 프렌드 함수의 원형은 비록 클래스 안에 포함되어 있으나 멤버 함수는 아니며 프렌드 함수의 본체는 외부에서 따로 정의된다. 프렌드 함수는 클래스 내부의 모든 멤버 변수를 사용할 수 있으며 어떤 멤버 함수도 호출할 수 있다.

예제 #1

아주 간단한 예부터 시작하자. Company 클래스에 sub()를 프렌드 함수로 지정한다. sub()는 Company 클래스의 전용 멤버들에 접근할 수 있다.

friend1.cpp

```
#include <iostream>
#include <string>
using namespace std;

class Company {
private:
   int sales, profit;

   friend void sub(Company& c);   <------- 프렌드 선언
public:
   Company(): sales(0), profit(0)
   {
   }
};
```

```
void sub(Company& c)
{
    cout << c.profit << endl;
}
int main()
{
    Company c1;
    sub(c1);
    return 0;
}
```

sub()는 Company의 전용 부분인 profit에 접근할 수 있다.

실행결과

```
0
```

예제 #2

어느 회사에서 관리자 밑에 여러 명의 직원이 있다고 가정하자. 관리자를 나타내는 클래스 Manager는 직원을 나타내는 Employee 클래스의 내부 데이터에 대한 접근이 필요할 수 있다. 이 경우에는 Manager를 Employee 클래스의 프렌드로 지정한다.

```
class Employee {
    int salary;
    // Manager는 Employee의 전용 부분에 접근할 수 있다.
    friend class Manager;    <------- 프렌드 클래스
    // ...
};
```

Manager의 멤버들은 Employee의 전용 멤버를 직접 참조할 수 있다. 예를 들면 Manager는 Employee의 봉급을 올려주는 다음과 같은 함수를 가질 수 있다.

```
void Manager::raiseSalary(Employee& e, int amount)
{
    // salary를 참조하는 것이 허용된다.
    e.salary += amount;
}
```

만약 프렌드 지정이 없었으면 이것은 오류가 된다. 즉, 매개 변수 e를 통하여 e의 salary 멤버를 사용하는 것이 금지되어 있다. 하지만 Employee 클래스가 Manager를 프렌드로 지정하였으므로 Employee의 모든 멤버는 Manager의 모든 함수에게 사용이 허가된다.

예제 #3

프렌드 함수는 두 개의 객체를 비교할 때 많이 사용된다. 프렌드를 사용하지 않으면 약간은 이해하기 어려운 멤버 함수 형태를 사용하여야 한다.

① 일반 멤버 함수 사용
비교하는 함수가 첫 번째 객체의 멤버 함수가 되어야 한다. 다른 객체는 매개 변수로 전달된다.

```
if( obj1.equals(obj2) ) {  ...  }
```

② 프렌드 함수 사용
비교하는 함수가 일반 함수가 될 수 있다. 비교 대상 객체들이 모두 매개 변수로 전달된다.

```
if( equals(obj1, obj2) ) {  ...  }
```

날짜를 나타내는 Date 클래스를 이용하여 설명하여 보자. Date는 년, 월, 일에 대한 정보를 가지고 있다.

date.cpp

```
#include <iostream>
using namespace std;

class Date
{
   friend bool equals(Date d1, Date d2);
private:
   int year, month, day;
public:
   Date(int y, int m, int d)
   {
      year = y;
      month = m;
      day = d;
   }
};
// 프렌드 함수
bool equals(Date d1, Date d2)
{
```

프렌드 함수 선언

프렌드 함수 정의

```
    return d1.year == d2.year && d1.month == d2.month && d1.day == d2.day;
}

int main()
{
    Date d1(1960, 5, 23), d2(2002, 7, 23);
    cout << equals(d1, d2) << endl;
}
```

equals()의 경우, 프렌드 함수로 지정되어 있기 때문에 멤버 변수를 직접 접근하여 비교할 수 있다. 물론 이런 경우에도 다음과 같이 접근자 함수를 사용할 수도 있다. 하지만 equals()가 많이 사용된다면 이런 방식은 비효율적일 수 있다.

```
// 일반 함수와 접근자 사용
bool equals(Date d1, Date d2)
{
    return d1.getYear() == d2.getYear()
           && d1.getMonth() == d2.getMonth()
           && d1.getDay() == d2.getDay();
}
```

예제 #4

프렌드 함수는 두 개의 객체를 가지고 연산을 하는 경우에도 많이 사용된다. 앞의 예제와 비슷하게 프렌드를 사용하지 않으면 약간은 이해하기 어려운 멤버 함수 형태를 사용해야 한다. 예를 들어 두 개의 복소수를 더하는 함수인 add()를 프렌드 함수로 구현하여 보면 다음과 같다. 만약 프렌드 함수로 구현하지 않았으면 멤버 함수로 구현하여야 한다. 하지만 이런 형태는 쉽게 알아보기 힘들다.

complex.cpp

```
#include <iostream>
using namespace std;

class Complex {
public:
    friend Complex add (Complex a1, Complex a2);
    Complex(double r, double i) {re = r; im = i; }
    Complex(double r) { re = r; im = 0; }
    Complex() { re = im = 0; }
```

← 프렌드 함수 선언

```cpp
    void Output(){
        cout << re << " + " << im << "i" << endl;
    }

private:
    double re, im;
};

Complex add(Complex a1, Complex a2)
{
    return Complex(a1.re + a2.re, a1.im + a2.im);
}

int main()
{
    Complex c1(1,2), c2(3,4);
    Complex c3 = add(c1, c2);
    c3.Output();
    return 0;
}
```

← 프렌드 함수 정의

실행결과

```
4 + 6i
계속하려면 아무 키나 누르십시오...
```

참고사항 ← 멤버 함수와 프렌드 함수의 선택

멤버 함수와 프렌드 함수는 비슷한 역할을 수행한다. 그렇다면 어떤 경우에 멤버 함수로 정의하고 어떤 경우에 프렌드 함수로 정의하여야 하는가?

→ 함수가 수행하는 작업이 오직 하나의 객체에만 관련된다면 멤버 함수로 정의한다.

→ 함수가 수행하는 작업이 두 개 이상의 객체에 관련된다면 프렌드 함수로 정의한다.

물론 함수가 수행하는 작업이 두 개 이상의 객체에 관련되더라도 접근자와 설정자를 사용하면 똑같이 수행할 수 있다. 하지만 효율성을 생각하면 프렌드 함수로도 정의할 수 있는 것이다.

오류 주의 ←

프렌드 함수나 프렌드 클래스는 객체 지향의 중요한 원칙인 정보 은닉을 무너뜨리는 것이 된다. 따라서 반드시 필요한 경우에만 선별적으로 사용하여야 한다.

중간점검

1. 프렌드 함수란 무엇인가?
2. 어떤 경우에 프렌드 함수가 유용한가?
3. 두 개의 `Vector` 객체를 더하는 프렌드 함수를 정의하라.

10.2 연산자 중복

연산자(operator)는 간결하게 의미를 전달할 수 있는 편리한 기호이다. 일반적으로는 연산자 기호를 사용하는 편이 함수를 사용하는 것보다 이해하기가 쉽다.

간단한 예를 들어 살펴보기로 하자. 유클리드 공간에서 좌표 원점으로부터 공간 내의 임의의 한 점을 향한 위치 벡터(position vector)를 `Vector` 클래스로 나타내어 보자.

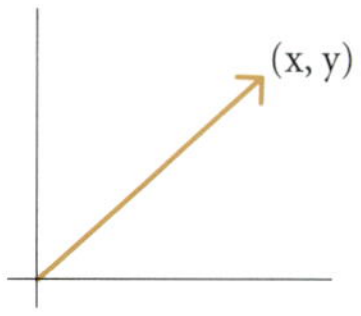

그림 10-2 ● 벡터

[그림 10-3]과 같이 두 개의 벡터는 합하여 하나의 벡터로 만들 수 있다.

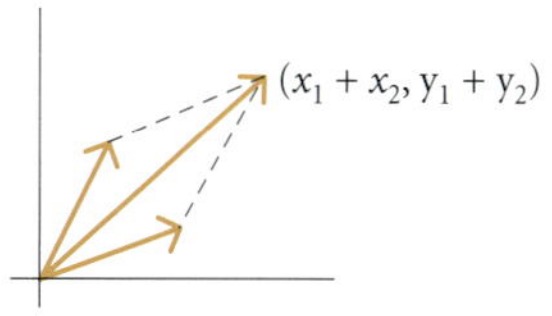

그림 10-3 ● 벡터의 합

벡터의 덧셈을 +연산자를 이용하여 수행하거나 또는 `add()` 함수를 호출하여 수행할 수 있다고 가정하자. 다음의 두 가지 문장 중에서 어떤 문장이 더 이해하기 쉬운가?

```
Vector v1, v2, v3, result;

result = v1 + v2 + v3;              // ❶ 연산자 사용
result = add(v1, add(v2, v3));      // ❷ 함수 사용
```

대부분의 사람들이 ❶이 ❷보다 이해하기 쉽다고 할 것이다. ❶과 같이 + 연산자를 Vector 타입의 객체에 사용할 수 있다면 편리할 것이다. C++에서는 연산자 중복이라는 메커니즘을 통하여 이것이 가능하다.

연산자 중복(operator overloading)이란 여러 가지 연산자들을 클래스 객체에 대해서도 적용할 수 있도록 중복하여 정의하는 것을 의미한다. 예를 들면 + 연산자는 기본적으로 정수나 실수와 같은 기초 타입에 대해서만 사용이 가능하다. 하지만 C++에서는 + 연산자를 벡터와 같은 클래스 타입에 대해서도 사용할 수도 있도록 연산자의 의미를 확대할 수 있다. 연산자의 의미가 둘 이상이 되는 것이다(그래서 연산자 중복이라고 한다). 연산자 중복을 이용하면 특정한 클래스에 적합한 연산자의 의미를 프로그래머가 다시 정의할 수 있다. 연산자 중복은 상당히 편리한 메커니즘으로 클래스에 따라 다양한 용도로 사용할 수 있다.

연산자 중복의 형식

연산자를 중복하려면 다음과 같은 형식을 사용한다.

형식
```
반환형 operator연산자(매개 변수 목록)
{
....// 연산 수행
}
```

중복된 연산자는 특수한 이름을 가진 함수라고 생각하면 된다. 즉, 키워드 operator에 연산자 기호가 붙어 있는 함수이다. 함수는 중복이 가능하고 따라서 연산자도 중복이 가능한 것이다. 예를 들어 Vector 클래스에 + 연산자를 중복한 함수 이름은 opertaor+()가 된다.

표 10-1 ● 연산자 중복 함수 이름

연산자	중복 함수 이름
+	operator+()
-	operator-()
*	operator*()
/	operator/()

그렇다면 연산자 중복은 어디에 정의하여야 하는가? 연산자도 근본적으로 클래스에 속하는 것으로 보아야 한다. 따라서 연산자는 클래스의 멤버로 정의하는 것이 원칙이다. 하지만 프렌드를 이용하여 클래스의 외부에서 정의될 수도 있다. 먼저 연산자가 클래스 멤버 함수로 정의되는 경우를 학습하도록 하자.

멤버 함수로 연산자 중복을 구현하는 방법

연산자도 클래스가 가진 함수로 보는 것이 객체 지향 원리에 맞다. 예를 들어 + 연산자는 Vector 클래스의 멤버 함수 operator+()로 정의된다. 우리가 + 연산자를 이용하여 (v1 + v2)와 같은 문장을 작성하면 [그림 10-4]와 같이 컴파일러가 이 수식을 v1.operator+(v2)와 같이 함수 호출로 변경하여 실행한다. v1 객체가 가진 함수 operator+()를 호출하고 매개 변수로 v2를 보내는 것이다.

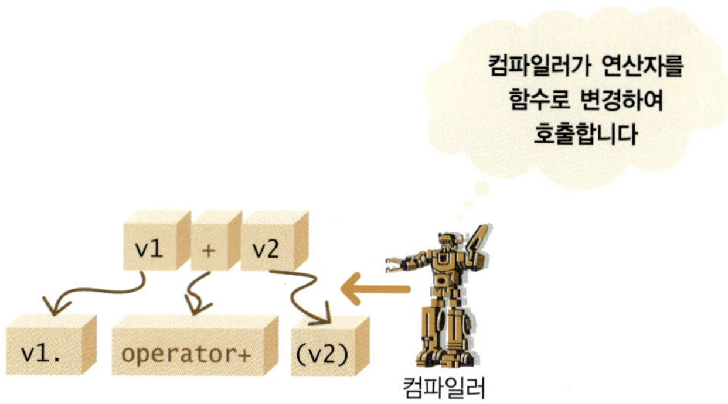

그림 10-4 ● 멤버 함수로 연산자 중복

멤버 함수로 구현하면 첫 번째 피연산자가 객체가 되고 + 연산자가 operator+() 함수로 변환되며 두 번째 피연산자가 함수의 매개 변수가 된다.

vector.cpp

```
#include <iostream>
using namespace std;

class Vector
{
private:
   double x, y;
public:
   Vector(double xvalue = 0.0, double yvalue = 0.0) : x(xvalue), y(yvalue) { }
   void display() {
      cout << "(" << x << ", " << y << ")" << endl;
   }
   Vector operator+(Vector& v2)
   {
      Vector v;
```

+ 연산자 함수 정의

```
        v.x = this->x + v2.x;
        v.y = this->y + v2.y;
        return v;
    }
};

int main()
{
    Vector v1(1.0, 2.0), v2(3.0, 4.0);
    Vector v3 = v1 + v2;
    v3.display();

    return 0;
}
```

+ 연산자 함수 호출

실행결과

```
(4, 6)
```

위의 코드에서 + 연산자를 operator+()로 변경하여 함수 형태로 호출할 수 있을까? 다음과 같은 코드를 테스트하여 보자. 결과는 예상했던 대로 완전히 같다는 것을 알 수 있다.

vector1.cpp

```
class Vector
{
    ...
};

int main()
{
    Vector v1(1.0, 2.0), v2(3.0, 4.0);
    Vector v3 = v1.operator+(v2);
    v3.display();

    return 0;
}
```

operator+() 함수 형태로 호출

실행결과

```
(4, 6)
```

전역 함수로 + 연산자를 구현

Vector 클래스에서 전역 함수를 사용하여 + 연산자를 정의하여 보자. 연산자가 중복되어 있으면 컴파일러는 + 연산자를 operator+()로 변경하여 호출한다. 전역 함수로 구현하면 모든 피연산자들이 연산자 함수의 매개 변수로 전달된다.

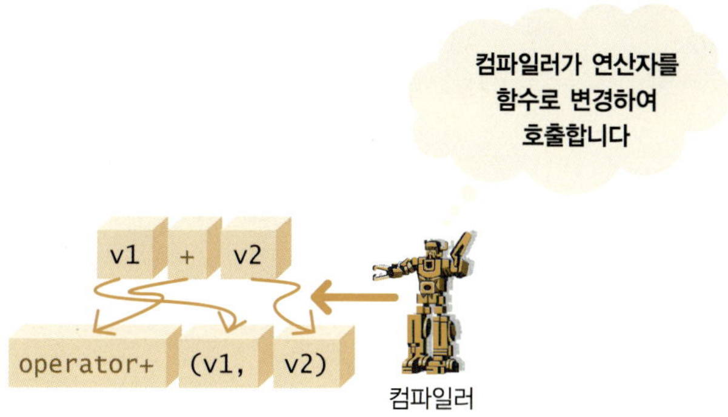

그림 10-5 • 전역 함수로 연산자 중복

연산자 함수를 효율적으로 구현하려면 내부 데이터에 접근할 수 있는 프렌드 함수 형태로 구현하는 편이 좋다.

vector2.cpp

```
#include <iostream>
using namespace std;

class Vector
{
   friend Vector operator+(const Vector& v1, const Vector& v2);
private:
   double x, y;
public:
   Vector(double xvalue = 0.0, double yvalue = 0.0) : x(xvalue), y(yvalue) { }
   void display() {
      cout << "(" << x << ", " << y << ")" << endl;
   }
};
Vector operator+(const Vector& v1, const Vector& v2)
{
   Vector v(0.0, 0.0);
   v.x = v1.x + v2.x;
```

전역 함수로 연산자 함수 선언

+ 연산자 함수 정의

```
    v.y = v1.y + v2.y;
    return v;
}

int main()
{
    Vector v1(1.0, 2.0), v2(3.0, 4.0);
    Vector v3 = v1 + v2;
    v3.display();
    return 0;
}
```

실행결과

```
(4, 6)
```

연산자 중복은 함수 중복과 매우 유사하다. 코드에서 보듯이 연산자 +를 중복시키는 문장은 프렌드 함수로 지정되어 있다. 그 이유는 연산자에 해당하는 작업을 하기 위해서는 통상적으로 클래스의 내부 데이터에 효율적으로 접근하여야 하기 때문이다.

연산자를 중복 정의하는 방법

앞으로 많은 연산자를 다루기 전에 여기서 잠깐 정리하고 지나가자. 연산자를 중복 정의하는 방법에는 멤버 함수로 구현하는 방법과 전역 함수로 구현하는 방법이 있다. 벡터 클래스를 예로 들면 + 연산자를 구현하는 데는 다음과 같은 두 가지의 형태가 있다. 앞에서도 언급하였지만 객체 지향의 원리에 더 충실한 방법은 멤버 함수로 구현하는 방법이다.

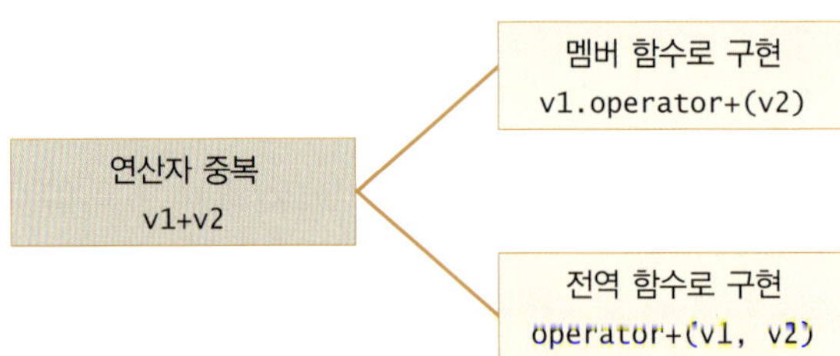

그림 10-6 ● 연산자 중복을 구현하는 방법

다음과 같이 연산자 중에서는 멤버 함수 형태로만 정의가 가능한 연산자들이 있다.

표 10-2 ● 멤버 함수로만 중복할 수 있는 연산자

연산자	설명
=	대입 연산자
()	함수 호출 연산자
[]	배열 원소 참조 연산자
->	멤버 참조 연산자

중복할 수 없는 연산자

연산자 중에서 중복할 수 없는 연산자는 다음과 같다.

표 10-3 ● 중복할 수 없는 연산자

연산자	설명
::	범위 지정 연산자
.	멤버 선택 연산자
.*	멤버 포인터 연산자
?:	조건 연산자

이들 연산자들은 모두 상당히 중요한 역할을 하는 연산자이기 때문에 이들 연산자의 의미를 변경하는 중복 정의는 금지하고 있다. 예를 들어 클래스의 멤버를 지정하는 .연산자의 의미를 변경하게 되면 엄청난 혼란에 빠질 수 있다. ?: 연산자는 피연산자가 세 개나 되기 때문에 중복시키려면 새로운 규칙이 필요하게 된다.

중간점검

1. 벡터 사이의 뺄셈 연산자 -를 중복하여 보자.
2. 두 개의 벡터가 같은지를 검사하는 == 연산자를 중복하라.
3. 문자열을 나타내는 `String` 클래스를 작성하고 + 연산자를 중복하라.

10.3 피연산자의 타입이 다른 연산

벡터의 스칼라곱(scalar product)이라고 불리는 연산을 구현하여 보자. 벡터가 (x, y)이고 α가 스칼라일 때에 벡터 스칼라곱은 $(\alpha x, \alpha y)$가 된다.

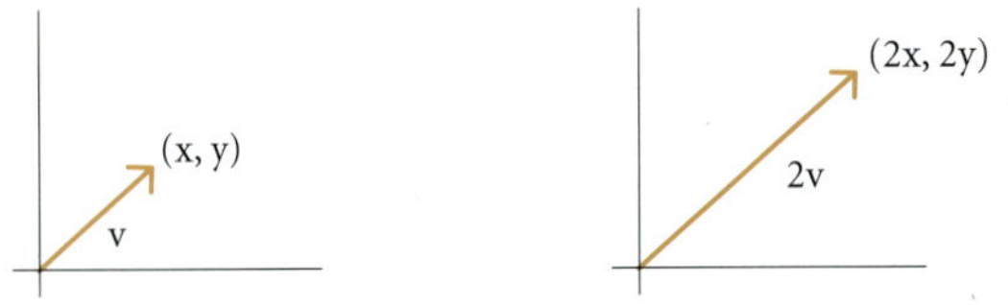

그림 10-7 ● 스칼라 곱 연산

이전 예제들과 다른 점은 스칼라곱 연산에서는 피연산자들의 타입이 다르다는 점이다. 첫 번째 피연산자는 실수이고 두 번째 피연산자는 Vector 객체이다.

스칼라곱은 * 연산자를 중복 정의하면 된다. 함수 이름은 operator*()가 될 것이다. 산술 연산처럼 이항 연산자의 경우에는 전역 함수로 구현하는 방법이 알기 쉽다. 따라서 전역 함수로 구현해보기로 하고 다음과 같이 교환 법칙이 성립하게 하려면 어떻게 해야 하는 지를 생각해보자.

```
w = 2.0 * v;
z = v * 2.0;
```

교환 법칙은 컴파일러가 자동으로 만들어주는 것이 아니다. 사용자가 연산자를 정의할 때는 반드시 명시적으로 매개 변수의 위치가 교환된 연산자 함수를 만들어 주어야 한다.

```
Vector operator*(Vector& v, double alpha);  // v * 2.0 형태 처리
Vector operator*(double alpha, Vector& v);  // 2.0 * v 형태 처리
```

vector3.cpp

```
#include <iostream>
using namespace std;

class Vector
{
   friend Vector operator*(Vector& v, double alpha);
   friend Vector operator*(double alpha, Vector& v);
private:
   double x, y;
public:
   Vector(double xvalue = 0.0, double yvalue = 0.0) : x(xvalue), y(yvalue) {   }
   void display() {
      cout << "(" << x << ", " << y << ")" << endl;
   }
};
```

```
Vector operator*(Vector& v, double alpha)
{
   return Vector(alpha*v.x, alpha*v.y);
}
Vector operator*(double alpha, Vector& v)
{
   return Vector(alpha*v.x, alpha*v.y);
}

int main()
{
   Vector v(1.0, 1.0);
   Vector w = v * 2.0;
   Vector z = 2.0 * v;
   w.display();
   z.display();
   return 0;
}
```

* 연산자 함수 정의

* 연산자 함수 정의

실행결과

```
(2, 2)
(2, 2)
```

10.4 == 연산자의 중복

일반적으로 == 연산자는 두 개의 객체가 동일한 데이터를 가지고 있는지를 체크하는데 사용된다. 각 멤버 변수의 값을 비교하여서 일치하는지를 검사하게 되는 것이다.

표 10-4 • ==과 != 연산자 중복

연산자	중복 함수 이름
==	operator==()
!=	operator!=()

두 개의 객체가 같은 데이터를 가지고 있는지를 검사하는 함수를 별도로 두는 것보다 ==연산자를 중복하는 편이 더 좋다. 그 이유는 표준 라이브러리를 사용할 때 == 연산자

가 정의되어 있으면 find()와 같은 라이브러리 함수를 쉽게 사용할 수 있기 때문이다. 또한 == 연산자가 정의되어 있으면 != 연산자도 당연히 정의하는 편이 혼란을 일으키지 않는다.

vector4.cpp

```
#include <iostream>
using namespace std;

class Vector
{
private:
   double x, y;
public:
   Vector(double xvalue = 0.0, double yvalue = 0.0) : x(xvalue), y(yvalue) {   }
   void display() {
      cout << "(" << x << ", " << y << ")" << endl;
   }

   friend bool operator==(const Vector& v1, const Vector& v2);
   friend bool operator!=(const Vector& v1, const Vector& v2);
};
bool operator==(const Vector &v1, const Vector &v2)
{
   return v1.x == v2.x && v2.y == v2.y;
}
bool operator!=(const Vector &v1, const Vector &v2)
{
   return !(v1 == v2); // 중복된 == 연산자를 이용
}

int main()
{
   Vector v1(1, 2), v2(1, 2);

   cout.setf(cout.boolalpha);
   cout << (v1 == v2) << endl;
   cout << (v1 != v2) << endl;
   return 0;
}
```

==과 != 연산자 함수를 전역 함수로 구현

실행결과

```
true
false
```

10.5 출력 연산자 <<의 중복

Vector 객체에 대해서도 출력 연산자 <<가 동작되도록 할 수 있을까? 즉 Vector 객체에 << 연산자를 적용하여 벡터 정보를 화면에 출력할 수 있다면 상당히 편리할 것이다.

```
Vector v(2, 3);
cout << v;      // 화면에 (2, 3)이 출력된다.
```

그림 10-8 ● 출력 연산자 << 중복 정의

위의 문장이 가능하려면 << 연산자를 중복 정의하여야 한다. 일단 멤버 함수로 정의할 것인지 전역 함수로 정의할 것인지를 선택하여야 한다. 먼저 멤버 함수로 정의하는 것을 고려해보자. cout은 ostream 클래스의 객체이다. 따라서 멤버 함수로 정의하려면 ostream 클래스 안에 operator<<() 함수를 정의하여야 한다. 하지만 ostream 클래스는 컴파일러가 제공하는 라이브러리에 속하므로 우리가 변경할 수 없다.

따라서 다음과 같이 전역 함수 형태로 연산자 <<를 중복 정의할 수밖에 없다.

```
ostream& operator<<(ostream& os, const Vector& v)
{
   ...
}
```

또 하나 주의할 점은 연산의 결과로 반드시 ostream 참조자를 반환하여야 한다는 점이다. ostream 참조자를 반환하지 않으면 다음과 같이 << 연산자가 연속적으로 사용되었을 경우에 제대로 작동되지 않는다.

```
Vector v(2, 3)
Vector w(3, 4);
cout << v << w;
```

위의 코드에서 `cout << v << w;`는 결합 법칙에 의하여 `(cout << v) << w;`와 같이 실행되고 이때 `(cout << v)`가 `cout`을 반환해야만 `cout << w;`의 형태가 되어 올바르게 실행된다.

```
cout << v << w;
        ↓
(cout << v) << w;
        ↓
(operator<<(cout, v)) << w;
        ↓
(cout) << w;
```

그림 10-9 ● << 연산자의 실행의 예

지금까지 설명한 내용을 코드로 정리하여 보면 다음과 같다.

vector5.cpp

```
#include <iostream>
using namespace std;
class Vector
{
   friend ostream& operator<<(ostream& os, const Vector& v);
private:
   double x, y;
public:
   Vector(double xvalue = 0.0, double yvalue = 0.0) : x(xvalue), y(yvalue) {   }
   void display() {
      cout << "(" << x << ", " << y << ")" << endl;
   }
};

ostream& operator<<(ostream& os, const Vector& v)
{
   os << "(" << v.x << "," << v.y << ")" << endl;     <-------<< 연산자 함수 정의
   return os;
}
```

```cpp

int main()
{
    Vector v1(1.0, 2.0), v2(3.0, 4.0), v3;
    cout << v1 << v2 << v3;
    return 0;
}
```

실행결과

```
(1,2)
(3,4)
(0,0)
```

중간점검

1. Date 클래스를 정의하고 여기에 << 연산자를 중복 정의하여 보자.
2. Book 클래스를 정의하고 여기에 << 연산자를 중복 정의하여 보자.

10.6 입력 연산자 >>의 중복

입력 연산자인 >>는 출력 연산자와 비슷한 과정을 거쳐서 중복 정의하면 된다.

```cpp
istream& operator>>(istream& in, Vector& v)
{
    in >> v.x >> v.y;
    if(!in)
        v = Vector(0, 0);      <------- 입력 오류 처리
    return in;
}
```

여기서 주의할 점은 두 번째 매개 변수를 const로 선언하면 안 된다는 것이다. 입력 연산자는 입력을 받아 객체에 저장하여야 하기 때문에 const로 선언해서는 안 된다. 그리고 입력 연산자는 입력 시에 발생되는 오류에 대하여 대비를 하여야 한다. 예를 들어서 입력된 데이터가 수치가 아닌 문자열이었을 경우에는 오류가 발생하게 되고 이때는 변수 v를 초기화 상태로 만들어 주는 것이 좋다. 입력 단계에서 오류가 발생하면 in은 0이 아

닌 값을 반환하게 된다. 따라서 in이 0이 아닌 값을 반환하면 v에 (0, 0)으로 초기화한 임시 객체를 복사하여 준다.

10.7 대입 연산자의 중복

몇 개의 객체들이 이미 생성되어 있다고 하자. 다음과 같이 객체와 객체 사이에 대입 연산을 수행한다면 어떻게 될까?

```
Vector v1, v2;
v1 = v2;
```

객체 간의 대입 연산도 연산자 중복을 통하여 이루어진다. 하지만 대입 연산자의 경우는 조금 특수한데, 만약 프로그래머가 중복하지 않았더라도 디폴트 대입 연산자가 자동으로 생성되고 이것을 통하여 객체 간의 대입 연산이 이루어진다. 디폴트 대입 연산자는 단순히 한 객체의 모든 멤버들을 다른 객체로 복사한다.

만약 디폴트 대입 연산자 대신에 자신만의 대입 연산자가 필요하다면 얼마든지 작성이 가능하다. 예를 들어서 Vector 클래스에 대입 연산자를 추가하여 보자. 일단은 디폴트 대입 연산자와 같은 기능만을 구현하여 보자.

대입 연산자를 중복할 때는 약간의 주의가 필요하다. 먼저 대입 연산자의 매개 변수는 일반적으로는 객체에 대한 상수 참조자이지만 코드에 따라서 그냥 객체이거나 상수가 아닌 참조자일 수 있다. 이 경우 컴파일러에 의하여 매개 변수가 적절하게 변환된다. 컴파일러가 매개 변수를 변환할 수 있으려면 대입 연산자는 반드시 멤버 함수이어야 한다.

vector6.cpp

```
#include <iostream>
using namespace std;
class Vector
{
private:
   double x, y;
public:
   Vector(double xvalue = 0.0, double yvalue = 0.0) : x(xvalue), y(yvalue) {   }
   void display() {
```

```
        cout << "(" << x << ", " << y << ")" << endl;
    }
    Vector& operator=(const Vector& v2)
    {
        this->x = v2.x;
        this->y = v2.y;
        return *this;
    }
};

int main()
{
    Vector v1(1.0, 2.0), v2(3.0, 4.0);
    v1 = v2;
    v1.display();
    return 0;
}
```

주의: 반드시 현재 객체의 참조자를 반환하여야 한다. (return *this;)

연산자 함수 호출 (v1 = v2;)

실행결과

```
(3, 4)
```

여기서 반환값에 주의하여야 한다. 대입 연산자는 참조자를 반환한다. 대입 연산자는 연속하여 적용될 수 있기 때문이다. 연속적으로 대입 연산자를 사용한 문장은 다음과 같은 과정을 거쳐서 실행된다.

```
v3 = v2 = v1;

v3 = (v2.operator=(v1));

v3 = v2;
```

대입 연산자 중복

대입 연산자는 몇 개라도 중복하여 정의될 수 있다. 하나의 예로 double값을 저장하는 Box 클래스의 경우에는 피연산자의 타입에 따라서 다음의 세 가지 버전이 중복되어 있다.

```
class Box {
    double data;
```

```
public:
    Box& operator=(const Box &);
    Box& operator=(const int);
    Box& operator=(const double);
    // ....
};
```

얕은 대입 문제

우리는 앞에서 얕은 복사 문제를 경험한 적이 있다. 이것은 멤버만을 복사하는 경우 동적 할당 공간 등이 복사되지 않는 문제가 있었다. 비슷하게 대입 연산의 경우에도 유사한 얕은 복사 문제가 존재한다.

student.cpp

```
#include <iostream>
using namespace std;
class Student {
    char *name; // 이름
    int number;
public:
    Student(char *p, int n) {
        cout << "메모리 할당" << endl;
        name = new char[strlen(p) + 1];
        strcpy(name, p);
        number = n;
    }
    ~Student() {
        cout << "메모리 소멸" << endl;
        delete[] name;
    }
};
int main()
{
    Student s("홍길동", 20);
    Student t("김유신", 21);
    s = t;
    return 0;
}
```

얕은 대입이 일어난다.

실행결과

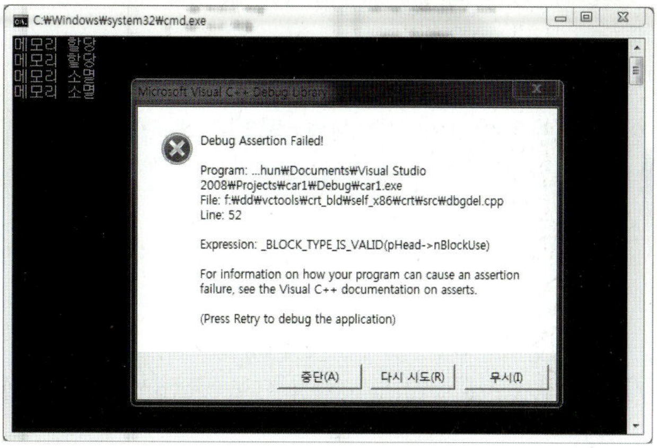

위의 코드에서는 디폴트 복사 연산자가 생성되어 사용된다. 하지만 디폴트 대입 연산자는 멤버만을 기계적으로 복사하기 때문에 같은 메모리 공간을 두 번 소멸하려고 시도하게 되어 실행 오류가 발생한다.

해결책은 무엇일까? 복사 생성자의 경우처럼 대입 연산자를 다시 중복하여 정의해주는 것이다. 대입 연산자에서는 기존의 공간을 반납하고 새로 공간을 할당받은 후 문자열을 복사해준다.

```
class Student {
   ...
public:
   ...
   Student& operator=(const Student& s)
   {
      delete [] name;
      name = new char[strlen(s.name) + 1];
      strcpy(name, s.name);
      number = s.number;
      return *this;
   }
};
```

← 연산자 함수 정의

10.8 증가/감소 연산자의 중복

증가 또는 감소 연산자도 얼마든지 중복이 가능하다. 이 연산자들이 다른 연산자와 다른 점은 피연산자의 개수가 한 개라는 것이다. 앞의 Vector 클래스에 다음과 같은 증가 연산자가 중복되어 있다고 하면 다음과 같은 문장이 가능하다.

```
Vector v;
++v;
```

증가 연산자가 어떤 의미를 가지는가는 프로그래머가 결정한다. Vector 클래스의 경우, x와 y 값이 모두 1씩 증가한다고 가정하자.

표 10-5 ● 증가/감소 연산자의 중복

연산자	중복 함수 이름
++v	v.operator++()
--v	v.operator--()

증가 연산자도 멤버 함수로 구현할 수도 있고 전역 함수로 구현할 수도 있다. 만약 Vector 클래스의 멤버 함수로 구현한다면 ++v는 다음과 같은 의미가 된다.

```
v.operator++();
```

만약 전역 함수로 구현한다면 ++v는 다음과 같은 의미가 된다.

```
operator++(v);
```

Vector 클래스에서 ++ 연산자를 멤버 함수로 구현하여 보면 다음과 같다.

vector7.cpp

```
#include <iostream>
using namespace std;
class Vector
{
private:
   double x, y;
public:
   Vector(double xvalue = 0.0, double yvalue = 0.0) : x(xvalue), y(yvalue) {   }
```

```cpp
    void display() {
        cout << "(" << x << ", " << y << ")" << endl;
    }
    Vector& operator++()
    {
        x = x + 1.0;
        y = y + 1.0;
        return *this;
    }
};

int main()
{
    Vector v;
    ++v;
    v.display();
    ++(++v);
    v.display();

    return 0;
}
```

++ 연산자 함수 정의

실행결과

```
(1, 1)
(3, 3)
```

여기서 주의할 점은 `operator++()`에서 `*this`를 반환한다는 점이다. `this`는 자기를 가리키는 포인터이므로 `*this`는 바로 객체 자신이다. 왜 객체 자신을 반환하는 것인가? 그 이유는 다음과 같은 수식을 가능하도록 해야 하기 때문이다.

```cpp
++(++v);
```

위의 수식을 함수 호출의 형태로 변환하면 다음과 같이 된다.

```cpp
++(v.operator++());
```

여기서 `v.operator++()`가 v의 참조값을 반환해야만 맨 앞의 ++ 연산이 제대로 실행된다.

```cpp
++(v);
```

여기서 operator++()의 반환형은 반드시 참조자이어야 한다. 만약 반환형이 Vector로 선언되었다면 객체 v의 복사본이 반환되어서 ++ 연산이 원본 객체 v에 적용되지 않는다.

후위 증가와 후위 감소 연산자

++와 -- 연산자는 피연산자의 앞에 올 수도 있고 피연산자의 뒤에 올 수도 있다. 이 두 가지를 구별하기 위하여 ++가 피연산자 뒤에 오는 경우 int형 매개 변수를 추가한다.

표 10-6 ● 전위 연산자와 후위 연산자의 비교

연산자	중복 함수 이름
++v	v.operator++()
v++	v.operator++(int)

v.operator++(int)에서 int 매개 변수는 아무런 의미가 없으며 전혀 사용되지 않는다. 이 매개 변수는 단순히 전위와 후위 연산자를 구별하기 위해서 사용된다. 앞의 Vector 클래스에 후위 증가와 후위 감소 연산자를 정의하여 보면 다음과 같다.

vector8.cpp

```
#include <iostream>
using namespace std;
class Vector
{
private:
   double x, y;
public:
   Vector(double xvalue = 0.0, double yvalue = 0.0) : x(xvalue), y(yvalue) {   }
   void display() {
      cout << "(" << x << ", " << y << ")" << endl;
   }
   Vector& operator++()
   {
      x++;
      y++;
      return *this;
   }
```

++v 형태의 증가 연산자 함수 정의

```
    const Vector operator++(int)
    {
        Vector saveObj = *this;
        x++;
        y++;
        return saveObj;
    }
};

int main()
{
    Vector v(1.0, 1.0), w;
    w = v++;
    w.display();
    return 0;
}
```

++v 형태의 증가 연산자 함수 정의

실행결과

```
(1, 1)
```

프로그램 설명

operator++(int)는 참조자가 아닌 객체 복사본을 반환한다. ++연산자가 뒤에 실행이 되어야 하므로 현재 객체를 보관한 후에 x와 y값을 증가시키고 보관된 객체를 반환한다.

operator++(int)는 const 객체를 반환한다. 따라서 반환된 임시 객체는 변경이 불가능하다. 따라서 다음과 같은 문장은 불가능하다.

```
(v++)++;    // 오류!
```

반면에 다음과 같은 문장은 허용이 된다.

```
++(++v);    // OK!
```

이것은 기존의 ++ 연산자와의 호환성을 위한 것이다.

중간점검

1. Vector 클래스에서 -- 연산자를 중복 정의해보자. -- 연산자는 x와 y의 값을 1씩 감소시키는 것으로 하라.

10.9 인덱스 연산자 [ ]의 중복

인덱스 연산자 또는 첨자 연산자 []는 배열로부터 지정된 번호의 원소를 찾는다. 이 인덱스 연산자도 중복시켜서 원하는 기능을 수행하도록 할 수 있다. 예를 들어 인덱스 연산자를 중복하여 배열의 경계에서 벗어나는 것을 막을 수 있다. 사실 많은 오류가 배열의 경계를 벗어나는 접근 때문에 발생한다.

```
int A[10];
A[-1] = 0;
```

인덱스 연산자를 중복 정의할 이름은 어떻게 될까? operator[](int)와 같다.

표 10-7 • 인덱스 연산자의 중복 정의

연산자	중복 함수 이름
v[]	v.operator[]()

예를 들어 MyArray 클래스에서 인덱스 연산자를 중복 정의하였다면 다음과 같이 변환되어 호출된다.

```
MyArray A;
A[3] = 10;

A.operator[](3) = 10;
```

인덱스 연산자인 []를 중복하여 향상된 정수 배열 MyArray를 작성하여 보자. 기존의 배열은 인덱스에 대하여 전혀 검사를 하지 않는다. MyArray에서는 인덱스 연산을 사용할 때마다 인덱스가 경계를 넘었는지를 검사한다.

my_array.cpp

```
#include <iostream>
#include <assert.h>
using namespace std;

// 향상된 배열을 나타낸다.
class MyArray {
   friend ostream& operator<<(ostream &, const MyArray &);    // 출력 연산자 <<
private:
```

```
    int *data;      // 배열의 데이터
    int size;       // 배열의 크기

public:
    MyArray(int size = 10);  // 디폴트 생성자
    ~MyArray();              // 소멸자

    int getSize() const;     // 배열의 크기를 반환
    MyArray& operator=(const MyArray &a);  // = 연산자 중복 정의
    int& operator[](int i);                // [] 연산자 중복: 설정자
};

MyArray::MyArray(int s) {
    size = (s > 0 ? s : 10);     // 디폴트 크기를 10으로 한다.
    data = new int[size];        // 동적 메모리 할당

    for(int i = 0; i < size; i++)
        data[i] = 0;             // 요소들의 초기화
}

MyArray::~MyArray() {
    delete [] data;              // 동적 메모리 반납
    data = NULL;
}

MyArray& MyArray::operator=(const MyArray& a) {
    if(&a != this) {                               // 자기 자신인지를 체크
        delete[] data;                             // 동적 메모리 반납
        size = a.size;                             // 새로운 크기를 설정
        data = new int[size];                      // 새로운 동적 메모리 할당

        for(int i = 0; i < size; i++)
            data[i] = a.data[i];                   // 데이터 복사
    }
    return *this;                                  // a = b = c와 같은 경우를 대비
}

int MyArray::getSize() const
{
    return size;
}

```

대입 연산자 중복 정의

```
51  int& MyArray::operator[](int index) {
52     assert(0 <= index && index < size);     // 인덱스가 범위에 있지 않으면 중지
53     return data[index];
54  }
55
56  // 프렌드 함수 정의
57  ostream& operator<<(ostream &output, const MyArray &a) {
58     int i;
59     for(i = 0; i < a.size; i++) {
60        output << a.data[i] << ' ';
61     }
62     output << endl;
63     return output;                        // cout << a1 << a2 << a3와 같은 경우 대비
64  }
65
66  int main()
67  {
68     MyArray a1(10);
69
70     a1[0] = 1;
71     a1[1] = 2;
72     a1[2] = 3;
73     a1[3] = 4;
74     cout << a1 ;
75
76     return 0;
77  }
```

인덱스 연산자 중복 정의

실행결과

```
1 2 3 4 0 0 0 0 0 0
```

프로그램 설명

7 출력 연산자 <<을 프렌드 함수로 중복 정의한다.

17 대입 연산자 =을 중복 정의한다.

18 인덱스 연산자 []를 중복 정의한다. 인덱스 연산자는 참조자를 반환한다. 참조자가 반환되면 대입 연산자의 왼쪽과 오른쪽에 모두 사용할 수 있다.

```
MyArray a(10);
a[3] = 9;
a[5] = a[2] + 87;
```

중간점검

1. MyArray 클래스에 == 연산자를 중복 정의하라.
2. MyArray 클래스에 != 연산자를 중복 정의하라. == 연산자를 사용하라.
3. MyArray 클래스에 >> 연산자를 중복 정의하라.

10.10 포인터 연산자의 중복

포인터와 관련된 두 가지의 연산자인 *과 ->도 중복이 가능하다. 특히 이 두 가지 연산자를 중복하면 포인터와 비슷한 클래스를 작성하여 사용할 수 있다. 두 연산자 모두 멤버 함수로 작성하는 것이 좋다. 포인터와 비슷한 역할을 하는 Pointer 클래스를 작성하여 보자.

먼저 * 연산자와 -> 연산자를 중복하면 어떤 함수 이름이 될까?

표 10-8 ● 포인터 연산자의 중복 정의

연산자	중복 함수 이름
*	operator*()
->	operator->()

따라서 클래스에서 * 연산자와 -> 연산자를 위의 이름대로 생성하여 주면 된다. 우선 간단한 예제로 int형 포인터와 동일한 역할을 하는 사용자 정의 포인터를 작성하여 보자. 클래스 안에는 int형 포인터가 저장되고 생성자, 소멸자, 연산자 중복 함수 등이 정의된다.

smartp1.cpp

```
#include <iostream>
using namespace std;

class Pointer {
   int *pi;
public:
   Pointer(int *p): pi(p)
   {
   }
```

```
    ~Pointer()
    {
        delete pi;
    }
    int* operator->() const
    {
        return pi;
    }
    int& operator*() const
    {
        return *pi;
    }
};

int main()
{
    Pointer p(new int);
    *p = 100;
    cout << *p << endl;
    return 0;
}
```

-> 연산자 중복 정의

* 연산자 중복 정의

실행결과

```
100
계속하려면 아무 키나 누르십시오...
```

사용자 정의 포인터를 사용하려면 일단은 생성자를 호출하여서 포인터를 초기화하여야 한다. 일단 포인터가 정의되면 * 연산자와 -> 연산자를 사용할 수 있다. int형 포인터에서는 -> 연산자는 사용할 수 없어서 * 연산자만을 테스트하였다.

그렇다면 위의 포인터가 int형 포인터에 비하여 나은 점이 있을까? 한 가지 있다. 소멸자에서 만약 포인터가 소멸되면 동적 할당받은 공간도 반납하게 되어 있다. 사용자가 동적 메모리 공간을 반납할 필요가 없어지는 것이다. 이렇게 포인터 연산 정의를 이용하여서 만들어진 향상된 포인터를 스마트 포인터(smart pointer)라고 한다.

스마트 포인터는 포인터와 같이 동작하면서 객체가 스마트 포인터를 통하여 접근될 때마다 필요한 어떤 동작을 수행하는 객체이다. 예를 들어 생성자에서 파일 이름을 받아서 저장하고 있다가 operator->()가 호출되면 디스크에 저장된 데이터를 메모리로 불러 올 수도 있다. 소멸자는 변경된 데이터를 디스크에 저장할 수 있다.

좀 더 복잡한 예제로 자동차 객체를 가리키는 포인터 클래스를 작성하여 보자.

smartp2.cpp

```
#include <iostream>
#include <string>
using namespace std;

class Car {
   friend ostream& operator<<(ostream& os, const Car& c);
public:
   int speed;
   int gear;
   string color;
   Car(int s = 0, int g = 1, string c = "white") : speed(s), gear(g), color(c) {   }
   void setSpeed(int s){
      speed = s;
   }
   int getSpeed(){
      return speed;
   }
};
ostream& operator<<(ostream& os, const Car& c)
{
   os << "속도: " << c.speed << " 기어: " << c.gear << " 색상: " << c.color << endl;
   return os;
}

class Pointer {
   Car *pc;
public:
   Pointer(Car *p): pc(p) { }
   ~Pointer() { delete pc; }
   Car* operator->() const { return pc; }
   Car& operator*() const { return *pc; }
};

int main()
{
   Pointer p(new Car(0, 1, "red"));
   p->speed = 100;
   cout << *p;
```

스마트 포인터

```
    (*p).speed = 200;
    cout << *p;
    p->setSpeed(300);
    cout << *p;
    return 0;
}
```

실행결과

```
속도: 100 기어: 1 색상: red
속도: 200 기어: 1 색상: red
속도: 300 기어: 1 색상: red
```

여기서 Car 클래스의 멤버 변수들은 public으로 정의하여서 p를 통하여 접근할 수 있음을 보였다. p->speed는 (p.operator->())->speed로 해석하면 된다.

(*p).speed는 (p.operator*()).speed로 해석하면 된다.

10.11 함수 호출 연산자 ( )의 중복

함수 호출 연산자인 ()도 중복이 가능하다. 우선 간단한 예제를 통하여 함수 호출 연산자를 중복시켜보자. 항상 해왔듯이 () 연산자를 중복시켰을 때 어떤 이름이 되는지를 생각해보자.

표 10-8 • 함수 호출 연산자 중복

연산자	중복 함수 이름
f(...)	f.operator()(...)

일단 간단한 예제를 작성하여 보자. 정수의 부호를 반대로 하는 클래스 Negate를 작성하여 보자.

func_obj.cpp

```
#include <iostream>
#include <string>
using namespace std;
```

```cpp

class  Negate {
public:
    int operator()(int value) {
        return -value;
    }
};

int main()
{
    Negate neg;
    cout << neg(100) << endl;
}
```

함수 호출 연산자 중복 정의

실행결과

```
-100
```

위의 클래스는 함수 호출 연산자만을 정의한다. 위의 클래스의 객체를 작성하면 이 객체를 마치 함수처럼 사용할 수 있다. 함수 호출 연산자를 정의하는 클래스들을 함수 객체(function object)라고 하는데 이것은 마치 객체가 함수처럼 동작하기 때문이다.

함수 호출 연산자의 중복

함수 호출 연산자를 중복할 때에도 매개 변수만 다르면 여러 개를 중복시킬 수 있다. () 연산자의 경우, 미리 정해진 피연산자의 개수가 결정되어 있지 않다. 프로그래머가 마음대로 할 수 있는 것이다. 매개 변수의 개수나 타입이 다르다면 얼마든지 중복이 가능하다. 이 예제에서는 주어진 정수들의 합을 구하는 () 연산자를 중복하여 정의하였다.

func_obj1.cpp

```cpp
#include <iostream>
#include <string>
using namespace std;

class Add {
public:
    int operator()(int x, int y) {
        return x + y;
    }
```

중복 정의

```
    int operator()(int x, int y, int z) {
        return x + y + z;
    }
};

int main()
{
    Add add;
    cout << add(10, 20) << endl;
    cout << add(10, 20, 30) << endl;
}
```

중복 정의

실행결과

```
30
60
```

프로그램 설명

Add 클래스는 멤버 변수를 가지지 않는다. 첫 번째 () 연산자는 정수 두 개의 합을 구하고 두 번째 () 연산자는 정수 세 개의 합을 구한다.

여기서 add(10, 20)는 생성자 호출이 아니다. 클래스가 아니라 객체의 이름을 가지고 호출하는 것이므로 중복된 () 연산자를 호출하는 것이다.

함수 객체의 용도

함수 객체는 15장에서 학습하게 되는 STL 알고리즘에서 많이 사용된다. STL 알고리즘들은 함수나 함수 객체를 인수로 받는데 함수보다는 함수 객체가 더 유연성이 크다. 우리는 일단 여기서 함수 객체에 대하여 이해하고 본격적인 응용은 STL 알고리즘에서 살펴보자.

10.12 타입 변환 연산자의 중복

기본 타입의 변수 사이에서는 타입 변환 규칙에 따라 자동적으로 타입이 변환된다. 예를 들어서 double 타입의 변수에 int 타입의 변수를 대입하면 int 타입의 값이 double 타입으로 변환되어 저장된다.

```
int i = 10;
double d = i; // int 타입이 double 타입으로 자동적으로 변환된다.
```

자동적인 타입 변환에는 올림 변환과 내림 변환이 있고 올림 변환은 문제가 없지만 내림 변환의 경우에는 데이터의 손실이 있을 수 있다. 함수의 매개 변수로 변수가 전달될 때도 동일한 자동적인 변환이 일어난다.

클래스의 객체들도 하나의 타입에서 다른 타입으로 자동적인 변환이 가능하다. 이것은 변환 생성자(conversion constructor)와 변환 연산자(conversion operator)에 의하여 가능하다.

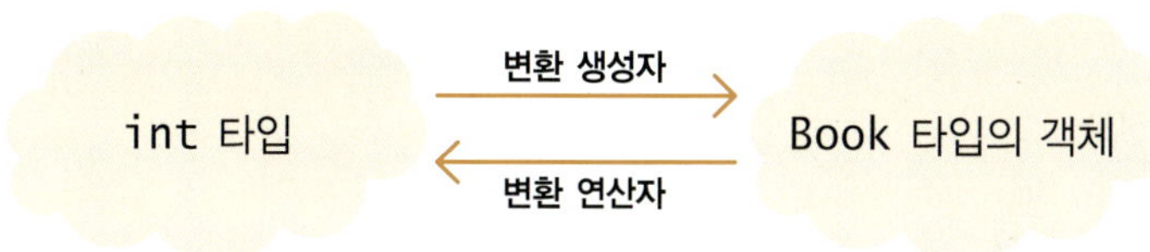

그림 10-10 ● 타입 변환

변환 생성자

우리는 매개 변수가 하나인 생성자를 사용하여서 다른 타입을 우리가 정의하고 있는 클래스 타입으로 변경할 수 있다. 이것을 변환 생성자라고 한다. 변환 생성자는 반드시 매개 변수가 하나이어야 한다. 매개 변수가 하나가 아니면 변환 생성자의 역할을 하지 못한다.

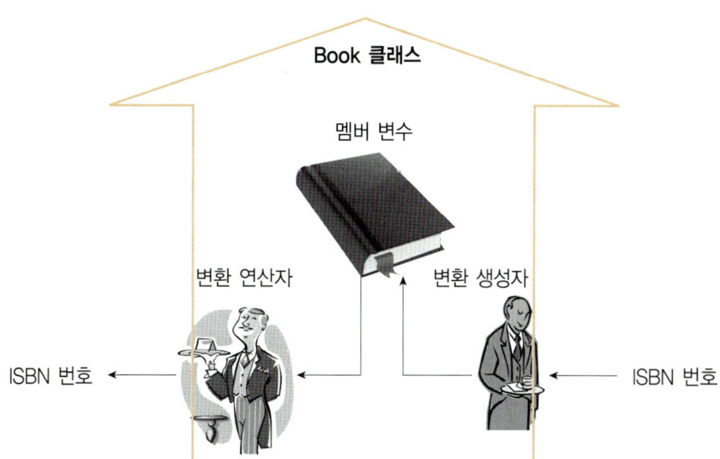

그림 10-11 ● 변환 생성자와 변환 연산자

int 값을 Book 객체로 변환하는 변환 생성자를 작성하여 보자.

Book.cpp

```
#include <iostream>
#include <string>
using namespace std;

class Book
{
private:
   int isbn;   // 책의 ISBN
   string title; // 책의 제목
public:
   Book() { // 생성자
      isbn = 0;
      title = "unknown";
   }
                                          변환 생성자
   Book(int isbn) {
      this->isbn = isbn;
      this->title = "unknown";
   }
   void display() {
      cout << isbn << ":" << title << endl;
   }
};

int main()
{                                      변환 생성자 호출
   Book b1 = 9782001;  // int 타입을 Book 타입에 대입
   b1.display();
   b1 = 9783001; // 가능
   b1.display();
   return 0;
}
```

실행결과

```
9782001:unknown
9783001:unknown
계속하려면 아무 키나 누르십시오...
```

Book 클래스는 책을 표현하며 책의 ISBN 번호와 제목을 멤버 변수로 가진다. 두 개의 생성자가 정의되어 있는데 디폴트 생성자와 변환 생성자가 그것이다. 변환 생성자 Book(int)은 정수형의 매개 변수를 가지는데, Book 객체의 isbn에 매개 변수를 대입한다. 이렇게 하나의 매개 변수를 받아서 변환하여 객체를 초기화하는 생성자를 변환 생성자라고 한다.

아래의 문장을 좀 더 자세하게 분석하여 보자.

```
Book b1 = 9782001;
```

원래 Book 타입의 객체 b1에 정수값을 대입할 수는 없지만 변환 생성자가 정의되어 있으면 컴파일러에 의해 정수값이 자동으로 객체로 변환된다. 컴파일러는 변환 생성자를 이용하여 정수 9782001을 Book 객체로 변환하는 것이다.

```
   b1 = 9783001; // 가능
```

위의 문장에서도 마찬가지로 컴파일러는 정수값 9783001을 자동 변환하여 Book 객체를 만들고 이것을 b1에 대입하게 된다.

이러한 변환 생성자의 개념은 상당히 편리하기도 하지만 때로는 버그의 원인이 된다. 다음과 같은 코드를 살펴보자.

```
Book b2 = 3.141592;
b2.display();
```

여기서 b2에 실수형의 값이 할당되더라도 컴파일러가 실수형을 정수형으로 자동 변환하고 이것을 변환 생성자에 넣어서 객체를 생성하게 된다. 이런 경우에는 변환 생성자 때문에 의도하지 않은 오류를 만들게 된다.

이러한 문제점 때문에 explicit 키워드가 만들어졌다. 만약 생성자 앞에 explicit을 붙이면 컴파일러가 자동적으로 타입 변환을 하지 못한다. 그러나 명시적인 타입 변환을 하는 것은 여전히 가능하다.

```
Book b1 = 9783001;          // NOT OK!
Book b1(9783001);           // OK
Book b1 = (Book)9783001;    // OK
```

변환 연산자

아래 문장과 같이 변수 앞에 (int)를 붙여서 타입을 변환하는 것도 일종의 연산자이다.

```
int value = (int) fvalue;
```

따라서 타입을 변환하는 연산자도 중복시킬 수 있다. 클래스 타입을 다른 타입으로 자동적으로 변환하려면 다음과 같은 형식을 가지는 변환 연산자 함수를 정의하면 된다.

형식
```
operator 데이터_타입()
{
    ....
}
```

변환 연산자 함수는 반환형이 없으며 매개 변수도 없다. 예를 들어서 앞의 Book 객체를 int 타입으로 변환하는 연산자 함수는 다음과 같다.

```
class Book
{
    operator int() const
    {
        return isbn;        // <------ 변환 연산자(Book->int)
    }
}
```

앞의 Book 클래스에 변환 연산자 함수를 완전하게 정의하여 보면 다음과 같다.

Book2.cpp

```
#include <iostream>
#include <string>
using namespace std;

class Book
{
private:
    int isbn;
    string title;
public:
    Book(int isbn, string& title) {
        this->isbn = isbn;
```

```
        this->title = title;
    }
    Book(int isbn) {
        this->isbn = isbn;
        this->title = "unknown";
    }
    operator int() const
    {
        return isbn;
    }

    void display() {
        cout << isbn << ":" << title << endl;
    }
};

bool check(int isbn)
{
    cout << isbn << endl;
    return true;
}

int main()
{
    Book b1 = 9782001;          // 변환 생성자 실행!
    b1.display();
    int isbn = b1;              // 변환 연산자 실행!
    cout << isbn << endl;
    check(b1);                  // 변환 연산자 실행!

    return 0;
}
```

변환 생성자(int->Book)

변환 연산자(Book->int)

실행결과

```
9782001:unknown
9782001
9782001
계속하려면 아무 키나 누르십시오 . . .
```

check()라는 함수는 매개 변수로 int 타입을 받는다. 하지만 main()에서는 Book 타입의 객체인 b1을 인자로 전달하였다. 이때 바로 변환 연산자 함수가 호출되어서 Book 타입을 int 타입으로 변환한다.

자동적인 변환은 편리한 경우도 있지만 자칫하면 아주 발견하기 힘든 버그를 만들기도 한다. 따라서 충분한 의미가 있고 꼭 필요한 경우에만 사용하여야 한다.

참고사항

클래스 타입과 클래스 타입 사이에도 자동적인 변환이 가능하다. 이 경우에는 변환 생성자만을 사용할 수도 있고, 변환 연산자만을 사용할 수도 있다. 아니면 한쪽은 변환 생성자를, 다른 한쪽은 변환 연산자를 사용할 수 있다. 클래스 간의 변환은 사용 이유가 분명한 경우에만 사용하여야 한다.

중간점검

1. 클래스 Car를 string으로 변환하는 변환 연산자를 작성하라.
2. 변환 연산자의 위험성은 무엇인가?

10.13 연산자 중복 시에 유의할 점

- 새로운 연산자를 만드는 것은 허용되지 않는다. 예를 들어서 지수승을 나타내기 위하여 ^ 연산자를 새롭게 정의할 수 없다.
- 거의 모든 연산자가 중복이 가능하다. 하지만 :: 연산자, .* 연산자, . 연산자, ?: 연산자는 중복이 불가능하다.
- 중복된 연산자는 클래스 타입의 피연산자를 반드시 가져야 한다. 내장된 int형이나 double형에 대한 연산자의 의미를 변경할 수는 없다.

```
// 컴파일 오류!! : double형에 대하여 연산자 *의 의미를 변경할 수는 없다.
double operator*(double, double);
```

- 연산자들의 우선순위나 결합 법칙은 변경되지 않는다.
- 만약 + 연산자를 중복하였다면 일관성을 위하여 -, +=, -= 연산자도 중복하는 것이 좋다.
- 일반적으로 산술 연산자와 관계 연산자는 전역 함수로 정의한다. 반면 대입 연산자는 멤버 함수로 정의한다.

```
// 멤버 함수: 좌측 피연산자는 this이다.
Vector& Vector::operator=(const Vector&);

// 전역 함수: 모든 피연산자를 매개 변수로 선언
Vector operator+(const Vector&, const Vector&);
```

중간점검

1. 벡터를 나타내는 Vector 클래스에 - 연산자를 중복하라.
2. 벡터를 나타내는 Vector 클래스에 ++ 연산자를 중복하라.
3. 문자열을 나타내는 String 클래스를 작성하고 << 연산자를 중복하라.

10.14 예제

9장에서 다루었던 MyString 클래스에 + 연산자를 중복 정의하여 보자.

my_string.cpp

```
#include <iostream>
using namespace std;

class MyString
{
private:
   char *pBuf;                        // 동적으로 할당된 메모리의 주소값 저장

public:
   MyString(const char *s = NULL);
   MyString(MyString& s);
   ~MyString();

   void print();                      // 문자열을 화면에 출력
   int getSize();                     // 문자열의 길이 반환
   MyString operator+(MyString& s);   // + 연산자 중복 정의
};

```

```
// 생성자
MyString::MyString(const char *s)
{
   if( s == NULL )
   {
      pBuf = new char[1];
      pBuf[0] = NULL;
   }
   else
   {
      pBuf = new char[::strlen(s) + 1];
      strcpy(pBuf, s);
   }
}

// 복사 생성자
MyString::MyString(MyString &s)
{
   pBuf = new char[s.getSize() + 1];
   strcpy(pBuf, s.pBuf);
}

// 소멸자
MyString::~MyString()
{
   if( pBuf )
      delete[] pBuf;
}

void MyString::print()
{
   cout << pBuf << endl;
}

int MyString::getSize()
{
   return strlen(pBuf);
}
MyString MyString::operator+(MyString& s)
{
   char *temp = new char[getSize() + s.getSize() + 1];
   strcpy(temp, pBuf);
```

```
61     strcat(temp, s.pBuf);
62     MyString r(temp);
63     delete[] temp;
64     return r;
65  }
66
67  int main() {
68
69     MyString s1("Hello ");
70     MyString s2("World!");
71     MyString s3 = s1 + s2;
72
73     s1.print();
74     s2.print();
75     s3.print();
76
77     return 0;
78  }
```

실행결과

```
Hello
World!
Hello World!
```

프로그램 설명

59 두 개의 문자열을 저장할 수 있는 공간을 동적 할당한다. 1을 더한 것은 NULL문자를 위한 공간이다.

60 strcpy()를 이용하여서 첫 번째 문자열을 복사한다.

61 strcat()를 이용하여서 두 번째 문자열을 뒤에 붙인다.

62 MyString 객체를 지역 변수로 생성한다. 생성자의 매개 변수로 C-스타일 문자열인 temp를 전달한다.

63 동적 할당받은 공간을 반납한다.

64 객체를 반환한다. 이때도 절대 참조자를 반환하면 안된다. r은 지역 변수이기 때문에 함수가 종료되면 없어지게 된다.

EXERCISE
C++ ESPRESSO

1. 프렌드 함수와 멤버 함수와의 차이점은 무엇인가?

2. 중복 정의할 수 없는 연산자에는 어떤 것들이 있는가?

3. 누를 때마다 1씩 증가하는 카운터를 나타내는 클래스를 작성하여 보자. Counter 클래스는 count를 멤버 변수로 가진다. 단항 연산자인 ++와 -- 연산자를 중복 정의하여 보자. 빈칸을 채워서 클래스 정의를 완성하여 보자.

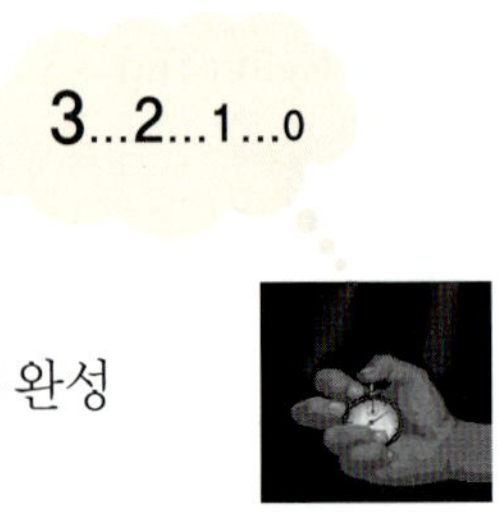


```
class Counter
{
   int count; //카운터값
public:
   Counter() { count = 0; }       // 생성자
   Counter(int value) { ______________ }      // 생성자
   void operator++() { count++; }              // ++ 연산자 중복
   ___________________________                 // -- 연산자 중복
};
int main()
{
   Counter c(10);            //____________________
   ______;                   // c에 ++ 연산자를 적용한다.
   ______;                   // c에 -- 연산자를 적용한다.
   return 0;
}
```

4. 시간(어떤 시각에서 어떤 시각까지의 사이)을 나타내는 Time 클래스를 작성하여 보자. Time은 hours를 멤버로 가진다.

```
class Time
{
   int hours;
public:
   Time() { hours = 0; }
   Time(int h) { hours = h; }
};
```

(1) + 연산자를 프렌드 함수 형태로 작성하여 보자.

(2) + 연산자를 멤버 함수 형태로 작성하여 보자.

(3) 출력 연산자인 <<을 중복 정의해보라.

(4) `Time` 클래스에 분을 나타내는 멤버 변수인 `minutes`를 추가하여서 다시 작성하여 보라.

PROGRAMMING
C++ ESPRESSO

1. 정수형 배열을 나타내는 Array를 구현하여 보자. 생성자는 배열의 크기만을 받거나 포인터 기반의 배열을 매개 변수로 받는다. 멤버로는 현재 크기를 나타내는 size와 데이터가 저장된 위치를 가리키는 포인터인 ptr이 있다.

(1) 출력 연산자인 >>을 중복 정의한다.

(2) ==와 != 연산자를 중복 정의하여 두 개의 배열을 비교할 수 있도록 한다.

(3) [] 연산자를 중복 정의하여 배열의 요소를 반환하도록 한다. 이때에 인덱스가 배열의 크기를 넘었는지를 검사한다.

(4) = 연산자를 중복 정의하여 하나의 배열을 다른 배열로 대입할 수 있도록 한다.

2. 우리 나름대로의 문자열을 나타내는 클래스 String을 정의하여 보자. String은 내부적으로 문자 배열을 이용하여 문자열을 저장한다. 다음과 같은 연산자들을 중복 정의하여 보자.

(1) + 연산자를 중복 정의하여 두 개의 문자열을 합치는 연산을 제공한다.

(2) ! 연산자를 중복 정의하여 문자열이 공백이면 true를 반환한다.

(3) ==와 != 연산자를 중복 정의하여 두 개의 문자열이 일치하면 true를 반환한다.

(4) <, >, <=, >= 연산자를 중복 정의하여 두 개의 문자열의 순서를 비교한다.

3. 날짜를 나타내는 클래스 Date를 정의하여 보자. Date는 내부적으로 멤버 변수인 year, month, day에 날짜를 저장한다. 다음과 같은 연산자들을 중복 정의하여 보자.

(1) ++연산자를 중복 정의하여 이전 날짜를 반환하도록 한다.

(2) -- 연산자를 중복 정의하여 다음 날짜를 반환하도록 한다.

(3) >> 연산자를 중복 정의하여 콘솔에 날짜를 출력한다.

4. 현재 시각을 나타내는 `Time` 클래스를 정의한다. `Time` 클래스는 `hour`, `minute`, `second`를 멤버 변수로 가진다. 필요한 멤버 함수나 생성자, 소멸자를 정의하라. `Time` 객체에 여러 가지의 연산자를 사용할 수 있도록 연산자를 중복 정의하라. 클래스 외부에 일반 함수로 정의하거나 클래스 내부의 멤버 함수로 정의하여 보라.

```
Time start;
Time end = start + 1000; // 1000초 후
```

(1) +와 - 연산자를 중복 정의하라.

(2) <와 > 연산자를 중복 정의하라.

(3) ==와 != 연산자를 중복 정의하라.

(4) >>와 << 연산자를 중복 정의하라.

5. 분수를 나타내는 클래스 `Fraction`을 정의한다. `Fraction` 클래스는 `numer`(분자), `denom`(분모)을 멤버 변수로 가진다. 필요한 멤버 함수나 생성자, 소멸자를 정의하라. `Fraction` 객체에 여러 가지의 연산자를 사용할 수 있도록 연산자를 중복 정의하라. 클래스 외부에 일반 함수로 정의하거나 클래스 내부의 멤버 함수로 정의하여 보라.

```
Fraction a(3, 8);
Fraction b(1, 8);
Fraction c;
c = a + b; // c는 4/8이 된다.
```

6. 집합을 나타내는 클래스 `Set`을 정의하여 보자. `Set`은 정수들을 저장한다. `Set`에서는 중복이 허용되지 않는다.

(1) + 연산자를 중복 정의하여 원소를 집합에 추가할 수 있도록 한다.

(2) - 연산자를 중복 정의하여 원소를 집합에서 삭제할 수 있도록 한다.

(3) | 와 & 연산자를 중복 정의하여 합집합과 교집합 연산을 구현한다.

(4) 두 개의 집합이 같으면 == 연산자가 `true`를 반환하게 중복 정의한다.

(5) 입출력 연산자인 >>과 <<을 중복 정의한다.

7. 2차원 공간의 점을 나타내는 클래스 Point를 정의한다. Point 클래스는 x, y를 멤버 변수로 가진다. 필요한 멤버 함수나 생성자, 소멸자를 정의하라. +, − 연산자를 중복 정의하라.

8. 복소수를 나타내는 Complex를 구현하여 보자.

(1) +, -, *, >>, << 연산자를 멤버 함수의 형태로 중복 정의하라.

(2) +, -, *, >>, << 연산자를 프렌드의 형태로 중복 정의하라.

9. [] 연산자도 중복이 가능하다. 텍스트를 분석하여서 단어들이 등장하는 횟수를 기록하는 심볼 테이블을 SymbolTable이라는 클래스로 작성하여 보자. SymbolTable 클래스는 key과 value을 멤버 변수로 가진다. 심볼 테이블에 원소를 추가하는 멤버 함수인 add()와 집합에서 원소를 삭제하는 delete()을 제공하라. [] 연산자를 중복 정의하여 다음과 같이 심볼의 이름을 주면 값을 반환하도록 하라.

```
SymbolTable table;
table.add("house", 100);
table.add("mouse", 200);
cout << table["house"] << endl;        // 100을 출력
```

10. 직원을 나타내는 Employee 클래스의 객체를 정수형으로 형변환하면 월급을 반환하도록 Employee 클래스 안에 형변환 함수를 중복 정의하라.

```
Employee e("홍길동", 100);
int salary = (int) e; // salary에 100이 저장된다.
```

LAB
C++ ESPRESSO

1. 복소수를 나타내는 `Complex` 클래스를 가지고 실습하여 보자.

```
class Complex {
private:
   double real, imag;
public:
   Complex(double r, double i) : real(r), imag(i) { }
   Complex operator+(Complex);
   Complex operator-(Complex);
};
```

(1) 연산자 +와 -에 대한 함수를 클래스 외부에 작성하라.

(2) 복소수 (1.0, 7.0)와 (3.0, 8.0)을 나타내는 객체를 생성하고 두 개의 복소수를 + 연산자를 이용하여 합하는 문장을 완성하라.

(3) a, b가 `Complex` 객체라고 했을 때 `a + b` 대신에 `a.operator+(b)`의 형태로도 호출이 가능한지를 확인하라.

(4) +=, -= 연산자도 중복 정의해보라. 객체를 생성하여서 테스트하라.

(5) 다음과 같은 문장을 가능하게 하려면 어떤 생성자가 정의되어야 하는가? 필요한 생성자를 정의하여 보자.

```
Complex a = 6;   // a.real = 3, a.imag = 0이라는 의미가 된다.
```

(6) `(double)` 형변환 연산자를 중복 정의하여 보자. `(double)`이 복소수에 적용되면 복소수의 절대값을 구해서 반환한다.

(7) 연산자 +와 -에 대한 연산자 중복 함수를 프렌즈 함수의 형태로 정의하여 보자. 사용 방법을 보여라.

(8) 연산자 >>와 <<도 중복 정의하여 보자.

(9) 연산자 ==과 !=도 중복 정의하여 보자.

PART 03

고급 프로그래밍 기법

C++
ESPRESSO

11 예외 처리와 형변환

이 장의 차례

학습목표

- 예외가 왜 필요한지를 이해한다.
- 기존의 오류 처리 방법보다 나은 점을 이해한다.
- try, catch 블록의 사용법을 이해한다.
- 하나의 함수에서 다른 함수로 예외를 전달하는 방법을 이해한다.
- 사용자가 직접 예외 처리 클래스를 작성할 수 있도록 한다.
- 하나의 타입을 다른 타입으로 변환하는 연산자들을 학습한다.

11.1 예외 처리란?

예외

이 세상에 완벽한 프로그램은 없다. 따라서 어떤 프로그램이든지 잘못된 코드, 부정확한 데이터, 예외적인 상황에 의하여 오류(error)가 발생할 수 있다. 예를 들어 0으로 나누는 것과 같은 잘못된 연산이나 배열의 인덱스가 한계를 넘을 수도 있고, 디스크에서는 하드웨어 에러가 발생할 수 있다. 반드시 있어야 할 파일이 없을 수도 있고 네트워크가 다운될 수도 있다. C++에서는 이러한 오류를 예외(exception)라는 이름으로 부른다. 대개의 경우 오류가 발생하면 프로그램이 종료된다. 그러나 무조건 종료하는 것보다 프로그램에서 오류를 감지하여 우아하게 프로그램을 종료하거나 오류를 처리한 후에 계속 실행할 수 있다면 더 나은 프로그램이 될 수 있다. 이것을 예외 처리(exception handling)라고 한다.

그림 11-1 ● 예외 처리의 개요

예외를 설명하는 예제로 피자 한 판을 여러 명이 나누어 먹는다고 가정하자. 한 사람이 먹을 수 있는 피자 조각 수를 계산하는 프로그램을 작성하여 보자.

pizza1.cpp

```
#include <iostream>
using namespace std;
int main()
{
   int pizza_slices = 0;
   int persons = -1;
   int slices_per_person = 0;

   cout << "피자 조각수를 입력하시오: ";
   cin >> pizza_slices;
   cout << "사람수를 입력하시오: ";
   cin >> persons;
   slices_per_person = pizza_slices / persons;
   cout << "한 사람당 피자는 " << slices_per_person << "입니다." << endl;

   return 0;
}
```

실행결과

```
피자 조각수를 입력하시오: 12
사람수를 입력하시오: 4
한 사람당 피자는 3입니다.
계속하려면 아무 키나 누르십시오.
```

위의 프로그램은 사용자가 정상적인 값을 입력하면 아무런 문제가 없다. 그러나 만약 사용자가 사람 수를 0으로 입력하면 어떻게 되는가? 12를 0으로 나누게 되어 프로그램이 실행 에러를 일으키면서 중단된다. 따라서 사람 수가 0이 아닌지를 항상 체크하여야 한다. 이 문제를 먼저 전통적인 오류 처리 방식으로 처리하여 보자.

전통적인 오류 처리 방식

전통적인 오류 처리 방식은 `if-else`를 사용하여 조건을 검사하는 것이다. 일단 사람 수가 0이면 오류 메시지를 출력한다. 사람 수가 0이 아니면 피자 조각 수를 사람 수로 나누어 출력한다.

pizza2.cpp

```
#include <iostream>
using namespace std;
int main()
{
   int pizza_slices = 0;
   int persons = -1;
   int slices_per_person=0;

   cout << "피자 조각수를 입력하시오: ";
   cin >> pizza_slices;
   cout << "사람수를 입력하시오: ";
   cin >> persons;

   if (persons == 0) {
      cout << "사람이 0명 입니다. "<< endl;
   } else {
      slices_per_person = pizza_slices / persons;
      cout << "한사람당 피자는 " << slices_per_person << "입니다." << endl;
   }
   return 0;
}
```

실행결과

```
피자 조각수를 입력하시오: 12
사람수를 입력하시오: 0
사람이 0명 입니다.
계속하려면 아무 키나 누르십시오 . . .
```

하지만 이러한 방식의 경우, 검사해야 하는 조건이 많아지면 상당히 복잡해지고 동시에 어떤 코드가 정상적인 실행이고 어떤 코드가 오류 처리 코드인지를 구별하기 힘들다. 우리의 피자 프로그램에서도 체크해야 할 것은 더 있다. 피자 조각이 0이나 음수이면 나눌 필요가 없다. 또한 사람 수가 음수이어도 안된다. 이것을 다 처리하려면 프로그램이 다음과 같이 수정되어야 한다. 따라서 조사해야 하는 예외가 많아지게 되면 더 좋은 방법이 필요하다.

```
if(pizza_slices < 0) {
      cout << "피자 조각이 음수임 ";
   } else if(pizza_slices == 0) {
      cout << "피자 조각이 0임 ";
   } else {
      if(persons == 0) {
         cout << "사람이 0명 입니다. "<< endl;
      } else if(persons < 0) {
         cout << "사람이 음수입니다. " << endl;
      } else{
         slices_per_person = pizza_slices / persons;
         cout << "한 사람당 피자는 " << slices_per_person << "입니다." << endl;
      }
   }
```

그리고 함수 안에서 오류가 발생하면 보통 함수의 반환값으로 오류가 일어났음을 알리게 된다. 하지만 이런 방법은 정상적인 처리에서 함수의 반환값을 사용할 수 없게 한다.

버그와 예외

여기서 한 가지 주의할 점은 버그와 예외는 구별하여야 한다는 것이다. 실행 도중 버그로 인해서 실행 오류가 발생할 수 있지만 이러한 버그는 개발 과정에서 모두 수정되어야 한다. C++에서는 버그에 의한 실행 오류도 예외로 취급하지만 진정한 의미에서의 예외는 우리가 예상했던 상황이 아닌 경우를 의미한다. 예를 들면 반드시 존재하여야 하는 파일이 없거나 인터넷 서버가 다운된 경우 등을 진정한 의미에서의 예외라고 할 수 있다.

중간점검

1. 예외는 어떤 경우에 발생하는가?
2. 예외를 처리하는 경우와 처리하지 않은 경우를 비교하여 보라. 처리할 때의 장점은 무엇인가?

11.2 예외 처리기

그동안 예외 처리 과정을 개선하기 위한 많은 노력들이 있어 왔다. C++에서는 언어 차원에서 예외 처리 형식을 제공한다. C++ 예외 처리는 try, throw, catch의 키워드를 사용한다. 예외 처리기의 기본 형식은 다음과 같다.

```
try
{
    // 예외가 발생할 수 있는 코드
    if(예외 조건)
        throw 예외;
}
catch (타입 매개 변수)
{
    // 예외를 처리하는  코드
}
```

먼저 try 블록에는 예외가 발생할 가능성이 있는 문장이 들어간다. 만약 예외 조건이 감지되면 throw 문장이 실행되어 예외를 던진다. 보통 예외가 발생되었다는 것을 예외를 던진다고 표현한다. throw 키워드 뒤에 던져질 예외를 적는다. 예외가 던져지면 이 예외를 처리하는 catch문으로 점프한다. 이 경우, throw 문장 밑에 위치한 코드들은 실행되지 않는다.

catch 블록에서는 던져진 예외를 받아서 처리한다. catch 뒤에는 자신이 처리할 수 있는 예외의 타입을 지정하고 그 예외를 처리하기 위한 코드가 들어간다.

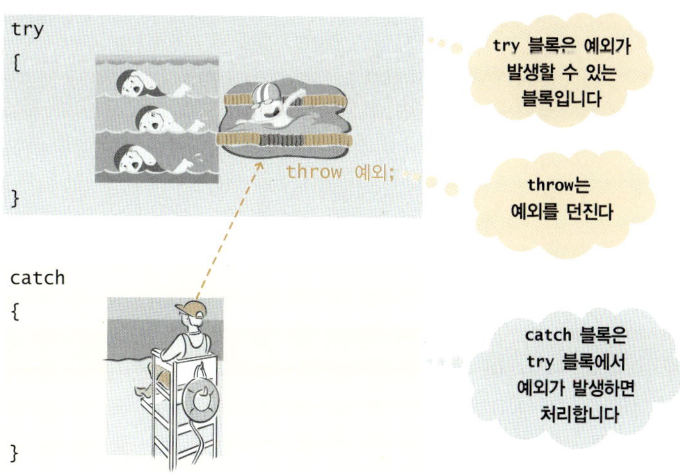

그림 11-2 ● try 블록은 예외가 발생할 수 있는 위험한 코드이고, catch 블록은 예외를 처리하는 코드이다.

피자 예제에서 발생할 수 있는 예외를 try 블록과 catch 블록을 이용하여 처리해 보자.

pizza3.cpp

```
#include <iostream>
using namespace std;
int main()
{
   int pizza_slices = 0;
   int persons = -1;
   int slices_per_person = 0;

   try
   {
      cout << "피자 조각수를 입력하시오: ";
      cin >> pizza_slices;
      cout << "사람수를 입력하시오: ";
      cin >> persons;

      if(persons == 0)
         throw persons;
      slices_per_person = pizza_slices / persons;
      cout << "한 사람당 피자는 " << slices_per_person << "입니다." << endl;
   }
   catch(int e)
   {
      cout << "사람이 " << e << " 명 입니다."<< endl;
   }
   return 0;
}
```

정상적인 실행결과

```
피자 조각수를 입력하시오: 12
사람수를 입력하시오: 4
한 사람당 피자는 3입니다.
계속하려면 아무 키나 누르십시오 . . .
```

예외 발생 실행결과

```
피자 조각수를 입력하시오: 12
사람수를 입력하시오: 0
사람이 0 명 입니다.
계속하려면 아무 키나 누르십시오 . . .
```

여기서는 예외가 발생했을 경우, 단순히 경고 메시지를 출력하고 프로그램은 정상적으로 계속된다. 그리 간단하게 보이지는 않지만 적어도 try와 catch 블록에 의하여 정상적인 실행과 예외 처리가 더 확실하게 구분되었다.

try/catch 블록에서의 실행 흐름

try/catch 블록에서 예외가 발생하는 경우와 발생하지 않는 경우의 실행 흐름을 비교하여 보자. 먼저 예외가 발생하지 않는 경우에는 catch 블록의 코드는 실행되지 않고 catch 블록의 아래에 있는 코드가 실행된다. 반면에 예외가 발생한 경우에는 catch 블록의 코드가 실행되고 이어서 다음 코드가 실행된다.

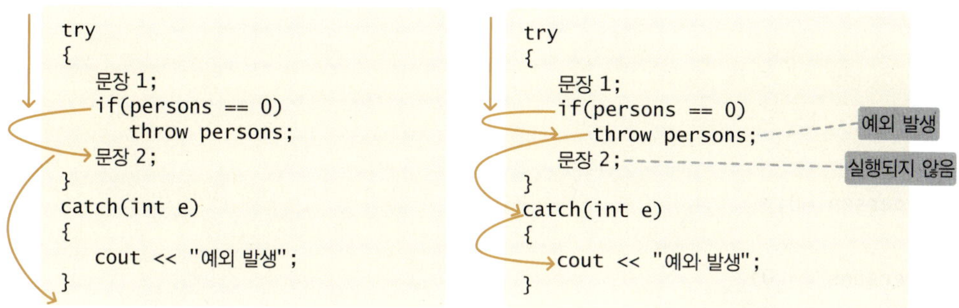

예외가 발생하지 않은 경우 **예외가 발생하는 경우**

그림 11-3 ● try/catch 블록에서의 실행 흐름

catch 블록의 매개 변수

위의 예제에서도 알 수 있듯이 catch 블록은 함수가 아니지만 매개 변수를 가지고 있다는 점에서 함수와 상당히 유사하다. catch 블록이 흔히 예외 처리기(exception handler)라고 불리는 것에도 이 점을 알 수 있다. 아래 코드에서 catch 블록의 매개 변수 e는 어떤 역할을 하는가?

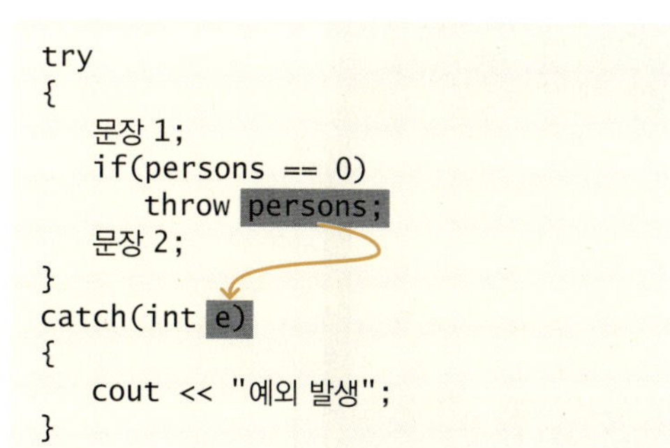

예외 처리기의 매개 변수

그림 11-4 ● catch 블록의 매개 변수

앞 페이지의 코드에서 e는 함수의 매개 변수와 같은 역할을 한다. throw 문장에서 던진 값이 바로 매개 변수 e를 통하여 예외 처리기로 전달되는 것이다. 어떤 타입도 가능하므로 다양한 타입을 사용할 수 있다. 예제 코드에서처럼 정수 타입일 수도 있고 문자열, 만약 예외 정보가 복잡하다면 클래스 타입도 가능하다. 보통 예외 번호와 같은 예외에 대한 추가 정보를 전달한다.

타입이 일치하는 예외만 처리된다

한 가지 주의할 점은 throw에서 던진 값의 타입과 catch 블록의 매개 변수의 타입이 일치해야만 예외가 처리된다. 예를 들어 앞의 프로그램에서 예외 처리기 블록이 catch(char e)로 선언되어 있다면 예외가 처리되지 않는다.

pizza4.cpp

```
try
{
   int person =0;
   ...
   if(persons == 0)
      throw persons;
   ...
}
catch(char e)   <------- char 타입의 예외만 처리
{
   cout << "사람이 " << e << " 명 입니다. "<< endl;
}
```

예외 발생 실행결과

만약 발생하고 싶은 모든 예외를 잡고 싶으면 매개 변수를 ...로 표시하면 된다.

```
catch(...)
{
    // 모든 예외를 잡아서 처리할 수 있다.
}
```

중간점검

1. try 블록에서 예외가 발생한 지점 이후의 문장들은 실행되는가?
2. catch 블록에서 모든 예외를 다 잡으려면 매개 변수를 어떻게 정의하는가?

11.3 예외 전달

예외는 함수 범위를 넘어서 전달될 수 있다. 실제로 만약 함수 안에서 예외가 처리되지 않으면 예외는 해당 함수를 호출한 함수로 넘어간다. 던져진 예외를 처리할 때까지 함수 호출 체인을 따라가면서 예외의 타입과 같은 예외 처리기를 찾는다.

```
int main()
{
    try
    {
        dividePizza(slices, persons);
    }
    catch(int e)
    {
        cout << "예외 발생";
    }
}
```

```
int dividePizza(int slices, int persons)
{
    if(persons == 0)
        throw persons;
    ...
}
```

그림 11-5 ● 예외는 함수를 넘어서 전달될 수 있다

우리의 피자 나누기 프로그램에 이것을 적용하여 보면 다음과 같다.

pizza5.cpp

```
#include <iostream>
using namespace std;
int dividePizza(int pizza_slices, int persons);

int main()
{
   int pizza_slices = 0;
   int persons = 0;
   int slices_per_person=0;

   try
   {
      cout << "피자 조각수를 입력하시오: ";
      cin >> pizza_slices;
      cout << "사람수를 입력하시오: ";
      cin >> persons;
      slices_per_person = dividePizza(pizza_slices, persons);
      cout << "한 사람당 피자는 " << slices_per_person << "입니다." << endl;
   }
   catch(int e)
   {
      cout << "사람이 " << e << " 명 입니다. "<< endl;
   }
   return 0;
}
int dividePizza(int pizza_slices, int persons)
{
      if(persons == 0)
         throw persons;
      return  pizza_slices / persons;
}
```

정상적인 실행결과

```
피자 조각수를 입력하시오: 12
사람수를 입력하시오: 4
한 사람당 피자는 3입니다.
계속하려면 아무 키나 누르십시오 . . .
```

예외 발생 실행결과

```
피자 조각수를 입력하시오: 12
사람수를 입력하시오: 0
사람이 0 명 입니다.
계속하려면 아무 키나 누르십시오 . . .
```

만약 예외 처리기 안에서 자신을 호출한 함수에게 예외를 다시 보내주고 싶으면 다음과 같이 인자를 생략하고 throw 문장을 작성하면 된다. 예를 들어 위의 프로그램에서 dividePizza() 함수 안에서도 예외를 처리하고 또 main()에도 같은 예외를 전달하려면 다음과 같이 한다.

pizza4_1.cpp

```
int dividePizza(int pizza_slices, int persons)
{
   try
   {
      if(persons == 0)
         throw persons;
      return  pizza_slices / persons;
   }
   catch(int e)
   {
      cout << "사람이 " << e << " 명 입니다(dividePizza)." << endl;
      throw;
   }
}
```

예외 발생 실행결과

```
피자 조각수를 입력하시오: 12
사람수를 입력하시오: 0
사람이 0 명 입니다(dividePizza).
사람이 0 명 입니다.
계속하려면 아무 키나 누르십시오 . . .
```

헤더에서 예외 명시

만약 함수 안에서 발생된 예외를 즉시 처리하지 않는다면 예외를 던질 수 있음을 경고해주는 것이 좋다. 이것은 함수 헤더 정의 부분에서 이루어진다.

만약 이것을 반대로 하면 두 번째 catch 블록은 아무 것도 잡아내지 못한다.

```
try
{
   getInput();
}
catch(...)
{
   //모든 예외들이 잡힌다.
}
catch(TooSmallException e)
{
   //아무 것도 잡히지 않는다!
}
```

따라서 구체적인 예외를 먼저 쓰고 일반적인 예외는 나중에 쓰는 것이 좋다. catch 블록을 사용할 때는 범위가 작은 것에서부터 큰 것 순서로 작성하여야 한다.

중간점검

1. 발생된 예외와 catch 블록의 매개 변수는 어떤 규칙에 의하여 매칭되는가?
2. 어떤 타입이라도 catch 블록의 매개 변수로 지정할 수 있는가?

11.5 자신의 예외 클래스를 작성하는 방법

throw 문장은 어떤 타입의 값도 던질 수 있다. 따라서 클래스 타입의 객체도 던질 수 있다. 흔히 예외에 대한 정보를 묶어서 클래스로 정의하고 이 클래스의 객체를 던진다. 또 예외를 나타내는 클래스를 정의하게 되면 예외를 각 유형별로 분류하여 정리할 수 있다는 장점도 있다.

예외 클래스도 단지 하나의 클래스에 불과하다. 차이점은 예외 클래스는 예외 처리에 사용된다는 것뿐이다. 다른 클래스와 전적으로 동일하다. 다음 코드는 예외 클래스를 정의하는 하나의 예를 보여준다. 가장 큰 차이점은 throw 문장이 다음과 같이 객체를 던진다는 점이다.

```
throw NoPersonException(persons);
```

NoPersonException(persons)은 NoPersonException 클래스의 생성자를 호출한다. 생성자는 사용자가 입력한 사람 수를 받아서 객체를 생성하고 이 객체는 던져진다.

pizza7.cpp

```
#include <iostream>
using namespace std;


class NoPersonException
{
public:
   NoPersonException();
   NoPersonException(int p) { persons = p; };
   int get_persons() { return persons; };
private:
   int persons;
};

int main()
{
   int pizza_slices = 12;
   int persons = -1;
   int slices_per_person = 0;

   try
   {
      cout << "피자 조각수를 입력하시오: ";
      cin >> pizza_slices;
      cout << "사람수를 입력하시오: ";
      cin >> persons;
      if( persons <= 0 ) throw NoPersonException(persons);        // 예외 발생!
      slices_per_person = pizza_slices / persons;
      cout << "한 사람당 피자는 " << slices_per_person << "입니다." << endl;
   }
   catch (NoPersonException e)
   {
      cout << "오류: 사람이 " << e.get_persons() << "명 입니다" << endl;
   }
   return 0;
}
```

사용자 정의 예외 클래스

예외 발생 실행결과

```
피자 조각수를 입력하시오: 12
사람수를 입력하시오: 0
사람이 0 명 입니다.
계속하려면 아무 키나 누르십시오 . . .
```

상속 관계에 있는 예외 클래스

만약에 예외를 나타내는 클래스 간에 상속 관계가 있고 catch 블록에서 참조자 타입으로 예외 객체를 잡는다면 주의하여야 한다. 만약 매개 변수를 부모 클래스의 참조자 타입으로 지정하면 상속에서 학습한 바와 같이 자손 클래스의 객체들을 모두 잡을 수 있다.

예를 들어 간단한 예제를 생각하여 보자. ParentException 클래스와 ChildException 클래스 사이에는 상속 관계가 있다.

pizza8.cpp

```
#include <iostream>
using namespace std;

class ParentException
{
public:
   void display() { cout << "ParentException" << endl; }
};
class ChildException : public ParentException
{
public:
   void display() { cout << "ChildException" << endl; }
};

int main()
{
   try
   {
      throw ChildException();
   }
   catch (ParentException& e)
   {
      e.display();
```

```
    }
    catch (ChildException& e)
    {
        e.display();
    }
    return 0;
}
```

실행결과

```
ParentException
계속하려면 아무 키나 누르십시오 . . .
```

코드에서는 분명히 ChildException 클래스의 객체를 생성하여 던졌지만 catch 블록에서는 ParentException에서 붙잡히게 된다. 왜 그런가? 다형성에 따르면 부모 클래스의 참조자는 자식 클래스의 객체를 받을 수 있다. 따라서 catch 블록에서는 자식 클래스의 참조자를 더 위에 배치하는 것이 일반적이다.

중간점검

1. catch 블록의 매개 변수를 참조자로 정의하게 되면 어떤 경우에 유용한가?
2. 클래스 A의 객체를 매개 변수로 받는 catch 블록을 정의하여 보라.

11.6 형변환

우리는 때때로 하나의 타입에서 다른 타입으로 값을 변환할 필요성을 느낀다. 예를 들어서 부동소수점형을 정수형으로 변환하려면 다음과 같이 하면 된다.

```
double f = 3.141592;
int    i = (int) f;
```

그림 11-6 • 형변환이란?

C언어에서부터 사용해왔던 형변환 연산자는 허용 범위가 넓어서 무분별하게 사용되어 왔고 오류의 원천이 되었다. 다음과 같은 소스를 검토하여 보자.

cast.cpp

```
#include <iostream>
using namespace std;

int main()
{
    double f = 3.141592;
    double *pf = &f;

    int  *pi = (int *) pf;   <------ 문제가 있는 변환

    cout << *pi << endl;
    return 0;
}
```

실행결과

```
-57999238
```

정수와 실수는 값을 저장하는 방식이 완전히 다르다. 따라서 doube*을 int*로 변환하는 것은 분명히 문제가 있는 변환이다. 하지만 C언어의 형변환자는 사용자가 원하면 무조건 변환한다. 위의 경우 컴파일러가 경고라도 해주었으면 좋았을 것이다.

이러한 문제점을 보완하기 위하여 C++에서는 새롭게 네 개의 형변환 연산자를 추가하였다. 사용자는 자신의 필요에 맞는 형변환 연산자를 사용할 수 있다. 따라서 컴파일러도 적절한 경고를 줄 수 있는 것이다.

표 11-1 • 형변환 연산자

형변환 연산자	의미
static_cast	기본 타입의 변환이나 상속 관계에 있는 클래스 포인터를 변환할 때 사용
dynamic_cast	상속 관계에 있는 클래스 포인터를 안전하게 변환할 때 사용, 실행 시간에 식별 가능
const_cast	상수 속성을 변경
reinterpret_cast	관련 없는 포인터 사이의 무조건 변환. 예를 들어, 정수형과 포인터 사이의 변환

static_cast

네 가지의 연산자 중에서 가장 기본이 되는 변환 연산자는 static_cast이다. static_cast 연산자는 컴파일 시간에 논리적으로 타당한 변환만을 수행한다. 즉 정수형을 실수형으로 변환하거나 실수형을 정수형을 변환하는 것과 같은 기본 자료형 간의 변환은 허용된다. 하지만 정수형 포인터를 실수형 포인터로 변환하는 것처럼 포인터의 타입을 변경하는 것은 허용되지 않는다. 다만 상속 관계에 있는 클래스 포인터들은 변환이 가능하다. static_cast의 형식은 다음과 같다.

형식 static_cast<타입> (대상)

예를 들어 double형의 변수 f를 int형으로 변환하려면 다음과 같은 문장을 작성하면 된다.

```
i = static_cast<int>(f);
```

먼저 기본형 간의 변환을 static_cast 연산자를 통하여 수행하는 예제를 살펴보자.

cast1.cpp

```
#include <iostream>
using namespace std;

```

```
4  int main()
5  {
6     int i = 9;
7     double f = 3.141592;
8     int *pi ;
9     double *pf = &f;
10
11    i = static_cast<int>(f);   // OK
12    pi = static_cast<int*>(pf);        // 오류!
13    return 0;
14 }
```

실행결과

```
1>c:\users\chun\documents\visual studio 2008\projects\test\test\test.cpp(12) :
error C2440: 'static_cast' : 'double *'에서'int *'(으로 변환할 수 없습니다
1>          가리킨 형식이 관련이 없습니다. 변환하려면 reinterpret_cast, C 스타일캐스트 또는 함수스타
일캐스트가 필요합니다
```

프로그램 설명

10 위의 코드에서 double 형을 int형으로 변환하는 것은 문제가 없다.

11 그러나 double*형 포인터를 int*형 포인터로 변환하는 것은 컴파일 단계에서 오류로 표시된다.

위에서 설명한 바와 같이 상속 관계에 있는 클래스 포인터들은 자유롭게 변환할 수 있다. 즉, 부모 클래스 포인터를 자식 클래스 포인터로 변환할 수 있고 반대로 자식 클래스 포인터를 부모 클래스 포인터로 변환할 수도 있다.

cast2.cpp

```
#include <iostream>
using namespace std;

class Car
{
   //...;
};
class Bus : public Car
```

```
9  {
10     //...;
11 };
12
13 int main()
14 {
15     Bus *pBus1 = new Bus;
16     Car *pCar2 = static_cast<Car *>(pBus1);  // OK
17     Car *pCar1 = new Car;
18     Bus *pBus2 = static_cast<Bus *>(pCar1);  // OK 그러나 잠재적으로 위험
19     return 0;
20 }
```

프로그램 설명

4-11 예를 들어서 부모 클래스로 Car 클래스가 있고 이것을 상속받아서 Bus 클래스를 작성하였다고 하자.

16 Car 클래스 포인터와 Bus 클래스 포인터는 상호 간에 변환이 가능하다.

18 하지만 부모 클래스 포인터를 자식 클래스 포인터로 변환하는 것은 잠재적으로 위험한 변환이다. 부모는 자식을 포함하지 않기 때문이다.

dynamic_cast

dynamic_cast 변환 연산자는 상당히 다양한 기능이 있는데 주로 상속 관계에 있는 클래스 포인터나 클래스 참조자를 변환하는데 사용된다.

형식 dynamic_cast<타입> (포인터 또는 참조자)

기본적으로 상속 계층에 있는 클래스 타입들만 변환할 수 있고 자식을 부모 포인터로 가리키는 상향 형변환(upcast)은 허용하지만 부모를 자식 포인터로 가리키는 하향 형변환(downcast)은 기본적으로 허용하지 않는다. 즉 static_cast에 비하여 좀 더 정밀하게 클래스 포인터 간의 형변환을 검사할 수 있다.

그림 11-7 • dynamic_cast와 static_cast의 비교

Car 클래스를 부모로 하여 Bus 클래스를 작성하였다고 하자. Bus 클래스 포인터를 Car 클래스 포인터로 변경할 수 있다. 하지만 Car 클래스 포인터를 Bus 클래스 포인터로 변환하고자 하면 컴파일 오류가 발생한다. 예제로 살펴보자.

cast2.cpp

```
#include <iostream>
using namespace std;

class Car
{
   //...;
};
class Bus : public Car
{
   //...;
};

int main()
{
   Bus *pBus1 = new Bus;
   Car *pCar1 = dynamic_cast<Car *>(pBus1);          // OK!
   Car *pCar2 = new Car;
   Bus *pBus2 = dynamic_cast<Bus *>(pCar2); // ❶ 컴파일 오류!
   Car *pCar3 = new Bus;
```

```
    Bus *pBus3 = dynamic_cast<Bus *>(pCar3); // ❷ 컴파일 오류!
    return 0;
}
```

프로그램 설명

❶은 Car 객체를 Bus 객체로 접근하려고 시도하였기 때문에 오류가 발생하는 것이 당연하지만 ❷는 실제로 Bus 객체를 Bus 포인터로 접근하였는데도 오류가 발생한다. 이것을 해결하려면 몇 가지의 방법이 있다. 가장 간단한 방법은 그냥 static_cast를 사용하는 것이다. 하지만 이것은 오류의 가능성을 높인다.

dynamic_cast 연산자는 실행 시간에 포인터가 가리키는 객체가 어떤 타입인지를 식별할 수 있다. 만약 포인터가 가리키는 객체의 타입을 보고 판단하여 변환이 올바르면 변환된 타입이 반환된다. 그렇지 않으면 NULL이 반환된다.

이 기능을 사용하려면 부모 클래스가 가상 함수를 사용하고 있어야 한다. 클래스 안에 가상 함수가 있어야만 가상 테이블이 존재하고 이 테이블을 통하여 실행 시점에 실제 객체의 타입을 알 수 있는 것이다. 가상 함수를 가지는 클래스를 다형 클래스(polymorphic class)라고 한다. 이것을 예제로 살펴보자.

cast3.cpp

```
#include <iostream>
using namespace std;

class Car
{
public:
    virtual void display()
    {
        cout << "Car 클래스" << endl;
    }
};
class Bus : public Car
{
public:
    void display()
    {
        cout << "Bus 클래스" << endl;
    }
};
```

← 다형 클래스

```
int main()
{
   Bus *pBus1 = new Bus;
   Car *pCar1 = dynamic_cast<Car *>(pBus1);         // OK!
   if( pBus1 == 0 )
      cout << "변환1 불가능" << endl;

   Car *pCar2 = new Car;
   Bus *pBus2 = dynamic_cast<Bus *>(pCar2); // ERROR!
   if( pBus2 == 0 )
      cout << "변환2 불가능" << endl;

   Car *pCar3 = new Bus;
   Bus *pBus3 = dynamic_cast<Bus *>(pCar3); // OK!
   if( pBus3 == 0 )
      cout << "변환3 불가능" << endl;

   return 0;
}
```

실행결과

```
변환2 불가능
```

프로그램 설명

이번에는 모두 컴파일이 된다. 오류가 나지 않는 이유는 부모 클래스가 다형 클래스이기 때문에 실행 시간에 객체의 타입을 파악할 수 있어서이다. 만약 변환이 실패하면 NULL 값이 반환된다. 따라서 반환값을 조사하면 변환의 성공 여부를 알 수 있다.

const_cast

const_cast는 타입에서 const 속성을 제거하거나 추가한다. const char*를 char*로 변경하는 예제는 다음과 같다. 이러한 변환이 필요할 때도 있는데, 예를 들면 라이브러리 함수를 호출할 때에 const 속성 때문에 컴파일 오류가 발생하는 수도 있기 때문이다. 이 변환 연산자는 const의 기능을 제거하기 때문에 꼭 필요한 경우가 아니면 사용하지 않는 것이 바람직하다.

cast4.cpp

```
#include <iostream>
using namespace std;

void display(char *s)
{
   cout << s << endl;
}

int main()
{
   const char *saying = "A bad workman (always) blames his tools";
   display(const_cast<char *>(saying));
   return 0;
}
```

saying의 타입에서 const를 제거한다

실행결과

```
A bad workman (always) blames his tools
```

reinterpret_cast

이 변환 연산자는 어떤 포인터 타입이라도 다른 포인터 타입으로 변환할 수 있다. 정수형을 포인터형으로, 반대로 포인터형을 정수형으로도 변환할 수 있다. 이 변환 연산자도 되도록 사용을 자제하는 것이 좋고 꼭 필요한 경우가 아니면 사용하지 않는 것이 좋다. 변환의 결과는 전적으로 프로그래머가 책임져야 한다.

cast5.cpp

```
#include <iostream>
using namespace std;

class Car
{
};
class Box
{
};

```

5. 숫자를 저장하고 있는 배열을 받아서 지정된 숫자를 찾는 SearchArray 클래스를 작성하라. 만약 배열 안에 원하는 숫자가 없으면 NotFound 예외가 발생한다. NotFound 클래스를 별도로 정의한다. SearchArray 객체를 main() 안에서 생성하여서 테스트하라. try/catch 블록을 이용하여 예외를 처리하도록 하라.

LAB
C++ ESPRESSO

1. 다음 프로그램을 입력하여 컴파일하고 실행하라.

```
#include <iostream>
using namespace std;

void check(int number){
   if( number < 0 ) throw number; //정수형의 예외가 발생한다.
}
int main() {
   int n;
   cout << "인원수를 입력하시요: ";
   cin >> n;
   check(n);
   return 0;
}
```

(1) 위의 프로그램에서 사용자가 −1을 입력하면 어떻게 되는가?

(2) check() 함수 안에서 try/catch 블록을 이용하여 발생되는 예외를 check() 안에서 처리하여 보라.

(3) check() 함수 안에서 예외를 처리한 후 다시 예외를 발생시키도록 하라.

(4) main() 함수 안에서 먼저 정수형의 예외를 처리하고 나머지 예외를 다음에 처리하도록 try/catch 블록을 작성하라.

(5) MyApplication 클래스를 작성하여 예외가 발생되면 이 클래스의 객체를 던지도록 프로그램을 변경하여 보자. MyApplication 클래스는 예외에 대한 정보를 저장하도록 설계한다.

2. 사용자가 입력한 값들을 크기가 10인 배열에 저장하여 이 값들의 평균값을 계산하는 프로그램을 작성하여 보자. 평균값을 구하는 코드는 `getAverage()`라는 함수로 독립시킨다. 작성 과정에서 발생할 수 있는 다음과 같은 예외들은 모두 처리하도록 프로그램하라.

(1) 분모가 0인 경우

(2) 배열의 크기가 음수인 경우

(3) 배열 인덱스가 범위를 넘은 경우

(4) 포인터가 NULL인 경우

12 템플릿

이 장의 차례

학습목표

- 일반화 프로그래밍의 개념을 이해한다.
- 클래스 템플릿을 작성하는 방법을 학습한다.
- 함수 템플릿을 작성하는 방법을 학습한다.

12.1 함수 템플릿

템플릿(template)이란 물건의 본을 떠 놓은 것으로서 물건을 만들 때 사용되는 틀이나 모형을 의미한다. 예를 들면 여러 가지 도형을 그리기 위한 모양자를 템플릿이라 할 수 있다. 템플릿이 있으면 복잡한 도형을 쉽게 그릴 수 있다.

C++에서도 하나의 형틀을 만들어서 다양한 코드를 생산해 내도록 할 수 있는데 이것을 템플릿이라고 한다. 함수 템플릿(function template)은 함수를 찍어내기 위한 형틀이다. 변수의 값을 서로 교환하는 함수를 살펴보자.

```
int get_max(int x, int y)
{
   if( x > y ) return x;
   else return y;
}
```

위의 함수는 `int` 변수에 대해서만 적용할 수 있다. 만약 `float` 변수에 대하여 최대값을 구하려면 어떻게 하여야 하는가? 템플릿을 사용하지 않는다면 함수를 또 하나 작성하여야 한다.

```
float get_max(float x, float y)
{
   if( x > y ) return x;
   else return y;
}
```

두 개의 중복 정의된 함수 get_max()를 비교하여 보자. 핵심적인 부분은 완전히 동일하다. 하지만 달라지는 것은 매개 변수의 타입뿐이다. 따라서 중복되는 코드가 많아서 상당히 비효율적임을 알 수 있다. 만약 추가적으로 char형이나 double 형의 변수의 최대값을 구하는 함수가 필요하면 어떻게 할 것인가? 역시 매개 변수의 타입만 변경한 함수를 작성하여야 한다.

템플릿 함수

```
_____ get_max(___x, ___y)
{
   if(x > y) return x;
   else return y;
}
```

➜

```
int get_max(int x, int y)
{
   if(x > y) return x;
   else return y;
}
```

그림 12-1 ● 일반화 프로그래밍의 개념

일반화 프로그래밍(generic programming)은 이러한 문제를 해결하기 위하여 제안되었다. 일반화 프로그래밍은 용어 그대로 일반적인 코드를 작성하고 이 코드를 정수나 문자열과 같은 다양한 타입의 객체에 대하여 재사용하는 프로그래밍 기법이다. 일반화 프로그래밍을 사용하면 하나의 코드로 정수도 처리할 수 있고, 실수도 처리할 수 있다. 앞의 get_max() 함수를 일반화 프로그래밍을 적용하여 함수 템플릿으로 다시 정의하여 보면 다음과 같다.

```
template<typename T>
T get_max(T x, T y)
{
   if( x > y ) return x;
   else return y;
}
```

위의 코드를 살펴보면 자료형이 변수처럼 표기되어 있음을 알 수 있다. T 대신에 int를 넣으면 정수 변수값 중에서 최대값을 구할 수 있는 함수가 되고 T 대신에 float을 넣으면 실수 변수값 중에서 최대값을 구할 수 있는 함수가 된다.

위의 코드에서 아래의 문장은 T가 타입의 이름으로 사용된다는 것을 컴파일러에게 알려주기 위한 문장이다. 만약 아래의 문장이 없다면 컴파일 오류가 발생할 것이다.

```
template<typename T>
```

위와 같은 함수 템플릿 정의는 실제 함수를 정의한 것은 아니다. 함수를 생성하는 틀만 정의한 것이다. 실제 함수는 함수를 호출하는 순간에 생성된다. 템플릿에 주어진 매개 변수의 타입에 따라 적절한 함수가 생성되는 것이다. 다음과 같은 매개 변수를 전달하여 보자.

```
int x = 20, y = 30;
get_max(x, y);    // 이때 실제 함수가 작성된다.
```

get_max()를 호출할 때에 정수형 변수를 인자로 전달하면 T가 int형으로 결정되고 T 대신에 int가 들어간 함수가 생성된다. 만약 get_max()를 호출할 때에 double형 변수를 인자로 전달하면 T가 double형으로 결정되고 T 대신에 double이 들어간 함수가 생성된다. 이것을 함수 템플릿의 인스턴스화라고 한다. 함수 템플릿에는 정수형이나 실수형뿐만 아니라 구조체나 클래스형도 인자로 전달할 수 있다.

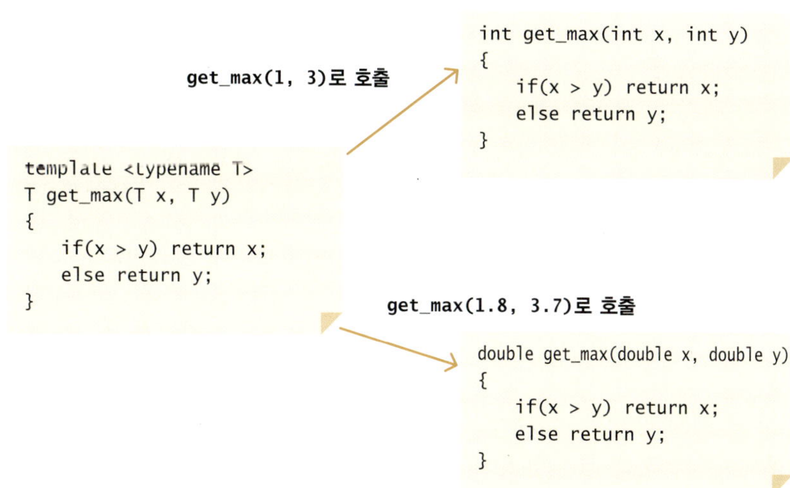

그림 12-2 ● 함수 템플릿

get_max.cpp

```
#include <iostream>
using namespace std;

template <typename T>
T get_max(T x, T y)
{
   if(x > y)    return x;
   else return y;
}

int main()
{
   // 아래의 문장은 정수 버전 get_max()를 호출한다.
   cout << get_max(1, 3) << endl;

   // 아래의 문장은 실수 버전 get_max()를 호출한다.
   cout << get_max(1.2, 3.9) << endl;

   return 0;
}
```

함수 템플릿

실행결과

```
3
3.9
계속하려면 아무 키나 누르십시오 . . .
```

다른 방법들과의 비교

함수 템플릿은 아래와 같이 매크로를 사용하는 방법과 무엇이 다른가?

```
#define GET_MAX(x, y) ((x) > (y) ? (x) : (y))
```

매크로도 타입에 무관하게 작동되므로 이것은 일반화 프로그래밍의 한 형태이다. 매크로를 정의하여 사용하는 것은 유용하지만 완벽하게 타입에 안전한 방법은 아니다. 매크로를 사용하는 것에 따른 문제점은 매개 변수가 여러 번 계산될 수 있다는 것이다. 또한 사용자는 타입의 변환이 부적절한데도 불구하고 타입을 혼합하여 사용할 수 있다.

함수 템플릿의 특수화(template specialization)

함수 템플릿을 정의하고 사용하다가 특수한 매개 변수에 대해서만 다른 동작을 하고 싶은 경우 템플릿 특수화 기능을 사용할 수 있다. 예를 들어 아래와 같은 코드에서 배열 원소의 타입이 char인 경우에는 문자열로 출력하고 싶다고 가정하자.

```
template <typename T>                    // 함수 템플릿으로 정의
void print_array(T[] a, int n)
{
   for(int i = 0; i < n; i++)
      cout << a[i] << " ";
   cout << endl;
}

template <>                              // 템플릿 특수화
void print_array(char[] a, int n)        // 매개 변수가 char인 경우에는 이 함수가 호출된다.
{
   cout << a << endl;
}
```

함수 템플릿과 함수 중복 정의

함수 템플릿은 특정한 경우에는 동작하지 않을 수 있다. 매개 변수를 서로 교환하는 함수 템플릿 swap_values()를 살펴보자.

```
template <typename T>
void swap_values(T& x, T& y)
{
   T  temp;
   temp = x;
   x = y;
   y = temp;
}
```

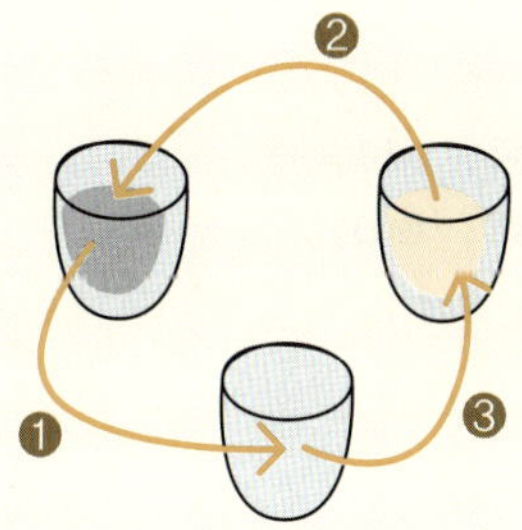

함수 템플릿 swap_values()는 int와 같은 기본 타입에 대해서 잘 동작한다.

```
int x, y;
swap_values(x, y);              // x, y가 모두 int 타입 - OK!
```

그러나 만약 문자 배열이 매개 변수로 전달된다면 잘못된 결과가 발생한다.

```
char s1[100], s2[100];
swap_values(s1, s2);            // s1, s2가 모두 배열 - Error!
```

배열에 대해서도 swap_values()가 동작되게 하려면 다음과 같이 swap_values()를 함수 중복 정의를 사용하여 정의해야 한다.

swap_values.cpp

```
#include <iostream>
using namespace std;

template <typename T>
void swap_values(T& x, T& y)
{
    T  temp;
    temp = x;
    x = y;
    y = temp;
}
void swap_values(char* s1, char* s2)
{
    int  len;

    len = (strlen(s1) >= strlen(s2)) ? strlen(s1) : strlen(s2);
    char* tmp = new char[len + 1];

    strcpy(tmp, s1);
    strcpy(s1, s2);
    strcpy(s2, tmp);
    delete[] tmp;
}
int main()
{
    int x = 100, y = 200;
    swap_values(x, y);              // x, y가 모두 int 타입 - OK!
    cout << x << " " << y << endl;

    char s1[100] = "This is a first string";
    char s2[100] = "This is a second string";
    swap_values(s1, s2);            // s1, s2가 모두 배열 - 중복된 함수 호출
    cout << s1 << " " << s2 << endl;
```

함수 템플릿 (lines 4–11)

함수 중복 정의 (lines 12–23)

```
    return 0;
}
```

실행결과

```
200 100
This is a second string This is a first string
계속하려면 아무 키나 누르십시오 . . .
```

swap_values()를 함수 중복의 형태로 제공하면 문자 배열에 대한 복사도 가능해진다. 이는 함수 템플릿보다 함수 중복의 우선순위가 높기 때문이다.

두 개의 타입 매개 변수를 갖는 함수 템플릿

함수 템플릿은 두 개 이상의 타입 매개 변수를 가질 수 있다. 배열을 다른 배열로 복사하는 함수를 함수 템플릿으로 작성하여 보자. 만약 다음과 같이 작성하였다고 가정하자.

```
template<typename T>
void copy(T a1[], T a2[], int n)
{
   for (int i = 0; i < n; ++i)
      a1[i] = a2[i];
}
```

위의 함수 템플릿은 다음과 같은 경우에는 잘 동작한다.

```
int a[100], b[100];
copy(a, b, 100); // OK!
```

하지만 배열의 타입이 다르면 제대로 컴파일되지 않을 것이다.

```
int a[100];
double b[100];
copy(a, b, 100); // ERROR!
```

따라서 이런 경우에는 타입 매개 변수를 하나 더 사용하는 함수 템플릿을 작성할 필요가 있다.

```
int main()
{
    Box<int> box;
    box.set(100);
    cout << box.get() << endl;

    Box<double> box1;
    box1.set(3.141592);
    cout << box1.get() << endl;

    return 0;
}
```

정수 버전 클래스

실수 버전 클래스

실행결과

```
100
3.14159
계속하려면 아무 키나 누르십시오 . . .
```

클래스 외부에 멤버 함수를 정의하는 경우

멤버 함수를 클래스 외부에 정의하는 경우에는 함수 템플릿처럼 함수 정의 앞에 template <typename ...>을 써주어야 한다. 멤버 함수를 정의할 때마다 되풀이하여 써주어야 한다는 점에 주의하자. Box 클래스의 모든 멤버 함수를 외부에 정의하면 다음과 같다.

box3.cpp

```
template <typename T>
class Box {
    T data; // T는 타입(type)을 나타낸다.
public:
    Box();
    void set(T value);
    T get();
};

template <typename T>
Box<T>::Box() {
}

```

```
template <typename T>
void Box<T>::set(T value) {
   data = value;
}

template <typename T>
T Box<T>::get() {
   return data;
}
```

이것은 상당히 번거로운 형식이나 이렇게 하지 않으면 컴파일러가 T를 템플릿 매개 변수로 인식하지 못한다. 생성자나 소멸자도 마찬가지로 template 문장이 함수 앞에 위치하여야 한다.

두 개 이상의 타입 매개 변수를 가지는 경우

어떤 클래스에서는 타입 매개 변수가 두 개 이상 필요한 경우가 있다. 서로 타입이 다른 두 개의 데이터를 저장하는 Box2라는 클래스 템플릿을 작성하여 보자.

그림 12-5 • Box2 클래스 템플릿

이 경우에는 타입 매개 변수를 콤마로 분리하여 template 문장에 지정하면 된다.

box4.cpp

```
#include <iostream>
using namespace std;

```

```
template <typename T1, typename T2>
class Box2
   {
   T1 first_data; // T1은 타입(type)을 나타낸다.
   T2 second_data; // T2는 타입(type)을 나타낸다.

public:
   Box2() {}
   T1 get_first();
   T2 get_second();
   void set_first(T1 value) {
      first_data = value;
   }
   void set_second(T2 value) {
      second_data = value;
   }
};
template <typename T1, typename T2>
T1 Box2<T1, T2>::get_first() {
   return first_data;
}

template <typename T1, typename T2>
T2 Box2<T1, T2>::get_second() {
   return second_data;
}
int main()
{
   Box2<int, double> b;
   b.set_first(10);
   b.set_second(3.14);
   cout << "(" << b.get_first() << ", " << b.get_second() << ")" << endl;
   return 0;
}
```

두 개의 타입 매개 변수를 가지는 클래스 템플릿

실행결과

```
(10, 3.14)
계속하려면 아무 키나 누르십시오 . . .
```

클래스 템플릿의 사용

1 클래스 템플릿의 매개 변수에도 디폴트값을 부여할 수 있다. 디폴트값을 부여하는 방법은 다음과 같다.

```
template <typename T = int>
class Box {
   ...
};
```

만약 디폴트값이 부여되어 있다면 다음과 같이 타입 매개 변수를 생략할 수 있다.

```
Box<> box;                        // int형의 Box
```

2 클래스 템플릿을 사용하여 포인터나 참조자도 정의할 수 있다.

```
Box<int> *pbox;                   // 포인터
```

3 보통 typedef 문장을 이용하여 간단한 이름으로 만들어 사용한다. 예를 들면 다음과 같다.

```
typedef Box<int> iBox;
iBox box;
```

4 함수의 매개 변수나 반환형으로도 사용이 가능하다.

```
void sub(Box<int>& box);        // 매개 변수
```

5 템플릿에서 생성된 클래스로부터 상속하는 것도 가능하다. 다음 문장은 Box<int> 클래스로부터 상속을 받아 새로운 클래스를 정의한다.

```
class AdvancedBox : public Box<int> { ... }
```

템플릿 사용의 장점

템플릿으로부터 실제로 클래스를 생성하기 전까지는 코드가 생성되지 않는다. 따라서 템플릿은 아무리 많이 있더라도 코드의 크기를 증가시키지 않는다. 따라서 라이브러리를 템플릿 형태로 제공하면 장점이 많다. 라이브러리 안의 템플릿 중에서 사용자가 실제로 타입 매개 변수를 주어 사용한 템플릿만 코드로 변환된다. 나머지 템플릿은 코드 공간을 차지하지 않는다. C++에서는 STL이라고 하는 템플릿 기반의 라이브러리가 제공되며 이것은 확장성과 실행 속도 면에서 우수하다.

클래스 템플릿과 프렌드

클래스 템플릿은 프렌드 멤버를 가질 수 있다. 만약 타입 매개 변수를 사용하지 않는 프렌드 함수는 클래스 템플릿에서 생성된 모든 클래스가 모두 사용할 수 있는 범용적인 프렌드이다. 만약 프렌드가 타입 매개 변수를 사용한다면 그 프렌드 함수는 특정한 타입의 클래스에만 속한다.

```
template<class T>
class Test {
public:
   friend void sub1();                  // 모든 생성된 클래스에서 사용 가능
   friend Test<T> sub2(Test<T> v);   // 타입이 T인 클래스에서만 사용
   .....
};
```

정적 멤버

정적 멤버는 클래스 템플릿으로 생성된 모든 클래스에 대하여 하나만 존재하는 것은 아니며, 특정 클래스에 속하여 개별적으로 사용할 수 있다.

```
template<class T>
class Test {
public:
   static int count;
   .....
};
```

만약 다음과 같이 클래스 템플릿의 인스턴스를 생성하였다면 여기서 정적 변수 Test<int>::count와 Test<double>::count는 서로 다른 변수가 된다.

```
Test<int> obj1;
Test<double> obj2;
```

중간점검

1. 클래스 템플릿 형태로 라이브러리를 제공하면 어떤 장점이 있는가?
2. 세 개의 데이터를 가지고 있는 Triple라는 클래스를 클래스 템플릿으로 작성하여 보라.

12.3 스택 예제

스택이라는 자료 구조를 템플릿으로 작성하여 보자.

스택이란?

스택(stack)을 영어사전에서 찾아보면 '(건초 · 밀집 따위를 쌓아놓은) 더미, 낟가리'를 의미한다고 되어 있다. 스택의 예로 식당에 쌓여있는 접시 더미, 책상에 쌓여 있는 책, 창고에 쌓여 있는 상자 등을 들 수 있다. 스택을 창고에 쌓여 있는 상자를 이용하여 설명해보자. 창고에서 새로운 상자들을 쌓을 때는 상자 더미의 맨 윗부분에 놓는다. 또 상자가 필요하면 상자 더미의 맨 위에 있는 상자를 꺼낸다. 만약 중간에서 상자를 꺼내면 상자 전체가 붕괴될 것이다. 따라서 가장 최근에 들어온 상자가 가장 위에 있게 되고, 또 먼저 나가게 된다. 이런 입출력 형태를 후입 선출(LIFO: Last-In First-Out)이라고 한다. [그림 12-6]처럼 스택에 A, B, C, D를 순서대로 입력했다가 하나를 삭제하면 맨 위에 놓여진 D가 삭제된다.

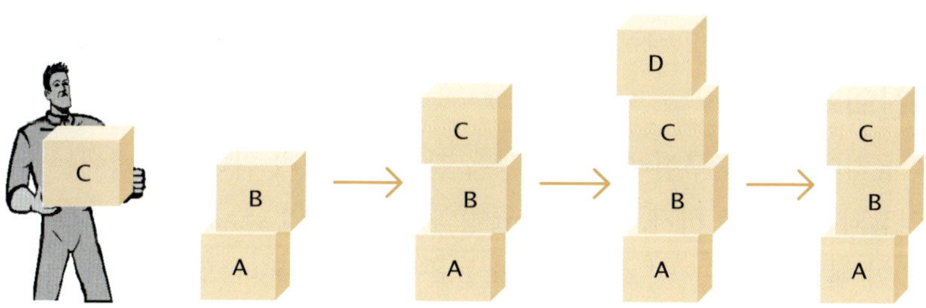

그림 12-6 ● 일상생활에서의 스택의 예

스택은 다음과 같은 연산들을 가진다.

→ `is_empty(s) ::=` 스택이 비어있는지를 검사한다.

→ `is_full(s) ::=` 스택이 가득 찼는가를 검사한다.

→ `push(s, e) ::=` 스택의 맨 위에 요소 e를 추가한다.

→ `pop(s) ::=` 스택의 맨 위에 있는 요소를 삭제한다.

이 중에서 가장 중요한 연산은 삽입 연산인 push 연산과 삭제 연산인 pop 연산이다. 다음 그림은 push 연산과 pop 연산을 그림으로 보여준다.

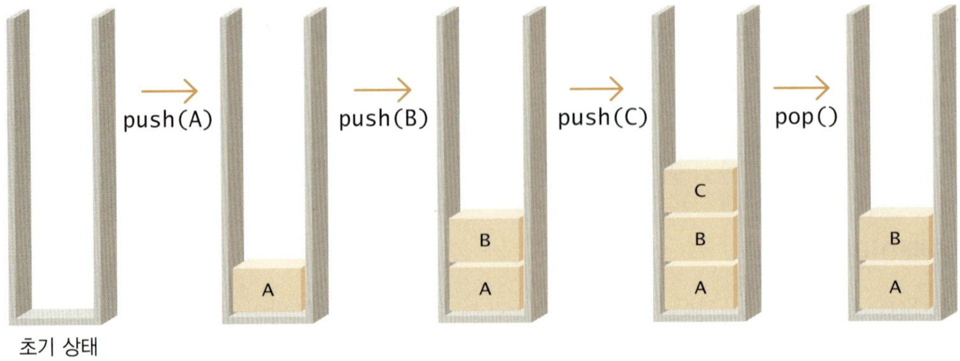

그림 12-7 ● 스택의 삽입과 삭제 연산

스택은 특히 자료의 출력 순서가 입력 순서의 역순으로 이루어져야 할 경우에 매우 긴요하게 사용된다. 예를 들면 (A, B, C, D, E)의 데이터가 있을 때 데이터들의 순서를 (E, D, C, B, A)처럼 역순으로 하고 싶다면 데이터를 전부 스택에 입력했다가 다시 꺼내면 된다. 예를 들면 에디터에서 되돌리기(undo) 기능을 구현할 때 스택을 사용할 수 있다. 왜냐하면 수행된 명령어들 중에서 가장 최근에 수행된 것부터 되돌리기를 해야 하기 때문이다.

기본 연산의 구현

배열을 이용하여 스택을 구현해보자. 설명을 간단하게 하기 위하여 스택에는 `int` 타입의 정수가 저장되는 것으로 하자. 따라서 `int`형의 1차원 배열 `stack[MAX_ STACK_SIZE]`이 필요하다. 이 배열을 이용하여 스택의 요소들을 저장하게 된다. 또한 스택에서 가장 최근에 입력되었던 자료를 가리키는 `top` 변수가 필요하다. 가장 먼저 들어온 요소는 `stack[0]`에, 가장 최근에 들어온 요소는 `stack[top]`에 저장된다.

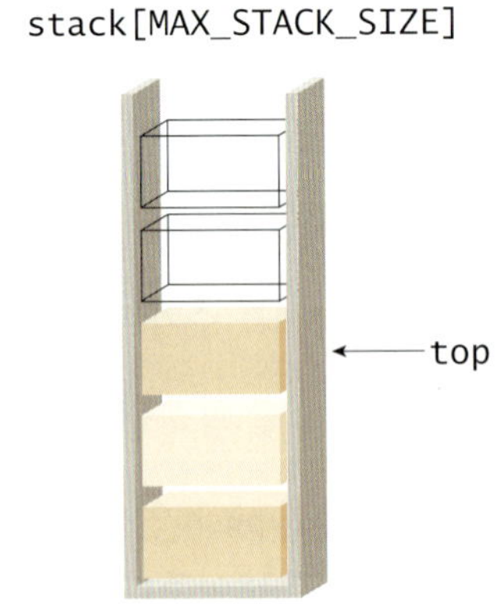

그림 12-8 ● 배열을 이용한 스택의 구현

top 변수는 스택에 아무런 데이터가 없으면 −1의 값을 갖는다. 0의 값을 가지면 안 되는 것을 이해해야 한다. top의 값이 0이면 배열의 인덱스 0에 데이터가 있다는 것을 의미하기 때문이다.

[알고리즘 12-1]은 스택의 isEmpty 연산을 유사코드로 표현한 것이다. isEmpty()는 스택이 비어 있는지를 검사하기 위하여 top을 −1과 비교한다. 만약 top이 −1이면 1이 반환될 것이다.

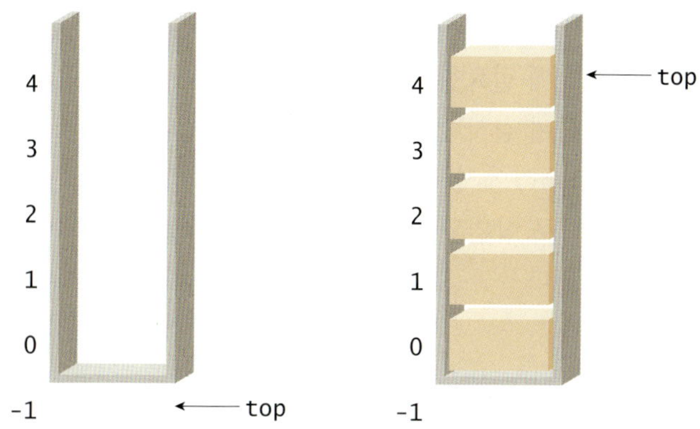

(a) 공백 상태　　(b) 포화 상태

그림 12-7 ● 스택의 공백 상태와 포화 상태: MAX_STACK_SIZE는 5이다.

알고리즘 12-1 스택의 isEmpty 연산

```
isEmpty()

if top = -1
   then return TRUE
   else return FALSE
```

[알고리즘 12-2]는 스택의 isFull 연산을 유사코드로 표현한 것이다. isFull()은 스택이 가득 차 있는지를 검사하기 위하여 top을 (MAX_STACK_SIZE-1)과 비교하여 같으면 포화 상태로 판정한다. 한 가지 주의할 점은 C++언어에서는 배열의 인덱스가 0부터 시작하므로 top의 값이 (MAX_STACK_SIZE-1)이면 배열의 끝까지 요소가 채워져 있음을 의미한다. 만약 top이 (MAX_STACK_SIZE-1)이면 더 이상의 삽입은 불가능하다.

알고리즘 12-2 스택의 isFull 연산

```
isFull()

if top = (MAX_STACK_SIZE-1)
   then return TRUE
   else return FALSE
```

[알고리즘 12-3]은 스택의 push 연산을 유사코드로 표현한 것이다. push()에서 스택에 새로운 요소를 삽입하기 전에 필요한 것은 스택이 가득 차지 않았나를 검사하는 것이다. 이것은 isFull()을 호출하여 검사한다. 스택이 가득 차 있다면 에러 메시지가 출력되고 함수는 그냥 반환된다. push()에서는 먼저 top의 값을 증가하는 것에 유의하라. top이 가리키는 위치는 마지막으로 삽입되었던 요소이므로 top을 증가시키지 않고 삽입하면 마지막 요소가 지워지게 된다.

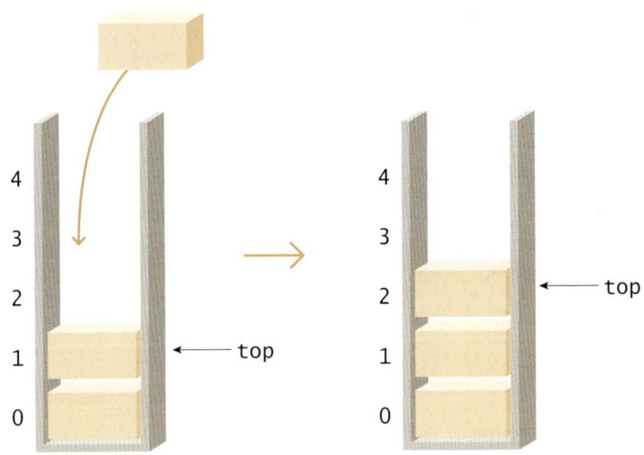

그림 12-10 ● push( ) 함수

알고리즘 12-3 스택의 push 연산

```
push(x)

if isFull()
   then error "overflow"
   else top←top+1
      stack[top]←x
```

pop 연산은 스택에서 하나의 요소를 제거하는 연산으로, top이 가리키는 요소를 스택에서 꺼내어 외부로 건네주는 연산이다. 먼저 요소를 제거하기 전에 스택이 비어 있는지를 검사해야 한다. 스택의 공백 여부는 isEmpty()를 호출하여 검사한다. 스택이 비어 있으면 에러 메시지를 출력한다. 스택이 비어 있지 않으면 top이 가리키는 값을 반환하고 top을 하나 감소시킨다.

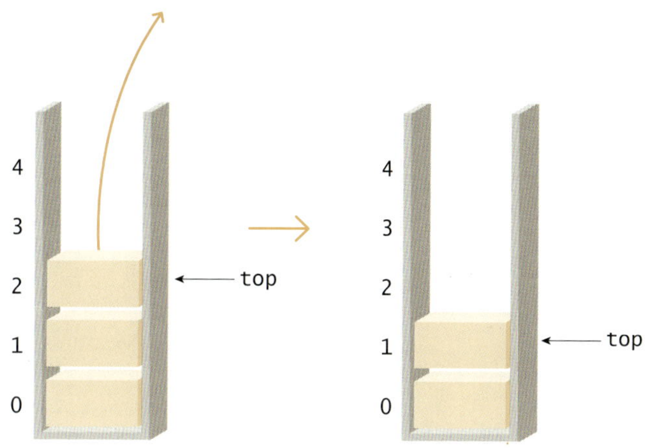

그림 12-11 • pop( ) 함수

알고리즘 12-4 스택의 pop 연산

```
pop(x)

if isEmpty()
   then error "underflow"
   else e←stack[top]
         top←top-1
      return e
```

스택의 구현

스택에 저장되는 데이터는 상당히 다양할 수 있다. 정수 스택도 있고 실수 스택, 또는 객체들의 스택도 생각할 수 있다. 따라서 스택을 클래스 템플릿으로 정의하는 것은 좋은 아이디어이다.

stack.cpp

```
#include <iostream>
using namespace std;
// 예외 처리를 위한 클래스
class FullStack
{} ;

// 예외 처리를 위한 클래스
class EmptyStack
{};

template <class T>
class Stack {
private:
   T* s;
   int size;
   int top;
public:
   Stack(int n = 100) : size(n), top(-1)
   {
      s = new T[size];
   }
   ~Stack() { delete []s; }
   void  push(T v);
   T pop();
   bool  isEmpty() const { return top == -1;}
   bool  isFull() const { return top == size - 1;}
};

template< typename T >
void Stack< T >::push( T v )
{
   if ( isFull() )
      throw FullStack();
   s[ ++top ] = v;
}

template< typename T >
T Stack< T >::pop( )
{
   if ( isEmpty() )
```

스택 클래스 템플릿

```
            throw EmptyStack();
        return s[ top-- ];
    }
    int main()
    {
        Stack<int> s;   // 크기가 100인 정수형 스택
        s.push(100);
        s.push(200);
        s.push(300);
        s.push(400);
        cout << s.pop() << endl;
        cout << s.pop() << endl;
        cout << s.pop() << endl;
        cout << s.pop() << endl;
        return 0;
    }
```

실행결과

```
400
300
200
100
계속하려면 아무 키나 누르십시오 . . .
```

스택을 구현할 때 예외 상황을 처리하기 위하여 두 개의 클래스를 정의하였다. FullStack 클래스는 스택이 가득 차있는 상태에서 push() 함수가 호출되었을 경우의 예외를 나타낸다. EmptyStack 클래스는 스택이 비어 있는 상태에서 pop() 함수가 호출되었을 경우의 예외를 나타낸다.

스택의 응용

스택은 어디에 사용할 수 있을까? 문자열 중에서 앞으로 읽거나 뒤로 읽어도 같은 문자열이 있다. 이것을 회문(palindrome)이라고 한다. 영어에서는 "madam, i'm adam" 문장이 대표적이다. 문자열이 회문인지 아닌지를 검사하는 데 스택이 이용될 수 있다. 주어진 문자열의 문자들을 몽땅 스택에 삽입한다. 이후에 스택에서 문자를 하나씩 꺼내어 문자열의 문자와 비교하면 된다. 스택에 들어갔다 나오면 문자들의 순서는 반대로 된다는 것을 이용하는 것이다.

(2) main() 안에서 다양한 타입의 배열을 정의하여 printArray()를 테스트 하라.

3. 두 개의 값 중에서 최대값을 반환하는 함수 max()를 템플릿 함수로 작성하여 보라.

(1) 다음의 빈칸을 채워서 템플릿 함수를 완성하라.

```
template<____________ T>
T max(T&  x, ______ y)
{
   if( x > y )   return x;
   else  return y;
}
```

(2) 다음과 같은 문장으로 max()를 호출해보자. 문제가 발생하는가?

```
int i = max(5, 6);
double f = max(6.78, 3.52);
double g = max(6, 3.52);
```

(3) 다음과 같은 문장으로 max()를 호출해보자. 문제가 발생하는가?

```
int i = max<int>(5, 6);
double f = max<double>(6.78, 3.52);
double g = max<double>(6, 3.52);
```

PROGRAMMING
C++ ESPRESSO

1. 정수나 실수와 같은 다양한 타입의 데이터에 대하여 평균을 구하는 getAverage() 함수 템플릿을 작성하여 보자. Employee와 같은 특정 클래스의 객체에 대해서도 동작하게 하려면 그 클래스에서 어떤 연산자가 중복 정의되어 있어야 하는가?

2. 두 개의 수를 저장하고 있는 Pair라는 클래스를 함수 템플릿 형태로 작성하여 보자. 첫 번째 수는 first에 저장되고 두 번째 수는 second에 저장된다. 생성자를 정의하고 적절한 접근자와 설정자를 추가하라. 멤버 함수들은 클래스 외부에 정의하되 다양한 타입의 수를 Pair 객체에 저장하여 테스트하라.

3. 연결 리스트(linked list)는 데이터를 포인터를 이용하여 연결하는 자료 구조이다. 연결 리스트에 다양한 타입의 데이터를 저장할 수 있도록 클래스 템플릿으로 작성하여 보자. 정수를 저장할 수 있는 Node 클래스는 다음과 같이 정의된다.

```
class Node
{
private:
   int data;
   Node* previous;
   Node* next;
public:
   Node(int i);
}
```

다양한 타입의 객체들을 Node 객체에 저장하여 연결 리스트로 만들고 테스트하라.

4. 랜덤 리스트(random list)를 작성하여 보자. 랜덤 리스트란 `select()` 멤버 함수가 호출되면 랜덤하게 하나의 요소를 선택하여 반환한다. 모든 타입의 객체를 저장할 수 있도록 클래스 템플릿을 사용한다. 데이터는 add() 멤버 함수를 이용하여 배열에 저장되고 `select()`가 호출되면 배열의 원소 중에서 하나를 랜덤하게 선택하여 반환한다.

5. 큐(queue)는 먼저 들어간 데이터가 먼저 나오는 자료 구조이다. 큐를 배열을 사용하여 Queue라는 클래스로 작성하여 보자. enqueue()는 큐에 데이터를 추가한다. dequeue()는 큐에서 하나의 데이터를 꺼낸다. 다양한 타입에 대하여 동작하도록 클래스 템플릿으로 정의하여 보자.

6. 집합을 구현하는 클래스 `Set`을 작성하여 보자. 집합에서는 모든 데이터가 유일하여야 한다. 따라서 집합에 데이터를 추가하는 add() 함수는 이미 집합에 동일한 데이터가 존재하는지를 검사하여야 한다. 클래스 템플릿을 사용하여 다양한 타입의 데이터를 받을 수 있도록 하라.

LAB
C++ ESPRESSO

1. 어떤 타입의 데이터도 저장할 수 있는 MyArray 클래스를 작성하여 보자.

my_array.h

```
class MyArray
{
private:
    int *data;                              // 데이터를 가리키는 포인터
    int size;                               // 배열의 현재 크기
    int maxSize;                            // 배열의 최대 크기
public:
    MyArray(int size = 10);                 // 생성자
    ~MyArray();                             // 소멸자
    void pushBack(int value);               // 배열의 끝에 데이터 추가
    int popBack(int index);                 // 배열의 끝의 데이터 삭제
    int getAt(int index);                   // 배열의 요소 반환
    void setAt(int index, int value);       // 배열의 요소 변경
    int getSize() const;                    // 배열의 크기를 반환
};
```

(1) 위의 my_array.h 파일을 클래스 템플릿 형식으로 다시 작성하여 보자. 어떤 자료형을 타입 매개 변수로 바꾸어야 하는가?

(2) MyArray 클래스의 생성자와 소멸자를 정의하여 보자. 생성자는 배열의 크기를 설정하고 동적 메모리를 할당한다. 소멸자는 동적 메모리를 반납한다.

```
template <typename T>
MyArray<T>::MyArray(int size) {
    ...
}
template <typename T>
MyArray<T>::~MyArray() {
    ...
}
```

(3) 멤버 함수들을 템플릿 형식으로 정의하여 보자. pushBack()은 배열의 끝에 데이터를 추가한다. 데이터가 추가되는 과정에서 배열의 크기를 넘어서면 배열의 크기를 늘려서 다시 동적 메모리를 할당받는다. popBack()은 배열의 끝에서 데이터를 하나 삭제한다. setAt(i,d)은 i번째 요소에 d를 할당한다. getAt(i)은 i번째 요소의 값을 반환한다.

(4) main()에서 정수형 MyArray를 생성하여 사용자로부터 받은 데이터를 추가하여 보자.

C++ Espresso

13 입출력과 파일처리

이 장의 차례

학습목표

- 파일 입출력에 필요한 클래스를 살펴본다.
- 텍스트 파일과 이진 파일을 다루는 방법을 학습한다.
- 파일의 임의의 위치에서 데이터를 읽는 방법을 학습한다.

13.1 파일 입출력

스트림이란?

입력과 출력은 프로그램에 있어서 대단히 중요하다. 입력이나 출력을 할 수 있어야만 사용자와 상호 대화적(interactive)인 프로그램 작성이 가능하다. 프로그래머가 입력 장치나 출력 장치의 종류에 따라 서로 다르게 프로그램을 작성하여야 한다면 아주 불편한 일이 될 것이다. 예를 들어서 화면에 출력하는 것과 프린터에 출력하는 방법이 다르다면 출력 장치에 따라 별도의 입출력 함수를 준비해야 할 것이다.

C++에서는 이 문제를 해결하기 위하여 스트림(stream)이란 개념을 사용하고 있다. C++에서의 입력과 출력은 모두 스트림으로 이루어진다. 스트림이란 입력과 출력을 바이트(byte)들의 흐름으로 생각하는 것이다. 프로그램에서 외부로 흘러나가는 연속된 바이트가 출력 스트림이다. 반대로 외부에서 프로그램으로 흘러들어오는 바이트가 입력 스트림이다. 입력 스트림에서는 키보드와 같은 입력 장치에서 바이트들이 프로그램으로 흐른다. 출력 스트림에서는 바이트가 프로그램에서 모니터의 화면과 같은 출력 장치로 흐른다. 스트림을 바이트들이 떠다니는 시냇물이라고 생각하면 된다.

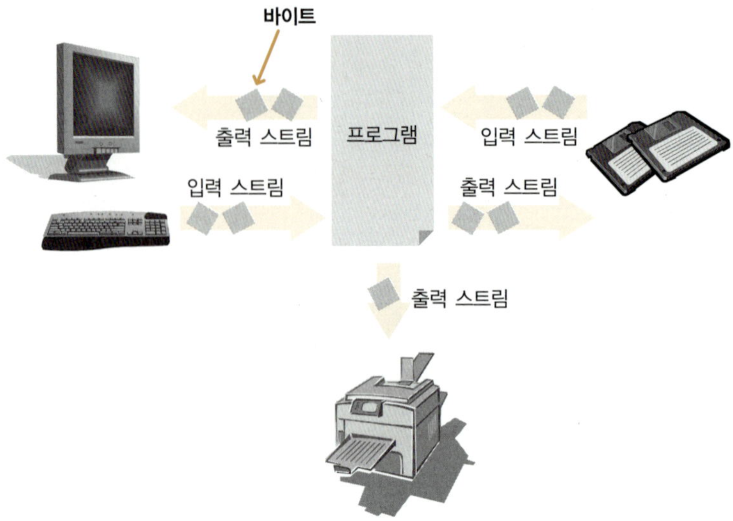

그림 13-1 ● 스트림의 개념

스트림의 최대 장점은 장치 독립성이다. 입출력 장치에 상관없이 프로그램을 작성할 수 있다는 것이다. 입력 장치가 무엇이건 출력 장치가 무엇이건 간에 입력과 출력은 무조건 연속된 바이트의 스트림이라고 생각하면 된다.

이미 우리는 스트림을 사용하여 프로그램을 작성한 적이 있다. 입력을 위하여 사용하였던 cin이 키보드와 연결된 입력 스트림이다. 또한 출력을 위하여 사용한 cout이 콘솔과 연결된 출력 스트림이었던 것이다.

입출력 관련 클래스들

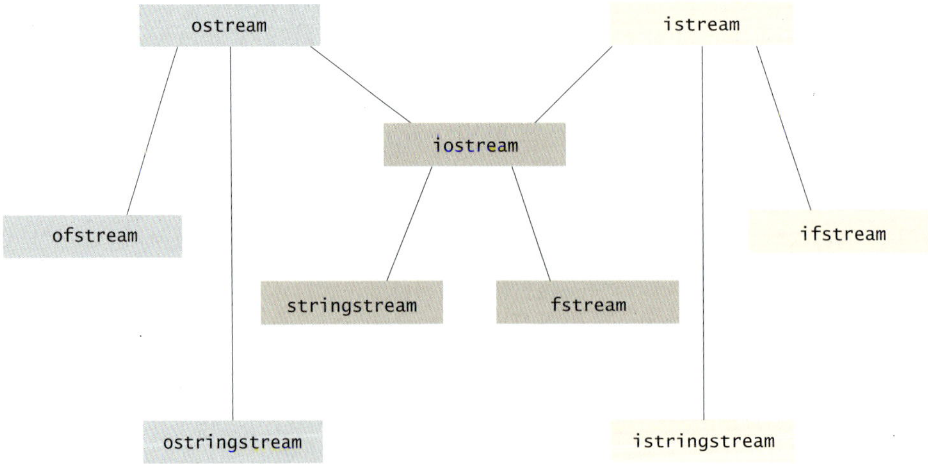

그림 13-2 ● 입출력 클래스들의 상속계층도

<<과 >>을 이용한 파일 입출력

파일에 입출력하는 것도 스트림을 통하여 이루어진다. 파일을 통하여 입력할 때 사용되는 스트림은 클래스 ifstream의 객체이다. 파일에 출력할 때 사용되는 스트림은 클래스 ofstream의 객체이다. 먼저 객체를 나타내는 변수를 선언한 후에 이 변수를 파일과 연결하면 된다. 파일에 연결하려면 open() 멤버 함수를 사용하면 된다.

```
ifstream is;
is.open("score.txt");
```

일단 스트림이 파일과 연결되면 >>나 << 연산자를 사용하여 입출력이 가능하다. 예를 들어서 파일에서 정수를 읽으려면 다음과 같은 문장을 사용한다.

```
int number;
is >> number;
```

파일에 자료를 저장하는 출력 스트림도 마찬가지이다.

```
ofstream os;
os.open("result.txt");
os << number;
```

예제 #1

파일은 간단한 데이터를 저장하고 처리하는 용도로 사용될 수 있다. 파일에 학생들의 학번, 이름, 성적을 텍스트 파일로 저장한다고 가정하자.

```
int number;          // 학번
char name[30];       // 이름
int score;           // 성적
```

먼저 학생들의 성적을 파일에서 읽고 다시 파일에 저장하는 프로그램을 작성하여 보자.

score1.cpp

```
#include <iostream>
#include <fstream>              // 파일 입출력을 하려면 헤더 파일을 포함하여야 한다.
using namespace std;

int main()
```

```
{
    ifstream is;
    is.open("score.txt");
    if( !is ) {           // ! 연산자 중복 정의
        cerr << "파일 오픈에 실패하였습니다" << endl;
        exit( 1 );
    }

    int number;           // 학번
    char name[30];        // 이름
    int score;            // 성적
    is >> number >> name >> score;

    ofstream os;
    os.open("result.txt");
    os << number << " " << name << " " << score << endl;

    is.close();
    os.close();
    return 0;
}
```

파일 score.txt

```
20100001 홍길동 100
20100002 김유신 90
20100003 강감찬 80
```

파일 result.txt

```
20100001 홍길동 100
```

프로그램 설명

파일은 상대 경로와 절대 경로를 사용할 수 있다. 그냥 파일의 이름만 지정하면 현재 프로젝트가 저장된 위치에서 파일을 입력하거나 출력한다.

파일을 오픈하는 경우에는 오류가 발생할 수 있다. open() 함수가 성공했는지 실패했는지를 확인하려면 중복 정의된 ! 연산자를 사용할 수 있다.

```
if( !is ) {     // ! 연산자 중복 정의
    cerr << "파일 오픈에 실패하였습니다" << endl;
```

```
        exit( 1 );
    }
```

또는 멤버 함수 fail()을 사용하여야 한다.

```
if( is.fail() ){
    cerr << "파일 오픈에 실패하였습니다" << endl;
    exit(1);
}
```

참고사항

기존의 파일에 자료를 추가하려면 다음과 같이 파일을 열어야 한다.

```
os.open("test.txt", ios::app);
```

여기서 ios:app는 ios 클래스에서 정의된 상수이다.

멤버 함수를 이용한 파일 입출력

입출력 연산자인 >>와 <<을 이용하여 여러 가지 데이터를 파일에 입출력할 수도 있지만 fstream의 멤버 함수들을 사용하여 파일에 입출력할 수도 있다. 하나의 예로 파일에 문자를 읽고 쓰는 프로그램을 멤버 함수를 이용하여 작성해보자. 하나의 문자를 읽는 데는 get()을 사용하고 하나의 문자를 출력할 때는 put()을 사용할 수 있다.

파일의 끝까지 문자를 읽어서 콘솔에 표시하려면 다음과 같은 반복 루프를 사용한다. 여기서 파일에서 자료를 읽는 경우에 파일의 끝을 알아내려면 eof() 함수를 사용한다.

score.cpp

```
#include <iostream>
#include <fstream>      // 파일 입출력을 하려면 헤더 파일을 포함하여야 한다.
using namespace std;

int main()
{
    ifstream is;
    is.open("score.txt");
    if( !is ) {          // ! 연산자 중복 정의
        cerr << "파일 오픈에 실패하였습니다" << endl;
        exit( 1 );
```

```
    }
    char c;
    is.get(c);             // 하나의 문자를 읽는다.
    while(! is.eof() )
    {
       cout << c;
       is.get(c);
    }
    is.close();
    return 0;
}
```

파일 score.txt

```
20100001 홍길동 100
20100002 김유신 90
20100003 강감찬 80
```

실행결과

```
20100001 홍길동 100
20100002 김유신 90
20100003 강감찬 80
계속하려면 아무 키나 누르십시오...
```

예제 #2

키보드에서 입력받은 문자들을 파일에 저장하는 프로그램을 작성하여 보자. 콘솔에서는 컨트롤-Z를 누르면 파일의 끝이라는 의미가 된다.

score2.cpp

```
#include <iostream>
#include <fstream>              // 파일 입출력을 하려면 헤더 파일을 포함하여야 한다.
using namespace std;

int main()
{
   ofstream os;
   char c;
   os.open("test.txt");
```

```
    while( cin.get(c) )
    {
        os.put(c);
    }
    os.close();
    return 0;
}
```

파일 test.txt

```
This is a test.
```

실행결과

```
This is a test.
^Z
Press any key to continue
```

프로그램 설명

표준 입력에서 받아들일 때는 컨트롤-Z를 누르면 입력의 끝이라는 표시가 된다. 비주얼 -C 2008 버전에서는 컨트롤-C가 입력의 끝이 된다. 또한 하나의 문자를 읽을 때 c=cin.get() 또는 cin.get(c)과 같은 형식을 사용하여도 된다.

예제 #3

소스가 저장된 텍스트 파일을 읽어서 각 줄의 앞에 숫자를 붙인 후 출력 파일에 기록하여 보자.

score3.cpp

```
#include <iostream>
#include <fstream>
using namespace std;

int main()
{
    ifstream is;
    ofstream os;
    is.open("score.txt");
```

```
    if( is.fail() ){
       cerr << "파일 오픈 실패" << endl;
       exit(1);
    }
    os.open("result.txt");
    if( os.fail() ){
       cerr << "파일 오픈 실패" << endl;
       exit(1);
    }
    char c;
    int line_number = 1;
    is.get(c);
    os << line_number << ": ";
    while(! is.eof() )
    {
       os << c;
       if( c == '\n' ){
          line_number++;
          os << line_number << ": ";
       }
       is.get(c);
    }
    is.close();
    os.close();
    return 0;
}
```

파일 score.txt

```
20100001 홍길동 100
20100002 김유신 90
20100003 강감찬 80
```

파일 result.txt

```
1: 20100001 홍길동 100
2: 20100002 김유신 90
3: 20100003 강감찬 80
```

출력 형식 지정

콘솔이나 파일에 출력하는 경우에 출력 형식을 지정할 수 있다. 예를 들어 소수점 이하의 자리수를 세 개로 하려면 다음과 같은 멤버 함수를 사용한다.

```
cout.precision(3);
```

또한 여러 가지의 출력 플래그를 설정하기 위하여 setf()라는 멤버 함수가 제공된다. 고정 소수점 표기법을 사용하고 소수점을 항상 표시하려면 다음과 같은 문장을 사용한다.

```
cout.setf(ios::fixed);
cout.setf(ios::show_point);
```

만약 왼쪽 정렬을 원하면 다음과 같은 문장을 사용할 수 있다.

```
cout.setf(ios::left);
```

플래그들은 | 기호를 사용하여서 여러 개를 동시 설정할 수 있다.

```
cout.setf(ios::left | ios::showpoint);
```

출력 필드의 너비를 지정하려면 width() 멤버 함수를 사용한다.

```
cout.width(10);
```

많이 사용되는 플래그들을 다음 [표13-1]에 나타내었다.

표 13-1 • 입출력에 사용되는 플래그

플래그	설명
ios::fixed	고정 소수점 표기법 사용
ios::scientific	과학적 표기법 사용(지수를 이용하여 표기)
ios::showpoint	소수점을 반드시 표시한다.
ios::showpos	양수 부호를 반드시 출력한다.
ios::right	값을 출력할 때 오른쪽 정렬을 사용한다.
ios::left	값을 출력할 때 왼쪽 정렬을 사용한다.
ios::dec	값을 출력할 때 10진법을 사용한다.
ios::oct	값을 출력할 때 8진법을 사용한다.
ios::hex	값을 출력할 때 16진법을 사용한다.
ios::uppercase	지수나 16진법으로 표시할 때 대문자를 사용한다.
ios::show	8진수이면 앞에 0을 붙이고 16진수이면 앞에 0x를 붙인다.

플래그를 해제할 때는 unsetf() 함수를 사용한다.

```
os.unsetf(ios::uppercase);
```

중간점검

1. 스트림의 장점은 무엇인가?
2. 사용자로부터 입력을 받아 파일에 저장하는 프로그램을 작성하라.

13.2 텍스트 파일과 이진 파일

C++에서는 텍스트 파일(text file)과 이진 파일(bianry file)의 두 가지 파일 유형을 지원한다. 텍스트 파일은 사람이 읽을 수 있는 텍스트가 들어 있는 파일이다. 소스 파일이나 메모장 파일이 텍스트 파일의 예이다. 텍스트 파일에는 문자들이 들어 있고 이들 문자들은 아스키 코드를 이용하여 표현된다. 텍스트 파일이 중요한 이유는 모니터, 키보드, 프린터 등이 모두 문자 데이터만을 처리하기 때문이다. 텍스트 파일은 연속적인 라인들로 구성된다.

그림 13-3 ● 텍스트 파일과 이진 파일

반면에 이진 파일은 사람이 읽을 수는 없으나 컴퓨터는 읽을 수 있는 파일이다. 즉 문자 데이터가 아니라 이진 데이터가 직접 저장되어 있는 파일이다. 이진 파일은 텍스트 파일과는 달리 라인들로 분리되지 않는다. 모든 데이터들은 문자열로 변환되지 않고 입출력된다. 따라서 라인의 끝을 표시할 필요가 없으며 NULL이나 CR, LF와 같은 문자들은 특별한 의미를 가지지 않고 데이터로 취급된다. 이진 파일은 특정 프로그램에 의해서만 판독이 가능하다. 실행 파일, 사운드 파일, 이미지 파일 등이 이진 파일의 예이다.

텍스트 파일에서는 모든 정보가 문자열로 변환되어 파일에 기록된다. 정수값도 출력 연산자 <<을 통하여 문자열로 변환된 후에 파일에 저장된다. 즉, 123456과 같은 정수값을 화면에 출력하려면 '1', '2', '3', '4', '5', '6' 으로 변환하여 출력한다. 마찬가지로 파일에서 숫자를 읽을 때도 문자를 읽어서 입력 연산자 >>가 숫자로 변환하게 된다.

반면에 이진 파일(binary file)은 사람이 읽을 수는 없으나 컴퓨터는 읽을 수 있는 파일이다. 문자 데이터가 아니라 숫자 데이터가 직접 저장되어 있는 파일인 것이다. 즉, 정수 123456은 컴퓨터에서 4바이트로 표현되고 이 4바이트가 직접 파일에 쓰여지는 것이다. 이진 파일이 필요한 이유는 컴퓨터 프로그램이 텍스트 파일에서 숫자 데이터를 읽으려면 먼저 문자를 읽어서 이것을 입력 연산자 >>을 사용하여 숫자로 변환하여야 하기 때문이다. 이 과정은 시간이 많이 걸리며 비효율적이다. 이진 파일을 사용하면 이러한 변환 과정이 필요 없이 바로 숫자 데이터를 읽을 수 있으며 텍스트 파일에 비하여 저장 공간도 더 적게 차지한다.

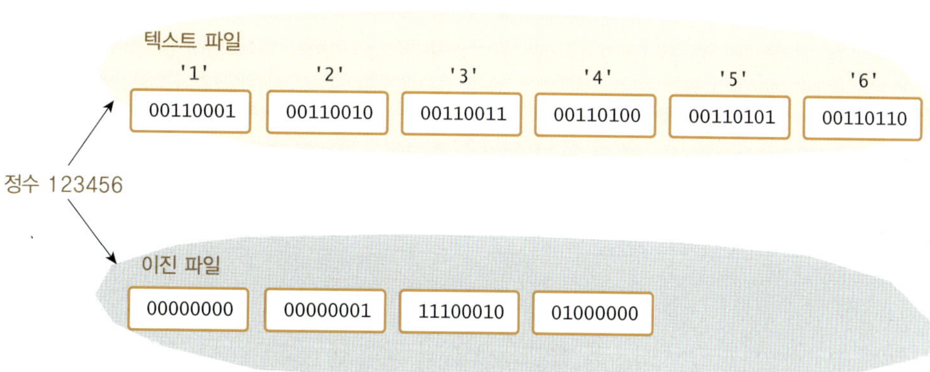

그림 13-4 • 정수 123456을 텍스트 파일에 저장하는 경우와 이진 파일에 저장하는 경우의 비교

이진 파일의 단점은 인간이 파일의 내용을 확인하기가 힘들다는 점이다. 문자 데이터가 아니므로 모니터나 프린터로 출력하는 것이 불가능하다. 또한 텍스트 파일은 컴퓨터의 기종이 달라도 파일을 이동할 수 있다. 아스키 코드로 되어 있기 때문에 다른 컴퓨터에서도 읽을 수 있기 때문이다. 그러나 이진 파일의 경우, 정수나 실수 데이터를 표현하는 방식이 컴퓨터 시스템마다 다를 수 있기 때문에 이식성이 떨어진다. 따라서 이식성이 중요하다면 약간 비효율적이더라도 텍스트 형식의 파일을 사용하는 것이 좋다. 하지만 데이터가 크고 수행 속도가 중요하다면 이진 파일로 하는 것이 좋을 것이다.

이진 파일 입출력

이진 파일에 출력하려면 메모리에 있는 값을 그대로 저장하면 된다. 이진 파일의 입출력에는 fstream의 read()와 write() 멤버 함수가 사용된다. 먼저 출력하는 절차를 살펴보고 다음에 입력 절차를 살펴보자.

이진 파일에 데이터를 쓰는 함수는 write()이다. write()는 fstream에 선언되어 있으며 그 원형은 다음과 같다.

```
write(char *buffer, int count);
```

포인터 buffer는 파일에 기록할 데이터를 가지고 있는 메모리 블록의 시작 주소이다. count는 파일에 기록되는 항목들의 개수이다. int형의 변수 x를 이진 파일에 기록하는 문장은 다음과 같다. 주의할 점은 open()의 두 번째 인자로 ofstream::binary를 주어서 이진 파일 모드로 파일을 오픈하여야 한다는 것이다.

```
ofstream os;
os.open("test.dat", ofstream::binary);
int x = 5;
os.write((char*)&x, sizeof(int));     // 정수 변수는 4바이트로 이루어져 있다.
```

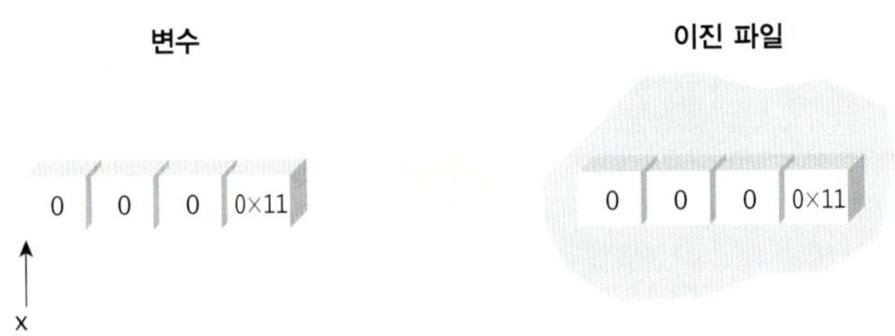

그림 13-5 ● 이진 파일에 저장되는 모습

여기서는 int형 배열을 기록하는 예제를 다루어보자.

score4.cpp

```
#include <iostream>
#include <fstream>
using namespace std;

int main()
{
```

```
    int buffer[] = { 10, 20, 30, 40, 50 };
    ofstream os;
    os.open("test.dat", ofstream::binary);
    if( os.fail() )
    {
       cout << "binary.txt 파일을 열 수 없습니다." << endl;
       exit(1);
    }
    os.write((char *)&buffer, sizeof(buffer));
    os.close();
    return 0;
}
```

파일 test.dat

```
00000000: 0A 00 00 00 14 00 00 00|1E 00 00 00 28 00 00 00 | ϕϕϕ ϕϕϕ ϕϕϕ ϕϕϕ
00000010: 32 00 00 00                                     | 2 ϕϕϕ
```

프로그램 설명

파일은 이진 데이터를 16진수 형식으로 표시한 것이다.

위와 같이 하면 배열의 int형이거나 float형이어도 변경 없이 사용할 수 있다. 배열뿐만 아니라 구조체도 다음과 같이 쉽게 저장할 수 있다. 앞의 학생들의 성적 데이터를 구조체로 저장하여 보자.

score5.cpp

```
#include <iostream>
#include <fstream>
using namespace std;

int main()
{
   struct Score {
      int number;
      char name[30];
      int score;
   } grades[] = { {20100001, "홍길동", 100},
```

```
        {20100002, "김유신", 90},
        {20100003, "강감찬", 80} };

    ofstream os;
    os.open("test.dat", ofstream::binary);
    if( os.fail() )
    {
        cout << "test.dat 파일을 열 수 없습니다." << endl;
        exit(1);
    }
    os.write((char *)&grades, sizeof(grades));
    os.close();
    return 0;
}
```

파일 test.dat

```
00000000: A1 B3 32 01 C8 AB B1 E6|B5 BF 00 00 00 00 00 00 | ] 2 홍길동 ¢¢¢¢¢¢
00000010: 00 00 00 00 00 00 00 00|00 00 00 00 00 00 00 00 | ¢¢¢¢¢¢¢¢¢¢¢¢¢¢¢¢
00000020: 00 00 CC CC 64 00 00 00|A2 B3 32 01 B1 E8 C0 AF | ¢¢檄d ¢¢¢╥2 김유
00000030: BD C5 00 00 00 00 00 00|00 00 00 00 00 00 00 00 | 신 ¢¢¢¢¢¢¢¢¢¢¢¢¢¢
00000040: 00 00 00 00 00 00 00 00|00 00 CC CC 5A 00 00 00 | ¢¢¢¢¢¢¢¢¢¢檄Z ¢¢¢
00000050: A3 B3 32 01 B0 AD B0 A8|C2 F9 00 00 00 00 00 00 | 3 2 강감찬 ¢¢¢¢¢¢
00000060: 00 00 00 00 00 00 00 00|00 00 00 00 00 00 00 00 | ¢¢¢¢¢¢¢¢¢¢¢¢¢¢¢¢
00000070: 00 00 CC CC 50 00 00 00|                        | ¢¢檄P ¢¢¢
```

여기서 하나 주의할 점은 이진 파일에 쓰여지는 데이터의 타입이 모두 똑같을 필요는 없다는 것이다. 파일에 먼저 배열의 데이터를 쓰고 다음에 구조체를 쓸 수 있다. 얼마든지 다른 종류의 데이터를 섞어서 기록할 수 있다. 하지만 이 경우, 이진 파일에서 읽을 때는 파일에 들어 있는 데이터들의 정확한 순서를 알고 있어야 한다.

중간점검

1. 정수 10은 텍스트 파일에서 어떻게 저장되는가?
2. 정수 10은 이진 파일에서 어떻게 저장되는가?

13.3 순차 파일과 랜덤 파일

지금까지의 파일 입출력 방법은 모두 데이터를 파일의 처음부터 순차적으로 읽거나 기록하는 것이었다. 이것을 순차 접근(sequential access) 방법이라고 한다. 이러한 방법은 한번 읽은 데이터를 다시 읽으려면 현재의 파일을 닫고 파일을 다시 열어야 한다. 또한 앞부분을 읽지 않고 중간이나 마지막으로 건너뛸 수도 없다. 또 다른 파일 입출력 방법으로 임의 접근(random access) 방법이 있다. 임의 접근 방법은 파일의 어느 위치에서든지 읽기와 쓰기가 가능하다.

순차 접근 파일

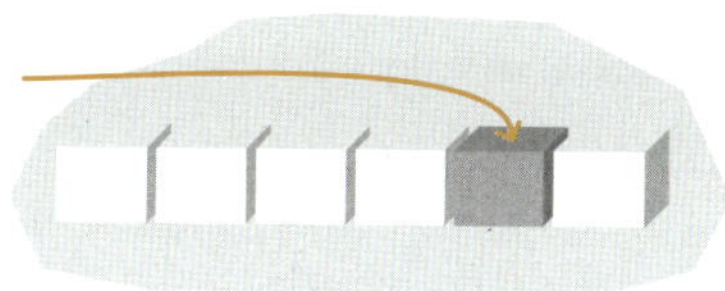

임의 접근 파일

그림 13-6 • 순차 접근 파일과 임의 접근 파일의 비교

임의 접근 파일의 원리

모든 파일에는 파일 위치 표시자라는 것이 존재한다. 파일 위치 표시자는 읽기와 쓰기 동작이 현재 어떤 위치에서 이루어지는지를 나타낸다. 새 파일이 만들어지게 되면 파일 위치 표시자는 값이 0이고 이것은 파일의 시작 부분을 가리킨다. 기존의 파일의 경우, 추가 모드에서 열렸을 경우에는 파일의 끝이 되고, 다른 모드인 경우에는 파일의 시작 부분을 가리킨다.

파일에서 읽기나 쓰기가 수행되면 파일 위치 표시자가 갱신된다. 예를 들어 읽기 모드로 파일을 열고, 100바이트를 읽었다면 파일 위치 표시자의 값이 100이 된다. 다음에 다시 200바이트를 읽었다면 파일 위치 표시자는 300이 된다. 우리가 입출력 함수를 사용하면 그 함수의 내부에서 파일 위치 표시자의 값이 변경된다. 사실 프로그래머는 파일 위치 표시자에 대하여 크게 신경 쓸 필요가 없다.

보통 순차적으로 데이터를 읽게 되면 파일 위치 표시자는 파일의 시작 위치에서 순차적으로 증가하여 파일의 끝으로 이동한다. 그러나 만약 파일의 데이터 전체를 다 읽지 않고 부분적으로 골라서 읽고 싶은 경우에는 파일 위치 표시자를 이동시켜서 임의 파일 액세스를 할 수 있다. 임의(random)이라는 말은 임의의 위치에서 데이터를 읽을 수 있다는 의미이다. 예를 들어 데이터를 파일의 시작 부분으로부터 1000바이트 떨어진 위치에서 읽었다가 다시 시작 위치로부터 500바이트 떨어진 위치에서 읽어야 하는 경우도 있다. 데이터를 임의의 위치에서 읽는 기능이 필요한 경우도 있는 것이다. 이때는 위치 표시자를 조작하여야 파일을 원하는 임의의 위치에서 읽을 수 있다. 위치 표시자를 조작하는 함수는 seekg()이다.

```
seekg(long offset, seekdir way);
```

여기서 두 번째 매개 변수인 way는 다음과 같은 값들을 가질 수 있다.

표 13-2 ● seekg()의 매개 변수

way	설명
ios::beg	처음부터의 offset
ios::cur	현재 위치부터의 offset
ios::end	파일의 끝에서부터의 offset

파일의 처음 위치부터 100바이트 떨어진 곳으로 이동하려면 다음과 같이 하면 된다.

```
is.seekg(ios::beg, 100);
```

파일의 끝으로 이동하려면 다음과 같이 하면 된다.

```
is.seekg(ios::end, 0);
```

현재 위치에서 100 바이트 앞으로 가려면 다음과 같이 하면 된다.

```
is.seekg(ios::cur, -100);
```

예제 #4

도대체 어떤 경우에 순차 접근이 아닌 임의 접근을 할 필요가 있을까? 음악 파일을 듣거나 동영상 파일을 보는 경우, 중간을 건너뛰고 뒷부분으로 가는 경우가 있다. 보통 멀티미디어 파일들은 그 크기가 커서 메모리에 전부 적재하지 못한다. 따라서 그런 경우에는 파일의 위치 표시자를 뒷부분으로 보낸 후에 그 위치부터 읽으면 될 것이다. 정수를 저장한 이진 파일을 만들고 사용자로부터 특정 위치를 입력받아 그 위치로 파일 위치 표시자를 이동시켜서 하나의 정수를 읽어오는 프로그램을 작성하여 보자.

fseek.cpp

```
#include <iostream>
#include <fstream>
using namespace std;

const int SIZE = 1000;
void init_table(int table[], int size);

int main()
{
   int table[SIZE];
   int data;
   long pos;

   // 배열을 초기화한다.
   init_table(table, SIZE);

   // 이진 파일을 쓰기 모드로 연다.
   ofstream os;
   os.open("test.dat", ofstream::binary);
   if( os.fail() )
   {
      cout << "test.dat 파일을 열 수 없습니다." << endl;
      exit(1);
   }

   // 배열을 이진 모드로 파일에 저장한다.
   os.write((char *)table, sizeof(table));
   os.close();

   // 이진 파일을 읽기 모드로 연다.
   ifstream is;
   is.open("test.dat", ofstream::binary);
   if( is.fail() )
   {
      cout << "test.dat 파일을 열 수 없습니다." << endl;
      exit(1);
   }

   // 사용자가 선택한 위치의 정수를 파일로부터 읽는다.
   while(1)
```

```
    {
        cout << "파일에서의 위치를 입력하십시오(0에서 999, 종료-1): ";
        cin >> pos;
        if( pos == -1 ) break;
        is.seekg(pos*sizeof(int), ios::beg);
        is.read((char *)&data, sizeof(int));
        cout << pos << " 위치의 값은" << data << "입니다." << endl;
    }
    is.close();
    return 0;
}

// 배열을 인덱스의 제곱으로 채운다.
void init_table(int table[], int size)
{
    int i;

    for(i = 0; i < size; i++)
        table[i] = i * i;
}
```

실행결과

```
파일에서의 위치를 입력하십시오(0에서 999, 종료 -1): 3
3 위치의 값은 9입니다.
파일에서의 위치를 입력하십시오(0에서 999, 종료 -1): 9
9 위치의 값은 81입니다.
파일에서의 위치를 입력하십시오(0에서 999, 종료 -1): -1
```

프로그램 설명

프로그램은 먼저 배열 table을 생성하고 인덱스를 제곱한 값으로 배열 원소들을 초기화한다. test.dat라는 이름으로 이진 파일을 연다. write()를 이용하여 배열의 내용을 파일에 저장한다. 그리고 파일을 닫는다. 배열 안에는 인덱스를 제곱한 값들이 저장되어 있었기 때문에 파일에도 그 값들이 저장되었을 것이다. 즉 시작 위치에서 세 번째 정수는 9이다. 텍스트 파일이 아니고 이진 파일이기 때문에 정수값들은 문자열로 변환되지 않았다. 각각의 정수값들은 컴퓨터가 정수를 표현하는 방법에 의하여 결정된 32비트 패턴으로 저장되었다. 즉, 정수 15는 16진수로 0000000F라는 비트 패턴으로 저장되었을 것이다. 텍스트 파일이라면 '1', '5' 라는 문자열로 저장되었을 것이다. 또한 각 정수값들은 파일에서 정확히 32비트씩 차지한다. 따라서 파일에서 세 번째 정수는 파일의 시작 위치에서 3*4 바이트 떨어진 위치에 저장된다. 따라서 저장된 정수값들의 위치는 간단하게 계산이 가능하다.

다음 단계로 똑같은 이름의 파일을 읽기 모드로 연다. 사용자로부터 인덱스 번호를 입력받아 그 인덱스 번호에 int형의 크기를 곱하여 파일에서의 위치를 계산한다. 이것은 seekg()의 offset 인수가 바이트 단위이기 때문이다. seekg()를 이용하여 파일 위치 표시자를 그 위치로 이동한다. read()를 이용하여 그 위치에 있는 하나의 정수를 읽어서 화면에 표시한다. 만약 사용자가 음의 값을 입력하면 반복을 종료한다.

중간점검

1. 파일의 처음으로 파일 위치 표시자를 이동시키는 문장을 작성하라.
2. 파일의 끝으로 파일 위치 표시자를 이동시키는 문장을 작성하라.

EXERCISE

C++ ESPRESSO

1. infile 스트림을 통하여 입력 파일을 읽고 outfile 스트림을 통하여 출력 파일에 쓰고자 한다. 다음의 각 단계에 해당되는 문장들을 써보아라.

(1) 필요한 헤더 파일을 포함한다.

(2) infile과 outfile을 선언한다.

(3) infile 스트림에 "input.txt" 파일을 오픈하여 연결한다. 오픈이 실패했는지를 검사하라.

(4) outfile 스트림에 "output.txt" 파일을 오픈하여 연결한다. 오픈이 실패했는지를 검사하라.

(5) infile과 outile 스트림을 닫는다.

2. 파일이 종료되었는지를 알아내는 전형적인 예제 문장을 작성하라.

(1) 스트림 객체의 eof() 함수를 이용하는 방법

(2) >> 연산자가 반환하는 부울값을 이용하는 방법

3. 순차 접근 파일과 임의 접근 파일의 차이점은 무엇인가?

4. 파일 위치 표시자를 파일의 맨 처음으로 이동하려면 어떻게 하여야 하는가?

5. 기본 자료형인 int, short, long, float, double형의 데이터를 읽는 문장을 작성해보라. 또 반대로 int, short, long, float, double형의 데이터를 출력하는 문장을 작성해보라.

6. 다음과 같은 파일을 주어진 코드로 처리하는 경우의 화면 출력을 써보아라.

파일 input.txt

```
1 2 3
4 5
6
```

```
ifstream infile;
infile.open("input.txt");
char c, count = 0;
while( infile >> c )
{
   cout << c << endl;
   if( s == '\n' ) count++;
}
infile.close();
```

1. (1) 정수가 문자열의 형태로 들어있는 파일을 읽어서 오름차순으로 정렬한 다음 정렬된 숫자를 문자열의 형태로 파일에 쓰는 프로그램을 작성하라.

```
127
25
10
223
...
```

→

```
10
25
127
223
...
```

(2) 실수가 저장된 경우에도 정렬이 가능하도록 프로그램을 수정하라.

2. 시저 암호를 구현하여 보자. 로마의 유명한 정치가였던 쥴리어스 시저(Julius Caesar, 100-44 B.C.)는 친지들에게 비밀리에 편지를 보내고자 할 때 다른 사람들이 알아보지 못하도록 문자들을 다른 문자들로 치환하였다. 시저 암호의 규칙을 표로 그려 보면 다음과 같다.

평 문	a	b	c	d	e	f	g	h	i	j	k	l	m	n	o	p	q	r	s	t	u	v	w	x	y	z
암호문	D	E	F	G	H	I	J	K	L	M	N	O	P	Q	R	S	T	U	V	W	X	Y	Z	A	B	C

예를 들어 다음과 같은 평문 “come to me”는 “FRPH WR PH”으로 바뀐다. 시저 암호 방식을 이용하여 파일을 암호화하고 복호화하는 프로그램을 작성하라.

```
C>Cipher input.txt output.txt[Enter]
시저 암호로 암호화하였습니다.
```

3. 사용자로부터 다음과 같은 형식으로 사용자의 번호, 이름, 전화번호, 이메일 주소 등을 입력받아 파일로 저장한다. 입력이 끝나면 사용자로부터 번호를 입력받아 그 번호에 해당하는 전화번호를 출력하는 프로그램을 작성하라.

번호	이름	전화번호	이메일 주소
1	홍길동	011-111-1111	hong@hanmail.net
2	김유신	010-222-2222	kim@hanmail.net

4. 파일에서 특정한 단어를 찾아서 파일 이름과 단어가 위치한 라인 번호를 출력하는 프로그램을 작성하라. 프로그램의 동작 예는 다음과 같다.

```
C>Grep input.txt score[Enter]
input.txt: 67    int score[100];
input.txt: 120   score[k] = score[i];
...
```

5. 텍스트 파일을 읽어서 앞에 라인 번호를 붙여서 출력하는 프로그램을 작성하라. 라인 번호는 폭이 6이고 오른쪽 정렬되도록 하라.

```
C>Line input.txt[Enter]
     1: import java.util.*;
     2:
     3: public class Test
...
```

6. 텍스트 파일을 입력받아 파일 안에 포함된 전체 문자 수, 단어 수, 문장 수를 계산하여 출력하는 프로그램을 작성하라.

```
C>Wc src.txt[Enter]
문자수: 112398
단어수: 3465
문장수: 543
```

7. 명령어 라인으로 주어진 두 개의 텍스트 파일을 합하여 하나의 파일로 만드는 프로그램을 작성하라.

```
C>Concat src1.txt src2.txt dst.txt[Enter]
src1.txt와 src2.txt를 합하여 dst.txt를 작성하였습니다.
```

8. 두 개의 텍스트 파일을 비교하여서 일치하는지를 검사하는 프로그램을 작성하라. 파일 이름을 명령어 라인으로 입력받아 바이트 단위로 비교하라.

1. 다음과 같은 메뉴를 통하여 회원들의 연락처를 이진 파일에 저장하는 프로그램을 작성하여 보자.

```
메뉴
----------------------
1. 레코드 추가
2. 레코드 탐색
3. 레코드 변경
4. 레코드 삭제
5. 종료
----------------------
번호를 선택하세요: 1
```

(1) 메뉴를 출력하고 사용자로부터 메뉴 번호를 받아서 반환하는 `display_menu()` 함수를 작성하여 보자.

(2) 1번 메뉴인 레코드 추가를 구현하여 보자. 입력은 다음과 같이 한다.

```
김철수 0111111111
```

(3) 2번 메뉴인 레코드 탐색을 구현하여 보자. 사용자로부터 이름을 입력받아 그 이름에 해당하는 전화번호를 출력하는 코드를 작성하고 테스트하라. `seekg()`를 이용하여 이진 파일의 처음으로 이동하여 탐색을 수행한다.

(4) 3번 메뉴인 레코드 변경을 구현하여 보자. 사용자로부터 이름을 입력받아 그 이름에 해당하는 전화번호를 새로운 전화번호로 변경하는 코드를 작성하고 테스트하라.

(5) 4번 메뉴인 레코드 삭제도 구현되어 있지 않다. 사용자로부터 이름을 입력받아서 그 이름에 해당하는 레코드를 삭제한다. 여기서는 이진 파일에서 실제로 삭제하는 것은 아니고 해당 위치에 있는 레코드를 빈 레코드로 대치하도록 한다.

(6) 전체 프로그램을 완성하라.

14 STL 컨테이너

이 장의 차례

학습목표

- STL의 개요를 살펴본다.
- STL에서 데이터를 저장하는 여러 가지 컨테이너에 대하여 학습한다.

14.1 표준 템플릿 라이브러리(STL)

STL은 표준 템플릿 라이브러리(Standard Template Library)의 약자로서 많은 프로그래머들이 공통적으로 사용하는 자료 구조와 알고리즘에 대한 클래스이다. STL은 템플릿 기반의 일반화 프로그래밍 기법을 사용하여 작성되었다. 템플릿 기법을 사용하였기 때문에 어떤 자료형에 대해서도 적용할 수 있다.

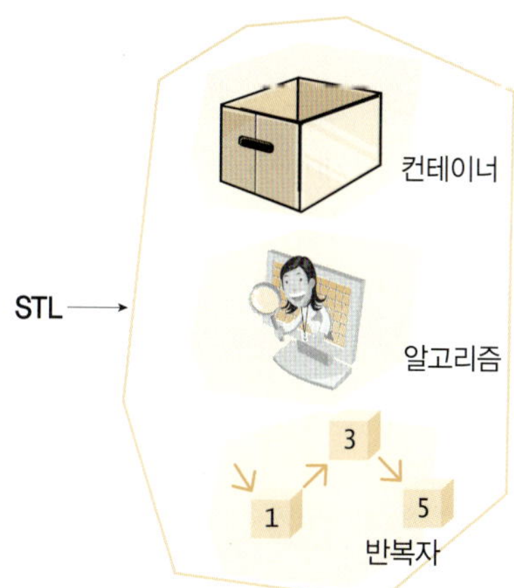

그림 14-1 • STL

STL은 컨테이너, 반복자, 알고리즘 3가지 종류의 컴포넌트를 제공한다.

- 컨테이너(container)는 용어 그대로 자료를 저장하는 구조이다. 벡터, 리스트, 맵, 집합, 큐, 스택과 같은 다양한 자료 구조들이 제공된다.
- 반복자(iterator)는 컨테이너 안에 저장된 요소들을 순차적으로 처리하기 위한 컴포넌트이다. 반복자를 사용하여 컨테이너 안의 자료들을 처리하게 되면 매우 편리하고 간단하다.
- 알고리즘(algorithm)은 정렬이나 탐색과 같은 다양한 알고리즘을 구현하여 놓은 것이다. 약 70개 이상의 알고리즘이 제공된다.

STL 사용의 장점

STL을 사용하면 어떤 장점이 있을까? 우선 STL은 전문가가 만들어서 테스트를 거친 검증된 라이브러리이다. 따라서 버그를 발생시키지 않으므로 안심하고 사용할 수 있다. 두 번째로 STL은 광범위하게 적용할 수 있다. 객체 지향 기법과 일반화 프로그래밍 기법을 적용하여 만들어졌으므로 어떤 자료형에 대해서도 적용할 수 있다. 세 번째로 STL은 표준 라이브러리이기 때문에 모든 C++ 컴파일러를 지원한다. 따라서 호환성의 문제가 없다.

결론적으로 STL을 사용하면 개발 기간을 단축할 수 있고 버그가 없는 프로그램을 쉽게 만들 수 있다. 이미 구현된 좋은 라이브러리가 있다면 가져다가 사용하는 것이 좋다.

14.2 STL의 소개

컨테이너

컨테이너는 자료를 저장하는 창고와 같은 역할을 한다. 다만 창고에 따라서 자료의 입출력 방법이 달라진다. 컨테이너는 크게 순차 컨테이너(sequence container)와 연관 컨테이너(associative container)로 나누어진다.

그림 14-2 • 컨테이너의 개념

표 14-1● 컨테이너의 종류

분류	컨테이너 클래스	설명	헤더 파일
순차 컨테이너	vector	벡터처럼 입력된 순서대로 저장	<vector>
	list	순서가 있는 리스트	<list>
	deque	양 끝에서 입력과 출력이 가능	<deque>
연관 컨테이너	set	수학에서의 집합 구현	<set>
	multiset	다중 집합(중복을 허용)	<set>
	map	사전과 같은 구조	<map>
	multimap	다중 맵(중복을 허용)	<map>
컨테이너 어댑터	stack	스택(후입선출)	<stack>
	queue	큐(선입선출)	<queue>
	priority_queue	우선순위 큐(우선순위가 높은 원소가 먼저 출력)	<queue>

순차 컨테이너

순차 컨테이너는 이름 그대로 자료를 순차적으로 가지고 있다. 대표적으로 배열(벡터)과 리스트(list)를 들 수 있다. 순차적인 컨테이너에서는 자료의 추가는 빠르지만 탐색할 때는 시간이 많이 걸린다. STL에서 제공하는 순차 컨테이너는 다음과 같은 것들이 있다.

→ 벡터(vector): 동적 배열처럼 동작한다. 뒤에서 자료들이 추가된다.

→ 데크(deque): 벡터와 유사하지만 앞에서도 자료들이 추가될 수 있다.

→ 리스트(list): 벡터와 유사하지만 중간에서 자료를 추가하는 연산이 효율적이다.

연관 컨테이너

연관 컨테이너는 사전과 같은 구조를 사용하여 자료를 저장한다. 연관 컨테이너는 원소들을 검색하기 위한 키(key)를 가지고 있다. 자료들은 정렬되어 있다. 자료 추가에는 시간이 걸리지만 자료의 탐색은 매우 빠르다. STL에서 제공하는 연관 컨테이너는 다음과 같은 것들이 있다.

→ 집합(set): 중복이 없는 자료들이 정렬되어서 저장된다.

→ 맵(map): 키-값(key-value)의 형식으로 저장된다. 키가 제시되면 해당되는 값을 찾을 수 있다.

→ 다중-집합(multiset): 집합과 유사하지만 자료의 중복이 허용된다.

→ 다중-맵(multimap): 맵과 유사하지만 키가 중복될 수 있다.

컨테이너 어댑터

순차 컨테이너에 제약을 가해 데이터들이 정해진 방식으로만 입출력되도록 한 컨테이너이다.

- 스택(stack): 먼저 입력된 데이터가 나중에 출력되는 자료 구조
- 큐(queue): 데이터가 입력된 순서대로 출력되는 자료 구조
- 우선순위 큐(priority queue): 큐의 일종으로 큐의 요소들이 우선순위를 가지고 있고 우선순위가 높은 요소가 먼저 출력되는 자료 구조

반복자

컨테이너를 제대로 사용하려면 먼저 반복자(iterator)에 대하여 이해를 하여야 한다. 우선 왜 반복자라는 개념이 필요한지를 생각하여 보자. 컨테이너에는 자료들이 순서대로 저장되어 있다. 이들 자료들을 처리하려면 각각의 자료들을 순서대로 컨테이너에서 꺼내야 한다. 자료들을 순서대로 꺼내려면 현재 처리하고 있는 자료의 위치를 기억하고 있어야 하고 다음 자료를 가리키도록 증가될 수 있어야 한다. 이 역할을 하는 것이 반복자이다.

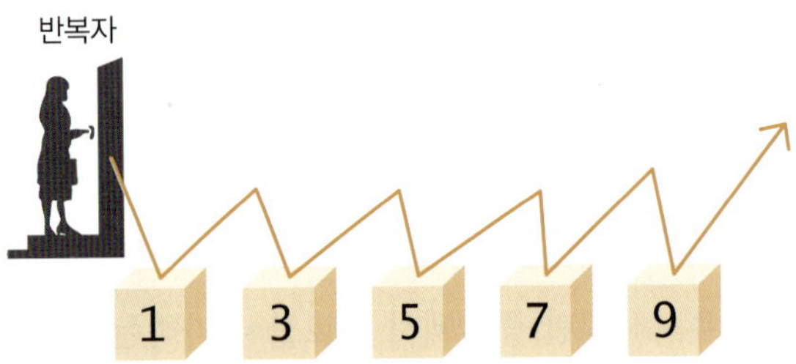

그림 14-3 • 반복자는 컨테이너에 저장된 요소들을 순차적으로 방문한다

반복자란 포인터와 유사한 역할을 한다. 컨테이너에 저장된 요소를 가리키는 역할을 하는 것이다. 반복자에 * 연산자를 적용하면 포인터처럼 반복자가 가리키는 요소가 반환된다. 유사하게 ++ 연산자를 사용하면 현재의 요소에서 다음 요소로 반복자가 이동한다.

그렇다면 왜 포인터를 사용하지 않고 반복자를 사용하는 것일까? 컨테이너는 아주 다양한 자료들이 들어갈 수 있고 그 구조도 상당히 다르다. 따라서 포인터로 접근하기보다는 템플릿을 이용하여 구현되는 반복자를 사용하는 것이 바람직하다.

반복자는 용도에 따라서 크게 두 가지로 나눌 수 있다.

- 입력 반복자(input iterator): 컨테이너 안의 자료를 읽을 때 사용하는 반복자
- 출력 반복자(output iterator): 자료를 컨테이너에 출력할 때 사용하는 반복자

또 방향에 따라서 다음과 같이 분류하기도 한다.

→ 전방 반복자(forward iterator): 전방으로만 이동할 수 있는 반복자

→ 양방향 반복자(bidirectional iterator): 양방향으로 이동할 수 있는 반복자

→ 임의 접근 반복자(random access iterator): 어떤 위치로나 이동할 수 있는 반복자

알고리즘

우리는 프로그램에서 상당히 많은 알고리즘들을 사용한다. 예를 들면 많은 자료 중에서 특별한 자료를 탐색한다던지, 자료를 어떤 기준에 의하여 정렬한다던지, 자료의 순서를 거꾸로 한다든지 많은 알고리즘들이 있다. 이들 알고리즘은 처음부터 새로 만드는 것보다는 누군가가 구현한 오류 없는 버전을 사용하는 편이 빠르고 간편하다.

탐색

정렬

그림 14-4 ● 알고리즘의 예

STL은 이런 이유로 컨테이너와 함께 사용되는 많은 알고리즘들을 작성하여 제공한다. 몇 개의 알고리즘을 살펴보면 다음과 같다.

→ 탐색(find): 컨테이너 안에서 특정한 자료를 찾는다.

→ 정렬(sort): 자료들을 크기순으로 정렬한다.

→ 반전(reverse): 자료들의 순서를 역순으로 한다.

→ 삭제(remove): 조건이 만족되는 자료를 삭제한다.

→ 변환(transform): 컨테이너의 요소들을 사용자가 제공하는 변환 함수에 따라서 변환한다.

14.3 벡터

여기서의 벡터는 물리학의 벡터와는 상당히 다르다. STL에서 벡터는 한마디로 동적 배열(dynamic array)이나 스마트 배열(smart array)로 이야기할 수 있다. 벡터는 자료를 추가할 때 배열의 크기나 요소의 타입에 신경쓰지 않아도 되는 편리한 배열이다. 벡터는 아주 많이 사용되며 STL에서는 vector라는 이름으로 제공한다.

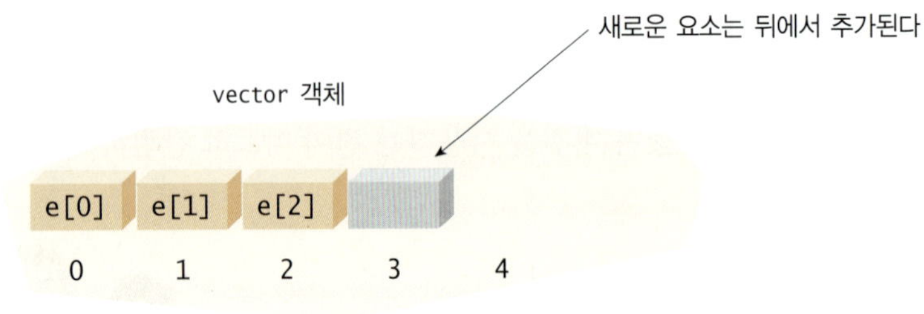

그림 14-5 ● 벡터

벡터는 템플릿으로 설계되어 있기 때문에 어떤 타입이든지 저장할 수 있고 요소의 개수에 따라서 자동으로 크기가 조절된다. 벡터는 배열의 특징을 그대로 가지고 있기 때문에 요소들이 메모리의 인접한 위치에 저장되고 임의의 위치에 있는 요소를 빠르게 접근할 수 있다. 반면에 요소를 중간에 삽입하거나 삭제하게 되면 뒤의 요소들을 모두 이동하여야 하는 단점이 있다. 따라서 중간에 삽입이나 삭제가 빈번히 발생하는 경우에는 연결 리스트를 사용하는 리스트 컨테이너를 사용하여야 한다.

벡터의 기본 예제

학생들의 성적을 사용자로부터 읽어서 화면에 출력하고 그 중에서 가장 높은 성적을 옆에 표시하는 프로그램을 작성한다고 가정하자.

먼저 사용자로부터 읽혀진 학생들의 성적을 어딘가에 저장하여야 한다 벡터를 사용하여 보자. 먼저 벡터를 생성하여야 한다. 학생 열 명의 성적을 저장할 벡터를 정의해보면 다음과 같다.

```
vector<double> scores(10);
```

각 요소들의 타입은 double이 되고 10은 요소들의 개수라고 생각하면 된다.

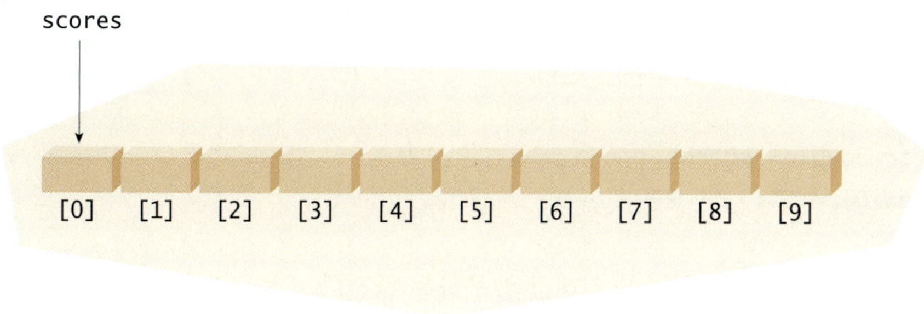

그림 14-6 ● 벡터의 생성

만약 데이터를 scores에 입력하고 싶으면 배열처럼 [ ] 연산자를 사용하면 된다.

```
score[3] = 78;
```

만약 score[3]를 콘솔에 출력하고 싶으면 다른 변수들과 똑같이 하면 된다.

```
cout << score[3] << endl;
```

여기서 한 가지 아주 주의해야 할 점이 있다. 인덱스의 범위에 대한 문제이다.

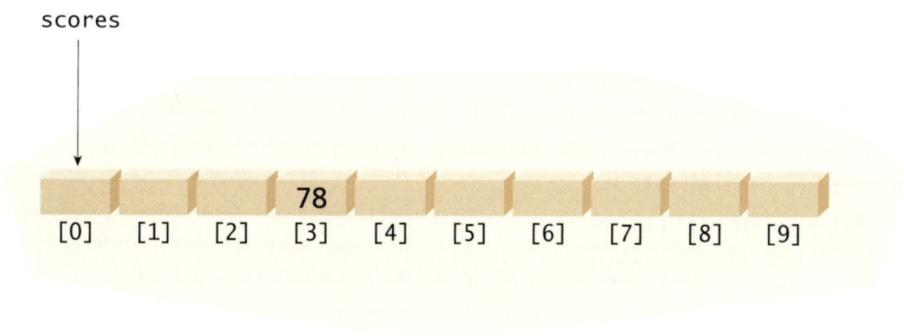

그림 14-7 ● 벡터에 데이터 저장

벡터도 배열과 마찬가지로 첫 번째 요소의 인덱스는 0이다. 마지막 요소의 인덱스는 (크기 −1)이 되어서 위의 예제에서는 9가 된다. 크기가 10인 scores에서 인덱스로 10을 사용하는 것은 오류이다.

```
vector<double> scores(10);
scores[10] = 65; // 오류!!
```

벡터는 선언 시에 반드시 크기를 주어야 한다. 크기를 주지 않으면 자동적으로 크기가 0이 된다. 따라서 다음 문장도 오류가 된다.

```
vector<double> scores;
scores[0] = 65;  // 오류!!
```

사용자로부터 성적을 입력받아 최대값을 구하는 완전한 프로그램을 작성하여 보자.

vector1.cpp

```
#include <iostream>
#include <vector>                    // 벡터를 사용하려면 이 헤더 파일을 포함하여야 한다.
using namespace std;

int main()
{
   vector<double> scores(10); // 벡터를 생성한다.

   for(int i = 0; i < scores.size() ; i++)
   {
      cout << "성적을 입력하시오: ";
      cin >> scores[i];
   }

   double highest = scores[0];
   for(int i = 1; i < scores.size() ; i++)
      if( scores[i] > highest )
         highest = scores[i];
   cout << "최고 성적은 " << highest << "입니다.\n";

   return 0;
}
```

실행결과

```
성적을 입력하시오: 10
성적을 입력하시오: 20
...
성적을 입력하시오: 90
성적을 입력하시오: 100
최고 성적은 100입니다.
```

프로그램 설명

벡터의 크기를 구하려면 size() 멤버 함수를 사용하면 된다. 10을 사용하는 것보다는 size()를 사용하는 편이 훨씬 낫다. 왜냐하면 벡터의 크기가 변경되더라도 size()를 사용한 문장은 수정될 필요가 없기 때문이다.

push_back( )과 pop_back( )

배열을 사용하는데 가장 큰 문제점은 저장되는 데이터의 개수를 미리 알지 못한다는 것이다. 예를 들어 성적을 처리하는 프로그램에서도 사용자가 성적을 몇 개나 입력할지를 미리 알 수 없다. 이럴 때 사용할 수 있는 멤버 함수가 push_back()이다. push_back()은 공백 벡터에서 시작하여 성적이 하나씩 추가될 때마다 벡터의 크기를 확대한다.

```
vector<double> scores;
double s;
cin >> s;
scores.push_back(s);
```

push_back()은 함수의 이름에서도 알 수 있듯이 새로운 데이터를 벡터의 끝에 추가하고 벡터의 크기를 1만큼 증가시킨다. push_back()은 편리하기는 하지만 비효율적이다. 왜냐하면 벡터의 크기가 1만큼 증가하게 되면 새로운 메모리 영역을 찾아서 벡터를 이동하여야 하기 때문이다. 이것은 마치 식구가 증가할 때마다 더 큰 아파트를 찾아서 이사하는 것과 같다. 따라서 미리 크기를 어느 정도 짐작할 수 있으면 고정된 크기를 사용하는 편이 낫다.

push_back()과 반대의 기능을 하는 함수가 pop_back()이다. pop_back()은 벡터의 끝에서 요소를 제거하고 벡터의 크기를 하나 감소시킨다. 한 가지 주의할 점은 pop_back()은 요소를 반환하지 않는다는 것이다. 따라서 삭제하기 전에 미리 삭제할 요소를 다른 곳에 저장하여야 한다.

```
vector<double> scores(10);
double value = score[ scores.size() - 1 ];
scores.pop_back();      // 벡터의 크기는 9가 된다.
```

vector2.cpp

```
#include <iostream>
#include <vector>                // 벡터를 사용하려면 이 헤더 파일을 포함하여야 한다.
using namespace std;

int main()
{
   vector<double> scores;     // 벡터를 생성한다.

   while(true)
   {
      double value = 0.0;
      cout << "성적을 입력하시오(종료는 -1): ";
      cin >> value;
      if( value < 0.0 ) break;
      scores.push_back(value);
   }

   double highest = scores[0];
   for(int i = 1; i < scores.size() ; i++)
      if( scores[i] > highest )
         highest = scores[i];
   cout << "최고 성적은 " << highest << "입니다\n";

   return 0;
}
```

실행결과

```
성적을 입력하시오(종료는 -1): 10
성적을 입력하시오(종료는 -1): 20
성적을 입력하시오(종료는 -1): 30
성적을 입력하시오(종료는 -1): -1
최고 성적은 30입니다.
```

프로그램 설명

사용자로부터 음수가 입력되면 입력을 중단한다. 성적은 push_back()을 이용하여 벡터의 끝에 추가된다.

참고사항 ←

벡터에는 객체도 얼마든지 저장할 수 있다. double 타입 뿐만 아니라 객체 타입도 저장이 가능하다.

```
vector<Student> students(100);
vector<Employee> employees(200);
```

반복자

반복자(iterator)는 어떤 컨테이너 안에 들어 있는 요소라도 쉽게 접근하기 위하여 만들어진 것이다. 반복자를 사용하면 컨테이너의 종류와 관계없이 요소들을 같은 방식으로 접근하여 처리할 수 있다. 여기서는 간단한 사용법만 알아보고 15장에서 본격적으로 살펴보도록 하자.

반복자는 컨테이너의 요소를 가리키는 객체이다. 기존의 포인터와 비슷한 개념이지만 반복자를 흔히 일반화된 포인터라고 한다. 반복자를 사용하여 첫 번째 요소에 접근하여서 작업을 하고 작업이 끝나면 반복자를 다음 요소를 가리키게 증가시킨다. 반복자가 마지막 요소를 벗어나게 되면 작업을 끝낸다.

반복자의 타입은 각각의 컨테이너 안에 정의되어 있다. 이름은 `iterator`이고 앞에다가 사용되는 컨테이너를 적어주면 된다. 실수형을 저장하는 벡터의 반복자는 `vector<double>::iterator it;`과 같이 선언하면 된다.

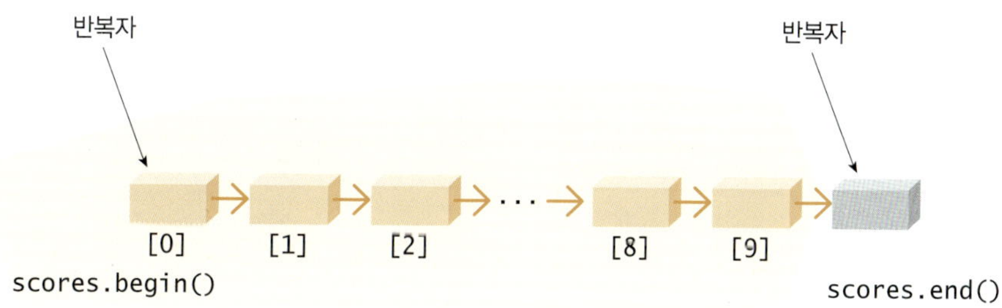

그림 14-8 ● 반복자

벡터가 다음과 같이 선언되어 있다고 가정하자.

```
vector<double> scores;               // 벡터 선언
vector<double>::iterator it;         // 반복자 선언
```

반복자를 사용하여 벡터의 처음부터 끝까지 읽으려면 다음과 같은 반복문을 사용하면 된다.

```
for(it = scores.begin(); it != scores.end(); it++)
   cout << *it << " ";
```

위의 반복문에서 볼 수 있듯이 반복자는 마치 포인터처럼 동작한다. 즉, 포인터처럼 증가시키고 포인터처럼 간접 참조 연산자인 *을 이용하여 반복자가 가리키는 곳의 내용을 읽는다.

반복자를 사용하여 최고 성적을 구하는 반복 루프를 다시 작성하여 보면 다음과 같다.

```
double highest = -100;
vector<double>::iterator it;
for(it = scores.begin(); it != scores.end() ; it++)
   if( *it > highest )
      highest = *it;
```

vector3.cpp

```
#include <iostream>
#include <vector>                // 벡터를 사용하려면 이 헤더 파일을 포함하여야 한다.
using namespace std;

int main()
{
   vector<double> scores;        // 벡터를 생성한다.

   while(true)
   {
      double value = 0.0;
      cout << "성적을 입력하시오(종료는 -1): ";
      cin >> value;
      if( value < 0.0 ) break;
      scores.push_back(value);
   }

   double highest = -100;
   vector<double>::iterator it;   <------- 반복자 선언
   for(it = scores.begin(); it < scores.end() ; it++)
      if( *it > highest )
```

```
        highest = *it;


    cout << "최고 성적은 " << highest << "입니다.\n";

    return 0;
}
```

실행결과

```
성적을 입력하시오(종료는 -1): 10
성적을 입력하시오(종료는 -1): 20
성적을 입력하시오(종료는 -1): 30
성적을 입력하시오(종료는 -1): -1
최고 성적은 30입니다.
```

프로그램 설명

한 가지 주의해야 할 점은 scores.end()는 자료가 저장된 위치가 아니라는 것이다. 마치 포인터의 NULL과 같은 의미가 된다. 따라서 다음과 같이 작성하지 않도록 주의한다.

```
for(it = scores.begin(); it <= scores.end(); it++)  // 오류!!!
        cout << *it << " ";
```

다양한 생성자

벡터는 여러 가지 다양한 생성자를 가지고 있다.

```
vector<int> array1;                // ❶ 크기가 0인 벡터 생성
vector<int> array2(10);            // ❷ 열 개의 요소를 가지는 벡터 생성
vector<int> array3(10, 1);         // ❸ 1로 초기화된 열 개의 요소를 가지는 벡터 생성
vector<int> array4(array3);        // ❹ array3과 똑같은 요소를 가지는 벡터 생성
int data[] = {10, 20, 30, 40, 50, 60, 70, 80, 90};
vector<int> array5(data, data + 5);// ❺ data 배열의 다섯 개의 요소를 가지는 벡터 생성
```

❶은 디폴트 생성자를 이용하여 생성된다. 크기가 0인 벡터 객체가 생성된다. ❷는 크기가 10인 벡터 객체를 생성한다. 요소의 초기값은 0이 된다. ❸은 열 개의 요소가 1로 초기화된 벡터 객체를 생성한다. ❹는 다른 벡터와 동일한 벡터를 생성한다. ❺는 배열에서 처음 다섯 개의 요소를 추출하여 벡터를 생성한다.

insert( )와 erase( )

벡터의 끝에 자료를 추가하는 함수는 push_back()이다. 만약 벡터의 중간 위치에 자료를 추가하고 싶으면 insert()를 사용할 수 있다.

```
scores.insert(score.begin(), 99);            // 정수 99를 벡터의 첫 부분에 삽입
```

벡터의 끝에서 요소를 삭제하는 메소드는 pop_back()이다. 만약 벡터의 중간에서 요소를 삭제하려면 erase()를 사용한다. erase()는 지정된 범위의 요소들을 삭제한다.

```
scores.erase(scores.begin(), scores.begin() + 1);  // 첫 요소를 삭제
```

scores.begin()+1은 벡터의 두 번째 요소를 가리킨다. 반복자에 덧셈 연산을 하면 포인터와 같은 방식으로 동작한다.

참고사항

벡터의 경우, 처음이나 중간에 자료를 추가하는 것은 상당히 비효율적이다. 배열과 같이 빈 공간을 만들기 위해서는 요소들을 이동하여야 하기 때문이다.

벡터와 연산자

벡터에는 편리성을 위하여 연산자들이 중복 정의되어 있다. 우리가 앞에서 사용하였던 인덱스 연산자 [ ]도 중복 정의되어 있다.

할당 연산자인 = 연산자를 이용하면 하나의 벡터를 다른 벡터로 복사할 수 있다. 기존의 배열에서는 하나의 배열을 대입 연산자를 이용하여 다른 배열로 복사할 수 없었다. 하지만 벡터에서는 = 연산자를 이용하여 벡터끼리 복사를 할 수 있다.

```
    vector<int> v1;
    vector<int> v2;
    v2 = v1;
```

벡터와 벡터를 비교할 때도 ==나 != 연산자를 사용할 수 있다. ==연산자는 벡터 요소의 개수와 값이 모두 일치할 때만 true를 반환한다.

```
int array1[ ] = {10,20,30,40,50};
int array2[ ] = {10,20,30,60,70};
```

```
vector<int> v1(array1, array1 + 5);
vector<int> v2(array2, array2 + 5);

if( v1 == v2 )
   cout << "두 벡터가 같음“ << endl;
else
   cout << "두 벡터가 같지 않음“ << endl;
```

예제 #1

일단 간단한 예제를 통하여 컨테이너와 반복자를 이해하여 보자. vector 클래스는 템플릿으로 제작되었으며 우리는 정수를 저장하도록 타입 매개 변수를 지정할 것이다. 컨테이너 안의 요소들을 방문하는데 반복자가 사용된다.

vector4.cpp

```
#include <iostream>
#include <vector>
#include <string>
using namespace std;

int main()
{
   vector<string> vec;          // 벡터를 생성한다.

   vec.push_back("MILK");       // 벡터의 끝에 자료를 저장한다.
   vec.push_back("BREAD");
   vec.push_back("BUTTER");

   vector<string>::iterator it;                  // 벡터를 순회하기 위해여 반복자를 선언한다.
   for(int i = 0; i<vec.size(); i++)
      cout << vec[i] << " ";   // [] 연산자 사용
   cout << endl;

   vec.insert(vec.begin() + 1, "APPLE");      // 벡터의 첫 부분에 자료를 저장한다.
   vec.pop_back();                               // 벡터의 끝에서 자료를 삭제한다.

   for (it = vec.begin(); it != vec.end(); ++it)
      cout << *it << " ";
   cout << endl;
```

```
    return 0;
}
```

실행결과

```
MILK BREAD BUTTER
MILK APPLE BREAD
계속하려면 아무 키나 누르십시오 . . .
```

프로그램 설명

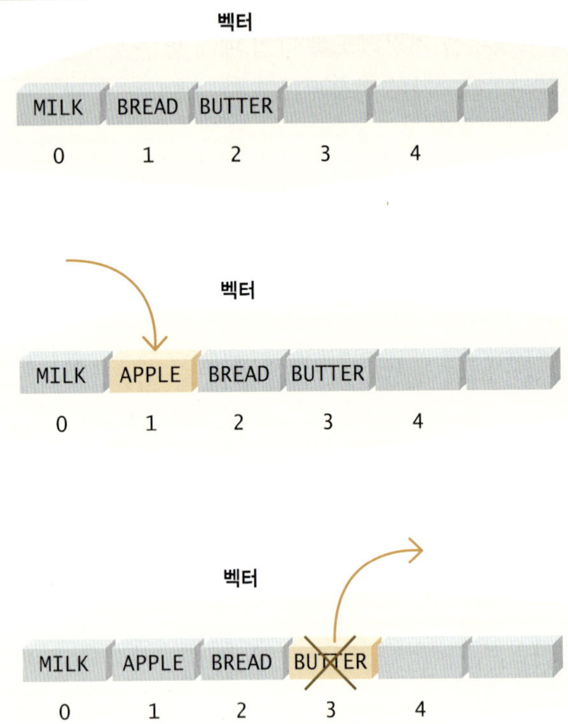

예제 #2

벡터의 요소로 객체도 저장할 수 있다. 이 경우 클래스를 타입으로 적어주면 된다. 영화에 대한 정보를 클래스로 저장하고 이 클래스의 객체를 벡터에 저장하여 보자.

vector5.cpp

```
#include <iostream>
#include <string>
#include <vector>
using namespace std;

class Movie
{
private:
   string title;
   double rating;
public:
   Movie(string t = "", double r = 0.0) { title = t; rating = r; }
   void print_movie() { cout << title << ": " << rating << endl; }
};

int main()
{
   vector<Movie> movies;

   Movie m("titinic", 9.9);
   movies.push_back(m);
   movies.push_back(Movie("gone with the wind", 9.6));
   movies.push_back(Movie("terminator", 9.7));

   vector<Movie>::iterator it;        // 벡터를 순회하기 위하여 반복자를 선언한다.
   for (it = movies.begin(); it != movies.end(); ++it)
      it->print_movie();

   return 0;
}
```

실행결과

```
titinic: 9.9
gone with the wind: 9.6
terminator: 9.7
계속하려면 아무 키나 누르십시오 . . .
```

만약 객체의 크기가 큰 경우에는 객체를 벡터에 저장하는 것보다는 객체에 대한 포인터를 저장하는 편이 유리하다.

14.4 컨테이너의 공통 멤버 함수

여기서 잠깐 모든 컨테이너가 공통으로 지원하는 멤버 함수들을 살펴보자. 다음 표에 정리하였다.

표 14-2 ● 컨테이너의 공통 멤버 함수

함수	설명
Container()	기본 생성자
Container(size)	크기가 size인 컨테이너 생성
Container(size, value)	크기가 size이고 초기값이 value인 컨테이너 생성
Container(iterator, iterator)	다른 컨테이너로부터 초기값의 범위를 받아서 생성
begin()	첫 번째 요소의 반복자 위치
clear()	모든 요소를 삭제
empty()	비어 있는지를 검사
end()	반복자가 마지막 요소를 지난 위치
erase(iterator)	컨테이너의 중간 요소를 삭제
erase(iterator, iterator)	컨테이너의 지정된 범위를 삭제
front()	컨테이너의 첫 번째 요소 반환
insert(iterator, value)	컨테이너의 중간에 value를 삽입
pop_back()	컨테이너의 마지막 요소를 삭제
push_back(value)	컨테이너의 끝에 데이터를 추가
rbegin()	끝을 나타내는 역반복자
rend()	역반복자가 처음을 지난 위치
size()	컨테이너의 크기
operator=(Container)	대입 연산자의 중복 정의

이들 멤버 함수들은 모든 컨테이너에 의하여 지원되기 때문에 컨테이너의 종류에 상관없이 사용할 수 있다. 예를 들어 컨테이너에 들어 있는 숫자 중 3의 배수만을 골라서 삭제하는 코드는 컨테이너의 종류와 상관없이 다음과 같을 것이다.

```
it = container.beign();
while(it != container.end() )
{
   if( ( *it % 3 ) == 0 )
      it = container.erase(it);
```

```
    else
      it++;
}
```

erase()는 현재 요소를 삭제하고 다음 요소의 위치를 반환한다. 이 반환값을 다시 반복자에 넣으면 반복자가 다음 요소를 가리키게 된다.

여기서 container와 it은 다음과 같이 정의될 수 있다.

```
vector<int> container(10);
vector<int>::iterator  it;
```

또는 데크를 사용하여 다음과 같이 정의하는 것도 가능하다. 데크는 다음에 설명된다.

```
deque<int> container(10);
deque<int>::iterator  it;
```

리스트를 사용하여서 다음과 같이 정의하는 것도 가능하다. 리스트 또한 뒤에서 설명된다.

```
list<int> container(10);
list<int>::iterator  it;
```

14.5 데크

데크(deque)는 벡터와 아주 유사한 동적 배열이다. 데크의 경우 전단과 후단에서 요소를 추가하고 삭제하는 것을 허용한다는 점이 벡터와 다르다.

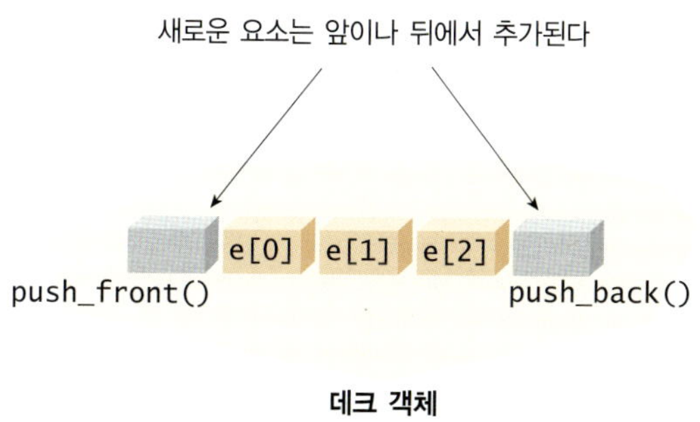

그림 14-9 ● 데크

deque.cpp

```cpp
#include <iostream>
#include <deque>
using namespace std;

int main()
{
    deque<int> dq;
    dq.push_back(99);
    dq.push_back(1);
    dq.push_front(35);
    dq.push_front(67);

    for(int i = 0; i < dq.size(); i++)
        cout << dq[i] << " ";    // [] 연산자 사용
    cout << endl;
    dq.pop_back();
    dq.pop_front();
    for(int i = 0; i < dq.size(); i++)
        cout << dq[i] << " ";    // [] 연산자 사용
    cout << endl;

    return 0;
}
```

데크 선언

실행결과

```
67 35 99 1
35 99
계속하려면 아무 키나 누르십시오 . . .
```

14.6 리스트

리스트(list)는 외부에서 보면 벡터와 완전히 동일하다. 벡터와 마찬가지로 순차적인 데이터를 저장한다. 벡터를 리스트로 대체하는 것도 가능하다. 하지만 벡터와 리스트는 내부 구조가 다르다. 리스트 컨테이너는 이중 연결 리스트로 구현된다. 이중 연결 리스트는 중간 위치에서 삽입이나 삭제가 빈번한 경우 효율적인 자료 구조이다. 이중 연결 리스트에서는 모든 노드가 앞 노드와 뒤 노드를 가리키는 포인터를 동시에 가지고 있다. 따라서 반복자를 이용하여 양방향으로 이동하는 것이 가능하다.

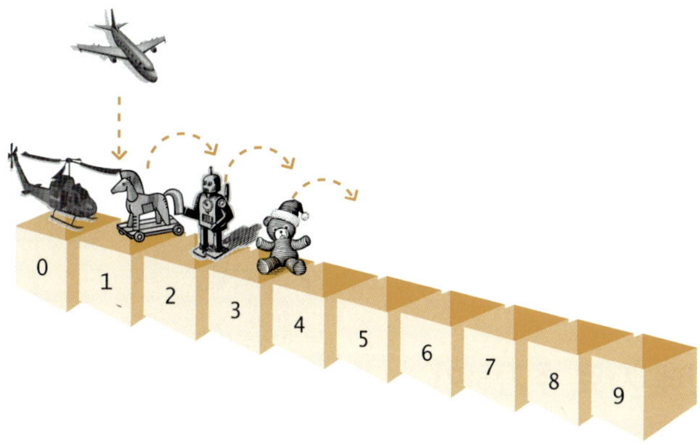

그림 14-10 ● 벡터의 중간에 삽입하려면 원소들을 이동하여야 한다

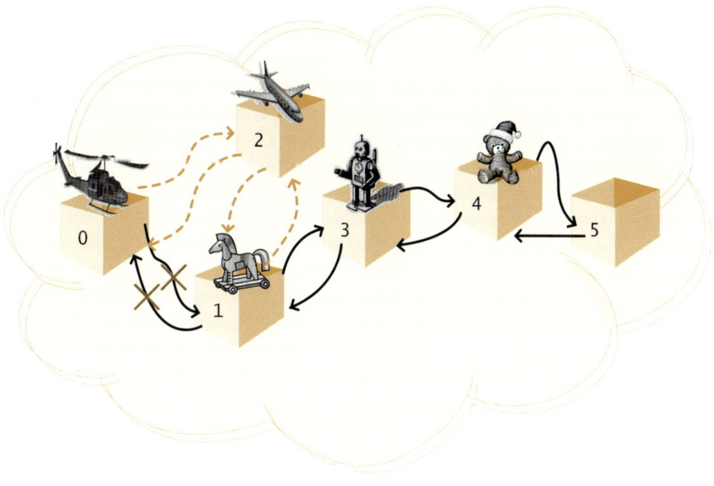

그림 14-11 ● 리스트 중간에 삽입하려면 링크만 수정하면 된다

만약 삽입이나 삭제가 양 끝단에서만 빈번하게 발행한다면 deque를 사용하는 것이 유리하다. list 클래스는 순차 컨테이너 클래스들이 가지고 있는 공통 멤버 함수에 추가로 push_front(), pop_front(), remove(), unique(), merge(), reverse(), sort(), splice() 등을 가지고 있다.

벡터와 리스트의 차이점

- 벡터에서는 임의 접근이 가능하지만 리스트에서는 불가능하다. 리스트는 [] 연산자를 지원하지 않으며 리스트에서 어떤 요소에 접근하려면 첫 번째 요소부터 순차적으로 이동하여야 한다. 따라서 임의 접근 반복자를 필요로 하는 binary_search()와 같은 알고리즘은 적용할 수 없다.
- 벡터에서는 중간 위치에 삽입이나 삭제를 하려면 뒤의 요소들을 이동하여야 하므로 시간이 오래 걸린다. 반면에 리스트에서는 앞 노드의 링크만 조작하면 되므로 매우 효율적으로 삽입이나 삭제를 할 수 있다.
- 리스트에서는 각 데이터마다 링크를 저장하여야 하므로 기억 공간은 더 많이 차지한다. 반면 벡터는 데이터만 저장되므로 크기가 더 작다.

리스트의 중간에 자료 추가하기

리스트가 다른 컨테이너와 다른 점은 리스트의 중간 위치에 자료를 효율적으로 추가할 수 있다는 점이다. 중간에 자료를 추가하려면 insert() 멤버 함수를 사용하여야 한다.

list1.cpp

```
#include <iostream>
#include <list>
using namespace std;

void print_list(list<int>& li);
int main()
{
   list<int> my_list;

   my_list.push_back(10);
   my_list.push_back(20);
   my_list.push_back(30);
   my_list.push_back(40);

   my_list.insert(my_list.begin(), 5);
```

```
    my_list.insert(my_list.end(), 45);
    print_list(my_list);
    return 0;
}

void print_list(list<int>& li)
{
    list<int>::iterator it;
    for(it = li.begin(); it != li.end(); ++it)
        cout << *it << " ";
    cout << endl;
}
```

실행결과

```
5 10 20 30 40 45
계속하려면 아무 키나 누르십시오 . . .
```

리스트에서 자료 삭제하기

리스트에서 자료를 삭제하는 멤버 함수는 erase()이다. erase()는 두 개의 중복 정의를 가진다. 하나는 반복자가 가리키는 요소를 삭제한다. 또 하나는 범위를 매개 변수로 받아서 범위 안의 요소들을 삭제한다.

아래의 코드는 영화를 리스트에 저장한다. 저장된 영화를 다시 꺼내어서 제작된 연도에 따라서 두 개의 리스트로 분류한다.

list2.cpp

```
#include <iostream>
#include <string>
#include <list>
using namespace std;

class Movie
{
private:
    string title;
    int year;
public:
```

```cpp
    Movie(string t="", int y=0) { title = t; year = y; }
    void display() { cout << title << ": " << year << endl; }
    double getYear() { return year; }
};

void print_list(list<Movie>& li)
{
    list<Movie>::iterator it;
    for(it = li.begin(); it != li.end(); ++it)
        it->display();
    cout << endl;
}

int main()
{
    list<Movie> movies;

    movies.push_back(Movie("gone with the wind", 1939));
    movies.push_back(Movie("terminator", 1984));
    movies.push_back(Movie("titanic", 1998));

    list<Movie> old_movie;
    list<Movie> new_movie;
    list<Movie>::iterator it;
    it = movies.begin();
    while (it != movies.end()) {
        if( it->getYear() > 1980 )
            new_movie.push_back(*it);
        else
            old_movie.push_back(*it);
        it = movies.erase(it);
    }
    cout << "고전 영화" << endl;
    print_list(old_movie);
    cout << "최근 영화" << endl;
    print_list(new_movie);

    return 0;
}
```

실행결과

```
고전 영화
gone with the wind: 1939

최근 영화
terminator: 1984
titanic: 1998

계속하려면 아무 키나 누르십시오 . . .
```

프로그램 설명

movies 리스트에 저장된 영화를 제작 연도에 따라 분류하여 new_movie와 old_movie로 나누면서 movies 리스트에 저장된 영화는 erase()를 사용하여 삭제한다. erase()는 현재 요소를 삭제하고 다음 요소의 위치를 반환한다. 따라서 이 반환값을 다시 반복자에 넣으면 반복자를 증가시킬 필요가 없다.

14.7 집합

앞에서 하습한 벡터나 리스트에는 자료 사이에 순서가 존재한다. 하지만 순서에는 상관없이 자료만 저장하고 싶은 경우도 존재한다. 이때 사용할 수 있는 구조가 집합(set)과 다중 집합(multi-set)이다. 집합에 저장된 자료를 키(key)라고 한다. 집합(set)은 동일한 키를 중복해서 가질 수 없다. 즉 `A = { 1, 2, 3, 4, 5 }`는 집합이지만 `B = { 1, 1, 2, 2, 3 }`은 집합이 아니다.

그림 14-12 • 집합과 다중 집합

```
    set<int>::iterator  pos = my_set.find(2);
    if( pos != my_set.end() )
       cout << "값 " << *pos << "가 발견되었음" << endl;
    else
       cout << "값이 발견되지 않았음" << endl;
    return 0;
}
```

실행결과

```
값 2가 발견되었음
계속하려면 아무 키나 누르십시오 . . .
```

14.8 Map

Map은 많은 데이터 중에서 원하는 데이터를 빠르게 찾을 수 있는 자료 구조이다. Map은 사전과 같은 자료 구조이다. 사전처럼 단어가 있고(이것을 키(key)라고 부른다) 단어에 대한 설명(이것을 값(value)이라고 부른다)이 있다. Map은 중복된 키를 가질 수 없다. 각 키는 오직 하나의 값에만 매핑될 수 있다. 키가 제시되면 Map은 값을 반환한다. 예를 들어서 학생에 대한 정보를 Map에 저장할 수 있다. 여기서 키는 학번이 될 것이고 값은 학생이 될 것이다.

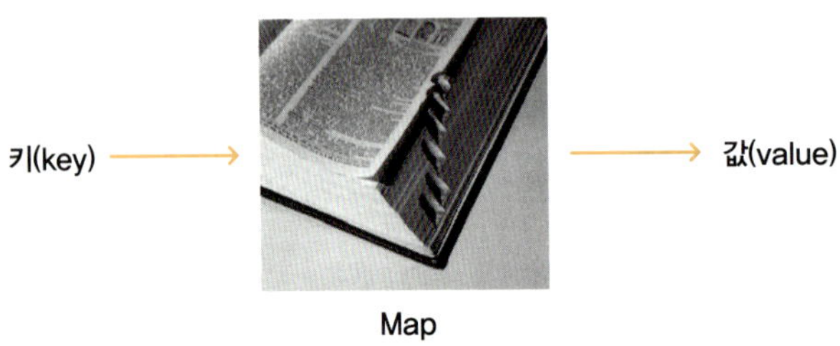

그림 14-13 ● Map의 개념

Map 객체 생성 및 자료 추가

Map이나 Multimap의 객체를 생성하기 위해서는 두 가지의 타입을 명시하여야 한다. 하나는 키(key)를 위한 타입이고 또 하나는 값(value)을 위한 타입이다. Map의 장점은 탐색을 쉽게 할 수 있다는 점이다. Map을 이용하여 영어 사전을 제작하여 보자. 먼저 Map에 자료를 추가하기 위해 insert() 함수를 사용할 수도 있지만 가장 편리한 방법은 인덱스 연산자 [ ]를 사용하여 추가하는 방법이다.

```
dic["house"] = "집";
```

만약 house라는 단어가 아직 등록이 되어 있지 않다면 자동적으로 등록이 된다.

Map에서 탐색하는 방법도 집합처럼 find()를 사용할 수도 있지만 등록할 때와 마찬가지로 인덱스 연산자를 사용하는 것이 제일 쉽다.

map1.cpp

```
#include <iostream>
#include <string>
#include <map>
using namespace std;

int main()
{
   map<string, string> dic;
   dic["boy"] = "소년";
   dic["school"] = "학교";
   dic["office"] = "직장";
   dic["house"] = "집";
   dic["morning"] = "아침";
   dic["evening"] = "저녁";

   cout << "house의 의미는 " << dic["house"] << endl;          // 등록이 된 단어
   cout << "morning의 의미는 " << dic["morning"] << endl;      // 등록이 된 단어
   cout << "unknown의 의미는 " << dic["unknown"] << endl;      // 등록이 되지 않은 단어
   return 0;
}
```

실행결과

```
house의 의미는 집
morning의 의미는 아침
unknown의 의미는
계속하려면 아무 키나 누르십시오 . . .
```

예제 #1

Map을 이용하여 사용자로부터 단어를 받아들이고 각 단어가 나오는 빈도를 계산하는 프로그램을 작성하여 보자.

map2.cpp

```
#include <iostream>
#include <string>
#include <map>
using namespace std;

int main()
{
   map<string, int> table;
   string s;

   cout << "문장을 입력하시오(종료는 Ctrl-Z): ";
   while(1){
      cin >> s;
      table[s]++;
      if( cin.eof() ) break;
   }

   map<string, int>::iterator iter;
   for (iter = table.begin(); iter != table.end(); iter++) {
      cout << iter->first << " : " << iter->second << endl;
   }
   return 0;
}
```

실행결과

```
문장을 입력하시오(종료는 Ctrl-Z): the good the bad the brave the ugly
^Z
bad : 1
brave : 1
good : 1
the : 4
ugly : 1
계속하려면 아무 키나 누르십시오 . . .
```

프로그램 설명

8 table을 Map의 객체로 정의한다. table은 string 타입의 키와 int 타입의 연관된 정수를 가진다.

12-16 반복 루프를 돌면서 사용자로부터 단어를 입력받는다. 만약 사용자가 Ctrl-Z를 입력하면 반복을 중단한다.

14 가장 중요한 문장이다. Map에는 [ ] 연산자가 오버로딩되어 있어서 s가 주어지면 s에 연관되어 있는 정수를 찾는다. 연관된 정수를 증가한다. 연관된 정수는 즉 단어가 나타나는 빈도일 것이다.

만약 Map에 저장되지 않은 키값이 들어오면 자동적으로 그 키를 가지는 새로운 요소를 생성한다. 이 과정에서 단어 빈도를 나타내는 정수값은 0으로 초기화된다.

19 실제로 Map에 들어 있는 요소들은 모두 pair 타입이다. pair는 두 개의 요소로 되어 있는 타입이다. 첫 번째 요소 first에는 키가 저장되고 두 번째 요소 second에는 값이 저장된다. 따라서 iter->first는 키값을, iter->second는 값을 나타낸다.

14.9 컨테이너 어댑터(container adapter)

컨테이너 어댑터 클래스는 이미 존재하는 컨테이너를 변경하여 새로운 기능을 제공하는 클래스이다. 즉 기존의 컨테이너의 기능을 그대로 이용하면서 새로운 기능이나 인터페이스를 제공하는 것이다. 컨테이너 어댑터에는 스택, 큐, 우선순위 큐 등이 있다.

스택

스택은 늦게 들어온 데이터들이 먼저 나가는 약간은 특이한 기능을 가지고 있는 자료 구조이다. 이것을 후입 선출(LIFO: last-in first-out)이라고 한다. 스택은 컴퓨터에서는 없어서는 안 될 중요한 자료 구조이다. 함수 호출이 스택을 사용하여 이루어진다. 함수가 호출되고 복귀할 때 바로 스택에 저장된 순서대로 복귀하는 것이다.

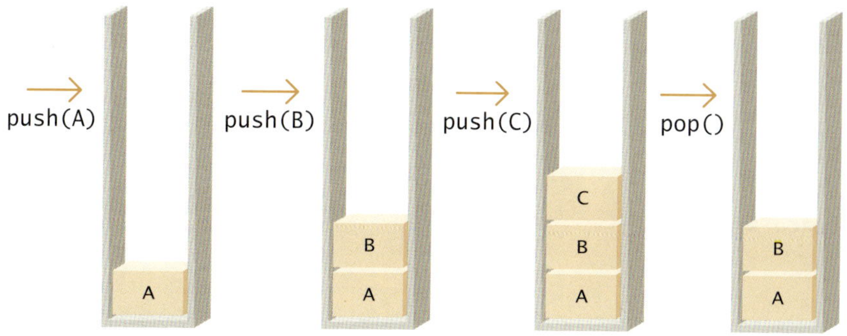

스택을 구현하기 위해서는 선형적인 자료 구조만 있으면 된다. 즉, 배열이나 연결 리스트를 이용하여서 스택을 작성할 수 있다. 스택에서는 중간에서 데이터를 추가하거나 삭제하는 기능이 필요없다. 따라서 기존에 존재하는 순차 컨테이너를 이용하면 쉽게 만들 수 있다. 오히려 이들 순차 컨테이너의 기능이 너무 많아서 기능을 제약해야만 스택을 구현할 수 있다.

스택을 생성하려면 다음과 같이 스택에 저장할 타입만 템플릿 인자로 지정하면 된다. 스택은 벡터, 리스트, 데크 등을 사용하여 구현될 수 있다. 디폴트는 데크를 이용한다.

```
stack<int> st;          // 정수를 저장하는 스택
stack<string> st;       // 문자열을 저장하는 스택
```

만약 스택을 구현하는데 사용되는 기반 컨테이너를 변경하고 싶으면 다음과 같이 생성자에 두 번째 인자를 주면 된다.

```
stack<string, vector<string> > st;    // 벡터를 사용하여 스택을 구현한다.
```

스택에서는 다음과 같은 함수들이 제공된다. 이 중에서 가장 중요한 연산은 push()와 pop()이다. push()는 스택의 상단에 데이터를 집어넣는 연산이다. pop()은 스택의 상단에서 데이터를 꺼내는 연산이다.

표 14-3 ● 스택의 멤버 함수

함수	설명
void push(const value_type& v)	스택에 v를 삽입한다.
void pop()	스택의 상단 원소를 삭제한다.
value_type& top() const	스택의 상단 원소를 반환한다.
bool empty() const	스택이 공백이면 true를 복귀한다.
size_type size() const	스택에 있는 원소의 개수를 반환한다.

stack.cpp

```
// 벡터를 변형하여서 스택을 생성한다.
#include <iostream>
#include <stack>
#include <string>
using namespace std;

int main()
{
```

```
    stack<string> st;
    string sayings[3] = {
        "The grass is greener on the other side of the fence",
        "Even the greatest make mistakes",
        "To see is to believe" };

    for(int i = 0; i < 3; ++i)
        st.push(sayings[i]);
    while(!st.empty()) {
        cout << st.top() << endl;
        st.pop();
    }
    return 0;
}
```

실행결과

```
To see is to believe
Even the greatest make mistakes
The grass is greener on the other side of the fence
계속하려면 아무 키나 누르십시오 . . .
```

큐

큐(queue)는 먼저 들어온 데이터들이 먼저 나가는 자료 구조이다. 이것을 선입 선출(FIFO: first-in first-out)이라고 한다. 주로 큐는 데이터를 처리하기 전에 잠시 저장하고 있는 용도로 사용된다. 모든 전자 제품에 존재하는 버퍼가 바로 이 큐를 이용하여 구현된다. 큐는 후단(tail)에서 데이터를 추가하고 전단(head)에서 데이터를 삭제한다. 큐에서도 스택과 마찬가지로 중간에서 데이터를 추가하거나 삭제할 수 없다.

그림 14-14 • 큐

큐를 생성하려면 다음과 같이 큐에 저장할 타입만 템플릿 인자로 지정하면 된다. 큐는 스택과 매우 유사하다. 큐도 리스트, 데크 등을 사용하여 구현될 수 있다. 디폴트는 데크를 이용한다.

```
queue<int> qu;            // 정수를 저장하는 큐
queue<string> qu;         // 문자열을 저장하는 큐
```

큐에서는 다음과 같은 함수들이 제공된다.

표 14-4 ● 큐의 멤버 함수

함수	설명
void push(const value_type& v)	큐의 끝에 v를 삽입한다.
void pop()	큐의 첫 번째 원소를 삭제한다.
value_type& front() const	큐의 첫 번째 원소를 반환한다.
value_type& back() const	큐의 마지막 원소를 반환한다.
bool empty() const	큐가 공백이면 true를 반환한다.
size_type size() const	큐의 원소 개수를 반환한다.

queue.cpp

```
#include <iostream>
#include <queue>
#include <string>
using namespace std;

int main()
{
   queue<int> qu;
   qu.push(100);
   qu.push(200);
   qu.push(300);
   while (!qu.empty()) {
      cout << qu.front() << endl;
      qu.pop();
   }
   return 0;
}
```

실행결과

```
100
200
300
계속하려면 아무 키나 누르십시오 . . .
```

우선순위 큐

우선순위 큐는 큐와 매우 비슷하지만 원소들이 우선순위를 가지고 있다. 들어온 순서와는 상관없이 우선순위가 높은 원소가 먼저 나가게 된다. 우선순위 큐는 히프(heap)라고 하는 자료 구조를 내부적으로 사용한다. 우선순위 큐의 가장 대표적인 예는 작업 스케줄링(job scheduling)이다. 각 작업은 우선순위를 가지고 있고 가장 높은 우선순위의 작업이 큐에서 먼저 추출되어서 시작된다.

그림 14-12 ● 우선순위 큐

우선순위 큐를 생성하려면 다음과 같이 큐에 저장할 다입만 템플릿 인자로 지정하면 된다.

```
priority_queue<int> pq;        // 정수를 저장하는 우선순위 큐
priority_queue<string> pq;     // 문자열을 저장하는 큐
```

pqueue.cpp

```
#include <iostream>
#include <queue>
#include <string>
using namespace std;

int main()
{
   priority_queue<int> pq;
   pq.push(100);
   pq.push(200);
```

```
    pq.push(300);
    while (!pq.empty()) {
        cout << pq.top() << endl;
        pq.pop();
    }
    return 0;
}
```

실행결과

```
300
200
100
계속하려면 아무 키나 누르십시오 . . .
```

실행 결과를 보면 300이 가장 먼저 추출되는 것을 볼 수 있다. 값이 크면 우선순위가 높다고 간주된다.

EXCERCISE

C++ ESPRESSO

1. 다음의 설명에 맞는 문장을 작성하라.

(1) 열 개의 Employee 타입의 객체를 저장할 수 있는 벡터 workers를 정의한다.

(2) double형 벡터 values의 끝에 3.14를 추가한다.

(3) double형 벡터 values의 마지막 요소를 삭제한다.

(4) int형 리스트 values의 끝에 564를 추가한다(반복자를 사용하라).

(5) string형의 집합을 정의한다.

(6) string형의 key값과 int형의 value값을 가지는 맵을 정의한다.

2. 반복자와 포인터를 비교하여 보자.

	유사한 점	다른 점
반복자		
포인터		

3. 다음 코드에서 잘못된 점은 무엇인가?

```
vector<double> values(10);
for(int i = 0; i<= 10 ; i++)
   values[i] = i * i;
```

4. double형의 벡터를 매개 변수로 받아서 평균을 구하는 함수를 작성하여 보자. 다음 코드의 빈칸을 채워라.

```
double getAverage(vector<double> values)
{
   double sum = 0;
   for(int i = 0; i < values.__________; i++)
      sum = sum + ____________;
   return sum / values.__________;
}
```

LAB
C++ ESPRESSO

1. 간단한 미팅 중개 프로그램을 작성하자. 가장 간단한 알고리즘만을 사용하기로 한다. 두 개의 컨테이너를 사용한다. 하나의 컨테이너에는 남학생들의 리스트가 들어 있고 또 다른 하나의 컨테이너에는 여학생들의 리스트가 들어가 있다. 만약 새로운 남학생이 등록을 하면 우산 여학생이 들어 있는 컨테이너를 검사하여 여학생이 존재하면 첫 번째 여학생과 자동으로 미팅이 주선된다. 만약 여학생 컨테이너에 여학생이 없으면 남학생은 남학생 컨테이너에 들어가서 여학생의 신청을 기다리게 된다. 샘플 출력 화면은 다음과 같다.

```
미팅 주선 프로그램입니다.

고객이름: 홍길동
성별을 입력하세요(f or m) m
아직 대상자가 없습니다. 기다려주십시오.

고객이름: 이순신
성별을 입력하세요(f or m) m
아직 대상자가 없습니다. 기다려주십시오.

고객이름: 황진이
성별을 입력하세요(f or m) f
커플이 탄생했습니다! 홍길동과 황진이
```

(1) 사용자 인터페이스 부분을 작성하라.

(2) 벡터를 사용하여 남학생 컨테이너와 여학생 컨테이너를 구현해보라.

(3) 큐를 사용하여 남학생 컨테이너와 여학생 컨테이너를 구현해보라.

(4) 데크를 이용하여 남학생 컨테이너와 여학생 컨테이너를 구현하고 컨테이너에 입력될 때 즉시 미팅을 원하는지를 물어보고 원한다고 하면 컨테이너의 맨 처음에 삽입한다. 만약 즉시 원하지 않으면 컨테이너의 끝에 삽입한다.

15 STL 알고리즘

이 장의 차례

학습목표

- STL의 알고리즘의 동작 원리를 학습한다.
- STL의 알고리즘의 응용하여 본다.

15.1 STL 알고리즘의 소개

탐색(searching), 정렬(sorting), 계수(counting)와 같은 일반적인 알고리즘은 프로그램에서 널리 사용된다. STL은 이러한 문제들을 해결하기 위하여 템플릿 기반의 함수들을 제공한다. 이들 알고리즘은 거의 모든 컨테이너에 대하여 같은 방식으로 동작한다. 템플릿을 사용하여 일반화 프로그래밍을 적용하고 있는 것이다.

그림 15-1 ● STL 알고리즘은 반복자를 통해 컨테이너에 접근하여 작업을 한다

STL 알고리즘은 일반적으로 반복자를 사용하여 주어진 타입으로 생성된 컨테이너에 접근한다. 반복자는 알고리즘과 컨테이너를 연결하는 역할을 한다. 이 라이브러리를 사용

하는 코드는 프로그래머가 직접 작성한 코드와 비교하여도 효율성에 있어 손색이 없다. 이들 알고리즘을 사용하려면 `<algorithm>` 헤더 파일을 포함하면 된다.

알고리즘의 분류

STL 알고리즘은 크게 불변경 알고리즘(nonmutating algorithm)과 변경 알고리즘(mutating algorithm)으로 나누어진다. 불변경 알고리즘이란 컨테이너에 들어있는 자료들의 순서나 내용을 변경하지 않는 알고리즘이다. 변경 알고리즘은 알고리즘이 실행되면 컨테이너의 자료들이 변경될 수 있는 알고리즘이다. 예를 들어 탐색은 불변경 알고리즘에 속하고 정렬은 자료의 순서가 변경될 수 있으므로 변경 알고리즘이다.

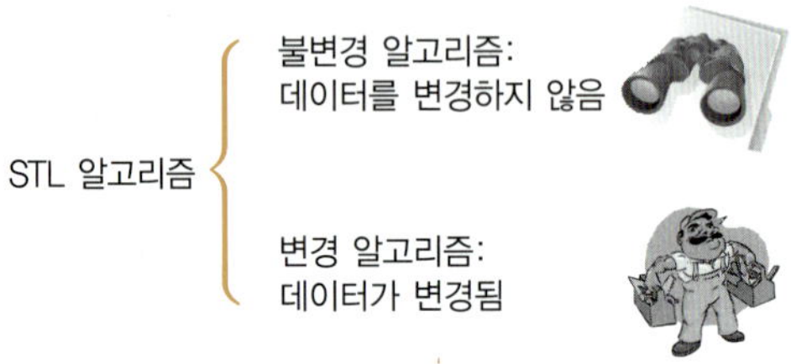

그림 15-2 • STL 알고리즘의 분류

불변경 알고리즘

많이 사용되는 불변경 알고리즘은 [표 15-1]과 같다.

표 15-1 • 불변경 알고리즘

분류	알고리즘	설명
계수 알고리즘	count()	주어진 값과 일치하는 요소들의 개수를 센다.
	count_if()	주어진 조건에 맞는 요소들의 개수를 센다.
탐색 알고리즘	search()	주어진 값과 일치하는 첫 번째 요소를 반환한다.
	search_n()	주어진 값과 일치하는 n개의 요소를 반환한다.
	find()	주어진 값과 일치하는 첫 번째 요소를 반환한다.
	find_if()	주어진 조건에 일치하는 첫 번째 요소를 반환한다.
	find_end()	주어진 조건에 일치하는 마지막 요소를 반환한다.
	binary_search()	정렬된 컨테이너에 대하여 이진 탐색을 수행한다.
비교 알고리즘	equal()	두 개의 요소가 같은지 비교한다.
	mismatch()	두 개의 컨테이너를 비교하여 일치하지 않는 첫 번째 요소를 반환한다.
	lexicographical_compare()	두 개의 순차 컨테이너를 비교하여 사전적으로 앞선 컨테이너를 반환한다.

변경 알고리즘

많이 사용되는 변경 알고리즘은 [표 15-2]와 같다.

표 15-2 ● 변경 알고리즘

분류	알고리즘	설명
초기화 알고리즘	fill()	지정된 범위의 모든 요소를 지정된 값으로 채운다.
	generate()	지정된 함수의 반환값을 할당한다.
변경 알고리즘	for_each()	지정된 범위의 모든 요소에 대하여 연산을 수행한다.
	transform()	지정된 범위의 모든 요소에 대하여 함수를 적용한다.
복사 알고리즘	copy()	하나의 구간을 다른 구간으로 복사한다.
삭제 알고리즘	remove()	지정된 구간에서 지정된 값을 가지는 요소들을 삭제한다.
	unique()	구간에서 중복된 요소들을 삭제한다.
대치 알고리즘	replace()	지정된 구간에서 요소가 지정된 값과 일치하면 대치값으로 바꾼다.
정렬 알고리즘	sort()	지정된 정렬 기준에 따라서 구간의 요소들을 정렬한다.
분할 알고리즘	partition()	지정된 구간의 요소들을 조건에 따라 두 개의 집합으로 나눈다.

중간점검

1. 알고리즘과 컨테이너를 연결하는 역할을 하는 것은?
2. STL 알고리즘을 크게 분류하면 ________와(과) __________(으)로 나눌 수 있다.

15.2 반복자

본격적으로 알고리즘을 학습하기 전에 반복자(iterator)에 대하여 살펴보자. 컨테이너에는 요소들이 저장되어 있다. 각 요소들에 접근하려면 어떻게 하여야 하는가?

일단 예전의 방법들을 검토하여 보자. 벡터와 같은 컨테이너는 인덱스를 사용할 수 있을 것이다. 랜덤 접근을 허용하지 않는 리스트에서는 인덱스를 사용할 수 없고 아마도 포인터를 사용하여야 할 것이다. 문제는 컨테이너의 종류에 따라 요소를 방문(순회)하는 방법이 상당히 다르다는 점이다. 일반적인 방법을 찾아야 한다.

STL을 작성한 사람들은 컨테이너의 종류에 관계없이 요소들을 방문하게 하기 위하여 반복자라는 방식을 제안하였다. 반복자는 컨테이너의 멤버를 가리키는 객체이다. 기존의 포인터와 비슷한 개념이지만 반복자를 흔히 일반화된 포인터라고 한다. 반복자를 사용하게 되면 컨테이너의 종류에 상관없이 일관된 방법으로 컨테이너의 요소를 가리킬 수 있다.

반복자는 어디에 이용되는가? 반복자는 컨테이너 안의 요소에 접근하고자 할 때 필요하다. 알고리즘은 필연적으로 컨테이너의 요소에 접근하여서 읽거나 써야 한다. 이때에 반복자가 사용된다. 반복자를 사용하여 컨테이너의 첫 번째 요소를 가리킨 후에 첫 번째 요소에 접근하여 작업을 하고 작업이 끝나면 반복자가 다음 요소를 가리키도록 증가시킨다. 반복자가 마지막 요소를 벗어나게 되면 작업을 끝내면 된다.

일반적으로 STL 알고리즘의 형태를 보면 반복자들을 매개 변수로 받는다. 또한 함수의 반환값도 반복자 형식이다. 이로 인해 우리는 컨테이너의 종류와는 상관없이 해당 컨테이너가 반복자를 지원하기만 하면 알고리즘도 적용할 수 있다고 본다.

반복자 동작 원리

반복자는 다음의 연산자가 중복 정의되어 있는 객체라고 생각하면 된다.

- 컨테이너에서 다음 요소를 가리키기 위한 ++ 연산자
- 컨테이너에서 이전 요소를 가리키기 위한 -- 연산자
- 두 개의 반복자가 같은 요소를 가리키고 있는지를 확인하기 위한 ==와 != 연산자
- 반복자가 가리키는 요소의 값을 추출하기 위한 역참조 연산자 *

모든 반복자가 이들 연산자들을 모두 가지는 것은 아니다. 예를 들어 벡터는 이들 연산자들을 모두 가지고 있다.

다음으로 각 컨테이너는 특별한 위치의 반복자를 얻는 함수를 지원한다.

- v.begin() 함수는 컨테이너 v에서 첫 번째 요소를 반환한다.
- v.end() 함수는 컨테이너 v에서 마지막 요소를 지났는지를 나타내는 값을 반환한다.

v.end()는 마지막 요소가 아니라 컨테이너의 끝을 나타내는 보초값(sentinel)을 반환한다. v.end()가 반환하는 값은 포인터에서의 NULL 값과 같은 의미를 지닌다.

그렇다면 반복자를 사용한 전형적인 문장을 살펴보자.

```
❶ vector<int> vec;              // 벡터 선언
❷ vector<int>::iterator it;     // 반복자 선언
❸ for(it = vec.begin(); it != c.end(); it++)
❹   cout << *it << " ";         // 반복자를 이용하여 요소의 값을 추출한다.
```

❶ 벡터 객체를 생성한다.

❷ 위의 문장은 반복자를 정의하는 문장이다. 반복자 타입은 컨테이너 안에 정의되어 있다. vector<int> 클래스 안에 반복자의 타입이 정의되어 있다는 의미이다. vector<int> 객체에 사용하는 반복자의 타입은 vector<int>::iterator이다. 이 타입을 이용하여 반복자 객체를 정의하면 된다.

❸ it의 초기값은 vec.begin()에서 얻는다. it는 매 반복마다 증가되고 it가 vec.end()와 같아지면 컨테이너의 끝에 도달한 것이므로 반복을 종료한다.

❹ it가 가리키는 요소의 값은 *it로 얻을 수 있다. 여기서는 it가 가리키는 값을 콘솔에 출력한다.

예제 #1

iterator.cpp

```
#include <iostream>
#include <vector>
using namespace std;

int main()
{
   vector<int> vec;             // 정수형 벡터 생성
   for(int i = 0; i < 10; i++)
      vec.push_back(i);

   vector<int>::iterator it;  // 반복자 객체 생성
   for(it = vec.begin(); it != vec.end() ; it++)  // 컨테이너의 모든 요소를 출력
      cout << *it << " ";
   cout << endl;

   for(it = vec.begin(); it != vec.end() ; it++)  // 컨테이너의 모든 요소를 0으로 설정
      *it = 0;

   for(it = vec.begin(); it != vec.end() ; it++)  // 컨테이너의 모든 요소를 출력
      cout << *it << " ";
   cout << endl;
   return 0;
}
```

실행결과

```
0 1 2 3 4 5 6 7 8 9
0 0 0 0 0 0 0 0 0 0
계속하려면 아무 키나 누르십시오 . . .
```

반복자 종류

반복자에는 세 가지의 종류가 있다.

- 전향 반복자(forward iterator): ++ 연산자만 가능하다.
- 양방향 반복자(bidirectional iterator): ++ 연산자와 -- 연산자가 가능하다.
- 무작위 접근 반복자(random access iterator): ++ 연산자와 -- 연산자, [ ] 연산자가 가능하다.

벡터는 무작위 접근 연산자를 제공한다. 벡터를 이용하여 이 연산들을 테스트하여 보자.

iterator1.cpp

```
#include <iostream>
#include <vector>
using namespace std;

int main()
{
   vector<int> vec;              // 정수형 벡터 생성
   for(int i = 0; i < 10; i++)
      vec.push_back(i);

   vector<int>::iterator it;  // 반복자 객체 생성
   it = vec.begin();
   cout << it[2] << " " << endl;
   cout << *(it+2) << " " << endl;
   it = it + 5;
   it--;
   cout << *it << " " << endl;
   return 0;
}
```

실행결과

```
2
2
4
계속하려면 아무 키나 누르십시오 . . .
```

const 반복자

무작위 접근 반복자가 지원되지만 어떤 경우에는 반복자를 통하여 읽기만 하는 경우도 있다. 이런 경우에는 버그를 막기 위하여 반복자를 일부러 상수 반복자로 정의하는 경우도 많다. 이를 위해 컨테이너 안에 const_iterator라는 타입이 준비되어 있다.

```
vector<int>::const_iterator it = vec.begin();
cout << *it << " ";       // 가능!
*it = 10;                 // 컴파일 오류!
```

역순 반복자

컨테이너 안의 요소들을 역순으로 접근하고 싶은 경우가 종종 발생한다. 그런데 이런 경우 다음과 같이 하는 것은 오류이다.

```
for(it=vec.end(); it != vec.begin() ; it--)        // 오류!
   cout << *it << " ";
```

먼저 vec.end()가 반환하는 값은 요소를 가리키지 않는다. vec.end()는 마지막 요소를 지났다는 것을 나타내는 값을 반환한다. 그리고 vec.begin()은 실제 요소를 가리키는 반복자이다.

따라서 이런 경우 다음과 같은 역순 반복자 타입으로 반복자를 정의하여야 한다.

```
vector<int>::reverse_iterator rit;
for(rit = vec.rbegin(); rit!= vec.rend() ; rit++)
   cout << *rit << " ";
```

iterator2.cpp

```cpp
#include <iostream>
#include <vector>
using namespace std;

int main()
{
    vector<int> vec;            // 정수형 벡터 생성
    for(int i = 0; i < 10; i++)
        vec.push_back(i);
    vector<int>::reverse_iterator rit;            // 정수형 벡터 생성
    for(rit = vec.rbegin(); rit != vec.rend() ; rit++)
        cout << *rit << " ";
    cout << endl;
    return 0;
}
```

실행결과

```
9 8 7 6 5 4 3 2 1 0
계속하려면 아무 키나 누르십시오 . . .
```

중간점검 ←

1. vec.begin()이 반환하는 값은 무엇인가?
2. vec.end()가 반환하는 값은 무엇인가?
3. 만약 it가 반복자라면 *it는 무엇인가?
4. vector 타입의 컨테이너 vec 반복자를 정의하여 보라.

15.3 탐색 알고리즘

공통 함수 print( )

알고리즘을 학습하기 전에 공통적으로 많이 사용되는 보조 함수를 하나 작성하자. 바로 컨테이너 안에 들어 있는 모든 요소의 값을 출력하는 함수 print()이다. 다음과 같이 템플릿으로 작성한 후에 이것을 myheader.h에 저장하고 각 프로그램에서 이 헤더 파일을 포함하도록 하자.

myheader.h

```
#ifndef MYHEADER_H
#define MYHEADER_H
template <typename T>
void print(const T& v, const char* message="")
{
   typename T::const_iterator it;
   std::cout << message;
   std::cout << "( ";
   for (it = v.begin(); it != v.end(); ++it) {
      std::cout << *it << ' ';
   }
   std::cout << " )" << std::endl;
}
#endif
```

이 함수는 먼저 두 번째 매개 변수를 화면에 출력하고 이어서 첫 번째 매개 변수로 전달된 컨테이너를 반복자를 이용하여 처음 요소부터 마지막 요소까지 화면에 출력한다. 간단히 테스트 프로그램을 작성하여 보면 다음과 같다.

main.cpp

```
#include <iostream>
#include <vector>
#include "myheader.h"
using namespace std;

int main()
{
```

```
    vector<int> vec;      // 정수형 벡터 생성

    vec.push_back(10);  // 벡터의 끝에 데이터 추가
    vec.push_back(20);
    vec.push_back(30);
    vec.push_back(40);
    vec.push_back(50);

    print(vec);           // 벡터의 모든 요소를 출력한다.
    return 0;
}
```

실행결과

```
( 10 20 30 40 50  )
계속하려면 아무 키나 누르십시오 . . .
```

find( )와 find_if( ) 함수

find()는 컨테이너의 주어진 범위 안에서 특정한 값을 찾아내 그것의 위치를 반환한다. 다음과 같은 형식을 가진다.

```
InputIter
find(InputIter s, InputIter e, const T& value);
```

여기서 InputIter는 입력 반복자를 의미한다. find()는 [s, e)까지의 구간에서 value를 찾아 그것의 위치를 반복자 형식으로 반환한다.

find.cpp

```
#include <iostream>
#include <vector>
#include <algorithm>
#include <string>
using namespace std;

int main()
{
    string fruits[5] = { "사과", "토마토", "배", "수박", "키위" };
    vector<string> vec(&fruits[0], &fruits[5]);      // 배열->벡터
```

```
11
12     vector<string>::iterator it;                // 반복자 정의
13     it = find(vec.begin(), vec.end(), "수박");
14
15     if (it != vec.end())
16        cout << "수박이 " << distance(vec.begin(), it) << "에 있습니다." << endl;
17
18     return 0;
19  }
```

vec의 처음부터 끝까지 "수박"을 탐색

it의 위치를 인덱스로 반환

실행결과

```
수박이 3에 있습니다.
계속하려면 아무 키나 누르십시오 . . .
```

프로그램 설명

10 문자열 배열을 가지고 벡터를 초기화한다. 여기서 &fruits[4]가 아니고 &fruits[5]임을 명심하자.

12 string 요소를 가지는 벡터에 대한 반복자를 생성한다.

13 vec의 처음부터 끝까지 "수박"을 탐색하도록 find()를 호출한다. 첫 번째 성공하는 위치를 반환한다.

15 반환된 위치가 vec.end()라면 실패한 것이다. vec.end()가 아니면 distance() 함수를 이용하여서 "수박"이 위치한 요소의 인덱스값을 추출한다.

find_if()는 마지막 매개 변수로 조건자 함수를 받아서 원하는 조건을 만족하는 요소를 찾아 그것의 위치를 반환한다.

```
InputIter
find_if(InputIter s, InputIter e, const T& value, UnaryPred func);
```

find_if는 주어진 함수 f를 사용하여 [s, e) 구간에서 조건을 만족하는 요소를 찾는다. 구간의 요소 elem에 대해 func(elem) 함수를 호출하여 true가 반환되면 그것의 위치를 반환한다.

find_if.cpp

```
#include <iostream>
#include <vector>
```

```
#include <algorithm>
#include <string>
using namespace std;
// 문자열 s가 "김"을 포함하면 true를 반환
bool checkKim(string s)
{
   if( s.find("김") != string::npos)
      return true;
   else
      return false;
}

int main()
{
   string names[5] = { "김철수", "박문수", "강감찬", "김유신", "이순신" };
   vector<string> vec(&names[0], &names[5]);        // 배열->벡터

   vector<string>::iterator it;                     // 반복자 정의
   it = vec.begin();
   while(true){
      it = find_if(it, vec.end(),checkKim);
      if (it == vec.end())                          // 탐색 실패
         break;
      cout << "위치 " << distance(vec.begin(), it)<<
         "에서 " << *it << "를 탐색하였음" << endl;
      it++;
   }
   return 0;
}
```

실행결과

```
위치 0에서 김철수를 탐색하였음
위치 3에서 김유신를 탐색하였음
계속하려면 아무 키나 누르십시오 . . .
```

search( ) 함수

find()는 주어진 구간에서 하나의 특정한 값을 찾는다. 하지만 어떤 경우에는 연속적인 값들을 탐색하여야 하는 경우가 있다. 이때 사용할 수 있는 함수가 search()이다. 이들 함수들은 구간 단위로 동작하게끔 설계되어 있다. 이들 함수들은 전체 구간 안에서 부분 구간을 찾아 그 위치를 반환한다.

```
ForwIter1
search (ForwIter1 s1, ForwIter1 e1, ForwIter2 s2, ForwIter2 e2)
```

여기서 ForwIter는 전향 반복자를 의미한다. [s1, e1) 구간에서 [s2, e2) 구간이 존재하는지를 찾는다. 만약 존재하면 그 구간의 시작 위치를 반환한다.

search.cpp

```
#include <iostream>
#include <vector>
#include <list>
#include <algorithm>
#include <string>
using namespace std;

int main()
{
   vector<int> vec;
   for(int i = 0; i < 10; ++i)        // vec = (0, 1, 2, 3, 4, 5, 6, 7, 8, 9)
      vec.push_back(i);

   list<int> ilist;
   for(int i = 3; i < 6; ++i)         // ilist = (3, 4, 5)
      ilist.push_back(i);

   vector<int>::iterator it;
   it = search(vec.begin(), vec.end(), ilist.begin(), ilist.end());

   if (it != vec.end()){
      cout << "부분 구간이 " << distance(vec.begin(), it) << "에 있습니다." << endl;
   }

   return 0;
}
```

실행결과

```
부분 구간이 3에 있습니다.
계속하려면 아무 키나 누르십시오 . . .
```

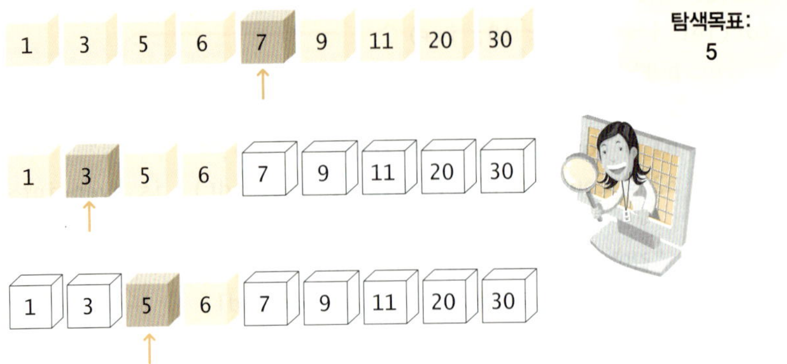

그림 15-4 • 이진 탐색의 개념

STL에서 binary_serach()는 이진 탐색을 구현한다. 다음과 같은 형식을 사용한다.

```
bool
binary_search(ForwIter s, ForwIter e, const T& value);
```

binary_search()는 value인 값을 [start, end) 구간에서 이진 탐색한다. binary_search()는 탐색하는 값이 구간 안에 있는지 없지만을 우리에게 알려준다. 구간 안에 값이 존재하면 true를 반환하고 그렇지 않으면 false를 반환한다. 만약 값의 위치가 필요한 경우라면 다음과 같은 함수를 이용하여야 한다.

```
ForwIter
lower_bound(ForwIter s, ForwIter e, const T& value);
```

```
ForwIter
upper_bound(ForwIter s, ForwIter e, const T& value);
```

lower_bound()는 구간 [start, end)에서 value가 자리하고 있는 첫 번째 위치를 반환하며 만약 값이 없다면 value를 삽입할 수 있는 위치를 반환한다. upper_bound()는 구간 [start, end)에서의 value가 자리하고 있는 마지막 위치의 다음 위치를 반환한다. 이들 함수들은 모두 같은 값이 여러 개 있는 경우를 가정하고 작성된 것이다.

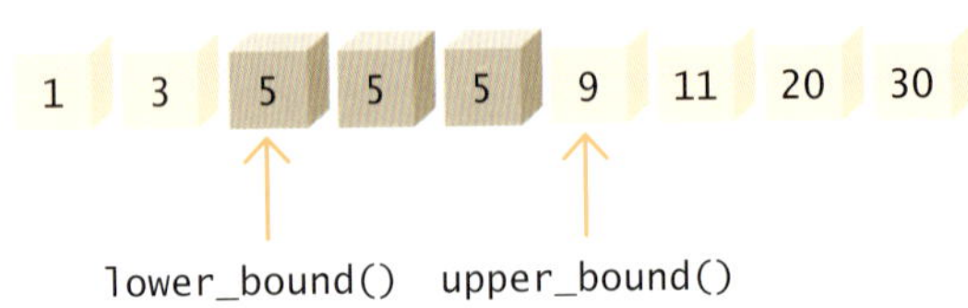

그림 15-5 • 이진 탐색의 결과

binary_search.cpp

```
1  #include <iostream>
2  #include <vector>
3  #include <algorithm>
4  #include "myheader.h"
5  using namespace std;
6
7  int main()
8  {
9     const int wanted = 6;
10    int values[9] = { 1, 3, 5, 5, 5, 8, 11, 20, 30 };
11    vector<int> vec(&values[0], &values[9]);
12    vector<int>::iterator it;
13
14    print(vec);
15    bool isInIt = binary_search(vec.begin(), vec.end(), wanted);
16
17    if(isInIt == true )
18       cout << wanted << "을 찾았음 "<< endl;
19    else {
20       it = lower_bound(vec.begin(), vec.end(), wanted);
21       vec.insert(it, wanted);
22    }
23    print(vec);
24
25    return 0;
26 }
```

실행결과

```
( 1 3 5 5 5 8 11 20 30  )
( 1 3 5 5 5 6 8 11 20 30  )
계속하려면 아무 키나 누르십시오 . . .
```

프로그램 설명

15 현재 6은 벡터에 없으므로 false가 반환된다.

20 lower_bound()를 이용하여서 6을 삽입할 위치를 찾는다. 이진 탐색에서는 정렬 상태를 유지하여야 하므로 lower_bound()를 이용하여서 삽입 위치를 찾아야 한다.

21 lower_bound()가 반환한 위치를 가지고 6을 벡터의 중간에 삽입한다.

중간점검

1. 벡터 vec에서 특정한 값을 탐색하는 경우에 사용할 수 있는 알고리즘은?
2. lower_bound()가 반환하는 값은 무엇인가?
3. 특정한 값을 가지는 요소들의 개수를 세려면 어떤 알고리즘을 사용하는가?

15.4 비교 알고리즘

equal( ) 함수

equal()은 두 개의 구간을 비교하여 두 구간의 요소들이 일치하는지를 검사하고 일치하면 true를 반환한다. 첫 번째 구간은 [s1, e1)이고 두 번째 구간은 s2에서 시작하여서 똑같은 길이의 구간 [s2, e2)라고 가정한다.

```
bool
equal(ForwIter s1, ForwIter e1, ForwIter s2, [UnaryPred func]);
```

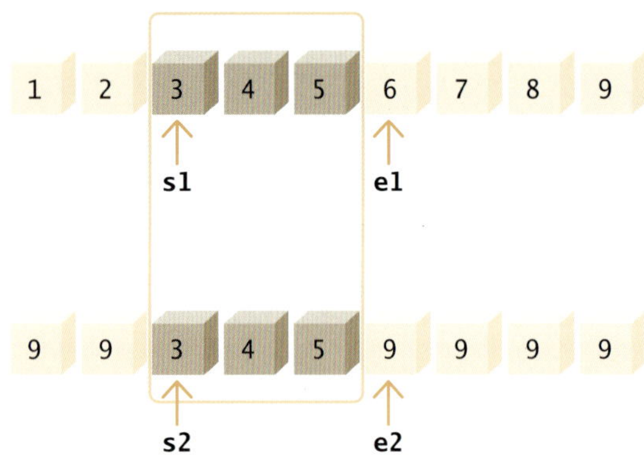

그림 15-6 ● equal( ) 함수

만약 타입이 다른 요소들이라도 비교가 가능하다. 그리고 구간 중의 하나의 요소라도 다르면 false를 반환한다. 만약 비교 함수가 주어지면, 주어진 함수를 이용하여 비교 하게 된다.

equal.cpp

```
#include <iostream>
#include <vector>
#include <algorithm>
#include "myheader.h"
using namespace std;

int main()
{
    int values1[9] = { 1, 2, 3, 4, 5, 6, 7, 8, 9 };
    int values2[9] = { 9, 9, 3, 4, 5, 9, 9, 9, 9 };
    vector<int> vec1(&values1[0], &values1[9]);
    vector<int> vec2(&values2[0], &values2[9]);
    print(vec1);
    print(vec2);
    bool isEqual = equal(vec1.begin() + 2, vec1.begin() + 5, vec2.begin() + 2);

    if(isEqual == true )
        cout << "두 개의 구간이 동일함" << endl;

    return 0;
}
```

실행결과

```
( 1 2 3 4 5 6 7 8 9  )
( 9 9 3 4 5 9 9 9 9  )
두 개의 구간이 동일함
계속하려면 아무 키나 누르십시오 . . .
```

중간점검

1. 두 개의 컨테이너 v1, v2의 두 번째 요소부터 다섯 번째 요소까지 같은지를 비교하는 문장을 작성하라.

15.5 초기화 알고리즘

fill( ) 함수

fill() 함수는 [s, e) 구간의 모든 요소에 value값을 할당한다.

```
void
fill( InputIter s, InputIter e, const TYPE& value );
```

다음의 코드는 정수들의 벡터의 모든 요소를 0으로 설정한다.

fill.cpp

```
#include <iostream>
#include <vector>
#include <algorithm>
#include "myheader.h"
using namespace std;

int main()
{
   vector<int> v1;
   for(int i = 0; i < 10; i++) {
      v1.push_back( i );
   }
   cout << "fill() 이전의 값 ";
   print(v1);
   fill(v1.begin(), v1.end(), 0);

   cout << "fill() 이후의 값 ";
   print(v1);
   return 0;
}
```

실행결과

```
fill() 이전의 값 ( 0 1 2 3 4 5 6 7 8 9  )
fill() 이후의 값 ( 0 0 0 0 0 0 0 0 0 0  )
계속하려면 아무 키나 누르십시오 . . .
```

copy( )와 reverse( ) 함수

컨테이너의 원소들을 복사하는 함수인 copy()의 원형은 다음과 같다.

```
OutputIter
copy(InputIter s1, InputIter e1, OutputIter s2);
```

이 함수는 s1에서 e1까지의 원소들을 s2로 복사한다. 입력 컨테이너와 출력 컨테이너는 다를 수 있다. 복사의 마지막 위치가 반환된다.

reverse()는 컨테이너의 모든 요소들을 역순으로 배치한다.

copy.cpp

```
1  // copy와 reverse의 사용 예
2  #include <iostream>
3  #include <algorithm>
4  #include <string>
5  #include <vector>
6  using namespace std;
7
8  int main()
9  {
10    string names[5] = {"사과","배","키위","레몬","포도"};
11    vector<string> fruits(5);
12    vector<string>::iterator it;
13    copy(&names[0], &names[5], fruits.begin());
14    reverse(fruits.begin(), fruits.end());
15    for (it = fruits.begin(); it != fruits.end(); ++it)
16       cout << *it << " ";
17    cout << endl;
18 }
```

실행결과

```
포도 레몬 키위 배 사과
계속하려면 아무 키나 누르십시오 . . .
```

프로그램 설명

13 copy()는 names 배열을 벡터 fruits에 복사한나.

14 reverse() 함수는 names2 배열의 모든 원소들을 역순으로 재배치한다.

remove( ) 함수

remove() 함수는 요소를 삭제한다. 두 가지 버전이 가장 많이 사용된다.

```
ForwIter
remove(ForwIter s, ForwIter e, const Type& value);
ForwIter
remove_if(ForwIter s, ForwIter e, UnaryPred func);
```

remove()는 구간 [s, e)에서 value와 일치하는 요소를 찾아서 삭제한다. remove_if()는 구간 [s, e)의 각 요소 elem에 func()을 적용하여 true가 반환되면 해당 요소를 삭제한다. 하지만 remove()는 해당 요소를 삭제한 후에 뒤의 요소들을 앞으로 이동시킬 뿐이라는 것에 주의하자. 실제 삭제는 각 컨테이너의 erase() 멤버 함수를 호출하여야 한다.

remove.cpp

```cpp
#include <iostream>
#include <algorithm>
#include <string>
#include <vector>
#include "myheader.h"
using namespace std;

int main()
{
    string names[5] = {"사과","배","키위","레몬","포도"};
    vector<string> fruits(5);
    copy(&names[0], &names[5], fruits.begin());
    print(fruits, "삭제전\n");
    vector<string>::iterator it;
    it = remove(fruits.begin(), fruits.end(), "레몬");
    print(fruits, "remove() 후\n");
    fruits.erase(it, fruits.end());
    print(fruits, "erase() 후\n");
    return 0;
}
```

실행결과

```
삭제전
( 사과 배 키위 레몬 포도 )
remove() 후
( 사과 배 키위 포도 포도 )
erase() 후
( 사과 배 키위 포도 )
계속하려면 아무 키나 누르십시오 . . .
```

sort( ) 함수

정렬은 가장 중요한 컴퓨터 알고리즘이라고 해도 과언이 아니다. 정렬은 데이터를 어떤 기준에 의하여 순서대로 나열하는 것이다. 정렬 알고리즘에는 퀵정렬, 합병 정렬, 히프 정렬 등의 다양한 방법이 존재한다. STL에서는 정렬은 속도가 비교적 빠르고 안정성이 보장되는 합병 정렬을 이용한다. 합병 정렬은 시간 복잡도가 O(nlog(n))이며 특히 거의 정렬된 리스트에 대해서는 상당히 빠르다.

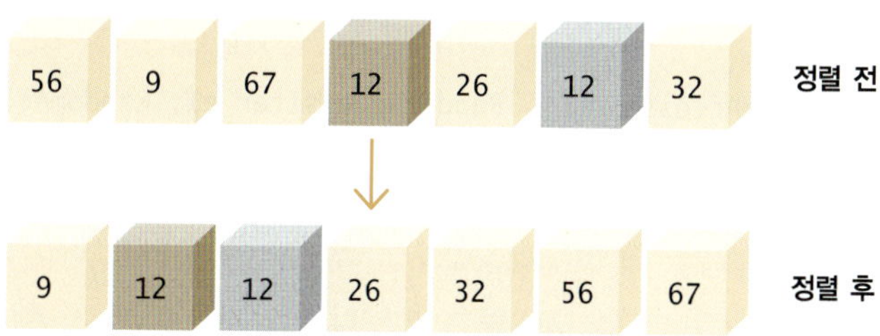

그림 15-7 ● 안정된 정렬

안정성이란 동일한 값을 가지는 원소를 다시 정렬하지 않는 것을 의미한다. [그림 15-7]에서 12의 값을 가지는 두 개의 원소의 순서가 정렬 후에도 변경되지 않았다. 안정성은 같은 리스트를 반복하여 다른 기준에 따라 정렬할 때 중요하다. 만약 상품 주문 리스트를 날짜를 기준으로 먼저 정렬하고 이후에 주문처를 기준으로 정렬한다면 사용자는 같은 주문처가 보낸 주문은 날짜별로 정렬될 것이라고 가정한다. 하지만 이것은 안정성 있는 정렬인 경우에만 가능하다.

STL은 구간의 요소들을 정렬하기 위한 많은 알고리즘을 제공한다. 또 전체를 정렬하는 알고리즘뿐만 아니라 부분적인 정렬을 실행하는 알고리즘도 제공한다. 사실 정렬을 하는 대신 자동적으로 정렬이 되는 연관 컨테이너를 사용할 수도 있다. 하지만 모든 요소들을 한 번 정렬하는 것이 매번 정렬 상태를 유지하려고 하는 것보다 빠르다. 모든 요소를 정렬하는 함수들은 다음과 같다.

```
void
sort (RandomAccessIter s, RandomAccessIter e, [BinaryPred func])
```

위의 함수는 [s, e) 구간의 모든 요소들을 < 연산자를 사용하여 정렬한다. 정렬 알고리즘을 리스트에 대해서는 적용할 수 없다. 리스트는 무작위 접근 반복자를 제공하지 않기 때문이다. 하지만 대신에 리스트는 sort()라는 멤버 함수를 가지고 있다.

만약 안정성이 확보되는 정렬을 하려면 stable_sort()를 사용하여야 한다. stable_sort()의 매개 변수는 sort()와 동일하다. sort()는 O(nlogn)이라는 평균적 시간 복잡도를 가지고 있다. 하지만 만약에 최악의 시간 복잡도가 반드시 O(nlogn)이 되어야 한다면 stable_sort()를 사용하여야 한다.

partial_sort()는 부분적으로 정렬하는 함수이다. 여기서 주의할 점은 [s, e1) 안의 요소만 정렬되는 것이 아니라 전체 요소 중에서 순서로 e1까지만 정렬되고 나머지는 정렬되지 않는다는 의미이다. 예를 들어서 e1이 v.begin() + 3이면 정렬된 리스트에서 처음 세 개만 나타나고 나머지는 정렬되지 않는다. nth_element()는 n 위치에 정렬된 n번째 값을 놓고 그 왼쪽에는 n보다 작은 값을, 그 오른쪽에 n보다 큰 값을 배치한다.

```
void
partial_sort (RandomAccessIter s, RandomAccessIter e1, RandomAccessIter e2);
void
nth_element (RandomAccessIter s, RandomAccessIter n, RandomAccessIter e1);
```

sort.cpp

```
#include <iostream>
#include <algorithm>
#include <vector>
#include "myheader.h"
using namespace std;

int main()
{
   int value[10] = { 82, 25, 26, 7, 67, 55, 31, 19, 99 };

   vector<int> v1(&value[0], &value[10]);
   print(v1,"초기 리스트\n");
   sort (v1.begin(), v1.end());
   print(v1, "sort() 적용후 리스트\n");

```

```
    vector<int> v2(&value[0], &value[10]);
    stable_sort (v2.begin(), v2.end());
    print(v2, "stable_sort() 적용후 리스트\n");

    vector<int> v3(&value[0], &value[10]);
    partial_sort (v3.begin(), v3.begin() + 3, v3.end());
    print(v3, "partial_sort() 적용후 리스트\n");

    vector<int> v4(&value[0], &value[10]);
    nth_element(v4.begin(), v4.begin() + 5, v4.end());
    print(v4, "nth_element() 적용후 리스트\n");

    return 0;
}
```

실행결과

```
초기 리스트
( 82 25 26 7 67 55 31 19 99 0  )
sort() 적용후 리스트
( 0 7 19 25 26 31 55 67 82 99  )
stable_sort() 적용후 리스트
( 0 7 19 25 26 31 55 67 82 99  )
partial_sort() 적용후 리스트
( 0 7 19 82 67 55 31 26 99 25  )
nth_element() 적용후 리스트
( 0 7 19 25 26 31 55 67 82 99  )
계속하려면 아무 키나 누르십시오 . . .
```

만약 나름대로의 조건자 함수를 정의하여 정렬하려면 다음과 같이 한다.

sort2.cpp

```
#include <iostream>
#include <vector>
#include <string>
#include <algorithm>
#include "myheader.h"
using namespace std;

// 문자열의 길이를 가지고 정렬한다.
bool is_less(const string& s1, const string& s2)
```

```
{
    return s1.length() < s2.length();
}

int main()
{
    vector<string> vec1;
    vector<string> vec2;

    vec1.push_back ("AAAA");
    vec1.push_back ("AAAAAA");
    vec1.push_back ("BBBB");
    vec1.push_back ("AAA");
    vec1.push_back ("AA");
    vec1.push_back ("A");
    vec2 = vec1;

    print (vec1,"처음 문자열\n");

    sort(vec1.begin(), vec1.end(), is_less);
    stable_sort (vec2.begin(), vec2.end(), is_less);

    print(vec1,"sort()이후 문자열\n");
    print(vec2,"stable_sort()이후 문자열\n");
    return 0;
}
```

실행결과

```
처음 문자열
( AAAA AAAAAA BBBB AAA AA A  )
sort()이후 문자열
( A AA AAA AAAA BBBB AAAAAA  )
stable_sort()이후 문자열
( A AA AAA AAAA BBBB AAAAAA  )
계속하려면 아무 키나 누르십시오 . . .
```

중간점검

1. remove()와 erase()가 하는 작업을 설명하라.
2. 컨테이너의 각각의 요소를 제곱하고 싶으면 어떤 알고리즘 함수를 사용하여야 하는가?

15.6 수치 알고리즘

accumulator( ) 함수

C++는 STL 형식으로 수치 해석 관련 알고리즘들을 일부 제공한다. 수치 알고리즘 관련 함수들은 `numeric` 헤더 파일에 정의되어 있으므로 이 헤더 파일을 꼭 포함하여야 한다. 대표적인 수치 알고리즘으로 누적합과 내적을 구하는 함수를 들 수 있다. 누적합이란 특정 구간에 속하는 값들의 합을 구하는 것이다. 다음과 같은 함수 원형을 사용한다.

```
T
accumulate(InputIter s, InputIter e, T value);

OutputIter
partial_sum(InputIter s, InputIter e, OutputIter result);
```

`accumulate()`는 `[s, e)` 구간에 속한 값들의 누적합을 구한다. 세 번째 매개 변수 `value`는 누적합의 초기값을 0으로 지정하는 것이 일반적이다. `partial_sum()`은 `[s, e)` 구간의 부분합들을 구해 `result` 반복자 위치에 순차적으로 저장한다.

accumulate.cpp

```
#include <iostream>
#include <vector>
#include <algorithm>
#include <numeric>
#include "myheader.h"
using namespace std;

int main()
{
   double v1[5] = {1.0, 2.0, 3.0, 4.0, 5.0};
   double sum;

   sum = accumulate(&v1[0], &v1[5], 0.0);
   cout << "누적합= " << sum << endl;

   vector<double> v2;
   partial_sum(&v1[0], &v1[5], back_inserter(v2));
   print(v2, "부분합= ");
}
```

실행결과

```
누적합= 15
부분합= ( 1 3 6 10 15  )
계속하려면 아무 키나 누르십시오 . . .
```

inner_product( ) 함수

inner_product()는 벡터의 내적을 구한다.

inner_prod.cpp

```
#include <iostream>
#include <vector>
#include <algorithm>
#include <numeric>
using namespace std;

int main()
{
   double v1[5] = {1.0, 2.0, 3.0, 4.0, 5.0};
   double v2[5] = {1.0, 2.0, 3.0, 4.0, 5.0};
   double sum;

   sum = inner_product(&v1[0], &v1[5], &v2[0], 0.0);
   cout << "내적= " << sum << endl;
}
```

실행결과

```
내적= 55
계속하려면 아무 키나 누르십시오 . . .
```

중간점검

1. 컨테이너의 모든 요소의 합을 구하려면 어떤 알고리즘 함수를 사용하여야 하는가?

15.7 함수 객체

STL 라이브러리에서 제공하는 알고리즘 관련 함수들의 형식을 보면 마지막 매개 변수로 함수를 추가할 수 있도록 되어 있다. 예를 들어 sort() 함수의 경우, 다음과 같은 형식도 같이 제공된다.

```
void
sort (RandomAccessIter s, RandomAccessIter e, BinaryPred func)
```

여기서 func은 함수 이름으로 요소와 요소를 비교하는데 func(e1, e2)와 같은 형식으로 사용된다. 즉 정렬을 할 때 우리가 결정한 기준을 사용하여 정렬을 할 수 있는 것이다. 이 함수 매개 변수를 사용하면 동작이 어느 정도 미리 결정되어 있는 알고리즘을 보다 효과적으로 사용할 수 있다.

우리가 함수를 정의할 수도 있지만 미리 정의된 함수 객체를 사용하여도 된다. 여기서는 미리 정의된 함수 객체를 사용하는 방법을 살펴보자. 미리 정의된 함수 객체는 functional 헤더 파일에서 찾아볼 수 있다. 따라서 functional 헤더 파일을 포함시켜야 한다.

```
#include <functional>
```

functional에 정의된 함수들은 모두 인라인 함수로 컴파일 시에 코드에 포함되어서 효율적인 실행을 가능하게 한다. 하나의 예로 sort() 알고리즘에서 함수 객체를 사용하여 보자. greater(e1, e2)는 만약 e1이 e2보다 크면 true를 반환하고 그렇지 않으면 false를 반환한다. 이 greater() 함수 객체를 sort()의 마지막 매개 변수로 전달하면 정수들이 역순으로 정렬된다.

sort3.cpp

```
#include <iostream>
#include <algorithm>
#include <vector>
#include <functional>
#include "myheader.h"
using namespace std;

int main()
{
   vector<int> vec;
```

```
    for(int i=0;i<10; i++)
        vec.push_back(rand()%100);

    sort(vec.begin(), vec.end(), greater<int>());
    print(vec);
    return 0;
}
```

실행결과

```
( 78 69 67 64 62 58 41 34 24 0  )
계속하려면 아무 키나 누르십시오 . . .
```

내장된 함수 객체의 종류

내장된 함수 객체를 [표 15-3]에 정의하였다. 함수 객체의 이름만 보면 어떤 동작을 하는 지 알 수 있다. 주의할 점은 모든 함수 객체는 템플릿을 사용한다는 점이다. 따라서 함수 객체를 사용할 때는 템플릿의 타입 매개 변수를 주어야 한다.

표 15-3 ● 내장 함수 객체

내장 함수 객체	설명
plus<type>()	e1 + e2
minus<type>()	e1 - e2
multiplies<type>()	e1 * e2
divides<type>()	e1 / e2 (몫)
modulus<type>()	e1 % e2 (나머지)
negate<type>()	-e
equal_to<type>()	e1 == e2
not_equal_to<type>()	e1 != e2
less<type>()	e1 < e2
less_equal<type>()	e1 <= e2
greater<type>()	e1 > e2
greater_equal<type>()	e1 >= e2
logical_not<type>()	!e
logical_and<type>()	e1 && e2
logical_or<type> ()	e1 || e2

함수 어댑터

함수 어댑터는 함수 객체와 다른 것(어떤 값이나 함수)을 묶는 함수 객체이다. 함수 어댑터도 역시 헤더 파일 <functional>에 정의되어 있다. 다음과 같은 문장을 살펴보자.

```
find_if(vec.begin(), vec.end(), bind2nd (greater<int>(), 50)) ;
```

위의 문장에서 bind2nd(greater<int>(), 50)은 정수값이 50보다 큰지를 검사하는 함수 객체를 생성한다. bind2nd()는 이항 연산자를 단항 연산자로 변형하는 함수 객체이다. <functional>에 정의된 함수 어댑터는 다음과 같다.

표 15-4 ● 함수 어댑터

함수 어댑터	설명
bind1st(func, value)	func(value, e)
bind2nd(func, value)	func(e, value)
not1(func)	!func(e)
not2(func)	!func(e1 , e2)

예제 #2

find_if() 함수와 함수 어댑터를 이용하여 100보다 큰 정수만을 검색 출력해 보자.

find_if1.cpp

```
#include <iostream>
#include <vector>
#include <algorithm>
#include <functional>
using namespace std;

int main()
{
   vector<int> vec;
   for(int i = 0; i < 10; i++)
      vec.push_back(rand() % 100);
   vector<int>::iterator it;

   for(it = vec.begin(); ; it++) {
```

```
        it = find_if(it, vec.end(), bind2nd (greater<int>(), 50)) ;
        if (it == vec.end()) break;
        cout << *it << "발견" << endl;
    }
    return 0;
}
```

실행결과

```
67 발견
69 발견
78 발견
58 발견
62 발견
64 발견
계속하려면 아무 키나 누르십시오 . . .
```

여기서 함수 객체는 앞에 등장하였던 조건자 함수와 약간 다르다는 것을 명심하여야 한다. 위의 프로그램을 조건자 함수를 사용하여 다시 작성해보면 다음과 같다.

find_if2.cpp

```
#include <iostream>
#include <vector>
#include <algorithm>
#include <functional>
using namespace std;

bool isGreaterThan50(int e)
{
    return (e > 50);
}

int main()
{
    vector<int> vec;
    for(int i = 0; i < 10; i++)
        vec.push_back(rand() % 100);
    vector<int>::iterator it;

    for (it = vec.begin(); ; it++) {
        it = find_if(it, vec.end(), isGreaterThan50) ;
```

```
        if (it == vec.end()) break;
        cout << *it << " 발견" << endl;
    }
    return 0;
}
```

실행결과

```
67 발견
69 발견
78 발견
58 발견
62 발견
64 발견
계속하려면 아무 키나 누르십시오 . . .
```

중간점검

1. 함수 객체를 사용하여 0이 아닌 요소만을 검색하는 문장을 작성하여 보자.
2. 함수 객체를 사용하여 50보다 작은 요소들의 합을 구하는 문장을 작성해보자.

EXERCISE
C++ ESPRESSO

1. 다음 문장이 참인지 거짓인지를 말하라.

(1) STL 컨테이너의 두 가지의 타입은 순차 컨테이너와 연관 컨테이너이다.

(2) 반복자는 컨테이너의 요소에 대한 포인터와 같이 동작한다.

(3) STL 알고리즘은 C-스타일의 배열에도 적용이 가능하다.

(4) remove() 함수는 요소를 삭제하기는 하지만 벡터의 크기를 줄이지는 않는다.

(5) 세 가지의 STL 컨테이너 어댑터는 스택, 큐, 리스트이다.

(6) 정렬 알고리즘은 양방향 반복자를 필요로 한다.

2. 다음 프로그램에서 오류를 찾아라.

```
vector<int> vec;
list<int> li;
li.push_back(1);
li.push_back(2);
li.push_back(3);
copy(li.begin(), li.end(), vec.begin());
```

3. 크기가 10인 char형의 벡터 v를 'A'로 채우려고 한다. 빈칸을 채워라.

```
vector<char> v( 10 );
fill( ______________, ______________, 'A' );
```

4. generate()를 이용하여 난수로 벡터를 채우고 sort()로 정렬하는 문장을 완성하여 보라.

```
vector<int> v(10);
generate(v.begin(), __________, rand);
sort(_______, ____________);
```

5. partition()은 조건을 만족하는 요소들은 한쪽 끝으로 모으고 그렇지 않은 요소들은 다른 쪽 끝으로 모은다. partition()을 이용하여서 짝수와 홀수를 분리하여 보자.

```
vector<int> v(10);
generate(v.begin(), __________, SequenceGenerator(1));
partition(_______, ____________, is_even);
```

6. transform()을 이용하여 벡터 a에 들어 있는 정수를 제곱하여 벡터 b에 저장하여 보자.

```
int square(int n)
{
   return n * n;
}
vector<int> v1(10), v2(10);
generate(v1.begin(), __________, SequenceGenerator(1));
transform(_______, ____________, ________, ____________);
```

7. binary_search()를 이용하여 정렬된 컨테이너에서 특성한 요소를 탐색하여 보자.

```
vector<int> v(10);
generate(____________, __________, RandomInt(1, 10));
sort(_______, ____________);
if(binary_search(_______,_______, 6))
{
   vector<int>::iterator it1 = lower_bound( ____, ____, 6 );
   vector<int>::iterator it2 = ______bound(v.begin(), v.end(), 6);
   while(it1 != i2){
      cout << "탐색 성공:" << *it1;
      it1++;
   }
}
```

PROGRAMMING

C++ ESPRESSO

1. 함수 객체를 사용하여 연도들이 들어 있는 리스트에서 첫 번째 윤년을 `find_if()`를 이용해 검색하여 보자.

2. STL 알고리즘을 이용하여 크기가 100인 벡터를 난수로 채우고 짝수의 개수를 구하는 프로그램을 작성하라.

3. STL 알고리즘을 이용하여 크기가 100인 벡터를 난수로 채우고 최소값과 최대값을 구하는 프로그램을 작성하라.

4. STL 알고리즘 `transform()`을 이용하여서 벡터 a의 요소과 벡터 b의 요소들을 각각 더하고 벡터 c에 저장하는 프로그램을 작성하자. `transform()`과 함께 함수 객체를 사용하라.

5. 책 안에 들어 있는 단어들을 분석하는 프로그램을 작성하여 보자. 예를 들어 여섯 개 이상의 문자로 되어 있는 단어들의 개수를 구해보자. 선택된 단어들을 크기 순으로 출력해보자. 만약 크기가 같으면 알파벳 순으로 출력한다. 일단 책 안의 모든 단어들은 `string` 타입의 벡터인 `inputs`에 들어 있다고 가정하고 시작하라. 먼저 각 단어들이 중복되어 있으면 중복을 제거해야 한다. 그 다음 단어의 크기 순으로 정렬을 한다. 크기가 6 이상인 단어들의 개수를 센다. 마지막으로 단어들을 출력한다.

6. 은행에서 고객이 들어와서 서비스를 받고 나가는 과정을 시뮬레이션해보자. 우리에게 필요한 것은 고객들이 기다리는 평균 시간이 얼마나 되느냐이다. 만약 기다리는 시간이 너무 길다면 은행원을 더 투입하여 대기 시간을 줄여야 할 것이다. 먼저 서비스하는 은행원은 한 사람이라고 가정하자. 고객의 대기행렬은 큐로 시뮬레이션된다. 주어진 시간 동안 고객은 랜덤한 간격으로 큐에 들어온다. 고객들의 서비스 시간도 한계값 안에서 랜덤하게 결정된다. 큐에 들어있는 고객들은 순서대로 서비스를 받는다. 한 고객의 서비스가 끝나면 큐의 맨 앞에 있는 다른 고객이 서비스를 받기 시작한다. 정해진 시간 동안의 시뮬레이션이 끝나면 고객들의 평균 대기 시간을 계산하여 출력한다. STL의 컨테이너와 알고리즘을 사용하여 프로그램을 작성하라.

7. 철수와 영희가 친구들을 결혼식에 초대하고자 한다. 철수의 친구와 영희의 친구들은 중복될 수 있다. 따라서 다음과 같은 방법으로 중복을 제거하고자 한다. 먼저 컨테이너 A에 철수의 친구들을 추가한다. 다음으로 컨테이너 B에 영희의 친구들을 추가한다. 컨테이너 A와 B를 알파벳 순서로 정렬한다. 컨테이너 A와 B를 합한 후에 중복을 제거한다. 여러 가지의 STL 알고리즘을 사용해 프로그램하라.

LAB
C++ ESPRESSO

1. STL 컨테이너와 알고리즘을 이용하여 카드 게임 프로그램을 작성해보자.

(1) 카드를 나타내는 Card 클래스를 작성한다. 하나의 카드는 무늬와 숫자를 가지고 있어야 한다.

```
class Card {
   string suit;  // 무늬
   string number;// 숫자
public:
   public Card(string suit, string number);
};
```

(2) 카드 데크를 나타내는 CardDeck 클래스를 작성한다. CardDeck은 총 52개의 Card 객체를 저장하고 있어야 한다. 벡터를 사용하여 카드들을 저장하도록 하자. 생성자에서 모든 카드를 생성한다.

```
class CardDeck {
   vector<Card> deck;
public:
   ardDeck() {
      deck.push_back(Card("Clober", "1"));
      ...
   }
};
```

(3) CardDeck 클래스에 카드를 섞는 함수인 shuffle()을 추가한다.

(4) 데크의 처음에서 카드를 제거하여 반환하는 메소드인 deal()을 작성한다.

(5) 카드 경기자를 나타내는 Player 클래스를 구현한다. Player도 카드의 리스트를 가지고 있어야 한다.

```
class Player {
   ____________________________________; // Card의 리스트 선언
};
```

(6) Player는 카드를 얻어서 자신의 리스트에 추가하는 메소드인 getCard()를 가지고 있다.

```
void getCard(Card card){
   list.________(card);          // 자신의 리스트에 추가
}
```

(7) 드디어 main()을 작성하여 보자. 먼저 CardDeck 객체를 생성하고 데크의 카드를 섞은 후에 경기자를 두 명 생성한다. 카드를 한 장씩만 분배하고 각자가 가진 카드를 화면에 표시한다.

(8) 실제 포커 게임이 될 수 있도록 여러 가지 경기 규칙을 추가하자. 원페어, 투페어, 스트레이트나 플러쉬를 판별하여 어떤 경기자가 승리하였는지를 화면에 표시하라.

찾아보기

ㅅ

ㅇ

저자소개

천인국

1983년서울대학교 전자공학과 공학사

1985년 한국과학기술원 전기및전자공학과 공학석사

1993년 한국과학기술원 전기및전자공학과 공학박사

1985-1988년 삼성전자 종합연구소 주임연구원

2005년 캐나다 UBC 방문 교수

현재 순천향대학교 컴퓨터공학과 교수

C++ ESPRESSO

에스프레소

인 쇄 2019년 8 월 13일 초판 4쇄
발 행 2019년 8 월 20일 초판 4쇄

저 자 천인국
발 행 인 채희만
출판기획 안성일
영 업 한석범, 임민정, 유동규
관 리 이승희
편 집 한혜인, 최은지
발 행 처 **INFINITYBOOKS**
주 소 경기도 고양시 일산동구 하늘마을로 158
대방트리플라온 C동 209호

대표전화 02)302-8441
팩 스 02)6085-0777

도서문의 및 A/S지원
Homepage www.infinitybooks.co.kr
E-mail helloworld@infinitybooks.co.kr

I S B N 978-89-92649-53-7
등록번호 제25100-2013-152호
판매정가 **25,000원**